41606

COLLECTION

DES LOIS,

ORDONNANCES ET RÉGLEMENTS

DE POLICE.

« Voulons et ordonnons qu'en chacune Chambre de nos Cours de Parlement et ès auditoires de nos baillifs, sénéchaux et tous autres juges, y ait un livre des ordonnances, afin que si aucune difficulté y survenait, on ait promptement recours à icelles. »

Louis **XII**, *ordonnances données à Blois, au mois de mars* 1498. (Art. 79.)

COLLECTION
DES LOIS,
ORDONNANCES ET RÉGLEMENTS
DE POLICE,

Depuis le 13.e siècle jusqu'à l'année 1818.

Par M. PEUCHET, ancien Administrateur de Police,
Garde des Archives de la Préfecture de Police.

———

SECONDE SÉRIE.

———

POLICE MODERNE.
DE 1667 A 1789.

———

I.er Vol. de la 2.e Série. (1667 à 1695.)

PARIS,

Chez LOTTIN DE SAINT-GERMAIN, Imprimeur du Roi
et de la Préfecture de Police, cour de la Sainte-Chapelle,
n.º 1 (Palais de Justice).

———

1818.

ERRATA.

Page 147, à la note, au lieu de 1589, *lisez* 1598.

Page 286, à la note, au lieu de *ordonnances royales*, lisez *ordonnances royaux*.

TABLE

DE L'INTRODUCTION.

———

Fin de la Table de l'*Introduction*.

TABLE

CHRONOLOGIQUE

Des Lois , Ordonnances , Réglements et Instructions de Police contenus dans le premier Volume de la POLICE *moderne.*

TITRES DES LOIS , etc.

Fin de la Table chronologique du premier Volume
de la *Police moderne.*

AVERTISSEMENT.

On pourrait faire trois divisions ou séries de la législation de la police ; 1.º l'Ancienne, depuis le 13.ᵉ siècle, jusqu'aux ordonnances de 1667 et 1699, qui créèrent les lieutenans de police, et leur attribuèrent la juridiction confiée avant eux aux prévôts, par l'édit de Cremieu ; 2º. la Moderne, depuis cette époque jusqu'au commencement de la révolution ; 3º. la Nouvelle, depuis ce moment jusqu'aujourd'hui.

Quoique l'objet de la police n'ait jamais varié, qu'il ait constamment été de faire jouir les sujets de l'Etat de la sûreté, de la tranquillité et de l'usage paisible des choses publiques, les formes en ont été différentes, et peuvent ainsi établir les divisions générales que nous venons d'indiquer.

Notre projet avait été d'abord de suivre depuis Saint Louis jusqu'au règne de Sa Majesté, l'ordre non interrompu des temps

AVERTISSEMENT.

dans les livraisons de notre COLLECTION ;
*mais nous avons considéré, et l'on nous
a confirmé dans cette opinion, que c'était
surtout depuis la création des lieutenans
de police que cette importante partie de
l'ordre public avait reçu sa plus grande
perfection, que les lois, ordonnances et
règlements qui ont paru depuis lors, offrent une instruction plus immédiatement
utile et applicable au temps actuel que
ce qui a précédé ; que journellement les
magistrats, les officiers de police les appliquent ; que les jurisconsultes et les avocats
les citent et les invoquent, soit devant les
tribunaux, soit dans les* Mémoires *qu'ils
produisent en faveur des prévenus dont
la défense leur est confiée ; qu'ainsi nous
devions commencer nos livraisons de cette
époque : c'est à quoi nous nous sommes
déterminé, nous réservant de donner au
public la période précédente, du* 13.e *siècle
à la fin du* 17.e *, lorsque nous aurons
épuisé la deuxième et la troisième séries,
qui présentent un plus grand intérêt et
une utilité actuelle.*

Paris, janvier 1818.

AVANT-PROPOS.

La police est mal connue ; on a la bonté de croire qu'elle consiste dans quelques règlements sur les boues et lanternes, les filles publiques et les escrocs ; on confond sa législation avec quelques-unes de ses opérations et avec la surveillance exercée par ses agens. Le public, les écrivains, des *orateurs* distingués, n'en ont pas d'idées plus justes ; ils en parlent avec cette confusion qui décèle l'ignorance des lois qui la régissent et des formes qu'elle observe.

Nous avons pensé que ce serait une entreprise digne d'estime que de faire cesser un pareil reproche ; mais nous aurions manqué notre but en ajoutant encore un nouveau *Code*, de nouveaux *Abrégés* à tous ceux qui existent : on ne peut étudier la police que dans sa législation ; c'est là qu'il faut chercher ce que les temps et les circonstances permettent de conserver ou de retrancher de ses lois et de ses institutions.

Son administration embrasse tous les intérêts de la société ; tranquillité , sûreté , abondance , protection , secours , tels sont le lot honorable et la tâche difficile qui lui sont dévolus. Son histoire serait celle de la civilisation.

L'étude de ses lois constitue un des premiers devoirs des magistrats , des administrateurs et des officiers de police ; on n'en devrait admettre aucun qu'il n'eut subi un examen sur celles dont l'exécution lui est confiée.

La police a tant de branches , on y a recours pour de si divers intérêts et qui touchent de si près aux droits domestiques et à la liberté , que sans le respect de ses lois , sans la connaissance de ce qu'elles défendent ou autorisent , on ne peut que marcher à tâtons dans ce dédale et s'exposer à de fâcheuses méprises.

Cette étude est surtout importante dans un moment et sous un gouvernement où des formes constitutionnelles appellent chaque année l'attention des représentans de la nation sur les actes des agents de la puissance publique.

On a multiplié les *Codes*, les *Eléments*, les *Dictionnaires* de police, ouvrages estimables, utiles, mais incomplets, insuffisants; ils ne remplaceront jamais une *Collection* comme celle que l'on publie, qui toujours claire, facile à consulter, peut seule offrir le plus sûr et le plus prompt moyen de connaître et de suivre l'esprit et la lettre des lois.

Cette utilité est accrue ici par les Préfaces historiques et les Notes que nous y joignons. Nous suivons en ce point l'exemple des Laurière, des Secousse, des Pastoret, qui ont enrichi le *Recueil des Ordonnances* de nos rois, de semblables recherches et d'éclaircissemens sur d'intéressantes questions de droit public amenées par le sujet. La police, par son importance, méritait un pareil soin, et nous avons cru pouvoir nous en charger.

La Collection des Lois, Ordonnances et Réglements de Police que nous publions remonte jusqu'à Saint Louis,

prince aimé des peuples, ami des lois,
défenseur des libertés nationales, et qui
a le premier favorisé efficacement l'établissement d'une police; son règne fait,
en quelque sorte, la ligne de démarca-
tion entre la confusion qui y régnait
avant lui, et le retour à l'ordre que nous
voyons s'affermir et s'étendre depuis.
Nos rois, les états généraux, les parlemens à qui le droit de haute police
était acquis, les assemblées nationales,
les autorités administratives y ont successivement concouru.

. Les actes qui en ont émané, sur le
fait de la police, se trouvent réunis ici:
nous les classons par ordre de dates,
divisés en trois grandes séries ou pé-
riodes, ainsi que nous l'avons indiqué (1)
et imprimés dans le format du *Bulletin
des Lois*, format commode, et consacré
par son usage dans les tribunaux et les
administrations (2).

(1) Voyez l'*Avertissement*.
(2) L'ouvrage entier pourra former 20 à 25 volumes; chacun
d'eux, avec sa table des matières, aura environ 500 à 550 pages,
d'un caractère Philosophie. Il en paraît un volume par mois. Prix,
7 fr., et 6 fr. pour les souscripteurs.

INTRODUCTION.

Au milieu des lumières qui nous entourent et qui peut-être nous éblouissent, on peut craindre de ne savoir bientôt plus quelle route suivre dans la conduite des affaires et les règles de gouvernement.

Le goût des créations et le mépris pour l'expérience des siècles, en rendant la science inutile, tendent à faire de notre système de lois, un labyrinthe d'où bientôt, comme de celui de Crète, on ne pourra sortir qu'à l'aide de quelque nouvelle Ariane.

L'exaltation de l'amour-propre, la bouffissure de quelques succès dans la politique ou les lettres, ajoutent encore à cette confusion de principes bien plus fâcheuse que celle des langues, dont furent jadis frappés les architectes de Babel.

Depuis un demi-siècle, on se dispute sur ce qu'on doit faire, sans penser à ce qu'on avait longtemps fait et dont on s'était si bien trouvé.

Une vaste monarchie, sortie en quelque sorte de la nature des choses et du génie national, s'était élevée au premier rang des nations du monde. Richesses, bonheur, liberté (1), puissance, con-

(1) Le lecteur pourra apprécier, par l'étude des lois de police, qui ont une si grande connexion avec la liberté, si ce plus cher de nos droits a perdu de sa réalité depuis la destruction de nos antiques immunités et franchises.

sidération, telle était la brillante auréole qui nous signalait à l'impuissante rivalité des autres peuples.

La police, cette règle, ce premier moyen d'ordre dans la société, ne fut pas un des moindres éléments de cette longue et éclatante prospérité; elle y contribua par son influence sur la conservation des mœurs, sur la tranquillité et la bonne tenue des villes ; par la protection qu'elle accorda aux arts, par le respect qu'elle prescrivit pour les habitudes religieuses et l'honneur des familles ; par le pouvoir dont d'illustres corps, soutiens du trône, faisaient usage dans les mêmes intérêts, soit en prévenant, soit en réprimant les écarts du faux zèle ou des passions dans les agens de l'autorité.

C'est dans les lois mêmes de police qu'il faut apprendre à la connaître, à la distinguer de l'excroissance démesurée que des temps calamiteux l'ont enhardie à prendre; c'est dans sa législation qu'on peut trouver à résoudre les difficultés qu'elle présente, et la marche à suivre, pour éviter des méprises dans les changemens qu'il est, au moins dans quelques parties, nécessaire d'y introduire.

Ces idées, ce but n'ont point été étrangers aux motifs qui nous ont décidé à former cette *collection;* nous avons pensé que, sous le rapport de la théorie, comme sous celui de la pratique, il fallait également que la législation de la police devint l'objet d'une étude sérieuse. Comment, en effet, convaincre l'homme attaché aux lois de circonstances, à ces décrets dictés par la peur et l'exagération sa compagne, si on ne lui montre que sous une police plus douce, avec des règlements moins impératifs, les Français, autrefois riches au dedans, étaient aussi vainqueurs et recherchés au dehors? Si on ne lui fait sentir l'influence décourageante que doit avoir, sur l'esprit d'une nation, des lois qui ne conviennent plus à ses besoins et nuisent à ses intérêts? qui croira la police susceptible de tels effets, s'il n'a appris qu'elle embrasse et saisit la société par tous les points, et qu'en France, plus qu'ailleurs encore, on va au-devant de cette forme de gouvernement?

Nous osons espérer que nos vues seront partagées par quiconque ne regarde point la prospérité, la paix des peuples et les moyens qui y conduisent, comme de vains prétextes d'une ambition personnelle; qu'on aimera à trouver ici une étude fructueuse, digne du zèle et de l'attention de ceux qui s'occupent de la législation; peut-être y verront-ils qu'après avoir bien délibéré, le mieux encore serait d'en revenir, pour bien des cas, à des lois et à des institutions qu'on a renversées avec tant d'ostentation et un si déplorable fracas.

Nous diviserons cette introduction en trois parties; dans la première nous présenterons une

idée générale du système d'ordre, de surveillance
et de répression sur lequel repose la police

Dans la seconde , nous parlerons des écrivains
qui ont traité de cette matière.

Enfin, la troisième sera consacrée à faire connaître les collections des lois qui ont paru jusqu'ici, et parmi lesquelles il ne s'en trouve aucune de particulièrement destinée à la police.

§. I.er

Idée générale du système d'ordre, de surveil-
lance et de répression, sur lequel repose la
police.

Le mot Police, vient de Πολὶς, *ville* dont les
Grecs ont fait Πολιτεὶα, et nous, *police.*

Il a différentes acceptions qui demandent quelque détail pour être entendues.

Une vie plus commode et plus tranquille fut
le premier objet des sociétés; mais les erreurs
étant plus communes peut-être, l'amour-propre
plus rafiné, les passions, sinon plus violentes, du
moins plus étendues, plus variées dans les hommes
rassemblés que dans les hommes épars; il est
presque arrivé le contraire de ce qu'on s'était
proposé, et celui qui, n'entendant que la valeur
des mots, tâcherait, sur celui de *société,* de se
faire une idée de la chose, devinerait à-peu-
près le contraire de ce que c'est. On a cherché
des remèdes à ce terrible mal, et l'on a fait des

lois; on leur a donné pour exécuteurs des officiers, des juges; les premiers, chargés d'en prévenir les infractions et d'en rechercher les infracteurs; les seconds, de les reconnaître et de leur
appliquer la peine qu'ils ont encourue.

Les lois sont des règles de conduite tirées de
la droite raison et de l'équité naturelle, que les
bons suivent volontairement, et auxquelles la
force contraint les méchants de se soumettre, au
moins en apparence.

Entre les lois, les unes tendent au bien général de la société, les autres ont pour but l'intérêt des particuliers.

La connaissance des premières, est ce qu'on
entend par la science du droit public; la science
du droit privé a pour objet la connaissance des
secondes.

Les Grecs, en donnant le nom de police à la
première branche, Πολιτεία, l'étendait aux diverses formes de gouvernement, et en restrei-
gnant ce terme à une seule ville, la police était
l'art de procurer une vie commode, douce et
tranquille à ses habitants.

La police se prend chez nous dans ce dernier
sens; ses lois sont donc celles qui règlent l'ordre
extérieur de la société, entre les hommes.

Elles ont de commun avec celles de la religion,
que les unes comme les autres ont un même objet, avec cette différence, que les lois de la religion dirigent l'intérieur de la conscience, et qu'on

a satisfait à celles de la police , lorsqu'on s'y est conformé à l'extérieur.

« Tant qu'un projet reste enseveli dans le cœur de celui qui le forme , tant qu'aucun acte extérieur, aucun écrit, aucune parole ne l'a manifesté au dehors , il n'est encore qu'une pensée , et personne n'a droit d'en demander compte. » (1)

Les lois de police étant de droit public, on n'y peut déroger par des conventions de droit privé ; elles s'exécutent pour l'intérêt de tous, au nom du Souverain et à la poursuite du magistrat chargé de maintenir les droits de la société (2).

Comme la police est un besoin de tous les citoyens d'une ville ou d'un état , jamais la répression des délits qui les troublent n'a pu être abandonnée aux soins de l'intérêt privé ; chez les Romains même, où la punition des crimes se poursuivait sous la forme d'accusation publique, au nom de la partie offensée, le maintien de l'ordre fut toujours surveillé, et l'exécution des règlements provoquée par des officiers revêtus d'un caractère public. Les fonctions de procureur du Roi ont, depuis, donné à ce ministère une action plus étendue, et des moyens de répression plus sûrs dans notre législation (3).

---

(1) Discours des orateurs du gouvernement chargés de présenter le *Code de procédure criminelle*. Séance du 7 novembre 1808.

(2) Domat, *Traité des Lois*, chap. XI.

(3) Lamarre, livre I, titre XI.

L'attribut essentiel des lois de police, et surtout de l'action qui les emploie, est qu'elles
soient essentiellement préservatrices, en quoi
elles diffèrent des lois de justice, dont le but est
d'appliquer la peine aux coupables que la police
a mis à sa disposition.

L'action de la police a nécessairement un côté
discrétionnaire, parce que sa prévoyance doit
se mouvoir d'après l'intensité du péril, la direction qu'il prend, et la nature des causes qui le
font naître.

Cette action est confiée à des officiers et à des
magistrats chargés de la diriger dans les intérêts
de l'ordre général.

Ils sont en cela les auxiliaires de la partie publique, établie pour provoquer l'exécution des
lois.

Les fonctions judiciaires faisaient autrefois
partie essentielle de la police ; elle était *juridictionnelle* et administrative indivisément. Dans
notre nouvelle législation, l'administrateur n'est
plus juge ; ses fonctions se bornent, pour la répression des contraventions et des délits, à en
rechercher les auteurs, et à les mettre sous la
main de la justice, avec les pièces qui peuvent
servir à conviction.

Tant que l'action de la police est bornée à la
surveillance et au maintien de l'ordre par l'autorité administrative, c'est-à-dire, par une
autorité qui agit sans employer de formes

judiciaires, la police prend le nom de *police administrative*.

Le pouvoir discrétionnaire, qu'elle emploie dans ce cas, en rend l'effet plus prompt, mais d'un usage quelquefois dangereux pour la liberté civile.

L'auteur de l'*Esprit des lois* a très-bien caractérisé la police, lorsqu'il a dit : « Il y a des criminels que le magistrat punit, il y en a d'autres qu'il corrige ; les premiers sont soumis à la puissance de la loi, les seconds à l'autorité des magistrats ; ceux-là sont retranchés de la société, on oblige ceux-ci de vivre selon les règles de la société.

» Dans l'exercice de la police, c'est plutôt le magistrat qui punit que la loi ; dans les jugemens des crimes, c'est plutôt la loi qui punit que le magistrat. Les matières de police sont des choses de chaque instant, et où il ne s'agit ordinairement que de peu, il n'y faut donc guère de formalités. Les actions de la police sont promptes, et elles s'exercent sur des choses qui reviennent tous les jours ; les grandes punitions n'y sont donc pas propres. Elle s'occupe perpétuellement de détails ; les grands exemples ne sont donc pas faits pour elle : elle a plutôt des règlements que des lois. Les gens qui relèvent d'elle, sont sans cesse sous les yeux du magistrat ; c'est donc la faute du magistrat s'ils tombent dans des excès ; ainsi il ne faut pas confondre les grandes violations des lois, avec la violation de la simple police ; ces choses sont d'un ordre différent. (1) »

La police aggrandit la sphère de son action, suivant l'étendue de la corruption sociale, le nombre des délits, et le caractère de ceux qui les commettent. Il est des temps où tout est police, c'est lorsque le désordre ne permet pas de suivre la marche lente et légale des tribunaux.

La législation a caractérisé les faits répréhensibles que la police recherche.

« Ces faits attaquent en général les personnes par des insultes, par des violences, par des imprudences, par des négligences à exécuter les règlements ; les propriétés par des dégâts, par des escroqueries, par des refus de service dans un temps calamiteux ; la tranquillité publique, par la mendicité, par les tumultes, par des attroupemens. Si ces faits ne se trouvent pas accompagnés de circonstances qui caractérisent des crimes, ils ne sont réprimés que par des emprisonnemens ou des amendes, et quelquefois par l'une et l'autre de ces peines (2). »

Mais en vain dans tous ces cas, la loi auraitelle fixé une peine à la contravention ou au délit, si l'action de la police ne s'assurait du coupable et ne constatait le fait répréhensible : elle

---

(1) *Esprit des Lois*, liv. 26, chap. 24.

(2) Discours des orateurs du gouvernement, en présentant le second livre du *Code de procédure criminelle*. Séance du 8 novembre 1808.

n'est pas seulement dirigée vers ce but, elle doit encore, par sa célérité dans la poursuite des faits criminels, arrêter la trame avant l'exécution, et même en paralyser la volonté dans le cœur du pervers.

» Des hommes, exercés de longue main à surveiller les méchants et à pénétrer leurs intentions secrètes, préviennent souvent bien des crimes, disent les legislateurs du *Code de procédure criminelle*, par une surveillance utile et par des mesures salutaires : tel est un des premiers objets de la police administrative, police en quelque manière invisible, mais d'autant plus parfaite qu'elle est plus ignorée, et dont nous jouissons sans songer combien elle coûte de soins et de peines.

» La vigilance d'une bonne police ne laisse souvent ni l'espoir du succès, ni la possibilité d'agir, au méchant qui la trouve partout, sans la voir nulle part, et qui s'irrite des obstacles que ce hasard semble lui offrir, sans se douter que ce hasard prétendu est l'effet d'une sage et active surveillance.

» Un autre résultat de la police administrative, est que l'homme se trouve euveloppé au premier pas qu'il fait pour consommer un crime. » (1)

Dans l'intérêt de la société, et pour que cette

---

(1) Discours des orateurs du gouvernement, en présentant le *Code de procédure criminelle*. Séance du 7 novembre. 1808.

police contribue d'autant plus efficacement à trouver et à mettre entre les mains de la justice les infracteurs des lois, on a donné aux actes de plusieurs de ses agents, un caractère judiciaire ; et, dans la même intention, on a voulu que des magistrats supérieurs de l'ordre administratif, qu'on ne peut assimiler à de simples officiers de police, pussent non - seulement requérir et ordonner ces actes judiciaires, mais au besoin les exécuter eux-mêmes (1).

La loi, toujours dans l'objet de rendre utile à l'action de la justice celle de la police administrative, a donné aux principaux officiers de police judiciaire, les fonctions et le rang d'auxiliaires du magistrat chargé des intérêts de la société devant les tribunaux (2) ; ils le secondent par leurs actes, et le remplacent dans la recherche des coupables.

Ainsi, le double caractère d'agents adminisratifs et d'officiers auxiliaires de la justice, a été cumulé par la loi dans les mêmes mains ; tant est vrai que la police est essentiellement *juridictionnelle*, et que l'usage, qui avait attribué aux mêmes magistrats la recherche et le jugement

---

(1) « Les préfets des départements, et le préfet de police à Paris, pourront faire personnellement ou requérir les officiers de police udiciaire, de faire tous actes pour constater les crimes, délits et contraventions, etc. » *Code d'instruction criminelle*, art. 10, liv. I.

(2) *Code d'instruction criminelle*, art. 48, liv. I.

Tome I. 2

des faits de police, était fondé sur le besoin et la nature même des fonctions de la police.

Le droit d'infliger judiciairement la peine, a été retiré à l'autorité administrative ; on l'a concentré dans l'ordre judiciaire, mais la police a conservé ses tribunaux, qui connaissent des contraventions et des délits constatés par ses agents immédiats.

De-là deux espèces de tribunaux de police, dont les jugemens ne prononcent ni peines afflictives, ni peines infamantes ; ces deux juridictions sont connues sous les noms de *Police municipale* et *Police correctionnelle.*

L'une et l'autre concourent, par leurs sentences ou jugemens, au système de protection que la police doit à la société ; au-dessus des tribunaux consacrés à la police municipale et correctionnelle, sont les Cours qui prononcent en dernier ressort, et dont l'attribution exclusive est d'ailleurs de connaître des faits qui emportent peine afflictive ou infamante ; leurs rapports avec l'action de la police se retrouvent, en outre, dans l'emploi que ces Cours font des actes des officiers de police judiciaire, comme pièces d'instruction des procédures criminelles.

On voit ici, et dans ce qui précède, l'enchaînement qui, unissant la police au maintien de l'ordre public, assure à chacun des citoyens de l'Etat une protection constante contre le crime et la dépravation.

Quoique les formes, l'organisation et l'étendue de pouvoir de la police aient varié, le but en a cependant toujours été le même.

Une longue expérience avait prouvé qu'à quelques vices d'exécution près, et si on en excepte les abus résultant de certaines dispositions du système de législation générale, la police de Paris offrait, avant notre Révolution, un ensemble qui, corrigé dans quelques points, était digne de servir de modèle aux nations les plus éclairées.

Mais ce n'est pas ici le lieu de nous en occuper, ou d'étayer de preuves ce que nous avançons; nous en aurons plus d'une occasion dans la suite de cet ouvrage : nous ferons plus, nous présenterons au lecteur, dans un des volumes suivants, le tableau de cette police, d'autant plus intéressant, qu'il est l'ouvrage d'un des magistrats à qui elle fut le plus long-temps confiée (1). On y verra jusqu'à quel point les éloges qui lui ont été donnés, et les vices qui lui ont attiré une juste censure, peuvent être fondés (2).

_____

(1) M. de Sartine, lieutenant de police de 1759 à 1775.

(2) On a beaucoup parlé des mesures obscures ou vexatoires de la police de cette époque; mais on verra, par les actes que nous citons ici, qu'on ne les employait pas toujours impunément, et que les commissaires de police eux-mêmes, conseillers du Roi, et jouissant d'une grande considération, portaient quelquefois la peine des procédés illégaux qu'ils se permettaient contre la liberté des citoyens. Les Parlemens étaient des surveillants qu'il n'était possible ni d'intimider, ni de corrompre.

« Le commissaire de *l'Espinai* fut condamné à quatre-vingts livres

Nous passons aux auteurs dont les ouvrages sur la police doivent être rappelés ici.

de dommages-intérêts pour avoir fait emprisonner une cabaretière de Paris, sans plainte et sans information préalable. M. l'avocat-général *Bignon*, qui portait la sparole lors de cet arrêt, a dit : « que cet » emprisonnement ne pouvait se tolérer, ayant été fait sans plainte » et sans information ; que cela était de conséquence, s'agissant » d'une bourgeoise ; qu'il était à la vérité permis aux commissaires » de constituer prisonniers les personnes qu'ils trouvaient en flagrant-» délit, mais non point lorsque ce cas ne se rencontrait pas ; que » pour remédier à l'avenir à de pareils abus, il estimait qu'il y avait » lieu de déclarer l'emprisonnement injurieux, tortionnaire et dérai-» sonnable ; le commissaire l'Espinai bien intimé, et pris à partie, » de le condamner en quatre-vingts livres de dommages-intérêts, et » lui faire défenses de ne plus user de cette voie. »

Ces conclusions furent pleinement adoptées ; elles motivèrent et décidèrent l'arrêt.

» Par un autre arrêt en forme de règlement, le 7 janvier 1701, « il a été fait défenses au commissaire *Regnault*, et à tous autres, » de faire arrêter et constituer prisonniers les domiciliés, sans infor-» mation et décret préalables, si ce n'est dans les cas portés par les » ordonnances et réglements (le flagrant-délit). »

» Le commissaire Regnault pouvait cependant être traité avec condescendance, puisqu'il s'agissait d'une fille qui menait une vie dissolue, et qu'il avait fait arrêter sur la réquisition de sa mère. Mais quand il est question d'infraction faite à la loi, il n'y a point de considération qui puisse atténuer la peine du délinquant.

» Un autre arrêt rendu le 16 mai 1711, sur les conclusions de M. l'avocat-général *Chauvelin*, contre le commissaire *le François*, « a déclaré pareil emprisonnement nul, injurieux, tortionnaire. Le » commissaire *le François*, bien intimé, et pris à partie, et con-» damné à cent livres de dommages-intérêts. »

» Ce même arrêt, faisant droit sur les conclusions du procu-reur-général, « a fait défenses à tous commissaires de police de faire » aucun emprisonnement qu'en vertu de décret donné sur le vu des » charges, informations et conclusions des gens du Roi, si ce n'est » dans les cas portés par l'ordonnance. »

» Enfin un autre arrêt rendu le 9 juillet 1712, sur les conclusions

§. II.

Des Écrivains qui ont traité de la Police d'une manière spéciale, ou comme accessoire.

La défaveur jetée sur le mot *Police*, sans doute à cause de l'abus qui a été fait de la chose, explique pourquoi si peu d'écrivains distingués ont cherché à nous la faire connaître ; l'inutilité de leurs observations, le danger à en faire, ont pu aussi les retenir ; ils se sont donc bornés à compiler des dispositions de lois, à recueillir des ordonnances et des réglements, travail ingrat, de peu de mérite, et par conséquent dédaigné.

Nous n'avons eu ainsi que des *Codes*, des *Dictionnaires*, des *Manuels de Police*, des *Traités*, consultés d'un petit nombre de gens de loi, et ignorés du public, surtout de ceux qui en auraient dû faire une étude particulière.

On a vu plus haut qu'il n'avait pas même été

---

de M. l'avocat-général *Chauvelin*, contre le commissaire *Moncrif* condamne ce commissaire en deux cents livres de dommages-intérêts ; et faisant droit sur les conclusions du procureur-général, « enjoint au commissaire *Moncrif*, et à tous autres, de garder et » observer les ordonnances, arrêts et réglements, et en conséquence » leur fait défenses de se transporter dans les maisons des particu- » liers, sans réquisition par écrit ou ordonnance de justice, si ce n'est » dans le cas de flagrant-délit. » (*Encyclopédie méthodique.* JURIS-PRUDENCE, tom. X, art. *Domicilié.*)

attaché à cette étude assez d'importance pour
former une collection des lois de police qui pût
servir à en développer la législation et à en
faire connaître les avantages et les inconvéniens,
omission d'autant plus étonnante, qu'aucun
peuple n'est, à l'égal des Français, empressé,
ardent et jaloux de se signaler dans les débats
législatifs, et que de toutes les parties du gouvernement, aucune n'en offre d'aussi nombreux
sujets que la police ; et comment oser en parler
sans en avoir étudié les lois et les établissemens ?

De cette conduite vicieuse résultent ici, comme
dans beaucoup d'autres cas, la précipitation et
la versatilité si souvent reprochées à nos assemblées ; elle donne aussi l'explication du mépris
de l'expérience dont on pourrait citer de nombreux exemples parmi nous, et qu'un écrivain
célèbre a signalé en ces termes :

« C'est parce qu'on dédaigne l'étude des
siècles passés, que chaque siècle ramène le
spectacle des mêmes erreurs et des mêmes ca-
lamités. L'imbécille ignorance va échouer contre
des écueils, autour desquels on voit encore
flotter mille débris, restes malheureux de mille
naufrages ; elle est obligée d'inventer, et peut
à peine ébaucher des établissemens dont on
trouve le modèle parfait dans un autre temps
ou chez une autre nation. De là ces vicissitudes,
ces révolutions capricieuses et éternelles auxquelles les États semblent être condamnés. Nous

faisons ridiculement et laborieusement des expériences malheureuses , quand nous devrions profiter de celles de nos pères » (1).

La connaissance des lois de police présente un avantage rare à l'écrivain ou à l'homme public que sa position appelle à défendre la liberté civile. La comparaison de ce qui a été avec ce qui est , des fausses mesures anciennes rapprochées des modernes , lui offrent des armes pour repousser les sophismes de l'erreur ; celui que l'étude a ainsi formé , est l'homme fort : *legibus armatus ;* il ne craint plus que l'autorité égarée dans l'emploi de sa puissance tire parti de l'ignorance commune , pour justifier des écarts , ou couvrir des abus qu'il lui devient alors facile de signaler.

Par une raison analogue , et toujours dans l'intérêt du bon ordre et de la répression des coupables , les attaques de la perversité perdent d'autant plus de leur énergie , que la nature des moyens dirigés contre elle ne lui permet pas d'en contester la justice ou d'en accuser la clandestinité : c'est le cas de dire que la publicité est la sauve-garde des lois, comme elle l'est de la liberté. Ces considérations rapidement offertes, ne suffiraient-elles pas pour donner à l'étude des lois de police un relief qu'on ne lui a jamais accordé ? ne sont-elles pas propres à lui conci-

---

(1) Condillac , de l'*Etude de l'Histoire* , partie I , chap. I.

lier l'intérêt qu'on n'a point refusé à des études
moins dignes d'une attention sérieuse ?

Quoi qu'il en soit du plus ou moins d'importance que le lecteur attachera à ces réflexions,
si l'espèce d'obscurité des ouvrages qui traitent
de la police ne nous permet pas de réunir dans
ce chapitre des noms célèbres en jurisprudence
et en histoire, nous aurons cependant à faire
connaître des auteurs dignes, à plus d'un égard,
de la reconnaissance publique et de l'estime de
la Nation.

Un des plus anciens, Jean Bodin, a écrit sur
le droit public et les diverses formes de gouvernement et de la police des États ; sa *République*, en six livres, est la source où beaucoup
de publicistes ont puisé ; mais c'est lui faire trop
d'honneur que de lui attribuer l'*Esprit des Lois*.
L'ouvrage de Bodin, comme tous les livres po-
litiques de ce temps, repose sur les transactions
et la conduite publique des peuples et des rois,
sur les usages, coutumes et priviléges des magistratures et des corporations ; ce n'est point
dans la théorie des droits et l'analyse des principes qu'il cherche les règles de la police des
États, c'est dans la combinaison et l'équilibre
des intérêts qu'il la fait consister. Cette doctrine n'exclut point dans l'auteur une sagacité
et une logique nerveuse qui donne à son style
la couleur d'un homme fortement persuadé.

Il se ressent aussi du temps où il a vecu. Bodin avait suivi le parti de la ligue, quoiqu'il fût protestant. Né à Angers en 1529, et reçu avocat au parlement de Paris, il se fit remarquer par ses connaissances et son goût pour la politique. Nommé député du Tiers-État du Vermandois aux Etats-Généraux de Blois, il y soutint que le domaine royal appartenait au peuple, et que le Souverain n'en avait que l'usufruit; ce qu'il y a de plus extraordinaire en ceci, c'est que le Roi Henri III, à qui on dénonça ce discours, n'en parut point indisposé contre Bodin : il était alors procureur du Roi au bailliage de Laon. Sa *République* eut la plus grande vogue ; les éditions s'en multiplièrent; c'était en effet le premier livre de droit public digne d'attention, qui eût paru jusque-là ; ou l'enseigna publiquement dans l'université de Cambridge. On y trouve, à côté d'idées républicaines, des principes d'un despotisme intolérable. Il soutient qu'un moyen de régénérer les états, est de restituer aux pères le droit que leur accordèrent les premières lois des Romains, c'est-à-dire, le droit de vie et de mort sur leurs enfants. Bodin est un des exemples remarquables des singularités humaines ; il avait la plus grande haine pour la religion, et croyait à l'astrologie et aux sorciers; on en a de lui un traité sous le titre de *démonomanie* : il mourut de la peste, en 1596, dans la ville de Laon, qu'il fit déclarer en faveur du duc de Mayenne contre Henri IV, quoiqu'il ne pût souffrir le catholi-

cisme, mais uniquement par esprit d'indépendance républicaine.

La plus grande partie du deuxième livre de sa
République, est consacrée à la grande police des
États, et contient quelques idées saines sur la
puissance des magistrats, sur les corps, colléges
et communautés des villes; mais on peut repro-
cher à l'auteur une superfluité d'érudition, et le
vague de quelques arguments qu'il emploie. Au
reste, combien d'ouvrages prônés depuis, restent
au-dessous de celui-ci en savoir et en véritable
connaissance de la police des États?

René Chopin, autre jurisconsulte du seizième
siècle, qui a également écrit sur le droit public et
la police, trouve sa place ici après Bodin. Il naquit près d'Angers, en 1537; après avoir plaidé
long-temps avec distinction au barreau de Paris,
il se retira dans son cabinet, et y fut consulté
comme un des plus savants jurisconsultes : il
mourut en 1606. Son livre du domaine, *de do-
manio,* lui valut d'être ennobli par Henri III ; mais
ce livre n'égale ni en érudition ni en savoir, celui
de privilegiis rusticorum : l'un et l'autre ont été
traduits en français. La ville d'Angers éleva Chopin au nombre de ses échevins, pour le remercier
de la seconde partie de la *coutume d'Anjou,*
qu'il dédia au corps municipal de cette ville ;
c'était alors un privilège des villes, d'honorer
ainsi les hommes qui s'étaient rendus utiles ou
agréables aux officiers municipaux. Chopin était

ligueur, et lorsque Henri IV entra dans Paris, sa femme, plus ligueuse que lui, en devint folle; pour lui, il reçut l'ordre d'en sortir, mais ses amis le firent révoquer.

Ses ouvrages sont peu recherchés aujourd'hui; ils n'ont ni le caractère ni le mérite de ceux de Bodin; le traité *de rusticorum privilegiis*, est le seul qu'on puisse consulter sur le fait de la police; celui du domaine n'est pas néanmoins sans intérêt, il mérite encore de tenir sa place dans la bibliothèque des jurisconsultes.

Il est remarquable que le seizième siècle, si agité de troubles intérieurs et de factions, ait pourtant vu paraître d'excellents ouvrages sur le droit public et la jurisprudence. A ceux que nous venons d'indiquer comme ayant trait à la police, nous pouvons joindre le *recueil des édits, ordonnances de nos rois*, publié par Fontanon, en 1580, en 3 volumes in-folio.

Ce savant jurisconsulte a, le premier, donné l'exemple d'une collection législative propre à faciliter l'étude de nos lois; mais, comme nous le remarquons ailleurs, il préféra une distribution par ordre de matières, à celle des dates. Il en est résulté que son ouvrage n'a pu être continué, cette faculté ne pouvant appartenir qu'à l'ordre chronologique.

La Roche Maillet, autre avocat, revit l'ouvrage de Fontanon par ordre de M. le chancelier de Sillery, et en donna une nouvelle édition en 1611; elle est en 4 vol. in-fol., qui se relient en trois : Fontanon est mort en 1584.

Le cinquième livre de son premier volume est consacré à la police ; on y trouve les ordonnances des Rois et arrêts du parlement de Paris sur cette matière ; en le parcourant, on ne peut s'empêcher de reconnaître dans les ordonnances de Charles IX de 1567, et de Henri III de 1577, sur la police générale du royaume, une prudence et une sagesse peu communes, à tracer les règles d'ordre et les mesures de sûreté qui forment la base et le but d'une bonne police. On s'attendrait peu à une telle législation dans un temps de superstition, de fanatisme et de préjugés ; mais il faut ajouter que la police alors était toute à la tranquillité, à la commodité, à la protection des citoyens ; qu'elle n'était point encore devenue un instrument politique, dirigée, je pourrais dire égarée, quelquefois par la peur, et se livrant conséquemment à l'exagération, dans des mesures étrangères à son objet.

A ces époques, la police était administrée tant par les officiers des justices royales et seigneuriales, que par les corps de ville ; il n'y avait point de magistrats dont la mission spéciale fût d'y veiller ; mais à mesure que sous le siècle de Louis XIII et de Louis XIV, un meilleur ordre s'introduisit dans le gouvernement, on sentit là nécessité de créer une magistrature de police dans les principales villes. Paris fut celle par où la réforme commença. Entre le lieutenant civil et criminel, on plaça un lieutenant-général de police en 1667; il réunit à la juridiction, l'administration et la surveillance de tout ce qui tient à la sûreté, propreté, abondance et commodité de Paris. Cet exemple fut suivi avec avantage pour les autres villes en 1699; on y créa des lieutenans de police, charges qui, dans quelques endroits, furent acquises par les Hôtels-de-Ville en possession du droit de police par les titres de leur érection.

L'institution des lieutenans de police éveilla l'attention sur le besoin d'ouvrages qui fissent connaître les diverses branches de cette administration, et les lois qui la concernent. On n'avait que des recueils incomplets, et aucun traité méthodique pour l'analyse et le développement de ses diverses parties.

A la vérité, il existait dans Fontanon, ainsi que nous l'avons dit, une collection des principales lois de police jusqu'à la fin du seizième siècle : on avait aussi, mais en manuscrit seulement, et dans trois ou quatre bibliothèques, les *Livres de couleurs* et les *Bannières du Châtelet* (1), ressources insuffisantes : on pensa donc à produire quelqu'ouvrage qui donna de la police l'idée qu'on devait s'en former, et en faci-

_____

(1) Voyez ce que nous en disons plus bas.

lita la pratique par la connaissance des parties qui la composent.

Tel fut le travail dont le commissaire Lamarre se chargea vers la fin du 17.ᵉ siècle.

Il était zélé, et doué des talens nécessaires pour un semblable projet ; son livre fait époque dans l'histoire de notre législation, et nous pourrions dire de notre littérature, car il est peu d'auteurs qui n'y ait puisé des faits intéressants, des détails sur les usages ou les magistratures des premiers siècles de la monarchie.

Lamarre fut encouragé dans son travail, et par le gouvernement, et par les magistrats ; le public même goûta son entreprise, et l'accueillit avec empressement. Nous n'en étions pas encore au point de tout savoir, d'administrer, de juger sans étude, sans recherches, sans autre guide que les lumières du siècle. Cette grande prérogative était réservée à celui où nous vivons ; les résultats en sont trop connus pour que nous les rappellions ici ; ce serait d'ailleurs un soin superflu, trop de gens ont intérêt à en maintenir l'habitude.

On s'étonnera donc moins du succès d'un ouvrage savant, comme le *Traité de la Police*, quand on se reportera à l'époque où il parut, époque où l'étude du droit, des lois et de l'administration politique étai protégée par la haute magistrature, par le clergé, par le ministère : le titre d'auteur d'un bon livre en était un de recommandation , comme depuis il en est devenu un de défaveur.

Quoique compilation, l'ouvrage de Lamarre, par les recherches et l'intérêt des matières, aurait présenté, s'il eût été achevé, l'histoire la plus détaillée de la civilisation , des mœurs et de la société. Des douze livres dont il devait être composé, l'auteur n'en a donné que cinq ; le sixième, traitant de la *Voirie*, est dû à M. Lecler-du-Brillet, dont nous parlerons plus bas. Nos meilleurs historiens, Velly et Garnier, entre autres , ont puisé dans le *Traité de la Police* les détails qu'ils ont rapportés sur les améliorations de l'administration et des arts ; d'autres écrivains les ont copiés, sans soupçonner même d'où les premiers les avaient tirés.

Un travail de cette importance, et aussi considérable, dût coûter des peines infinies à son auteur ; il l'aurait vraisemblablement abandonné, si M. le premier président de Lamoignon ne l'eût soutenu dans son entreprise. Ce grand magistrat lui facilita les moyens d'exécution , en lui procurant les matériaux et la recommandation dont il pouvait avoir besoin. Il en publia le premier volume avant la mort de son illustre protecteur, arrivée en 1709.

Outre ce puissant secours, Lamarre avait encore celui de M. de la Reynie, lieutenant-général de police (1) ; il lui en avait parlé dès 1693,

_____

(1) Nous ferons connaître les lieutenans de police qui se sont

temps où il commença à se mettre à l'ouvrage : il en reçut des encouragemens proportionnés non-seulement au prix qu'on mettait à ce travail, mais encore au mérite personnel de Lamarre.

Les commissaires au Châtelet formaient alors une sorte de magistrature inférieure, un corps dont les membres jouissaient d'une grande considération. Soumis au lieutenant de police pour l'exercice des fonctions de commissaire au Châtelet, ils étaient souvent chargés par le roi de commissions particulières qui prouvaient la confiance qu'on avait en eux.

Ainsi Lamarre eut les affaires relatives à la révocation de l'édit de Nantes (1685) et aux réformés; l'inspection de l'imprimerie et de la librairie, la recherche des perturbateurs du repos public, c'est-à-dire de ceux qui s'occupaient d'aigrir les esprits et de troubler l'État par des menées secrètes et des assemblées séditieuses. Des mesures dictées par la crainte, la prévention ou la rigueur, donnaient souvent lieu à des résistances au gouvernement, ces résistances amenaient de nouvelles rigueurs, et la police avait besoin d'une attention particulière pour empêcher que des hommes inquiets ou ambitieux n'en prissent occasion d'attenter à l'ordre public.

succédés depuis 1667, époque de leur création à Paris, jusqu'en 1789, où cette magistrature fut supprimée.

Il fut chargé d'un autre soin qui dut moins lui coûter, mais l'exposer sans doute à des séductions, qu'on ne peut éviter quand il est question d'intérêt pécuniaire ; le roi lui confia la commission de découvrir les malversations dans les finances et dans l'emploi des sommes consacrées aux bâtimens de Versailles ; mais ce qui lui donna lieu surtout d'exercer son zèle, ce fut la mission dont l'honora le parlement dans les disettes de 1693 et 1700, pour faire exécuter les lois et règlements contre les spéculateurs dans le commerce des grains ; persuadé, comme le corps illustre qui le députait, que la subsistance du peuple marche avant tout, que les arguments employés pour établir une doctrine contraire ne sont que de faux prétextes pour couvrir la cupidité ou excuser la faiblesse des administrateurs, Lamarre sut faire garnir les marchés, approvisionner Paris, sans que les mesures qu'il fit exécuter empêchassent qu'on n'ensemençât un arpent de moins dans le royaume. Il eut du roi une semblable mission en 1709 et 1710, et s'en acquitta avec une fermeté et une intelligence qui, réunies aux autres efforts du gouvernement, eussent fait cesser la famine, s'il était donné aux hommes de remédier entièrement aux intempéries des saisons (1).

(1) Un grand changement s'est opéré dans l'état des subsistances depuis cette époque ; la pomme de terre ne peut empêcher la disette

Notre commissaire acquit ainsi la réputation d'homme intègre et désintéressé. Louis XIV, grand appréciateur d'un semblable mérite, le lui témoigna publiquement. « Je n'ai jamais » été servi avec plus d'exactitude, de zèle et » d'intelligence : je m'en souviendrai. Je sais » bien que, par votre désintéressement, vous » n'en êtes pas mieux avec la fortune ; mais » j'aurai soin de vous. »

Le roi tint parole ; il lui fit donner une pension de deux mille livres, et ajouta encore à son aisance, par l'augmentation d'un neuvième sur les billets de spectacle établie en sa faveur, à la demande de M. d'Argenson, lieutenant de police alors, et pendant les premières années de la Régence. Ce neuvième fut ensuite abandonné au profit de l'Hôtel-Dieu, qui convint de donner trois cent mille francs, une fois payés, en échange, au commissaire Lamarre. Il en jouit peu, et mourut en 1723. Il était né en 1641, à Noisy-le-Grand, village près Paris.

L'ouvrage de Lamarre est en quatre volumes in-folio, y compris celui qui traite de la *Voirie*, et que M. Lecler-du-Brillet y a ajouté. On en compte trois éditions en France, et une en Hollande.

Ce serait manquer à l'équité, que de refuser à

quand les saisons sont mauvaises ; mais elle rend la famine impossible, à moins d'un excès de cupidité de la part des cultivateurs, et d'une grande négligence de la part du gouvernement.

M. Lecler-du-Brillet un tribut de reconnaissance pour son supplément au *Traité de la Police.* Les recherches qu'il y a réunies sur la police des grands chemins, les lois et règlements qu'on y trouve en font un ouvrage digne de sa destination. M. du Brillet avait promis, dans sa Préface, de donner un second tome contenant les *Arts et Métiers ;* mais il ne l'a pas exécuté ; il s'est borné à la *Voirie*, qu'il a fort bien traitée. L'ouvrage a paru en 1738, avec la seconde édition de Lamarre.

Environ vingt ans après la publication de ce dernier, on vit paraître un *Dictionnaire*, ou *Traité de la Police générale des Villes, Bourgs, Paroisses et Seigneuries de la Campagne*, par M. de la Poix de Freminville, bailli des ville et marquisat de la Palisse, en un volume in-4.º ; réimprimé, dans une seconde édition, en un volume in-8.º, en 1778.

L'auteur, homme pieux, savant, intègre, mais d'une grande sévérité, a eu pour objet principal de diriger dans l'exercice de leurs fonctions les procureurs fiscaux, chargés de faire exécuter les règlements et observer les lois dans les juridictions seigneuriales. Ce que M. de Freminville disait dans la Préface, de la nécessité de l'instruction chez ces magistrats inférieurs, pourrait s'appliquer, à bien des égards, à ceux qui les remplacent aujourd'hui ; il veut qu'ils aient de la capacité, de la probité, de l'application ; il les exhorte surtout à ne point tolérer l'impunité, qu'il regarde comme la source de tout désordre dans l'administration de la police.

Le livre de M. de Freminville est rédigé avec soin ; on y reconnaît un homme formé par l'usage ; mais on y chercherait inutilement autre chose que des ordonnances, des jugemens, des sentences sur chacun des objets rangés par ordre alphabétique qui composent sa nomenclature : ce n'en est pas moins un traité utile, et l'un des meilleurs pour connaître les règles de la police, comme faisant partie de la juridiction seigneuriale.

La Poix de Freminville est connu encore par un ouvrage très-recherché dans le temps, et aujourd'hui à peu-près inutile, la *Pratique des Terriers*, en quatre volumes in-4°. L'auteur était de Verdun, en Bourgogne, où il naquit en 1680 ; il est mort à Lyon en 1773.

On a reproché à son *Dictionnaire* de manquer de clarté dans le peu de remarques qu'il s'y est permis ; on cite entre autres celle des *grossesses cachées*. Voici comme s'exprime l'auteur de la jurisprudence de l'*Encyclopédie méthodique* à cet égard, page 146 du *Discours préliminaire*, tome IX.

« Les femmes et filles, dit M. la Poix de » Freminville, qui cèlent leur grossesse et leur » accouchement, commettent un homicide vo- » lontaire en la personne de leurs enfants, soit

« en les faisant périr pendant leur grossesse par
» breuvage, d'où s'ensuit l'avortement, ou
» autrement, en les faisant mourir après leur
» accouchement ; dans l'un et l'autre cas elles
» sont punissables de mort ; c'est la loi établie
» par Henri II en 1556. »

Ce raisonnement de l'auteur est d'une obscurité telle, qu'on ne peut rien y entendre. Il est très-vrai que l'édit de Henri II suppose que les filles n'ont cèlé leur grossesse que dans l'intention de faire périr l'enfant, puisque par cela seul que la déclaration de grossesse n'aurait pas été faite, en cas d'avortement ou que l'enfant fut mort après l'accouchement, la mère était déclarée coupable d'infanticide. Mais de ce que la loi de Henri II établit cette injuste prévention, il ne s'ensuit pas que *les femmes et filles qui cèlent leur grossesse et leur accouchement commettent un homicide volontaire en la personne de leurs enfants.* Ainsi l'auteur du *Dictionnaire* se montre plus rigoureux qu'une loi très-rigoureuse, ou pour mieux dire commente mal la loi dont il parle.

Une législation plus équitable a fait cesser chez nous la prévention établie par la loi de Henri, qu'au reste nous rapportons à sa date dans notre collection.

Vers le même temps, c'est-à-dire en 1757, on vit paraître un petit ouvrage, sous le titre de *Code de la Police* ; une *Analyse de ses*

Règlements divisée en douze titres, par M. Duchesne, conseiller du roi, lieutenant-général au baillage de Vitry en Champagne ; d'abord en un , puis en deux volumes in-12, en 1768 ; ouvrage rédigé avec clarté , méthode , mais d'une trop grande brièveté ; il est fait sur le même plan que celui de M. Sallé , dont nous allons parler , avec cette différence que celui-ci fait suivre les édits et ordonnances de police, des jugemens et sentences qui en sont l'application, et que Duchesne ne fait qu'en rappeler les principales dispositions.

M. Sallé était avocat au Parlement de Paris , et membre de l'Académie royale des sciences et belles-lettres de Prusse ; il est savant et méthodique , et sous le titre de *Traité des fonctions, droits et priviléges des Commissaires au Châtelet de Paris*, il a exposé les formes suivies dans les opérations civiles et de police de ces officiers. Son second volume est un tableau fort bien fait des diverses branches de la police ; chaque matière est appuyée des principales lois qui s'y rapportent , et de sentences ou jugemens qui en ont prononcé application. L'ouvrage a paru, pour la première fois, en 1759. Nous croyons qu'il y en a eu une seconde édition en 1765 ; l'une et l'autre en deux volumes in-4°.

Un livre qué nous ne devons pas passer sous silence , quoique peu connu , est le *Code de la Religion et des Mœurs*, ou *Recueil des princi-*

pales Ordonnances depuis l'établissement de la Monarchie, concernant la Religion et les Mœurs, par l'abbé Mensy, prêtre du diocèse de Besançon, en deux volumes in-12, publié en 1770.

Ce recueil fait avec discernement, annonce un homme qui a pu consulter les grandes collections, éloge qui ne veut pas dire qu'il faille adopter et moins encore suivre certains principes d'une rigueur extrême qu'il semble approuver dans la répression de quelques délits religieux ou moraux ; mais, à cela près, l'ouvrage mérite de tenir une place parmi ceux qui ont pour objet la législation de la police. Il paraît que le désir de contenir l'impiété et le scandale a mis la plume à la main de l'auteur. Son Discours préliminaire tend à montrer que les plus grands rois, et Charlemagne tout le premier, qui sans doute se connaissait en législation, ont recommandé le respect des choses saintes, protégé les églises et la religion, preuves qu'il ne lui a pas été difficile de recueillir ; elles se trouvent dans les lois de ce grand prince, comme dans toutes celles qui avaient contribué à faire de la France la nation la plus heureuse, la plus puissante et la plus indépendante de toutes celles de l'Europe.

Aucun traité remarquable sur la police ne parut depuis cette dernière époque jusqu'à celle de 1782, que M. Perrot donna au public son *Dictionnaire de la Voirie*, en un volume in-4°.

Ses fonctions de garde-scel au bureau des finances lui procurèrent les moyens de réunir d'une manière complète tous les règlements concernant cette partie de la police : on sait que les trésoriers de France au bureau des finances en avaient la juridiction, supprimée depuis avec toutes les autres juridictions.

M. Des Essarts publia, en 1786, le premier volume de son *Dictionnaire universel de Police.* Ce livre promettait plus qu'il n'a tenu ; l'auteur transcrit de Lamarre dans presque tous les articles ; il pouvait, ce semble, donner de nouveaux développemens, et faire mieux connaître les mesures d'ordre et de surveillance employées par la police de son temps ; il s'y borne à des généralités ou à des discours oisifs, quand ce ne sont pas de fades éloges.

Il avait l'intention d'ajouter aux règlements de la police de France, qui composent le fond de son Dictionnaire, ceux des autres états de l'Europe. Mais on doit peu regretter qu'il n'ait pas rempli sa promesse ; tout ce qu'il en aurait pu tirer sur la police de sûreté aurait été, d'une part, fort inutile à Paris, et de l'autre n'aurait pas manqué d'être mêlé d'une foule d'erreurs et de méprises, comme il arrive lorsqu'il est question de faire connaître les établissemens de ce genre formés chez les étrangers.

Des Essarts dédia son livre à M. le Noir, qui n'était plus lieutenant de police alors (1786), mais qui n'encouragea pas moins cette entreprise. Elle eut un très-grand nombre de souscripteurs. Alors les autorités publiques, les juges, les avocats, les personnes attachées à la magistrature et à la police croyaient se rendre dignes de leurs places en s'entourant de lumières et de connaissances analogues à leurs fonctions. C'était un temps de barbarie et d'ignorance ; nous n'avons plus besoin de semblables ressources, et nous puisons notre science dans les brochures, surtout dans celles qui sont *fortement pensées.*

Le *Dictionnaire de Police* est resté au huitième volume, à la lettre **P** ; c'est à-peu-près les deux tiers. On aurait pu le continuer ; mais il ne parait pas qu'aucun libraire ait osé hasarder les frais de copie et la dépense de cette continuation.

Nous aurions à regretter cette lacune, si l'ouvrage que nous entreprenons ne la réparait ; chaque volume ayant une table des matières, et le dernier une table générale, on conçoit qu'il sera facile de trouver promptement la loi ou le réglement que l'on voudra consulter.

Celui de Des Essarts a un défaut remarquable, et qui doit étonner avec les ressources qu'il prétend avoir eues pour le faire ; n'ayant point trouvé dans Lamarre certaines instructions adressées par les magistrats de police aux préposés ou officiers, chargés de l'exécution des réglements, il n'en a rapporté aucune, même pour la police de son temps, si l'on en excepte ce qui a rapport aux soins prescrits pour les *noyés* et *asphixiés*. On peut trouver la cause de cette omission dans la difficulté d'obtenir des employés la communication de ces pièces, quoiqu'imprimées, mais dont ils se montrent quelquefois jaloux de se réserver la possession et la connaissance.

Un tort plus volontaire de Des Essarts, ce sont les éloges ampoulés qu'il fait du zèle, des lumières, de la sagesse des magistrats de police, et des grandes vues qu'il leur attribue pour le bien de l'humanité ; ce langage, qui contraste par trop avec les exclamations de la Préface du huitième volume, où l'auteur parle avec exagération du despotisme de la police, de la tyrannie qui le retenait dans son travail, et de l'esclavage sous lequel la police le faisait gémir ; il voit la liberté dans toutes les destructions que l'on opérait alors (1790), et jusques dans les passeports, création inconnue avant cette époque de régénération.

On doit à M. Des Essarts quelques autres ouvrages de jurisprudence, tels qu'un répertoire des jugemens fameux, les procès des chefs de la révolution, enfin un recueil de *causes célèbres* peu recherché, quoique meilleur que celui qui a paru depuis le sien. Mort en 1810.

Les neuvième et dixième volumes de la *jurisprudence* de l'encyclopédie méthodique, sont exclusivement consacrés à la police : ce livre, remarquable par des recherches historiques et la manière dont il est rédigé, se ressent des circonstances où il a été fait. Le premier volume a tout le caractère de 1788, moment où les meilleurs esprits étaient mus par des espérances qui ont été cruellement trompées ; dans le courant où tout le monde se laissait aller, on aurait paru insensé et mauvais citoyen, de ne pas épouser les sentiments qui animaient les autres. Jusqu'au 6 octobre 1789, les Français furent tous, à peu d'exceptions près, d'un accord unanime sur la réforme des abus ; mais après cette époque, deux partis se formèrent dans la nation, celui des royalistes, qui plaçaient dans les anciennes institutions le soutien du trône et de la liberté nationale, et celui des *réformateurs,* qui, poussés par leur ardeur, ne voyaient rien de sacré ni de digne d'être conservé. L'auteur du dictionnaire de police de l'Encyclopédie, tout en conservant les principes de liberté qu'il avait puisés à l'école parlementaire, se rangea dans la première classe, et sa doctrine, ainsi que les maximes professées dans son ouvrage, s'en ressentirent.

Il est le premier qui ait discuté la *législation de la police,* dans un livre de bibliothèque ; elle avait été jusqu'alors l'Arche qu'on ne pouvait toucher ; on n'en avait parlé que dans des pamphlets, et souvent à faux, soit qu'on endit du bien ou du mal. L'*introduction* est consacrée à montrer les rapports de la morale publique avec le bon exercice de la police ; l'auteur croyait qu'il y avait une morale publique : c'est une de ces erreurs qu'il est permis d'excuser. Une notice assez courte des écrivains qui ont traité le même sujet que lui, occupe le discours préliminaire , et sert, en quelque sorte, de prélude à l'ouvrage.

Cette partie de l'encyclopédie méthodique n'est pas plus connue que le reste ; on a l'encyclopédie comme un meuble, et non pas pour la lire ; usage favorable à quelques auteurs ; ils en copient de grands passages qu'ils défigurent, et en font des livres ; mais ordinairement ces plagiats sont de la seconde ou troisième main , car il faut encore une connaissance que beaucoup de beaux esprits n'ont pas , pour savoir ce qu'on peut piller dans l'encyclopédie.

La 4.ᵉ et dernière partie du *Dictionnaire* dont nous parlons, parut sur la fin de 1790 ; depuis cette époque jusqu'aujourd'hui , on a successivement vu paraître de petits recueils consacrés à la police, tels que le *Code de police*, contenant les nouvelles lois sur la police municipale, correctionnelle , rurale, criminelle ou de sûreté, par M. Guichard, homme de loi (expression d'alors), en 1 vol. in-8.°, 1791.

Ce livre, dédié à M. Duport-du-Tertre, alors ministre de la justice, a été reproduit successivement par l'auteur, en plusieurs volumes in - 12, à peu près sous le même titre; il est estimé et mis au nombre des meilleurs recueils du même genre, qui ont paru pendant nos métamorphoses législatives.

On y trouve, dans l'édition de 1794, la *Police révolutionnaire*, dont il existe aussi un Code sous le format in-4.°, publié par Rondonneau, l'an II de la *République, une et indivisible*.

Cette police révolutionnaire est trop remarquable; elle a trop altéré, jusque dans ses entrailles, s'il est permis de parler ainsi, la police; nous en avons trop retenu de dispositions, pour ne pas en avoir rapporté les principales lois dans notre recueil.

Elle fut l'ouvrage et l'instrument de la terreur; et depuis lors, jusqu'à présent, nos lois et nos mesures de police ont conservé, je ne sais quel aspect qu'elles n'avaient pas autrefois; le suspicisme, la peur semblent avoir présidé à leur rédaction; comme les partis se regardaient réciproquement en ennemis qu'il fallait détruire, les lois qu'ils ont portées les unes après les autres, présentent ce fâcheux caractère que nous retrouvons encore dans quelques - unes de celles qui les ont suivies ou remplacées.

La première loi, proprement dite révolutionnaire, est le *décret portant* que le *gouvernement provisoire de la France, est révolutionnaire jusqu'à la paix* (dix-neuvième jour du premier mois de l'an II.)

Ce gouvernement révolutionnaire confia au comité de salut public de la convention, la surveillance sur le conseil exécutif, sur les ministres, sur les généraux, sur les corps constitués : toutes les mesures de sûreté devaient être approuvées par le comité de salut public.

Par un autre décret du 14 frimaire de la même année, le mode du gouvernement révolutionnaire fut déterminé ; il créa le *Bulletin des lois,* et ordonna qu'une imprimerie serait établie, pour son service, aux frais de la république.

La convention nationale fut déclarée le centre unique de l'impulsion du gouvernement (*Section* 2, *titre* 1.er). A ce vice près, de faire d'une grande assemblée le centre du mouvement administratif, ce gouvernement, odieux par les vils agents qui le composaient, absurde et barbare par l'esprit de persécution et de terreur qui les dirigeait, était parfaitement combiné pour soutenir l'échafaudage de l'usurpation ; ce ne fut pas le défaut d'ordre et de force qui le fit périr, mais la tyrannie de ceux qui le composaient, et la guerre de destruction qu'ils se faisaient alternativement entre eux, et, par réaction, à la plus grande partie des Français.

On conçoit donc que les agents de ce gouvernement, réglant les destinées des citoyens, et prononçant d'après ses maximes sur la répression des fautes, délits et contraventions, d'après les lois du temps, il était nécessaire qu'il existât une police révolutionnaire : nous venons d'indiquer deux ouvrages .qui en présentent le code, c'est à quoi nous nous bornerons.

Il faut placer ici le *Code correctionnel* et de *police simple,* de M. Sagnier, qui parut en l'an 7, recueil fait avec intelligence, et dont l'utilité n'a point cessé avec les changemens survenus depuis cette époque ; c'est que l'auteur a eu l'attention de joindre, comme supplément indispensable à son ouvrage, les anciens règlements et ordonnances de police, non abrogés par les nouvelles lois. Ces anciens règlemens seront toujours recherchés et consultés, parce qu'on y retrouve le cachet de l'expérience, et d'une sagesse dont les nouveaux n'ont pas toujours le mérite.

Il ne faut pas oublier d'indiquer au lecteur un *Recueil chronologique des lois criminelles, correctionnelles* et *de police,* avec une table alphabétique des matières, in-12, 1801. Cette petite collection est commode, et peut suppléer à beaucoup de grands recueils, quand on n'a besoin que des lois de police ; mais elles se bornent à celles qui ont paru de 1790 à 1801, et ne contient aucune des ordonnances, pas une seule des instructions émanées de ces autorités ou du ministère pour l'exercice de la police judiciaire, administrative ou de surveillance.

Nous passons à un ouvrage que plusieurs avantages distinguent parmi ceux dont nous devons faire mention ici ; c'est le *Code administratif* de M. Fleurigeon, chef de bureau au ministère de l'intérieur. L'auteur a réuni, dans les deux derniers volumes, les lois données depuis la Révolution sur les principales branches de la police ; elles y sont rangées dans un ordre de matières assez compliqué ; un volume enjambe sur l'autre, et il faut les avoir tous sous la main, pour suivre la législation dans une partie quelconque, inconvénient qui résulte nécessairement de la classification qu'exige toujours la rédaction de ce qu'on appelle un *Code*. A mesure qu'une nouvelle loi paraît, il faut l'ajouter au supplément, et répéter la nomenclature des matières, défaut qu'on évite avec la classification chronologique.

L'ouvrage de M. Fleurigeon est resté sans suite par la mort de l'auteur ; il se distingue des autres compilations, parce qu'on y trouve des instructions ministérielles, non–seulement sur la police, mais encore sur plusieurs points de l'administration générale et particulière de la France.

Les *Ordonnances de la Préfecture de police* forment un recueil intéressant ; elles sont, en quelque sorte, les annales des soins donnés par le gouvernement, à l'amélioration des divers services de propreté, de sûreté, de tranquillité de Paris ; la plupart rappellent les anciennes ordonnances du lieutenant de police, ou en sont l'application à la police actuelle. Lorsque nous en serons à l'époque de la création de cette nouvelle institution, nous en ferons connaître la nature, et les changemens que le besoin d'une autorité plus étendue semblerait y exiger.

Il y a cette différence entre les ordonnances du préfet et celles de l'ancien lieutenant de police, que les premières sont toutes *de proprio motu*, rendues sur un simple rapport administratif, et d'après la connaissance qu'a le magistrat, du besoin de leur publication ; et que les secondes étaient provoquées par la partie publique, et rendues à la requête du procureur du Roi au Châtelet, qui en poursuivait l'exécution en cas d'infraction, ou dénonçait la négligence des commissaires de police à y tenir la main.

La nouvelle forme résultant de notre système législatif tend à donner à la police un pouvoir discrétionnaire, qui serait contraire aux principes qui en font l'essence, et peut exposer ses agents à des actes répréhensibles.

Les règlements et ordonnances de la préfecture forment un recueil incomplet de onze petits volumes in-12, destiné uniquement aux officiers et aux préposés de cette administration ; on ne

lui a peut-être pas donné tous les caractère d'utilité qu'il aurait pu recevoir (1).

M. Léopold, ancien docteur en droit et avocat,
est, de tous les auteurs d'aujourd'hui qui ont
écrit sur la police, celui dont l'ouvrage a paru en
forme de *dictionnaire* (2). C'est un extrait des
lois, ordonnances et règlements anciens et
nouveaux ; il est précédé d'une courte *Introduction* tirée du *Dictionnaire de police de
l'Encyclopédie*, en ce qui concerne la notice
des écrivains.

On ne peut accuser le Dictionnaire de M. Léopold d'inutilité ni d'incorrection dans les articles
qui le composent ; mais il en manque un très-
grand nombre, dont les personnes qui ont
rempli des fonctions de police peuvent seules
apercevoir les lacunes. Comme l'auteur paraît
n'avoir écrit que pour les officiers de police
judiciaire, il a négligé les instructions ministérielles qui se rapportent à la bonne tenue des
villes et des établissemens publics. Mais de pareils détails l'auraient entraîné hors de ses limites,
et un seul volume n'y aurait pu suffire. Il n'y
avait qu'une collection comme celle-ci qui pût

_____

(1) **Notre** intention étant de continuer notre collection à l'instar
du *Bulletin des Lois*, le public aura désormais un recueil de
réglemens et ordonnances de police, du Roi, de la Préfecture et
des autorités à mesure qu'ils paraîtront.

(2) *Dictionnaire général de Police civile et judiciaire de la
France*, un volume in-8°. A Paris, chez Emery.

offrir aux auteurs, aux fonctionnaires, et
au public tant d'objets divers réunis, mérite
qui doit concilier à notre travail l'intérêt et
l'estime de tous ceux qui se livrent à la magistrature, aux affaires publiques et à la défense
des accusés.

La police a un si grand rapport avec le droit
politique, son bon ou mauvais régime dépend
tellement de la stabilité et des formes du gouvernement, qu'on devrait mettre au rang des
ouvrages qui la concernent, ceux qui traitent
des changemens survenus dans la législation et
l'état des pouvoirs publics en France ; aussi en
avons-nous cité plusieurs qui sont dans ce cas.
Il en est un que nous devons également rappeler,
et dont le mérite nous a semblé supérieur
pour le savoir et la justesse des idées, au plus
grand nombre de ceux que nous avons sur le
même sujet ; c'est de *l'Origine et des Progrès de
la Législation française* que nous entendons
parler ; sa devise est contenue dans ces mots :
multa paucis. Le savant académicien à qui
nous le devons s'y montre instruit dans l'histoire de notre droit public ; son livre est la meilleure introduction qu'on puisse choisir pour
l'étude de notre législation politique, et surtout
de celle qui nous occupe (1).

_____

(1) *De l'Origine et des Progrès de la Législation française,*
ou *Histoire du Droit public et privé de la France,* par M. Ber»

Nous n'aurions point fait connaître tous les écrits dans lesquels on peut puiser des lumières sur le caractère et le but de la police, comme moyen de réprimer les délits et de maintenir l'ordre public, si nous n'indiquions les discours et discussions qui ont eu lieu sur le *Code pénal*, et principalement sur celui de *Procédure criminelle*. Malgré la crainte que le despotisme inspirait au génie et à la raison, et dont les traces se reproduisent dans les actes législatifs de cette époque, on ne peut refuser aux jurisconsultes qui ont débattu les points relatifs à la police dans les discours imprimés en tête de ces importantes lois, une profondeur et une justesse de vues qui auraient eu plus d'effet sans doute, sans la servitude sous laquelle ils parlaient (1).

On doit des éloges non moins mérités à M. le procureur du roi près le tribunal de première instance du département de la Seine (2), pour l'excellente *Instruction* qu'il a rédigée en faveur des officiers de police judiciaire, ses auxilliaires dans les recherches des délits. Précision, clarté, respect des formes protectrices de l'innocence, style correct et ordre parfait dans la distribution des matières, tels sont les caractères de cette

---

nardi, de l'Académie royale des inscriptions et belles-lettres, un volume in-8o. Paris 1816.

(1) Voyez les discours prononcés au corps législatif dans les séances des 7, 8, 19 novembre, et 9 décembre 1808, eu présentant le projet du *Code de Procédure criminelle*.

(2) M. Jacquinot-Pampelune.

production distinguée dont nous enrichirons notre collection (1).

§. III.

Des diverses collections des lois imprimées, sans qu'aucune ait été consacrée à la police.

Les nombreuses collections de lois sorties des presses françaises depuis le commencement du 17.ᵉ siècle, annoncent assez leur importance et leur utilité.

Le succès n'a cependant pas été le même pour toutes, soit que les auteurs aient mal combiné leurs plans, soit qu'ils aient rencontré des obstacles dans l'exécution, ou qu'ils soient morts avant la fin de leurs entreprises.

Aucune de ces collections n'eût pour objet la législation de la police.

La plus intéressante comme la plus étendue de toutes celles qui ont paru avant la *Collection des Ordonnances du Louvre*, est le recueil des *Edits et Déclarations*, de Fontanon, avocat au Parlement, publié en 1580.

Mais ce recueil, qui remonte à 1270, et va jusqu'à la fin du seizième siècle, a le défaut de

_____

(1) Le travail de M. Jacquinot-Pampelune ayant reçu l'approbation de M. le procureur-général, devient un guide sûr et une autorité pour MM. les officiers de police judiciaire ; il entre donc dans l'objet de notre Collection. Nous l'y rapporterons.

présenter les lois, non dans l'ordre chronologique, mais d'après une division des matières adoptée par l'auteur. Chaque volume renferme plusieurs *livres*, et chaque livre les édits et déclarations qui se rapportent à la matière qu'on y traite. L'ouvrage est en quatre volumes in-folio, et le cinquième livre du premier est consacré en entier à la police.

Une seconde édition de Fontanon fut entreprise à la recommandation du chancelier Brulart de Sillery (1); Gabriel de la Rochemaillet, avocat au Parlement, se chargea de l'exécuter; il y fit des augmentations et des changemens, et la publia en 1611.

Cette compilation fit naître alors l'idée de publier un corps de droit, ou abrégé des ordonnances précédentes, à l'imitation de l'empereur Justinien. Henri III, qui régnait alors, adopta ce projet. Il s'agissait de lui donner ensuite force de loi, en le faisant paraître sous la forme d'ordonnances enregistrées dans les Cours. L'avocat-généralB risson fut chargé de l'exécuter; il s'en acquitta avec soin et diligence, et l'ouvrage fut

---

(1) Nommé garde-des-sceaux en 1605, et chancelier de France en 1607. C'est lui qui négocia le divorce de Henri IV, et son mariage avec Marie de Médicis. Mort en 1624, il est un exemple des caprices de la fortune et de la faiblesse des hommes en place qui ne peuvent plus se résoudre à vivre avec eux-mêmes. L'ordre de se retirer de la cour et de rendre les sceaux fut pour lui un coup de foudre ; il pleura, se lamenta, et mourut six mois après, à l'âge de quatre-vingts ans.

imprimé en 1587. Il est connu sous le nom de *Code Henri*.

Dès que l'ouvrage fut imprimé, Henri III ordonna qu'on en envoyât des exemplaires à tous les Parlements pour l'examiner, et y faire les changemens nécessaires; mais les troubles qui survinrent, la mort du roi et celle de Brisson (1) empêchèrent l'exécution du projet.

En 1596 parut un nouveau recueil de lois, sous le titre de *Conférence des Ordonnances*, augmenté et réimprimé en trois volumes in-folio quelques années après. L'auteur, Guenois, lieutenant particulier du bailliage d'Issoudun, ne s'y propose pas, comme le président Brisson, de faire un *Code* de diverses parties d'ordonnances distribuées par ordre de matières, mais de les recueillir chacune en entier, et de mettre par là le lecteur à portée de comparer ou *conférer* les changemens survenus dans chaque partie de la législation. C'était à-peu-près la méthode suivie par Fontanon.

On a reproché à Guenois d'avoir mal-à-propos rapproché de longues ordonnances, qui, n'ayant

_____

(1) Henri III fut assassiné à Saint-Cloud le 2 août 1589, par un jeune dominicain nommé Jacques Clément. Barnabé Brisson, avocat-général, puis président à Mortier, fut pendu le 16 novembre 1591. Il dut ce malheur à son ambition déplacée. Les *Seize* ayant fait mettre à la Bastille le premier président Achille de Harlay, Brisson, dans l'espoir d'avoir sa place, refusa de suivre le Parlement fidèle hors de Paris en 1589. Il eut la place; mais ceux de qui il la tenaient le firent pendre, mécontents de sa conduite dans ce Parlement.

éprouvé aucun changement dans leurs dispositions, ne pouvaient être l'objet d'aucune *conférence*, et par conséquent devenaient inutiles dans le plan qu'il avait adopté.

Mais la plus forte objection, et qui s'applique également aux autres compilations de même espèce, est dans la forme même de l'ouvrage. Aucune collection législative n'a d'utilité durable qu'autant qu'elle est assujettie à l'ordre des dates, sans égard à celui des matières sur lesquelles portent les lois. Tel était le sentiment du savant et judicieux de Laurière :

« Ceux qui s'appliquent, dit-il, à l'étude du droit et de la jurisprudence, veulent lire de suite les lois et réglements tels que les souverains les ont donnés » (1).

Nous pourrions ajouter qu'il n'y a que ce moyen d'en bien connaître et d'en saisir la lettre et l'esprit, parce que l'époque et les circonstances où une loi a paru en caractérisent presque toujours le sens et la pensée : on ne saurait donc bien apprécier la législation qu'en la suivant ainsi à travers les siècles et les événemens.

Vers la fin du règne de Louis XIV, deux avocats distingués, Neron et Girard, entreprirent un fort bon *Recueil d'Edits et Ordonnances* des rois depuis Philippe VI jusqu'à l'époque où ils le publièrent. Cette collection,

---

(1) Préface des *Ordonnances des Rois de France*, tom. I.

classée dans l'ordre de dates, a été revue et corrigée par de Laurière, qui en a donné une nouvelle édition en 1720. Les notes dont il l'enrichit, et la classification chronologique qu'on y suit, ont fait rechercher cet ouvrage, un des mieux faits et des plus estimés dans son genre.

Quelques années après l'entrée de Colbert au ministère, Louis XIV ayant voulu faire travailler à la réforme de la législation, ceux qui en furent chargés s'aperçurent aisément qu'il n'existait aucune collection des ordonnances des rois où ils pussent avoir recours, toutes celles qui existaient étant incomplètes. On se décida donc à en entreprendre une nouvelle ; mais on voulait un ouvrage qui fut à la fois un monument pour l'histoire, et un répertoire des lois du royaume : on convint de plus qu'on ne remonterait pas au-delà de la troisième race, et le commencement du règne de Hugues Capet fut le point de départ que l'on choisit.

Le roi ayant approuvé ce projet, se reposa sur M. le chancelier de Pont-Chartrain de son exécution (1).

_____

(1) Louis Phelipeaux, comte de Pont-Chartrain, chancelier de France en 1693, eut un grand savoir et une véritable modestie ; il ne dédaigna pas les lettres d'où il tirait ses plus beaux titres, ni les savants dont il honorait les travaux ; aussi lorsque Louis XIV le nomma chancelier, il lui fit l'honneur de lui dire : « Monsieur, je » voudrais avoir une place plus digne de vos talens et des services » que vous m'avez rendus. » On sait tout ce qu'il a fait pour la littérature, dont il fut un protecteur zélé. M. de Pont-Chartrain a été du

Des ordres furent en conséquence donnés de faire des recherches dans tous les dépôts; on y copia toutes les lois, ordonnances et actes publics qui pouvaient entrer dans la collection projetée. Ce travail confirma ceux qui en furent chargés, dans l'opinion où l'on était sur l'imperfection des précédentes compilations, puisque les seules ordonnances depuis Hugues Capet jusqu'à Philippe de Valois, dont il n'y a que trente à quarante dans le recueil de Fontanon, formèrent à elles seules un gros volume in-folio.

De Laurière, qui nous apprend ces détails, fut aussi celui que M. de Pont-Chartrain désigna pour la mise en ordre des ordonnances, et la rédaction des notes et des préfaces de ce grand ouvrage.

Il était difficile de faire un meilleur choix; de Laurière, consommé dans la connaissance de l'histoire et de notre droit public, avait abandonné le barreau pour se livrer aux travaux du cabinet. L'étude le dominait; tout ce qui est sorti de sa plume porte le caractère d'un profond savoir et d'une rare connaissance des lois (1).

---

petit nombre des ministres que la maladie du pouvoir n'a pas poursuivis jusqu'au tombeau. Il se retira volontairement à l'Institut de l'Oratoire, et il s'y montra aussi grand par ses vertus qu'il l'avait été par ses places. Le roi l'y honora d'une de ses visites. Mort en 1727, âgé de quatre-vingt-cinq ans.

(1) De Laurière, qui avait été associé aux études du jeune D'Aguesseau, depuis chancelier de France, a enrichi notre jurisprudence d'ex-

La première difficulté qui s'était présentée lorsqu'on eut réuni assez de matériaux pour commencer l'impression, fut de savoir quel ordre on suivrait dans la compilation.

« On ne pouvait, dit de Laurière (1), suivre que celui des temps ou des matières : après avoir beaucoup balancé les avantages et les inconvéniens de ces deux ordres, on se détermina à rejeter celui des matières, et à préférer l'ordre chronologique, comme plus utile, non-seulement aux jurisconsultes pour la facilité qu'il leur procure de lire les lois toutes entières avec leurs préambules, qui servent souvent à faire connaître leur véritable esprit, mais encore aux savants qui étudient les lois, soit par rapport à certains faits historiques, soit pour connaître les mœurs et usages de chaque siècle. »

Qu'il nous soit permis de nous arrêter un instant, sur ce point décidé par des savants de ce mérite. Nous avons été animés de la même pensée qu'eux, sur la nécessité de suivre l'ordre chronologique dans notre collection. La police en effet, plus qu'aucune autre partie de la législation, fait connaître les *usages et les mœurs de chaque siècle ;* elle embrasse les premiers intérêts de la société ; sa législation ne se compose

---

cellents ouvrages, entr'autres du *Glossaire du Droit français*, fort estimé. Il est mort en 1728, âgé de soixante-neuf ans, à la suite d'une longue et cruelle infirmité.

(1) Préface du 1.er volume des *Ordonnances des Rois de France.*

pas seulement d'ordonnances émanées des Souverains, mais encore de réglements qui, par le caractère de ceux qui les prescrivent, ont une force d'exécution garantie par la loi, pour l'objet sur lequel ils portent. Notre collection, en réunissant les unes et les autres dans l'ordre des dates, en reçoit une plus grande utilité, et fait connaître l'état des mœurs et des besoins de la société, pour les époques où ils ont paru, ce qui ne serait point arrivé, si nous avions suivi une autre marche que celle des savants éditeurs des ordonnances du Louvre (1).

Nous avons donc dû préférer l'ordre des dates à tout autre ; et pour y réunir l'avantage qui résulte sous certains rapports, de la distribution d'après l'ordre des matières, nous avons encore suivi les mêmes éditeurs, en ajoutant à chaque volume une table particulière, et à la fin de l'ouvrage, une table générale des matières.

De Laurière avança lentement dans son travail; il n'en avait fait paraître que le premier volume en 1723 : il a de plus laissé les matériaux pour un second, qui a été imprimé après sa mort.

Cette mort apporta de nouveaux retards à l'impression commencée ; mais M. d'Aguesseau qui, depuis 1717 présidait à la magistrature,

(1) Comme la grande collection des *Ordonnances de nos Rois de la troisième race* a été imprimée à l'Imprimerie royale, placée alors dans les bâtimens de la galerie du Louvre, on lui donna le nom de *Collection du Louvre*. On dit quelquefois tout simplement *les Ordonnances du Louvre*.

s'occupa du soin de les faire cesser (1), il prit l'ouvrage sous sa protection, et nomma, à la place de M. de Laurière, M. Secousse, un des plus savants hommes de cette époque, et d'une vaste érudition. On lui doit sept volumes de la collection, qui, réunis aux deux de son prédécesseur, la portaient à neuf à sa mort, arrivée en 1754.

M. de Villevault, maître des requêtes et intendant du commerce, lui succéda ; mais bientôt il reconnut son insuffisance, et demanda qu'on lui associât M. de Brequigny, membre de l'Académie des inscriptions et belles-lettres, et que l'Académie française appela peu après dans son sein.

MM. Villevault et Brequigny ont publié ensemble quatre volumes de la collection ; un volume qui parut après, est de M. de Brequigny

---

(1) M. D'Aguesseau, chancelier de France, grand magistrat, philosophe chrétien, n'était pas de ceux dont la force de caractère fait le trait distinctif. Il en montra cependant, lorsque, dans le fameux hiver de 1709, la famine désolait la France. Sa place de procureur-général lui donnait la haute police sur le commerce des grains et l'approvisionnement des villes ; il fit exécuter les ordonnances contre les spéculations illicites dans l'achat des bleds ; les magasins où la cupidité les avait amoncelés, s'ouvrirent. D'Aguesseau fut blâmé par les intéressés et les gens à système : on prophétisa la ruine de la culture comme une suite de cette sévérité ; il méprisa ces sophismes et ces clameurs, et eut la bénédiction des peuples. Devenu chancelier, il ne montra pas la même fermeté dans la défense des droits du Parlement ; mais il fut inflexible dans les matières religieuses.

Il eut toutes les vertus de la vie privée, l'amour des lettres, le sentiment de l'honneur, l'attachement aux devoirs de sa place et de son état. Ses œuvres attestent son savoir et sa religion. Mort en 1751. On a fait son éloge ; on aurait dû écrire sa vie.

seul. A sa mort, arrivée en 1795, l'ouvrage se trouva encore une fois suspendu.

Comme ceux qui l'avaient précédé, M. de Brequigny enrichit ces volumes de notes et de préfaces historiques sur notre ancienne législation.

A cette époque, les établissemens d'instruction publique et les académies ayant été entraînés dans le torrent des destructions, on ne s'occupa plus d'entreprises littéraires, et celle-ci fut regardée comme ne devant jamais être reprise.

Mais quant à la place des anciennes académies on eut créé l'Institut des sciences, des lettres et des arts (1), et que les plus grands travaux académiques purent recommencer, la direction et la surveillance lui en furent confiées.

M. le comte Pastoret fut alors chargé, avec M. Anquetil, de la continuation du recueil des ordonnances; mais ce dernier, fort avancé en âge, et, d'ailleurs, livré à d'autres travaux, n'ayant pu s'occuper de celui – ci, l'institut le remplaça par M. Bigot de Préameneu qui, appelé bientôt après à de hautes fonctions publiques, renonça à la coopération de l'ouvrage. On lui substitua M. Camus, garde des archives de l'état, mais la mort l'ayant enlevé avant qu'il ait pu travailler, on n'eut de lui que quelques notes éparses (2).

_____

(1) En novembre 1795.

(2) Cet ancien avocat du clergé, député aux Etats-Généraux de 1789, et à la Convention nationale en 1792, homme inquiet, actif,

L'Institut abandonna l'idée de confier ce travail à deux personnes réunies, et arrêta que
M. Pastoret en serait seul chargé, c'était
en 1805.

Ce savant a fait paraître depuis lors, et à deux
époques différentes, les tomes XV et XVI, qui
vont jusqu'au règne de Louis XI, et en com-
prennent une grande partie. Tout ce qu'on a
pu dire du savoir et de l'érudition qui caractérisent les précédents volumes, on peut l'appliquer au travail de M. Pastoret, de qui on attend
la suite de cette grande collection.

Elle doit s'arrêter au règne de François Ier
exclusivement. On possède en effet, depuis ce
règne, plusieurs recueils d'ordonnances que l'on
peut consulter. La réunion, d'ailleurs, de toutes
les lois émanées des autorités souveraines, à
partir de cette époque jusqu'à présent, formerait
une collection immense, et n'offrirait pas, pour
l'histoire du droit public, le même intérêt que
celle des temps plus anciens.

Outre ce travail ordonné par le gouvernement, on en compte plusieurs autres, sur-tout
depuis le commencement du dernier siècle, consacrés à recueillir les lois et les règlements d'administration publique; ils sont dus à des entreprises particulières, et transmettent la filiation

---

fit la singerie républicaine, en 1799, de voter contre l'établissement
du gouvernement consulaire, lui qui n'avait point hésité à voter la
mort de Louis XVI. Il mourut dans sa place de garde des archives,
en 1804.

de notre législation, dont ils sont, en quelque sorte, le dépôt; on aurait peut-être désiré dans quelques-uns plus de soin, d'ordre et de suite; mais tels qu'ils sont, ces recueils, offrent une grande utilité pour l'étude du droit et de la jurisprudence française. Nous allons en faire connaître les principaux, en remarquant que parmi eux, aucun n'est exclusivement destiné à la police, mais contiennent indistinctement les ordonnances des Rois, arrêts des Cours ou du Conseil, et quelquefois des sentences et des jugemens prononcés dans des questions importantes sur toute espèce de matières.

Un des plus complets, porte le titre de *Recueil des principaux édits, déclarations, ordonnances*, etc., *concernant la justice, police et finance*, depuis 1722 jusques et compris 1740, en douze volumes in-12, avec des tables de matières; recueil peu recherché, qui cependant mérite de l'être, parce qu'indépendamment des édits et déclarations, on y trouve les arrêts des Cours, et les ordonnances du lieutenant de police et du bureau de ville.

Quelques libraires ont, à l'imitation de celle-ci, publié des collections semblables; mais la plus complète est incontestablement celle de Simon et Nyon, imprimeurs du parlement; elle commence en janvier 1766, et s'étend jusqu'à 1788, époque où parut, dans le même format in-4.°, une autre collection, dite aussi du *Louvre;*

elle est, en quelque sorte, la continuation de celle de Nyon (1).

La nouvelle collection du Louvre commence à la seconde assemblée des notables, dont elle rapporte les actes, et se prolonge jusqu'en juin 1794; elle présente ainsi les lois, décrets et règlements émanés des assemblées et autorités qui ont existé pendant cet intervalle.

Le *Bulletin des lois* est venu immédiatement après, s'est soutenu depuis, et forme la seule collection officielle en usage dans les tribunaux et les administrations.

Il faut bien pourtant que nous en fassions connaître une autre, qui doit rentrer dans la classe des entreprises de cette espèce qui méritent l'estime du public; c'est la *collection* que M. Rondonneau vient d'annoncer, et dont un volume a déjà été publié.

M. Rondonneau a des droits à la reconnaissance de toutes les personnes occupées de l'étude des lois et de la jurisprudence, son établissement leur a rendu les plus grands services; c'est un véritable dépôt de notre législation intermédiaire et nouvelle. A l'aide des ressources qu'il y a puisées, il publie aujourd'hui la collection

_____

(1) Tous ces recueils ne forment pas une suite régulière, uniforme, complète de notre législation positive ; on peut dire qu'il n'en existe aucune en France : on aura celle de la police après que notre ouvrage sera terminé ; les autres sont disséminées en divers recueils rares pour plusieurs époques.

dont nous venons de parler; elle embrasse les actes des assemblées nationales, du directoire, des conseils, des gouvernemens consulaire et impérial; ce qui comprend la période écoulée depuis 1789, jusqu'au retour de S. M., en avril 1814 : c'est la dernière de toutes celles qu'on peut citer.

De cette analyse, on peut conclure qu'il n'existe aucune collection consacrée à la police; que pas une de celles que nous avons indiquées ne peut en tenir lieu, parce qu'outre qu'elles sont toutes incomplètes, qu'elles n'embrassent qu'un temps plus ou moins étendu, aucune ne rapporte avec les ordonnances des Rois, les arrêtés, règlements et instructions des autorités et magistratures de police, dont la connaissance est néanmoins essentiellement liée à cette étude; qu'ainsi, tout ce que l'expérience et la connaissance des besoins publics ont suggéré d'utiles mesures dans cette partie si étendue de l'administration, resterait inconnu, si on n'avait d'autres recueils que ceux qui ont été publiés jusqu'à présent.

Ce n'est pas que quelques magistrats n'aient pris soin d'en former de particulièrement destinés à la police; mais ces collections restées manuscrites et pour leur usage, n'existent qu'en petit nombre, encore s'arrêtent-elles à des époques très-éloignées du moment où nous sommes.

Les plus anciennes sont connues sous les noms de *Livre des métiers*, *Livre ou Registre des couleurs*, *et Livre des bannières du Châtelet de Paris*. Leur histoire tient à celle de la police, et, par conséquent, demande que nous en donnions une idée au lecteur.

On sait, que de temps immémorial, la police des personnes, qu'on appelle police de sûreté ou de répression, a été une dépendance de la juridiction du châtelet de Paris, comme celle des approvisionnemens et du commerce par eau, l'était du Prévôt des marchands et du bureau de ville.

La juridiction de la police au châtelet, était exercée par le prévôt de Paris; les règlements et sentences rendues par cette juridiction, ainsi que les ordonnances, édits, lettres - patentes des Rois, qui y étaient adressés pour recevoir leur exécution, recueillis et mis en ordre, formèrent les livres dont nous venons de parler.

Étienne Boileau, pourvu de l'office de prévôt de Paris, en 1254, et dont nous parlons ailleurs, avait fait mettre en cahiers les actes de sa juridiction et de son administration. Il en résulta une première compilation qui fut appelée le *Livre des métiers de Paris*; c'est un volume in-folio, divisé en trois livres, et qui fait partie des *Registres de Couleurs*, dont il va être question.

Le premier *Livre des Métiers* contient les ordonnances de la police de Paris, en ce qui concerne les ouvriers, marchands et artisans, et les statuts des corporations, distribués par ordre alphabétique.

Le second livre est composé de tous les règlements, et du tarif des droits qui se levaient
dans ce temps-là pour le Roi à Paris, sur toutes
les denrées et marchandises, et dont les prévôts
affermaient la perception.

Enfin, le troisième est un recueil de titres concernant les justices subalternes qui s'exerçaient
alors à Paris.

Ce *Livre des métiers*, connu aussi sous le nom
de *Réglement d'Etienne Boileau*, fut par la
suite, porté à la chambre des comptes. On le
nomma le *Livre blanc*; mais comme les statuts
des métiers en occupent la plus grande partie,
on lui laisse le nom sous lequel il est connu à
présent (1).

L'origine du *Livre de couleurs*, tient à celle
de l'enregistrement même des lois, dans les Cours
et juridictions.

Lorsque le parlement avait porté sur ses registres, ou *enregistré* les ordonnances ou lettres-
patentes de nos Rois, après les avoir *vérifiées*,
il en adressait des copies aux juridictions du
ressort, et d'abord au prévôt de Paris, pour les

---

(1) Quatre exemplaires manuscrits du *Livre des Métiers*, d'Etienne
Boileau, existaient dans Paris autrefois, l'un à la Chambre de
Comptes, brûlé dans l'incendie de cette Chambre en 1737; l'autr
dans la bibliothèque de Sorbonne; le troisième dans celle du Châtele
de Paris, et la dernière dans la bibliothèque de M. de Joli de Fleury
procureur-général du Parlement. Cette dernière est aujourd'hui au
archives de la Préfecture de Police; les autres aux archives nationale
On trouve une bonne copie du *Livre des Métiers* dans la collectio
manuscrite des ordonnances de police, faite par ordre de M. le chan
celier de Lamoignon, et déposée également à la Préfecture de Polic

faire lire , publier et exécuter, en ce qui concernait le pouvoir de son office.

Le parlement eut de bonne heure des registres
sur lesquels il faisait transcrire les ordonnances
et lettres-patentes vérifiées par lui ; les plus anciens qu'on ait , appelés les *olim*, remontent à
1337 ; mais on a lieu de croire , qu'avant même
cette époque , il en existait qui se sont perdus.

Ce fut plus tard , que les autres juridictions
prirent cet usage. Au châtelet, on n'eut long-
temps d'autre registre que le plumitif, sur lequel
se portaient les actes et pièces lues à l'audience.

Cependant le procureur du Roi au châtelet,
obligé , par sa charge, de tenir la main à l'exécution des ordonnances, d'en relever et poursuivre les contraventions, en avait formé, à cet
effet, des registres en son particulier, afin de
pouvoir les consulter, sans en être réduit à recourir au journal des audiences, où on les portait , mêlées avec les sentences et les autres actes
de la juridiction contentieuse.

Ce sont ces registres que l'on désigne encore
aujourd'hui, suivant l'usage de cet ancien temps,
par la couleur de leur couverture ; le *Livre
blanc*, le *Livre rouge*, le *Livre noir*, le *Livre
vert*, le *Livre jaune*, en y ajoutant les termes
de *grand* ou de *petit*, de *premier* ou de *second*,
suivant la différence qui régnait entre eux sous
ce rapport.

Ces *livres de couleurs* sont aussi appelés, quelquefois, *registres de la chambre du procureur du Roi*, par les raisons qui viennent d'être détaillées, et parce que c'était le lieu du dépôt.

Le premier des registres de couleur, est celui du *Livre des métiers*, contenant les statuts et règlements rédigés par Étienne Boileau, et quelques autres actes postérieurs ; on le nommait originairement le *Livre blanc* : il commence en 1225, et va jusqu'en 1351.

Le *Livre vert ancien* contient divers règlements et ordonnances de police, depuis 1386 jusqu'en 1397.

Le *Livre rouge vieil*, commence par un acte de 1358, et finit par un autre de 1346, ce qui prouve que l'ordre chronologique n'y est point observé, et qu'ils étaient transcrits à d'autres époques que celles où ils étaient promulgués. Le livre *vert vieil premier*, s'étend de 1417 à 1446 ; le *livre noir*, de 1336 à 1367 ; le *livre blanc*, autre que celui des métiers de Paris, dont nous avons parlé, de 1265 à 1354; le livre intitulé *Doulx-Sire*, de 1376 à 1483 ; celui *rouge troisième*, de 1275 à 1407; le livre *vert second vieil*, de 1438 à 1531 ; livre *jaune petit*, de 1443 à 1481 ; *vert neuf*, de 1447 à 1491; *livre bleu*, de 1085 à 1501; *livre gris*, de 1500 à 1516; *rouge neuf*, de 1330 à 1529; *grand livre jaune*, de 1541 à 1549; registre appelé *Cahier neuf*, de 1550 à 1575; *livre noir neuf*, de 1572 à 1604.

Ces recueils, tenus irrégulièrement, n'en sont pas moins un monument et un dépôt précieux des actes et ordonnances de la police de Paris, pendant les treizième, quatorzième, quinzième et seizième siècles. Le premier nombre s'élevait à 18 volumes in-folio, dont il a été pris une assez grande quantité de copies; mais il manque un volume dans la collection qui était dans la bibliothèque de M. Flandre de Bruneville, procureur du Roi au châtelet, et qui est passée aux archives de la préfecture, où elle se trouve aujourd'hui.

C'est après le *livre des métiers d'Etienne Boileau*, dont, comme on l'a dit, une copie se trouve également aux archives de la préfecture, la plus ancienne collection de règlements de police que l'on connaisse en France.

Il en existe une troisième, connue sous le nom de *Bannières du châtelet*, du mot *bannire* (publier); ce sont des registres contenant les ordonnances ou *cris* de la juridiction du châtelet, sur le fait de la police de Paris. Ce recueil, dû aux soins de Robert d'Estouteville, prévôt de Paris, qui le commença en 1461, était destiné à l'enregistrement des ordonnances, lettres-patentes, arrêts du parlement, et autres actes adressés au châtelet ou émanés de lui, et qui étaient publiés et criés, par l'ordre du prévôt, dans Paris.

Le livre des *Bannières* a été continué au châtelet, jusqu'à sa destruction, mais sous un nom différent.

Les onze volumes des bannières, qui se trouvent à la préfecture de police, commencent au
mois d'octobre 1461, et se terminent en 1664.
Leur nombre était de douze, mais le quatrième
manque dans cette collection ; il manquait également dans celle du châtelet (2).

Telles sont les sources originelles et les premiers titres de la police de Paris ; plusieurs auteurs en avaient parlé confusément - et beaucoup
de ceux qui ont écrit sur l'histoire de cette grande
ville et de ses lois municipales, ont ignoré ou
passé sous silence les détails où nous venons
d'entrer.

Nous avons encore à faire connaître à nos
lecteurs une dernière collection manuscrite de
lois de police, déposée aux seules archives de la
préfecture, et qui n'a jamais été imprimée.

Elle fut commencée et exécutée par les ordres
de M. le chancelier de Lamoignon, mort en 1768;
elle remonte à 1181, et va jusqu'en 1762. C'est,
sans contredit, le plus grand et le plus complet
des recueils connus sur la police française : il
forme 42 volumes in-folio.

_____

(1) Nous avons tiré du *Livre des Bannières du Châtelet*, ainsi
que des *Livres de Couleurs*, plusieurs ordonnances ou arrêts du
Parlement concernant la police, qui ne se trouvent pas dans les
recueils imprimés. Nous en avons omis un grand nombre, qui,
quoique prononçant sur des objets de police, sont plutôt des pièces
historiques que des lois. Il y aurait de l'utilité à consulter de semblables recueils pour écrire l'histoire, et surtout l'histoire du gouvernement, dont les titres se trouvent souvent dans les actes des
Cours et des tribunaux.

En l'examinant de près cependant, nous nous sommes aperçu que plusieurs ordonnances de nos Rois, et quelques arrêts du parlement, concernant certaines mesures de haute police, avaient été omis ; ce n'en est pas moins un très-beau monument ; nous y avons puisé une partie des ordonnances qui entrent dans notre collection pour les treizième, quatorzième et quinzième siècles.

Le lecteur peut juger à présent de l'intérêt que doit inspirer le travail que nous avons entrepris. Quelque parti que l'on prenne sur l'organisation de la police, son objet sera toujours le même, sûreté, tranquillité des personnes, propreté, commodité, salubrité dans l'usage des choses publiques ; abondance, ordre dans les approvisionnemens et les marchés; secours, protection, liberté pour tous; ainsi la connaissance des moyens employés pour remplir cet objet, celle des lois et règlements qui les ont tracés et prescrits, en un mot, la science de la législation de la police doit nécessairement précéder toute réforme, toute amélioration que l'on voudrait tenter.

Il est des cas particuliers qui ne pourront jamais entrer dans le cadre des lois générales, et sur lesquels la police ne peut se régler que par les circonstances de temps, de lieux et de personnes; ainsi, dans les instans de peste, de famine, d'invasion de l'ennemi, le magistrat ne prend conseil que de l'expérience, et s'éclaire

par la connaissance de ce qui a été fait et ordonné en pareil cas. Dès-lors la législation positive, la science de ce qui a été pratiqué, s'offre
comme le guide le plus sur et le meilleur conseiller qu'on puisse entendre. Soit qu'elles commandent, soit qu'elles défendent, les ordonnances de police, les règlements, les instructions
qui en facilitent l'exécution, seront donc toujours dignes de l'attention des hommes publics,
et le recueil où ils seront réunis, un monument
précieux élevé à l'étude et au perfectionnement
de cette grande et intéressante partie de gouvernement; telle est la collection que nous entreprenons, la première et la seule imprimée en
France, pour la police exclusivement.

On sait assez que le *Traité de Lamarre* (1) ;
celui des *fonctions des Commissaires de police* (2), de M. Sallé ; le *Dictionnaire de police*
de Des Essarts (3), ouvrages que nous avons
fait connaître plus particulièrement dans ce qui
précède, sont loin d'offrir une collection générale des lois, règlements et instructions de police; depuis le temps d'ailleurs où Lamarre a
écrit la police de la propreté, de la salubrité,
de la commodité publique, a fait d'immenses

---

(1) Quatre volumes in-folio, y compris-le Supplément de M. Lecler-du-Brillet. De *douze livres* que devait contenir ce grand ouvrage,
six seulement ont été publiés.

(2) Deux volumes in-4º.

(3) Huit volumes in-4º. L'ouvrage est resté à la lettre P.

progrès. Le dictionnaire de Des Essarts ne contient de lois et règlements que ce que l'auteur en juge nécessaire pour chaque article de son ouvrage, resté imparfait comme celui de Lamarre, dont il n'est qu'un dépecement.

Nous l'avons prouvé, ce n'est que par la lecture des lois dans l'ordre où le législateur les a publiées, qu'il faut étudier la législation ; ce moyen manquait pour la police, désormais il existera dans le travail que nous lui consacrons.

Ajoutons à ces détails quelques explications sur les diverses espèces de lois, règlements et instructions qui entrent dans notre collection.

Le plus grand nombre se rapporte aux époques antérieures à la révolution. Tous les points de la législation de la police ont été réglés dans cette période ; les lois qu'elle a produites sur cette matière, ont un caractère de sagesse et de maturité qu'on ne retrouve plus depuis, on dirait que les dernières ont été dictées par la peur ; elles ont quelque chose d'exagéré, fruit de la haine ou de l'esprit de parti ; elles ont créé un *suspicisme politique* qu'on ne connaissait pas avant ; leur nombre s'est énormément accru ; les mesures révolutionnaires, inconnues aux temps heureux de la monarchie, et maintenues avec une persévérance qui étonne, formeraient seules de nombreuses collections.

Fallait-il les exclure de notre recueil ? Nous ne l'avons pas cru ; nous avons fait un choix, en augurant assez bien de la France, pour espérer qu'elle n'aura plus besoin de *comités de surveillance,* et que les arrêtés de ceux qui nous ont si mal gouvernés seraient, dans tous les cas, de très-mauvaises lois de police à conserver.

Il a fallu également retrancher, soit dans l'ancienne police, soit dans la nouvelle, les ordonnances et réglements annuels. Chacun sait qu'au retour de la saison des glaces, des inondations, des fêtes publiques, des cérémonies religieuses ou d'événemens périodiques, les magistrats de police renouvellent les mêmes ordonnances, réglements ou instructions pour en rappeler les dispositions et prévenir les accidents ou contraventions qui résulteraient de leur oubli.

Il a paru inutile de reproduire ces actes, et il a suffi de les faire connaître une seule fois, sauf les cas où ils auraient subi quelqu'utile changement.

Indépendamment des lois qui commandent, il est des ordonnances qui prescrivent le mode de leur exécution, et des instructions qui le facilitent, et que l'autorité adresse particulièrement à ses agents.

La police, celle de Paris en particulier, est riche en ce genre d'actes émanés de sa sollicitude, et fruit de l'ensemble qui règne entre toutes ses parties.

De tout temps le magistrat de police s'est

entouré de conseils pour délibérer sur tout ce qui concerne la salubrité, la commodité, la sûreté de la voie publique et des établissemens de bienfaisance ; il en est résulté de temps à autre sur tous ces points des instructions qu'on peut citer comme des modèles d'une sage administration, et que plus d'une fois l'étranger s'est empressé de suivre et d'appliquer à ses besoins (1).

————————————————

(1) Entr'autres exemples du prix que nos voisins mettent aux réglements que la police de Paris a établis pour toutes les parties du service de son ressort, on peut citer la demande que fit en 1768 M. l'ambassadeur d'Autriche à M. de Sartine, d'un Mémoire détaillé sur la manière dont la police s'administrait à Paris. Le commissaire, le Maire fut chargé, par ordre de ce magistrat, d'un travail pour satisfaire la cour de Vienne, et en 1770 il lui fut adressé un fort volume petit in-folio (manuscrit), dont nous avons une copie entre les mains On sait aussi que, vers la même époque, Catherine II, impératrice de Russie, fit une demande à-peu-près semblable. Le lieutenant de police ordonna l'impression du recueil des lois et réglements de police, chez Valade. L'édition, en plusieurs volumes in-4.º, fut tirée à mille exemplaires, et envoyée toute entière, sans en excepter un seul volume, à Saint-Pétersbourg.

On voit, par la manière dont était conçue la demande de M. le comte d'Argenteau, alors ambassadeur d'Autriche à Paris, qu'il ne s'agissait pas d'obtenir des éclaircissemens ou des leçons sur ce qu'on appelait les *ruses de la police*, ou *la police secrète ;* il n'est personne qui, avec de l'esprit, n'en sache autant que le plus adroit lieutenant de police à cet égard, mais on voulait connaître les sages et utiles réglemens, instructions et ordonnances sur les moyens de maintenir la propreté, la sûreté, la tranquillité de la voie publique ; la repression du brigandage ; les établissemens de bienfaisance, les secours contre les incendies ; pour les asphyxiés ; la police des marchés, des approvisionnemens, de la surveillance des lieux de débauche, et autres soins qui sont du ressort de la police de tous les temps et de tous les lieux ; et certes la demande était bien placée. Il était difficile de réunir plus de garanties contre les accidens, les violences et les désordres,

Aucun ouvrage n'avait encore réuni ces précieux matériaux, disséminés dans des livres peu connus, ou ensevelis dans des cartons ; ils étaient perdus pour le public et pour l'étude de la police : on nous saura gré, sans doute, d'en avoir enrichi notre collection.

Parmi les lois générales sur plusieurs parties de l'administration intérieure, il existe souvent des dispositions dont les magistrats ou officiers de police sont chargés ; en nous abstenant de transcrire les lois en entier, nous en avons extrait textuellement ce qui pouvait rentrer dans l'objet de notre travail.

Les actes qui régissent la police sont de plusieurs sortes : les premiers sont les lois; nous donnons aujourd'hui ce nom aux ordonnances du Roi débattues, adoptées dans les deux Chambres, et sanctionnées par Sa Majesté. Ces actes diffèrent de ceux où le Souverain peut prescrire des dispositions d'ordre public sans le secours des Chambres; cette distinction se retrouvait sous la monarchie, d'une part, dans les édits, lettres-patentes, déclarations enregistrées dans les Cours; et d'une autre, dans les ordonnances qui n'avaient pas besoin de cette condition législative; les premières étaient des lois proprement dites, les secondes retenaient assez ordi-

---

à plus de liberté morale et de tranquillité domestique que n'en procurait la police de Paris à cette époque; les mesures révolutionnaires, l'esprit de parti et de réaction ne l'avaient pas encore altérée.

nairement le nom d'ordonnance, quoiqu'il y eût aussi des ordonnances enregistrées, et qui étaient des lois générales, avec tous les caractères qui leur sont indispensables.

Après les actes émanés de l'autorité royale, et enregistrés dans les Cours, l'ancienne législation de la police reconnaissait les arrêts des parlemens, surtout de celui de Paris, originairement le conseil et la Cour de justice du Roi, puis enfin la Cour des pairs, et l'appui du trône destiné à succomber avec lui, après en avoir pendant vingt-deux règnes soutenu la puissance et l'éclat.

Les arrêts du parlement, en matière de police, sont empreints de l'esprit de sagesse, de prudence et de dignité, qui étaient éminement le partage de ces grands corps, et à qui, par conséquent, la haute police appartenait de la manière la plus légitime.

Rarement les arrêts du conseil statuent sur des matières personnelles en fait de police; mais il en est plusieurs qui prescrivent des mesures d'ordre, et pourvoient à des établissemens du ressort de la police.

Ces actes ont été remplacés, depuis 1789, par une multitude d'autres, émanés soit des assemblées nationales, des comités de gouvernement, enfin des communes, des bureaux centraux et des préfectures.

Les ordonnances seules de la préfecture de police forment un recueil intéressant; la plupart rappellent les anciennes du lieutenant-général de police, les arrêts du parlement, et les ordonnances des Rois : ils se trouvent réunies ici, avec les instructions émanées de cette magistrature.

Ainsi donc, à la différence des autres recueils de jurisprudence et de lois, qui existent celui-ci renfermera tous les actes relatifs à la police, parce qu'ils sont chacun dans leur sphère respective, des moyens d'ordre et des éléments nécessaires à l'étude de cette législation.

Nos autem si qua in re, vel malè credidimus ; vel obdormivimus, et minus attendimus, et inquisitionem abrupimus, nihilominus iis modis res nudas et apertas exhibimus, ut errores nostri notari et separari possint, atque etiam ut facilis et expedita sit laborum nostrorum continuatio.

Bacon. nov. *organum* scientiarum
in prefatione.

FIN DE L'INTRODUCTION.

PRÉFACE

DU PREMIER VOLUME

DE LA POLICE MODERNE.

———

On peut fixer à l'époque de 1667 l'origine de cette police, qui depuis a reçu de si grands développemens en France.

Louis XIV, dont le long règne a brillé d'un si grand éclat, voulut ajouter la réforme de cette partie du gouvernement à toutes celles qu'il se proposait dans les diverses branches de l'administration de l'état.

On peut dire qu'il les fit marcher toutes de front. Pendant que l'on préparait dans des conférences chez le Chancelier, les célèbres ordonnances sur la procédure, sur les eaux et forêts, sur les juridictions consulaires, sur la marine, etc. On y discutait en même temps les projets relatifs à la police de la capitale.

Par l'ordonnance du 11 décembre 1666 ce prince avait déjà pourvu en partie à la propreté et à la sûreté de cette grande ville; mais le manque d'une magistrature qui fut indépendante dans sa marche, et uniquement occupée de ce point essentiel, empêchait qu'on ne pût remplir les intentions du monarque.

La police était alors administrée à Paris par le lieutenant civil au Châtelet, en concurrence avec le lieutenant criminel, conformément à un décret du Parlement du 23 février 1572, et par le prévôt des marchands ou *bureau de ville*, pour tout ce qui concernait le commerce et les approvisionnemens par eau.

Un édit du mois de janvier de cette même année avait prescrit que, pour faire la police à Paris, il serait formé un bureau composé de l'un des présidents et de l'un des conseillers au Parlement, d'un maître des requêtes, du lieutenant civil ou du lieutenant criminel, du prévôt des marchands ou de l'un des échevins, de quatre notables bourgeois, du nombre de ceux qui ne font point commerce, et des procureurs du roi au Châtelet et à l'Hôtel-de-Ville. Le roi (Charles IX) ordonna que ce *bureau* s'assemblerait au Palais deux fois la semaine ; que les avocats et procureurs-généraux pourraient s'y trouver, non pour y exercer leurs offices, mais en la même qualité que les autres membres. Cette assemblée était investie du droit de faire respecter et exécuter les ordonnances et réglements, de juger les contraventions sur les rapports des commissaires au Châtelet : l'ordonnance l'autorise à juger en dernier ressort jusqu'à cent sous (environ dix francs d'aujourd'hui) , et par provision , nonobstant l'appel, jusqu'à quarante livres ; mais que lorsqu'il s'agirait de punition corporelle, les délinquants seraient renvoyés aux juges ordinaires qui en devaient connaître.

Ce *bureau de police* offrait un mode compliqué, et rendait la police lente ; comme alors elle s'occupait beaucoup plus de la propreté, de la sûreté et des subsistances de Paris, que de ce qu'on a appelé depuis surveillance, cette administration collective n'était point sans résultat utile, mais non d'un assez grand effet pour en balancer les inconvéniens. Le bureau de police fut supprimé et remplacé par d'autres autorités également collectives.

Un arrêt du Conseil, du 2 novembre 1577, régla leur organisation, et donna une forme à la police de Paris, à-peu-près telle que nous l'avons vue en 1791.

« Il y aura en chaque quartier, dit l'arrêt, deux notables habitants qui seront élus et qui auront la charge de police ; ils pourront condamner jusqu'à la somme d'un écu et au-dessous ; on pourra se pourvoir par appel contre leurs ordonnances, mais seulement par voie de plainte en l'assemblée générale de police ; cette assemblée générale se tiendra une fois chaque semaine par devant le prévôt de Paris ou ses lieutenans ;

ordonne sa majesté au prévôt des marchands et échevins, et à son procureur en l'Hôtel-de-Ville de s'y trouver, ou l'un d'eux, pour assister et être présents à ce qui concerne le fait de la police ; qu'à cette assemblée sera fait rapport par tous les élus de ce qu'ils auront fait et de ce qu'ils estimeront nécessaire de faire pour le bien public, afin qu'ils puissent agir tous par un même esprit et y être pourvu par la justice ordinaire selon les occurrences ; qu'un jour ou deux de la semaine les sergens de police (c'est ainsi qu'on appelait des officiers à-peu-près semblables aux *inspecteurs de police*) s'occuperont tant de la vente des grains, du pain, du vin, du bois, du foin, que de la visite des hôtelleries, des artisans et d'autres soins de police. »

Suivant le même réglement, les commissaires au Châtelet distribuaient leur service par heures du jour, ensorte qu'ils employaient à la police deux heures du matin et deux heures de relevée au moins ; les lieutenans et conseillers des juri-dictions ordinaires (il y en avait de plusieurs sortes à Paris), devaient donner aide et assis-tance publique dans les marchés et ailleurs une ou deux fois le mois ; le semblable était fait par le prévôt des marchands et échevins pour les lieux où ils avaient attribution de police ; dans ceux où il y avait diversité d'officiers de police, on s'assemblait un jour par mois pour rapporter ce qui avait été fait de part et d'autre, en conférer ensemble, et se conformer aux mêmes mesures de police : on appelait dans ces assemblées les maîtres, jurés et gardes des métiers, ouvriers et artisans, bourgeois et autres, suivant qu'il était jugé nécessaire, pour aviser aux moyens de corriger les abus, et pourvoir à tout ce qui concerne la police ; enfin, pour procurer promptement l'exécution des ordonnances et réglements de police, on affecta les deniers provenant des amendes pour contraventions, aux frais mêmes d'exécution. Tous ces détails, contenus dans cet arrêt du conseil, furent l'objet de lettres patentes enregistrées au Parlement le 2 décembre 1577. .

Ces assemblées, qui avaient déjà existé, et que les troubles avaient fait tomber en désuétude, produisirent d'abord quelque bon effet ; le lieutenant civil, après avoir pris l'avis de la compagnie, y rendait des ordonnances qui étaient exécutées dans toute l'étendue de la ville, tant sur la terre que sur l'eau, parce que les deux juridictions du Châtelet et de l'Hôtel-de-Ville s'y trouvaient réunies par la présence des magistrats de l'un et de l'autre de ces siéges (1).

_____

(1) Ces assemblées de magistrats et de bourgeois réunis aux commissaires de police étaient fréquentes avant l'établissement des

Il y avait dans cette forme collective de police un vice essentiel; il se reproduisait souvent; c'était la concurrence du lieutenant civil et du lieutenant criminel dans un grand nombre de circonstances. Il fallut faire cesser ce désordre, et donner plus de régularité au service journalier; un arrêt de la cour du Parlement du 12 mars 1630 eut pour objet d'y pourvoir; il ordonna que le lieutenant civil tiendrait la *police* deux fois la semaine, et qu'en cas de légitime empêchement de sa part, il serait remplacé par le lieutenant criminel ou le lieutenant particulier.

On trouve une ordonnance du lieutenant civil Moreau, du 9 janvier 1635, où une *police générale* fut assemblée d'après ce réglement. Le magistrat y ordonna aux seize anciens commissaires du quartier de s'y trouver (1), et de prévenir deux notables bourgeois de leurs quartiers respectifs de s'y rendre; que les magistrats du Châtelet, les échevins et les administrateurs de l'Hôtel-Dieu s'y trouveraient également, ainsi que les marchands de bled, les boulangers, les maîtres et gardes des marchands de vin, les bouchers, les chandeliers, les marchands de

---

lieutenants de police. On en pourra voir la forme et des exemples dans l'extrait des procès-verbaux placé en note à la fin de cette Préface.

(1) Il y avait deux et trois commissaires par quartier; un portait le titre d'*ancien*.

foin, les fruitiers : c'était une vraie assemblée
de notables.

Le lieutenant civil y rendit compte de tout ce
qui s'était fait depuis la nouvelle organisation
pour l'exercice de la police ; il exposa, d'après
ce qui s'était passé, les moyens qu'il croyait les
plus propres à améliorer le maintien de l'ordre
dans Paris ; il lut un projet de réglement, et
après avoir pris les avis de l'assemblée, on
nomma deux commissaires au Châtelet, deux
échevins et deux notables bourgeois pour examiner plus attentivement certains articles, et
faire leur rapport dans une *police* suivante. Il
en résulta l'ordonnance du Châtelet du 30 mars
de la même année 1635, qui statue sur tous les
points qui exigent le soin des magistrats de police, pour la correction des mœurs, les subsistances et la commodité des citoyens.

Ce réglement, qui se trouve dans notre *Collection*, est un des plus sages et des plus détaillés
qui aient été faits pour la police de Paris : on
peut dire que ceux qui lui ont succédé n'en ont
été que le développement, suivant les temps et
les besoins ; mais comme il exigeait pour son
entière exécution un pouvoir qu'en certain cas
on aurait pu contester aux magistrats du Châtelet, il fut donné des lettres-patentes le 24 mai
1639, par lesquelles le prévôt de Paris ou son
lieutenant civil sont investis du droit de faire

exécuter les ordonnances et réglements dans
tous leurs chefs, de faire châtier les coupables
selon la rigueur des lois, et de juger souverainement et en dernier ressort, au présidial du
Châtelet, les voleurs, les vagabonds et les
femmes de débauche (1).

Cette forme de police, partagée entre les magistrats et des assemblées de notables, n'était
pas particulière à Paris; toutes les villes du
royaume en avaient d'à-peu-près semblables.

On y suivait les dispositions de l'ordonnance
de février 1566, rendue sur les plaintes des
Etats tenus à Moulins. Elle porte, art. 71 :
« Pour donner quelqu'ordre à la police de notre
royaume, et pourvoir aux plaintes qui de ce
nous ont été faites, nous avons ordonné que les
maires, échevins, consuls, capitouls, administrateurs des corps des villes qui ont eu ci-devant
et ont de présent l'exercice des causes civiles,
criminelles et de police, continueront l'exercice
du criminel et de la police, à quoi leur enjoignons de vaquer incessamment et diligemment,
sans pouvoir dorénavant s'entremettre de la
connaissance des instances civiles entre les parties, laquelle leur avons interdite et défendue,

(1) Le réglement du Châtelet du 30 mars 1635, et les lettres-
patentes, du 24 mai 1639, sont à leur date, dans la *première série*
de notre division ; elles mériteraient, par leur sagesse, d'être dans
la seconde, comme d'excellents modèles de législation.

et icelles renvoyons et attribuons à nos juges
ordinaires ou des hauts justiciers des villes où
y a corps et communautés tels que ci-dessus. »

Art. 72. « Et quant aux villes auxquelles nos
officiers ou lesdits hauts-justiciers ont la police,
et non lesdits corps et communautés, voulons et
ordonnons que de chacun quartier ou paroisse
d'icelles, soient élus par les bourgeois et citoyens
y habitans, un ou deux d'entr'eux, qui auront
la charge, administration et intendance de la police, et de tout ce qui en dépend; lesquels bourgeois ou citoyens pourront être élus et pris de
toutes qualités de personnes habitant èsdites
villes, sans excuses quelconques; et auront puissance d'ordonner et faire exécuter jusqu'à la valeur de soixante sols pour une fois, sans que
contre leurs ordonnances et exécution d'icelles
on se puisse pourvoir par appel; bien seront
reçues les doléances, et fait droit sur icelles,
par les juges ordinaires des lieux, en l'assemblée d'iceux bourgeois, laquelle se fera une fois
la semaine, pardevant lesdits juges, auxquels
la police appartient comme dessus; en laquelle
assemblée se fera rapport, par tous lesdits bourgeois élus, de ce qu'ils auront fait ou sera besoin de faire et ordonner, pour ladite police,
à ce qu'ils se puissent confier les uns aux
autres, et qu'il soit pourvu aux occurrences par
la justice ordinaire, mêmement en ce qui excé-

dera le pouvoir susdit, attribué auxdits bourgeois et citoyens, lesquels continueront ladite
charge l'espace d'un an, ou de six mois pour le
moins. Et, le semblable, sera observé aux petites
villes où il y aura moindre nombre, en quoi
n'entendons préjudicier auxdits juges, qu'ils ne
puissent par concurrence ou prévention, pourvoir à la police desdites villes : entendons que
lesdits bourgeois fassent le serment pardevant
lesdits juges, tant de nous que desdits hauts-
justiciers. »

Un édit postérieur, de janvier 1572, confirme
ces dispositions, et ordonne que, pour les villes
du royaume où il y avait parlement, le même
ordre serait observé qu'à Paris, pour le fait de
la police ; que dans celles où il y avait siége royal,
il serait nommé six personnes notables, dont
deux seraient officiers, et les quatre autres
bourgeois, qui seraient choisis de six mois en
six mois dans les assemblées de ville, pour s'assembler les jours de samedi et de vendredi, et vaquer aux faits et réglemens de police, dans toute
l'étendue de leur ressort, à l'*instar* de la ville
de Paris, et que les jugemens qu'ils rendraient
seraient exécutés, nonobstant l'appel, et sans y
préjudicier, jusqu'à 20 livres parisis, et en dernier ressort, jusqu'à 40 sous parisis.

Et quant aux seigneurs hauts-justiciers, qui
avaient la police, l'édit leur enjoint : « De donner

ordre au réglement de la police de leurs villes, terres et seigneuries, ainsi qu'ils connaîtront être nécessaire pour le bien et commodité de leurs sujets, conformément néanmoins aux déclarations du Roi, et s'accommodant au plus près qu'il serait possible, aux réglements faits pour les siéges royaux. »

Les assemblées dont il est question dans ces lois, agissaient indépendemment des juges; le lieu où elles devaient se tenir n'étant point fixé, était choisi arbitrairement par les *députés*, et jamais dans le lieu où se tenait la justice ordinaire. On voulut pourvoir à cet inconvénient, et le Roi donna la déclaration de 1572, portant : « Que dans les lieux où il n'y a aucune séance de parlement, la police se tiendrait et s'exercerait (1) au lieu où la justice tenait ses séances ordinaires; que le juge ordinaire ou son lieutenant, auquel la police appartenait d'ancienneté, pourrait y assister, encore qu'il ne fût au nombre des élus (*députés*); qu'en cette assemblée, celui des officiers du Roi qui serait de plus grande qualité aurait la préséance; que les avocats et procureurs du Roi pourraient y intervenir pour faire les réquisitions qu'ils jugeraient à propos;

---

(1) On voit par ces expressions et celles qu'on a pu remarquer dans les lois indiquées précédemment que ce mot *police* se prenait pour les *audiences* et *assemblées* de la police, et pour l'*action* ou l'*exécution* même des réglements de police.

que les députés pourraient bien informer des contraventions, et en faire leur rapport à l'assemblée, pour y être prononcé sur les conclusions du procureur du Roi ; mais que toutes les visitations nécessaires pour l'exécution de la police, seraient faites par le juge ordinaire, et que les actes en seraient reçus et expédiés par un greffier. »

Cette loi avait pour objet de conserver à la police son caractère judiciaire, et prévenir la violation des formes, et le désordre en matière de poursuites pour contraventions et délits du ressort de la police ; mais des assemblées d'habitants, très-bonnes pour prendre connaissance des réglements, les débattre et éclairer l'autorité qui les propose, ne pouvaient, qu'avec difficulté et confusément, suivre les formes de procédures et la marche des informations, pour prévenir l'injustice et l'arbitraire. On en retira peu d'utilité ; la loi fut mal exécutée, et la police continua de présenter beaucoup de faiblesse et d'abus.

Un pareil état de choses ne pouvait échapper à l'attention des magistrats, chargés par le Roi de la réforme de la législation. Paris sur - tout demandait une loi particulière ; on avait prévu que son exemple entraînerait un heureux changement dans le reste du royaume.

Les dernières assemblées de police, plus régulières que les anciennes, avaient déjà donné lieu au réglement de 1577, dont nous avons loué la sagesse et l'utilité ; mais il s'en fallait de beaucoup que l'exécutiou répondit à l'intention de ses auteurs.

Le Roi, débarrassé des soins extérieurs par la paix des Pyrennées, s'occupa donc plus particulièrement de la police de Paris ; il forma une commission exprès pour en prendre connaissance, et lui présenter des projets d'ordonnances. Elle fut composée du Chancelier, du Maréchal de Villeroi, de Colbert, de MM. d'Aligre, de Lezeau, de Machault, de Seve, de Menardeau, de Morangis, de Boucherat, de Pussort, de Voisin, etc. (1) : les séances commencèrent en octobre 1666. (2)

Ce fut par les avis de ce conseil, que Louis XIV exécuta ses projets pour la police ; il la regardait comme une émanation de la puissance souveraine qui ne peut être aliénée, et que le monarque peut confier à son choix et suivant le besoin du peuple : *suprema lex.*

La multiplicité des tribunaux qui avaient re-

---

(1) On a aux archives de la Préfecture de Police les procès-verbaux de plusieurs de ces assemblées tenues chez M. le chancelier pour la police de Paris ; il s'en faut de beaucoup que les opinions qu'y soutient le plus grand nombre de ces magistrats se ressentent du despotisme, de la tyrannie, du fanatisme, etc. , tant et si mal-à-propos reprochés à ce siècle.

(2) Lamarre , *Traité de la Police*, tom. I, p. 136.

commencé leurs entreprises pour partager, à Paris, la police avec le prévôt, était une des principales causes de l'impuissance et du désordre qui y régnaient. Le Roi fit à cet égard, ce que fit autrefois Auguste à Rome; il ôta la connaissance de la police aux tribunaux; il la sépara de la justice civile contentieuse, et créa un magistrat pour exercer seul la juridiction du prévôt de Paris, sur le fait de la police.

On vit donc paraître d'abord l'arrêt du conseil, du 5 novembre 1666, qui maintient le châtelet dans l'exercice de la police pour Paris, sans concurrence d'aucune autre juridiction, si l'on en excepte celle du bureau de ville, qui ne fut réglée que par l'édit de 1700. L'édit de décembre de la même année 1666, confirma et étendit les anciennes ordonnances, notamment celles qui ont rapport à la sûreté, à la propreté, au port d'armes dans Paris; mais enfin il fallait en venir à l'établissement d'une seule magistrature, pour saisir cet ensemble et donner de la suite à l'exécution des réglements; ce fut l'objet du célèbre édit de 1667, portant création d'un lieutenant-général de police à Paris.

Le préambule mérite d'en être cité; on y reconnaît l'esprit de sagesse et de raison qui présidait aux actes de la législation de cette heureuse époque.

« Notre bonne ville de Paris, dit le Roi, étant

la capitale de nos États et le lieu de notre séjour ordinaire, qui doit servir d'exemple à toutes les autres villes de notre royaume, nous avons estimé que rien n'était plus digne de nos soins; que, d'y bien régler la justice et la police, et nous avons donné notre application à ces deux choses; elle a été suivie de tant de succès, et plusieurs défauts de la police ont déjà été si heureusement corrigés, que chacun, excité par les commodités qu'il en reçoit, concourt et prête volontiers la main pour la perfection d'un si grand ouvrage; mais il est nécessaire que la réformation que nous y apportons soit soutenue par des magistrats. Et comme les fonctions de la justice et de la police sont souvent incompatibles, et d'une trop grande étendue pour être bien exercées par un seul officier dans Paris, nous aurions résolu de les partager, estimant que l'administration de la justice contentieuse et distributive qui requiert une présence actuelle en beaucoup de lieux, et une assiduité continuelle, soit pour régler les affaires des particuliers, soit pour l'inspection qu'il faut avoir sur les personnes à qui elles sont commises, demandait un magistrat tout entier; et que d'ailleurs la police qui consiste à assurer le repos du public et des particuliers, à purger la ville de ce qui peut causer les désordres, à procurer l'abondance et à faire vivre chacun selon sa condition et son devoir, demandait aussi un magistrat particulier, qui pût être présent à tout. A ces causes, etc. »

L'édit supprime, en conséquence, l'office de lieutenant civil, et crée deux offices de lieutenans du prévôt de Paris, l'un qualifié lieutenant civil, et l'autre lieutenant de police.

Il règle ensuite les fonctions et attributions de ces magistratures, dont la réception se faisait au parlement, et où les titulaires prêtaient le serment : le Roi s'y réserve, au surplus, la libre disposition de ces deux charges, pour en disposer comme bon lui semblerait, en remboursant, à ceux qui en étaient pourvus, les sommes convenues.

A la même époque, le Roi s'occupait de diverses autres branches de la législation ; les commissaires, chargés de ces travaux, lui présentèrent successivement les ordonnances civiles de 1667 ; l'ordonnance criminelle de 1670, contre laquelle se sont élevées depuis de justes réclamations, dues aux principes du chancelier Pussort, qui y porta un esprit de rigueur et de prévention contre les accusés; la belle ordonnance du commerce, de 1673; celle, plus remarquable encore, de 1681, sur la marine, et qui a eu une si grande influence sur la police maritime des peuples de l'Europe ; celle de 1669, sur les eaux et forêts, enfin de 1689 sur les arsenaux et la police des ports et chantiers du Roi.

Cependant de pareilles améliorations n'étaient pas sans éprouver de difficultés; les ordonnances, sur la procédure sur-tout, en rencontraient beaucoup dans les provinces; les juridictions diverses et les privilégiées y suscitaient des obstacles, et le bien que le Roi désirait, ne se faisait pas.

Son parti fut bientôt pris; il choisit des hommes fermes et éclairés, et les chargea d'aller sur les lieux prendre connaissance de l'état des choses, et d'employer les moyens nécessaires pour faire cesser les abus et en prévenir le retour.

Ce fut dans cette intention que par lettres-patentes du 4 août 1688, le roi nomma une commission composée de conseillers d'état et de maîtres des Requêtes *pour la réformation de la justice* dans les provinces du Haut et Bas Limosin, Saintonge, Périgord, Angoumois, Haut et Bas Poitou, la Rochelle et le pays d'Aunis; elle tint d'abord ses séances à Limoges, et se transporta dans tous les lieux où sa présence fut jugée nécessaire.

« Depuis notre avènement à la couronne, dit le roi dans ces lettres-patentes, nous avons toujours regardé comme une de nos principales obligations celle d'employer la puissance souveraine que Dieu nous a mise entre les mains, à rendre nos sujets heureux, et comme le bonheur des peuples dépend principalement d'une bonne administration de la justice, nous nous sommes particulièrement appliqués à y établir le bon ordre et à en réformer les abus : c'est dans ce dessein que nous avons confirmé et renouvelé les ordonnances des rois nos prédécesseurs, et que nous y en avons ajouté de nouvelles pour abréger les procédures, diminuer les frais de justice, qui consomment le bien des particuliers, et prévenir, autant qu'il a été possible, les vexations et malversations qui se peuvent commettre à ce sujet ; mais ayant été informés qu'encore que nous ayons donné nos ordres pour faire enregister et observer ce réglement (1) dans toutes nos cours et juridictions, plusieurs de nos officiers en ont négligé l'observation, et que très-souvent ils y contreviennent; en sorte que nos sujets se trouvent frustrés du bien ou du soulagement que nous avons eu l'intention de leur faire....... ; et comme nous n'avons pas trouvé de meilleur moyen de remédier aux abus qui se commettaient sur le fait de nos finances, que d'envoyer des commissaires en divers lieux de notre royaume, pour être par eux informés de la conduite des officiers de nos finances, ce qui nous a donné lieu sur le rapport desdits commissaires de soulager nos peuples....., nous avons jugé à propos de nous

(1) Le roi entend l'édit de 1667 sur les formes de la procédure.

servir du même moyen pour remédier aux abus qui se peuvent rencontrer dans l'administration de la justice ; et pour prévenir l'impunité des crimes et pourvoir à l'oppression que les faibles souffrent par la négligence ou connivence des juges, nous avons résolu d'envoyer de temps en temps des commissaires de notre conseil dans toutes les provinces de notre royaume, pays et terres de notre obéissance, pour prendre connaissance de la conduite des officiers de judicature, de l'inobservation de nos ordonnances, et généralement de tous les abus qui se commettent sur le fait de la justice, tant civile que criminelle, et pour y remédier suivant l'autorité que nous leur donnerons. » Donné à Versailles, le 4 août 1688 (1).

Par les mêmes lettres-patentes, le roi nommait pour cette commission MM. de Fieubet, Bignon, de Marillac, abbé Pelletier, conseillers d'état ; et MM. de Merle, de Creil de Soisy, de Melliand, de la Briffe, le Feure de Caumartin, de Maupeou d'Abblege, Larchier et Lambert d'Herbigny, maîtres des requêtes. Ils furent revêtus des plus grands pouvoirs sur tous les officiers des siéges royaux, et chargés de porter à la connaissance du roi les réformes ou éta-

_____

(1) Manuscrit du Châtelet déposé aux archives de la Préfecture de police.

blissemens qu'ils jugeraient utiles à son service et au bien des sujets de l'état.

Dans le cours de leurs opérations, ils purent remarquer la confusion qui régnait dans l'administration de la police ; des rivalités de compétence, l'insuffisance des réglemens, le manque d'unité surtout dans la tenue des villes, appelaient une réforme ; l'établissement d'un magistrat chargé seul de la police à Paris y ayant eu les plus heureux résultats, on en proposa un semblable pour les provinces ; c'est ce qu'exprime le préambule de l'édit de 1699, portant établissement de lieutenans de police. « L'avantage que les bourgeois et habitants de Paris ont retiré de la création d'un lieutenant-général de police nous a paru si considérable, que nous avons cru devoir le procurer à tous nos autres sujets, en établissant un semblable office dans chacune des villes et lieux de notre royaume où l'établissement en sera jugé nécessaire ; mais comme nous sommes informés qu'il a déjà été créé par les rois nos prédécesseurs de pareils offices, dont les fonctions n'ont jamais été bien réglées, et qui dans la plupart des lieux se trouvent maintenant réunis à d'autres offices dont les fonctions sont seules capables d'occuper ceux qui en sont pourvus, en sorte que celles de la police se trouvent entièrement négligées au grand préjudice de nos sujets, nous avons jugé à propos

de les supprimer, de pourvoir au remboursement des finances qui auront été payées, afin
de rendre l'établissement desdits nouveaux offices uniformes dans toute l'étendue de notre
royaume » (1).

Cet édit enregistré dans les Cours, reçu avec
empressement, opéra un changement universel
dans la police de la France, et contribua au
maintien des lois, qui, sans un pareil soutien,
restaient impuissantes contre le brigandage et
les violences, à défaut d'unité dans les magistratures chargées de les exécuter.

Un grand nombre d'ordonnances et d'arrêts
du conseil suivirent cet édit, et, conformément
à l'usage d'alors, on créa nombre d'officiers et
magistrats chargés de seconder les lieutenans
de police, de provoquer auprès d'eux le respect
des réglements, ou enfin d'exécuter les sentences qu'ils rendaient dans l'exercice de leur
charge.

La police fut organisée en France, et à Paris
surtout elle fit de rapides progrès. Un heureux
hasard, ou plutôt le soin que le roi apporta
à ne confier la place de lieutenant de police
qu'à des hommes recommandables par des lumières et de la fermeté, n'y contribua pas peu :
tous ceux qui y furent appelés, se distinguèrent

(1) Voyez cet édit dans la *Collection.*

par des établissemens utiles ou de sages réglemens (1).

Louis XIV ne borna pas ses soins à donner une forme stable et régulière à la police, il réprima, par de sages ordonnances, les désordres qui troublaient la société. Un des plus grands alors étaient les duels.

Déjà plusieurs lois sévères les avaient défendus ; celle du 10 février 1566 prononça la peine de mort contre ceux qui videront leurs querelles les armes à la main ; un arrêt de la cour du Parlement de juin 1599 déclare le duel crime de lèze-majesté, le poursuit, et traite ceux qui s'en seront rendus coupables ou l'auront provoqué, comme des violateurs du repos et de la paix publique. Henri IV donna en avril 1602 un édit dans les mêmes principes et le même but, édit qu'il renouvela par celui de juin 1609. Louis XIII confirma cette législation par différentes déclarations, et principalement par l'édit de 1623 ; mais la loi la plus générale, et qui renouvelle toutes les dispositions pénales contre les duels, est le célèbre édit de Louis XIV du mois d'août 1679, registrée

(1) Nous donnerons dans le volume suivant, la Notice historique des lieutenans de police de Paris, depuis M. de la Reynie, qui fut nommé au mois de mars 1667, jusqu'à M. de Crosne, qui donna sa démission en 1789.

au Parlement le 1.ᶜʳ septembre de la même année (1).

Ces combats réprouvés par la raison et la justice, se rattachent au droit que nos ancêtres s'arrogeaient de se faire justice eux - mêmes. Arrêtons-nous un moment sur les causes qui en ont perpétué l'usage et les ont associés au sentiment le plus capable d'émouvoir, celui de l'honneur blessé.

Long-temps les lois ont autorisé les duels dans la procédure ; les tribunaux y avaient recours. Les juges, dans l'impossibilité de découvrir de quel côté étaient le bon droit et la vérité, ordonnaient le combat entre les plaignants, ou les accusateurs et les accusés ; c'était un *combat judiciaire ;* ils supposaient que Dieu se déclarerait pour l'innocence, et ferait succomber le coupable. Lorsque les tribunaux cessèrent de recourir à cette procédure insensée, les nobles et ceux qui exerçaient ce qu'on nommait des professions nobles, conservèrent l'usage d'en appeler à leur épée, dans les débats où ils voyaient leur honneur offensé ; telle fut la première origine des duels.

Ils devinrent dans la suite un véritable fléau dans la société ; l'audace, le hasard, peut-être

---

(1) Toutes ces lois se trouvent dans la *Collection* à leurs dates respectives.

même la trahison, privèrent souvent les familles de leurs membres les plus illustres, et l'état d'excellents serviteurs, par ce moyen odieux.

Les progrès de la politesse et des mœurs n'y changèrent rien; les hommes les plus braves se montrant les plus empressés à faire usage du duel, on voyait de la lâcheté à ne pas les imiter; il fallait se battre. Les guerres civiles et la Fronde, en multipliant les haines, multiplièrent les occasions des duels, qui ne furent jamais plus fréquents que sous le règne de Louis XIII et la minorité de Louis XIV.

Dès le seizième siècle cependant, on avait tenté d'arrêter cette fureur, en rendant les maréchaux de France juges des difficultés du point d'honneur. « Le roi, dit l'ordonnance de Charles IX (1), désirant faire vivre sa noblesse en bonne union, et éteindre les querelles et noises qui sont entre aucuns gentilshommes....., leur fait défenses qu'ils n'aient à faire aucune assemblée de personnes, ni pareillement essayer de vuider leurs querelles par armes et combats; et pour ce que la source et fondement desdites querelles procèdent ordinairement des démentis qu'ils se donnent, ledit seigneur inhibe et défend que celui à qui ladite démentie aura été donnée, ne se ressente par les armes, ains se

_____

(1) 10 février 1566.

retire (si c'est à la suite de la cour) devers messieurs les connétable et maréchaux de France ; et si c'est hors de la suite de la cour , et en lieu où ne seront lesdits sieurs connétable et maréchaux de France , devers le gouverneur de la province , lequel cherchera les moyens d'appointer ladite démentie , et s'il ne peut, le renvoyer devers lesdits sieurs connétable et maréchaux de France, pour en décider ainsi qu'ils verront être de raison. »

Cette sage loi n'arrêta pas le mal ; les duels se perpétuèrent avec le même acharnement. Le tribunal de MM. les maréchaux de France n'en continua pas moins d'en connaître et de tempérer l'excès du désordre ; les réglemens qui en ont émané annoncent tout-à-la-fois le sentiment de l'honneur et le respect des lois : nous les rapporterons à leurs dates.

Le tribunal se tenait chez le doyen des maréchaux , qui remplaçait le connétable depuis la suppression de ce grand officier de la couronne (1) ; il présidait les maréchaux : le dernier, le duc de Richelieu, a rempli avec une rare fermeté cette fonction délicate et difficile.

Nous ne devons pas nous arrêter à rechercher ici en vertu de quel droit les maréchaux de

---

(1) En 1627, à la mort du duc de Lesdiguières, dernier connétable.

France étaient établis juges des motifs des duels, et autorisés à prononcer des peines contre ceux qui méprisaient leurs décisions ; que ce droit vienne de la juridiction dont jouissait le connétable sur tous les sujets du Roi portant les armes, ou d'une attribution spéciale qui leur fut donnée, il est certain que leur tribunal a prononcé souverainement dans les matières d'honneur, et prévenu les suites des provocations en duel. C'était ordinairement par la voie *d'accord* que ces affaires se terminaient devant MM. les maréchaux et d'après leur décision : nous en trouvons un exemple dans ce qui se passa en 1708, entre MM. les ducs de Vantadour et d'Aumont ; nous en entretiendrons sommairement nos lecteurs, avec d'autant plus de raison, ce semble, que la police a toujours pris connaissance plus ou moins directement de semblables événemens, depuis qu'elle est intervenue dans les affaires du gouvernement et des grandes familles.

(1) Les domestiques de ces deux seigneurs ayant eu un différend entre eux, les maîtres prirent parti pour leurs gens, et l'affaire devint bientôt personnelle.

---

(1) *Recueil concernant le Tribunal des Maréchaux de France*, dédié au duc de Richelieu par le chevalier de Beaufort, premier lieutenant de la connetablie, etc., tom. I. *Préface*, 1784.

M. le maréchal de la Ferté, informé de ce différend, et allié à l'un et à l'autre de ces deux ducs, alla les voir, et voulut les porter à un accommodement ; mais ils refusèrent. Il se décida dès-lors à leur envoyer à chacun un lieutenant de la connétablie, pour leur défendre les voies de fait, et rester auprès d'eux. M. de Ventadour ne voulut point recevoir celui qu'on lui envoya, prétendant, comme duc et pair, n'être point sujet à la juridiction des maréchaux de France, et qu'il ne devait obéir qu'au Roi. Le lieutenant fut obligé de céder à l'opiniâtreté de M. de Ventadour ; celui qui fut adressé à M. le duc d'Aumont, ne reçut aucun mauvais traitement, mais on lui dit toujours, à la porte de l'hôtel, jusqu'à onze heures, que M. le duc n'était pas rentré ; on allégua ensuite qu'il était endormi, et qu'on ne pouvait lui parler que le lendemain. Les deux lieutenants firent leur rapport à M. le maréchal de la Ferté, qui voyant qu'il s'agissait de l'autorité de MM. les maréchaux de France, à laquelle ces ducs donnaient une si considérable atteinte, crut devoir en informer le maréchal de Villeroi, doyen, à cette époque, des maréchaux de France. Aussitôt M. de Villeroi les fit tous inviter à se trouver chez lui le jour même ; tous furent d'avis qu'on rendît compte au Roi de cette affaire, et qu'on prît les ordres de Sa Majesté. Elle répondit, dans l'audience qu'elle

accorda à MM. de Villeroi et de Créqui, députés
au nom des maréchaux réunis, que son intention était que les ducs de Ventadour et d'Aumont
reçussent et gardassent près d'eux, les officiers
qui leur avaient été envoyés par M. de la Ferté,
et qu'ils se rendissent chez ce maréchal, quand il
le leur *ordonnerait*, pour les accommoder. Cette
décision fut notifiée à MM. de Ventadour et
d'Aumont. Dès le lendemain, le maréchal de la
Ferté leur envoya à chacun un lieutenant de la
connétablie, et leur fit porter l'*ordre* de se trouver chez lui, où se tiendrait l'assemblée des maréchaux de France. Le duc de Ventadour se
conforma à cette injonction, mais M. d'Aumont
n'en agit pas de même; il ne voulut pas que le
lieutenant, mis en garde auprès de lui, l'ac-
compagnât, et envoya la duchesse son épouse
prier M. de la Ferté, d'agréer que ce garde ne
montât pas dans son carrosse. Il n'obtint pas sa
demande, et pour l'éluder, il monta dans celui
d'une autre personne. L'officier tenta inutilement d'y entrer, on l'en empêcha; tout ce qu'il
put faire, fut de monter derrière le même carrosse, et en approchant de l'hôtel du duc de la
Ferté, de prendre le devant, pour avertir les
maréchaux de la violence qui lui avait été faite.

Le tribunal ne crut pas, dans cette circons-
tance, devoir entendre le duc d'Aumont, et
arrêta de remettre l'accommodement, jusqu'à ce

qu'il eût obéi, en gardant l'officier mis auprès de sa personne, et en ne s'en séparant qu'après que le tribunal l'aurait ordonné.

Cependant le duc d'Aumont suivait l'officier de près, et entrant dans l'assemblée pendant que le duc de Ventadour était dans une chambre particulière, il dit, en s'adressant au duc de la Ferté : *je viens ici, Monsieur, par ordre du Roi, pour voir ce qu'il vous plaît de m'ordonner.* M. de la Ferté lui répondit suivant la résolution qui venait d'être prise ; que s'étant séparé de l'officier qu'on lui avait donné, la compagnie ne pouvait l'entendre. Il chercha à s'excuser, et marqua par son discours, qu'il n'adressait qu'à M. de la Ferté, « que c'était de lui seul qu'il venait recevoir l'ordre ; qu'à l'égard de MM. les maréchaux de France, il les estimait fort, les honorait tous en particulier, étant bien fâché de n'avoir pas mérité de l'être, comme son père et son grand-père l'avaient été. »

A cela, le duc de la Ferté répondit qu'il agissait, dans cette occasion, comme l'ancien des maréchaux de France, et ne prétendant rien faire qu'avec leur participation ; ensuite il pria le duc d'Aumont de vouloir bien se retirer dans la chambre de madame la Maréchale, afin que l'assemblée pût délibérer. Elle résolut d'ôter l'officier d'auprès de M. d'Aumont ; on aurait bien voulu en faire autant pour M. de Ventadour,

mais la crainte qu'il n'en arrivât quelque accident, vu l'aigreur des parties, détermina l'assemblée à lui laisser.

Mais elle députa le maréchal de Créqui, à
Saint-Germain, auprès du maréchal de Villeroi,
le plus ancien des maréchaux de France, dont
M. de la Ferté tenait la place à Paris, comme
venant après lui. M. de Villeroi, instruit par
M. de Créqui de ce qui s'était passé, en rendit
compte au Roi, qui ne voulant plus qu'on pût
faire naître de nouveaux incidens, et confirmant
MM. les maréchaux de France dans l'immémo-
riale possession où ils étaient dits souverains
juges du point d'honneur, sur tous les sujets de
Sa Majesté, envoya un lieutenant des gardes-du-
corps, dire à M. d'Aumont que son intention
était qu'il obéît, sans distinction et sans réserve,
à tout ce qui lui serait ordonné par MM. les
maréchaux de France.

M. de Créqui ayant apporté cette réponse du
Roi à Paris, M. de la Ferté envoya au duc d'Aumont, son même lieutenant, avec ordre de ne
pas le quitter d'un pas, et de le conduire, à trois
heures après midi, le même jour, à l'hôtel de
la Ferté, où l'assemblée des maréchaux se tiendrait.

Les deux ducs s'y rendirent à l'heure marquée, accompagnés de leurs gardes; ils furent
introduits chacun par une porte différente. Ils

s'approchèrent, découverts, de M. le maréchal de la Ferté, qui était assis et couvert, ainsi que tous les autres maréchaux de France, qui formaient un demi-cercle autour de lui.

Dans ce moment, il se découvrit et se leva; tous les maréchaux de France en firent autant. Le maréchal de la Ferté remit ensuite son chapeau, et s'approchant de plus près des deux ducs pour les faire s'embrasser, il leur dit : « Nous avons appris, Messieurs, par la voix publique, le différend qu'il y a eu entre vos valets, auquel nous savons que vous n'avez point de part, cependant; pour éviter les suites, nous vous ordonnons de vous embrasser, et de vivre à l'avenir en bonne intelligence, et nous vous défendons les voies de fait. »

Les ducs d'Aumont et de Ventadour se retirèrent, les maréchaux de France restant assis et découverts. (1)

Ils avaient également un droit de police et de juridiction sur les autres membres de la noblesse; c'était eux qui, dans tous les cas où il s'agissait d'empêcher les duels, les rencontres et les com-

(1) Nous nous sommes attachés au récit de cet événement, parce qu'il fait connaître l'usage du tribunal et la police du point d'honneur confiée par nos rois à MM. les maréchaux de France. Nous le tirons de l'ouvrage de Beaufort, premier lieutenant de la connétablie, deux vol. in-8o., imprimé à Paris en 1784, avec l'approbation de MM. les maréchaux de France, ce qui lui donne un caractère authentique sur cette matière.

bats, procuraient à un gentilhomme offensé par
un autre gentilhomme, une satisfaction proportionnée à l'insulte : les ennoblis étaient soumis
à la même juridiction, ainsi que les étrangers, en
pareille rencontre. On y comprenait aussi les
commensaux de la maison du Roi et des membres de la famille royale ; les officiers militaires,
en activité de service ou non, pourvu qu'ils
eussent obtenu le brevet.

Au reste, il ne suffisait pas que les personnes
fussent de qualité, pour être justiciables du tribunal de MM. les maréchaux de France, pour
y citer et y être citées, il fallait encore que les
affaires, par leur nature et par leur espèce, fussent susceptibles d'y être portées ; ces deux conditions étaient indivisibles, et un maréchal de
France, comme un simple particulier, autait été
jugé par les tribunaux qui doivent connaître des
crimes, s'il s'en était rendu coupable. Un fait de
police, d'escroquerie, à la charge d'un noble ou
militaire en grade, n'aurait eu aucun rapport
avec le droit de prononcer, acquis aux maréchaux de France. On peut, au reste, consulter
sur ces détails l'ouvrage cité dans la note, ce
que nous venons d'en dire suffit à l'objet que
nous devons nous proposer ici.

Une seule remarque nous reste à faire. Dès
que la législation eut prohibé les duels, sous peine
de la vie, l'instruction en fut soumise aux mêmes

règles que celles prescrites pour les autres crimes. La connaissance en fut dès - lors interdite
aux maréchaux de France assemblés dans leur
tribunal ; nos Rois l'attribuèrent à tous les sièges
royaux, ordinaires et même extraordinaires, tels
que les prévôts des maréchaussées, sauf les
droits du parlement, lorsque les duels auraient
été commis dans la ville où ils étaient établis.

Ainsi, les maréchaux de France n'étaient point
jnges des duels quand ils avaient été consommés ;
mais ils avaient le droit de prendre toutes les
précautions que peuvent inspirer la prudence,
l'honneur et la sagesse pour les prévenir et les
empêcher ; comme aussi de faire arrêter et constituer prisonniers ceux qui, après un premier
combat, auraient été soupçonnés de vouloir en
tenter un second. (1)

Outre le droit acquis aux maréchaux de France
de connaître des motifs des duels et d'en prévenir
les suites, ils avaient, comme on a vu, une véritable juridiction sur les prisonniers pour dettes
d'honneur ; ceux-ci restaient sous leur inspec-
pection. Les réglements qu'ils firent à cet égard
sont remarquables par leur sagesse. Nous cite-
rons celui qui a pour objet les défenses faites à
ces détenus de jouer sur leur parole. Ce régle-

(1) Voyez dans la *Collection* l'édit de 1679, contre les duels, et
le réglement des maréchaux de France qui y fait suite.

ment, du 19 avril 1749, porte le titre *Ordon-nance*, et est ainsi conçu :

« Les Maréchaux de France, sur ce qui nous a été représenté qu'au préjudice des ordres du roi et des réglements pour la police des prisons, les prisonniers détenus par nos ordres au Fort-l'Évêque, jouaient entr'eux sur leur parole, à différents jeux de hasard, et que la facilité qu'ils avaient de ne point mettre d'argent sur le jeu, les faisait jouer des sommes considérables qu'ils se trouvaient par la suite hors d'état de payer, ce qui les ruine totalement ; et voulant remédier à un tel abus,

» Nous défendons à toutes personnes détenues par nos ordres, soit dans les prisons royales du Fort-l'Évêque, soit dans les autres prisons, de jouer aux jeux de cartes, de dez et autres jeux de hasard, et de contracter aucunes dettes à ce sujet, sous peine d'être mis au cachot aussitôt que nous en serons informés ; leur déclarant que nous ne voulons connaître dorénavant d'aucunes dettes de cette nature, et qu'en cas qu'ils contreviennent à nos défenses, le débiteur et le créancier seront également punis ;

» Mandons à nos lieutenans départis dans les provinces, aux officiers de notre compagnie, et à tous nos officiers de maréchaussée, chacun en droit soi, de tenir la main à l'exécution de notre présente ordonnance, et de nous en rendre compte. »

Ces détails nous ont paru à leur place ici, parce qu'ils font connaître une institution que peut-être le besoin fera rétablir.

Note *sur les Assemblées de Police, à Paris, avant l'édit de* 1667.

Avant la création du lieutenant-général de police, le Parlement réunissait non-seulement, comme il l'a toujours eu depuis, la haute-police, qui consistait dans le droit de faire des réglements que les officiers du ressort étaient obligés de faire exécuter, mais encore c'était à lui que le magistrat du Châtelet chargé alors de la police, c'est-à-dire le lieutenant civil, dénonçait, en la présence du procureur-général, les abus, désordres ou autres faits qui exigeaient quelques mesures de police.

La Cour, après avoir entendu la plainte ou la demande du Châtelet, donnait, sur le réquisitoire du procureur du roi, tantôt un arrêt pour la police, une autre fois ordonnait la convocation d'une assemblée de police au Châtelet, pour qu'on y proposât des mesures ensuite autorisées, s'il y avait lieu, par le Parlement.

Ainsi, par exemple, le 6 avril 1630, le lieutenant civil représenta au parlement qu'il était urgent de pourvoir au désordre qui naissait à Paris, de la cherté de divers objets de consommation. Après que le procureur-général du roi eut été entendu, et que la matière eut été mise en délibération, il fut arrêté que le lieutenant civil *tiendrait la police* le plutôt possible ; que les notables bourgeois y seraient appelés afin de prendre leur avis sur lesdits désordres et les moyens d'y remédier, et qu'il ferait son rapport à la Cour dans la huitaine.

Le lieutenant civil, qui s'était absenté pendant qu'on délibérait sur sa demande, rentra, étant mandé : on lui fit connaître l'arrêt de la Cour, pour qu'il l'exécutât.

On tint plusieurs fois des assemblées de même espèce au palais même. On trouve dans les archives du Parlement le procès-verbal d'une *assemblée de la police générale*, tenue le vendredi 13 décembre 1630, dans la *salle Saint-Louis;* il y fut encore question de mesures à prendre pour prévenir les désordres qui naissaient de la rareté et de la cherté des grains.

Il s'y trouva, outre M. le premier président, un président à mortier et le procureur-général, deux présidents des enquêtes et requêtes, six conseillers, un président et trois conseillers à la cour des aides; de plus, M. le lieutenant civil, le lieutenant criminel, le procureur du roi du Châtelet, le lieutenant criminel de robe-courte, le prévôt de l'île, trois membres du bureau de ville, un président et quatre membres de la chambre des comptes, trois administrateurs de l'Hôtel-Dieu, le curé de Saint-Nicolas, trois commissaires du bureau des pauvres, plusieurs autres personnes et douze commissaires de police. Il fut question, dans cette nombreuse réunion, des grains et autres objets de police. La discussion se prolongea pendant deux séances, à quelques jours de distance l'une de l'autre.

Nous remarquerons encore, pour donner une idée de la manière dont le parlement procédait dans ce qui concernait la police, que son usage était de s'entourer de lumières, et de former des assemblées où l'on débattait le sujet des réglements, avant d'en ordonner l'exécution.

Le Roi avait adressé au parlement une déclaration pour pourvoir au pavé et au nétoiement de Paris, la cour tint une assemblée de la police générale, au palais, le 24 juillet 1637, à peu près formée comme celle dont nous avons parlé, c'est-à-dire, de présidents et membres du parlement, de la chambre des comptes, cour des aides; des lieutenans civil et criminel du châtelet, des échevins, et de plus, de vingt-deux notables bourgeois.

Il est dit, dans le procès-verbal, que M. le premier président ayant fait entendre à la compagnie, que le Roi avait adressé à la cour une ordonnance sur le pavé et nétoiement de Paris, elle avait jugé bon de faire une assemblée générale, pour en avoir le sentiment, avant que de procéder à l'enregistrement de l'ordonnance.

L'assemblée ayant délibéré et pris connaissance de ce qui avait été fait précédemment, fut d'avis, sous le bon plaisir de la cour, que la déclaration du Roi, dont il avait été donné lecture, fût registrée, pour être exécutée selon sa forme et teneur, conformément aux conclusions de M. le procureur général.

Un arrêt, rendu par le parlement, le 14 mai 1608, sur la requête du procureur du Roi, porte ce qui suit :

« Sur ce que le procureur général du Roi a remontré à la cour, avoir eu avis, de son substitut au châtelet de Paris, que le bled enchérit par chacun jour, mêmement au dernier marché, il aurait monté jusqu'à 13 livres 10 sous, est à craindre qu'il ne monte plus haut, s'il n'y est pourvu promptement, pour empêcher les monopoles qui s'y pourraient commettre, notamment par ceux qui vendent les bleds en grenier, au mépris des ordonnances de la police, requérant qu'assemblée soit faite de la police, au châtelet de Paris, à la diligence dudit substitut, à laquelle seront appelés notables bourgeois de chacun quartier, pour aviser ce qui sera convenable pour la nécessité publique, sur la vente desdits bleds, et par même moyen, sur l'achat du vin, le prévôt des marchands et échevins, à ce faire, appelés.

» La cour a ordonné qu'assemblée de police fut faite au châtelet de Paris, à la diligence dudit substitut du procureur général, à laquelle seraient appelés les prévôt des marchands et échevins de la ville de Paris, et notables bourgeois de chacun quartier, pour donner avis sur ce qui sera transporté de la vente des bleds et vins, dont sera fait procès-verbal, pour ce, fait, communiqué audit procureur général, et rapporté et fait, ainsi que de raison. »

Il résulte, de ces faits, la preuve que les formes administratives étaient loin alors d'avoir ce caractère de despotisme qu'on leur a si légèrement reproché de nos jours; remarque que nous pouvons appliquer à beaucoup de parties de la législation de police, devenue bien autrement sévère et soupçonneuse, depuis l'époque des lois révolutionnaires en France.

FIN DE LA PRÉFACE.

SECONDE SÉRIE.

POLICE MODERNE

DE 1667 A 1789.

ÉDIT DU ROI, *portant création d'un lieutenant de police en la ville, prévôté et vicomté de Paris.*

Donné à Saint-Germain-en-Laye, au mois de mars 1667.

Vérifié en Parlement, les mêmes mois et an (1).

Louis, par la grâce de Dieu, roi de France et de Navarre : à tous présents et à venir, SALUT. Notre

---

(1) Le préambule de cet édit fait connaître le prix que le gouvernement attachait à la bonne police de la capitale Cet intérêt, ce besoin donnèrent lieu à la création du magistrat spécialement chargé de la police à Paris ; mais ce ne fut que douze ans après, c'est-à-dire en 1699, que cette utile magistrature fut établie dans les provinces : ce temps parut nécessaire pour ne rien faire que ce qui était reconnu bon par l'expérience. D'ailleurs, les Cours souveraines, et surtout le Parlement de Paris, exigeaient que tel fut le caractère des innovations ; heureuse opposition, qui contrariait quelquefois le monarque dans les intérêts mêmes de la monarchie.

En commençant par donner une police à Paris, le gouvernement

bonne ville de Paris étant la capitale de nos États et
le lieu de notre séjour ordinaire, qui doit servir
d'exemple à toutes les autres villes de notre royaume,
nous avons estimé que rien n'était plus digne de nos
soins, que d'y bien régler la justice et la police, et
nous avons donné notre application à ces deux choses.
Elle a été suivie de tant de succès, et plusieurs défauts de la police ont déjà été si heureusement corrigés, que chacun, excité par les commodités qu'il
en reçoit, concourt et prête volontiers la main pour
la perfection d'un si grand ouvrage : mais il est né-

---

offrait un exemple à suivre aux villes de provinces, puisque les ordonnances des 20 octobre 1508, janvier 1563, 19 février 1566 prescrivent
à tous les juges royaux et subalternes de faire la police sur les habitants de leurs districts, en se conformant, autant que possible, aux
réglements pour la ville de Paris.

Les assemblées qui se tenaient chez M. le chancelier pour la réformation de la justice et de la police, depuis le mois d'octobre 1666,
cessèrent le 10 février 1667, pour ce qui regardait celle-ci. L'on
crut qu'il serait inutile de les tenir davantage, du moment que la
police allait avoir un magistrat particulier chargé de la faire observer,
et d'y introduire les améliorations que le roi avait en vue.

Le choix que l'on fit de M. de la Reynie ne pouvait mieux tomber;
il était du nombre des maîtres des requêtes qui assistaient aux conférences chez le chancelier ; ainsi il ne pouvait manquer d'être rempli
de l'esprit d'ordre et de justice qui les animait.

Par une négligence qui eut également lieu, à l'égard de l'édit de décembre 1666, sur la sûreté générale et la police de Paris (rapporté
dans la série précédente), celui du mois de mars 1667, portant
création d'un lieutenant de police, ne se trouve sur aucun registre
du Parlement, quoiqu'il ait été vérifié et enregistré dans cette Cour
le 15 mars de la même année.

L'imprimé que nous donnons ici est conforme à la copie qui se
trouve au troisième volume des *Bannières du Châtelet*, folio 168,
et à celle de la *Collection de Lamoignon*, déposée aux archives de
la Préfecture de Police.

cessaire que la réformation que nous y apportons soit
soutenue par des magistrats ; et comme les fonctions
de la justice et de la police sont souvent incompatibles et d'une trop grande étendue pour être bien
exercées par un seul officier dans Paris, nous aurions
résolu de les partager, estimant que l'administration
de la justice contentieuse et distributive, qui requiert
une présence actuelle en beaucoup de lieux, et une
assiduité continuelle, soit pour régler les affaires des
particuliers, soit pour l'inspection qu'il faut avoir
sur les personnes à qui elles sont commises, demandait un magistrat tout entier ; et que d'ailleurs la
police qui consiste à assurer le repos du public et des
particuliers, à purger la ville de ce qui peut causer
les désordres, à procurer l'abondance et à faire vivre
chacun selon sa condition et son devoir, demandait
aussi un magistrat particulier qui pût être présent à
tout. A CES CAUSES, et autres considérations à ce
nous mouvants, de l'avis de notre conseil et de notre
certaine science, pleine puissance et autorité royale,
nous avons éteint et supprimé, et par ces présentes
signées de notre main, éteignons et supprimons l'office de lieutenant civil de notre prevôt de Paris, dont
était pourvu le feu sieur d'Aubray, sans que, pour
quelque cause, prétexte et occasion que ce soit, ledit
office puisse être ci-après rétabli ni créé de nouveau :
ce faisant, nous avons créé, érigé et établi, et par
ces mêmes présentes créons, érigeons et établissons
en titre d'offices formés, deux offices de lieutenant
de notre prevôt de Paris, dont l'un sera nommé et
qualifié notre conseiller et lieutenant civil du prévôt
de Paris pour la police, pour être, lesdites deux

charges, remplies et exercées par deux différents officiers, et sans que ci-après elles puissent être jointes
et réunies pour quelque cause, et sous quelque prétexte que ce puisse être ; et pour régler les fonctions
desdites charges, voulons et nous plaît, qu'au lieutenant civil appartiendra la réception de tous les
officiers du Châtelet, ensemble la connaissance de
toutes actions personnelles, réelles et mixtes ; tous
contrats, testaments, promesses, matières bénéficiales
et ecclésiastiques, de l'apposition de scellés, confection des inventaires, tutelles, curatelles, avis de
parents, émancipations, et toutes autres matières
concernant la justice contentieuse et distributive dans
l'étendue de la ville, prévôté et vicomté de Paris,
pour en faire les fonctions en la même forme et manière que les précédents lieutenants civils ont eu
droit et pouvoir de ce faire, dans les mêmes chambres
et siéges, et avec les mêmes officiers, à l'exception
toutefois des matières concernant la police ; précédera
ledit lieutenant civil celui de police, dans toutes les
assemblées générales et particulières, sans dépendance
néanmoins, autorité, ni subordination de l'un à
l'autre ; mais exerceront leurs fonctions séparément
et distinctement chacun en ce qui le concernera ; et
quant au lieutenant de police, il connaîtra de la
sûreté de la ville, prévôté et vicomté de Paris, du
port d'armes prohibées par les ordonnances, du nétoiement des rues et places publiques, circonstances
et dépendances ; donnera les ordres nécessaires en cas
d'incendie ou d'inondation ; connaîtra pareillement
de toutes les provisions nécessaires pour la subsistance
de la ville, amas, magasins qui en pourront être

faits, du taux et prix d'icelles; de l'envoi des commissaires et autres personnes nécessaires sur les rivières, pour le fait des amas de foin, bottelage, conduite et arrivée d'icelui à Paris, comme faisait ci-devant le lieutenant civil exerçant la Police; réglera les étaux des boucheries et adjudication d'iceux; aura la visite des halles, foires et marchés, des hôtelleries, auberges, maisons garnies, brelands, tabacs et lieux mal famés; aura la connaissance des assemblées illicites, tumultes, séditions, désordres qui arriveront à l'occasion d'icelles; des manufactures et dépendances d'icelles; des élections des maîtres et gardes des six corps des marchands, des brevets d'apprentissage et réception des maîtres; de la réception des rapports, des visites desdits gardes, de l'exécution de leurs statuts et réglements, et des renvois des jugemens ou avis de notre procureur sur le fait des arts et métiers, et ce en la même forme et manière que les lieutenans civils exerçant la police en ont ci-devant bien et dûement usé. Pourra étalonner les poids et balances de toutes les communautés de la ville et faubourgs d'icelle, à l'exclusion de tous autres juges; connaîtra des contraventions qui seront commises à l'exécution des ordonnances, statuts et réglements faits pour le fait de l'imprimerie par les imprimeurs, en l'impression des livres et libelles défendus, et par les colporteurs en la vente et distribution d'iceux. Les chirurgiens seront tenus de lui donner les déclarations de leurs blessés, et qualités d'iceux. Pourra connaître de tous délinquants et trouvés en flagrant délit, en fait de police, leur faire et parfaire leur procès sommairement, et les juger seul, sinon ès cas où il s'agira des peines afflictives, et audit cas, en fera son rapport au présidial en la manière accoutumée ; et généralement appartiendra, audit lieutenant de police, l'exécution de toutes les ordonnances, arrêts, réglements concernant le fait d'icelles, circonstances et dépendances, pour en faire les fonctions, en la même forme et manière qu'ont fait, ou eu droit de faire les ci-devant pourvus de la charge de lieutenant civil exerçant la police. Le tout, sans innover ni préjudicier aux droits et jurisdictions que pourraient avoir, ou possession en laquelle pourraient être les lieutenans criminel, particulier, et notre procureur audit châtelet, et même les prévôt des marchands et échevins de ladite ville, de connaître les matières ci-dessus mentionnées. Ce qu'ils continueront de faire bien et dûment, comme ils auraient pu faire auparavant ; seront tenus les commissaires au châtelet, huissiers et sergens, d'exécuter les ordres et mandemens desdits lieutenans civil et de police, même les chevalier du Guet, lieutenant criminel de robe-courte, et prévôt de l'île : comme aussi les bourgeois, de prêter main-forte à l'exécution des ordres et mandemens, toutefois et quant ils en seront requis. Aura, ledit lieutenant de police, son siége ordinaire et particulier dans le châtelet, en la chambre présentement appelée la chambre civile ; et entendra en icelle les rapports des commissaires, et y jugera sommairement toutes les matières de police, les jours de chacune semaine, ou à tels jours qu'il jugera nécessaires, et aura en outre la disposition d'une autre petite chambre à côté, jusqu'à ce qu'il ait été, par nous, pourvu sur le fait desdites chambres. Jouiront, lesdits lieutenans civil et de police, chacun à leur égard, des mêmes droits, avantages, honneurs et pré- rogatives qui ont appartenu, et dont ont bien et dûment joui ou dû jouir les ci-devant lieutenans ci- vils en l'une et l'autre desdites fonctions; et sera procédé à leur réception èsdites charges au parlement et installation en leurs siéges, en la manière accou- tumée, nous réservant au surplus la libre et entière disposition desdites charges, pour en disposer toute- fois et quant que bon nous semblera, en remboursant à ceux qui seront pourvus d'icelles, les sommes con- venues pour raison de ce; suivant leurs consente- mens, ci-attachés sous le contre-scel de notre chan- cellerie. SI DONNONS EN MANDEMENT à nos amés et féaux conseillers, les gens tenant notre cour de par- lement à Paris, que ces présentes ils aient à faire registrer, et icelles exécuter selon leur forme et te- neur, cessant et faisant cesser tout trouble et empê- chement qui pourraient être donnés, nonobstant tous édits, déclarations et autres choses à ce contraires, auxquelles nous avons dérogé et dérogeons par ces présentes. CAR TEL EST NOTRE PLAISIR. Et afin que ce soit chose ferme et stable à toujours, nous avons fait mettre notre scel à cesdites présentes. Donné à Saint-Germain en Laye, au mois de mars, l'an de grace mil six cent soixante-sept, et de notre règne, le vingt-quatrième. *Signé* LOUIS. Et plus bas, par le Roi, DE GUÉNÉGAUD; et scellé sur dos du grand sceau de cire verte, et ensuite est écrit :

Registrées, ouï, ce requérant le procureur général du Roi, pour être exécuté selon sa forme et teneur, aux charges portées par l'arrêt de ce jour. A Paris, en parlement, ce 15 mars 1667. *Signé* DU TILLET.

ÉDIT DU ROI, *contenant les formalités nécessaires pour l'établissement des Maisons religieuses, ou autres Communautés.*

Registré en Parlement le 31 mars 1667.

LOUIS par la grace de Dieu, Roi de France et de Navarre : A tous présents et à venir ; SALUT : Les Rois nos prédécesseurs ayant jugé combien il était important à l'État et au bien de leur service, qu'il ne se fît dans le royaume, aucun établissement de maisons régulières et communautés, sans leur autorité et permission, portées par leurs lettres-patentes, scellées de leur grand sceau ; ils ont, de temps en temps, pour maintenir un réglement si juste, si nécessaire et si utile, fait défenses, par diverses ordonnances, de faire aucun établissement de cette nature sans lettres-patentes, enregistrées en nos cours de parlement ; ce qui a été, durant quelque temps, très-religieusement observé, en sorte que ne s'y étant commis aucun abus, le nombre des communautés de notre royaume se serait trouvé peu considérable, et nos sujets n'en auraient point reçu d'incommodité ; mais il est arrivé que pendant la longueur des dernières guerres et, durant notre minorité, plusieurs maisons régulières et communautés se sont formées sans lettres-patentes, par la connivence ou négligence que nos officiers ont apportée à faire garder lesdites ordonnances, ce qui a fait que le nombre s'en est augmenté, de manière qu'en beaucoup de lieux, les communautés tiennent et possèdent la meilleure partie des terres et des revenus ; qu'en d'autres, elles subsistent avec peine, pour n'avoir été suffisamment dotées, et qu'aucunes se sont vues réduites à la nécessité d'abandonner leurs maisons à la poursuite de leurs créanciers, au grand scandale de l'église, et au préjudice des personnes qui étaient entrées dans lesdites communautés, et de leurs familles qui s'en sont trouvées surchargées ; et ayant résolu d'empêcher, qu'à l'avenir, il ne s'en établisse aucune, et de faire garder, pour cette fin, plus de précautions qu'il n'en a été apporté par le passé ; savoir faisons, que pour ces causes, et autres à ce nous mouvants ; de l'avis de notre conseil, où était notre très-cher et très-amé frère unique le duc d'Orléans et plusieurs autres princes, grands et notables personnages de notre conseil, et de notre certaine science, pleine puissance et autorité royale, nous avons dit, déclaré et ordonné, disons, déclarons et ordonnons, voulons et nous plaît, qu'à l'avenir, il ne pourra être fait aucun établissement de colléges, monastères, communautés, religieuses ou séculières, même sous prétexte d'hospice, en aucunes villes ou lieux de notre royaume, pays, terres et seigneuries de notre obéissance, sans permission expresse de nous, par lettres-patentes bien et dûment enregistrées en nos cours de parlement, et sans que nosdites lettres, ensemble lesdits arrêts d'enregistrement d'icelles aient été enregistrées dans les bailliages, sénéchaussées ou siéges royaux, dans le ressort desquels ils seront situés, et ce, par ordonnances des lieutenans généraux esdits siéges, rendues sur les conclusions des substi-

tuts de nos procureurs généraux en iceux ; et en cas
que lesdits monastères, colléges ou communautés
soient établis dans l'enceinte, fauxbourgs, ou proche
d'aucunes de nos villes : voulons que nosdites lettres,
arrêts de nos cours, et ordonnances desdits lieutenans
généraux rendues en conséquence, soient enregistrées
dans les hôtels communs desdites villes, de l'ordonnance des magistrats d'icelles.

Que si, néanmoins, il était formé quelque opposition à l'exécution desdites lettres-patentes, enregistrées en la forme ci-dessus : nous ordonnons auxdits
lieutenans généraux, et substituts de nos procureurs
généraux, et aux maires, échevins, jurats et capitouls desdites villes, d'en donner incontinent avis à
nos procureurs généraux, pour nous en être par eux
rendu compte, et cependant leur défendons de souffrir qu'il soit passé outre auxdits établissemens, jusques à ce que les oppositions aient été levées.

Et, afin que nosdites lettres-patentes, portant permission de faire ledit établissement, soient accordées
avec connaissance de cause ; nous voulons et entendons que l'approbation de l'archevêque ou évêque
diocésain, ou des vicaires généraux ; ensemble le procès-verbal du juge, du lieu où devra être fait ledit
établissement ; contenant les avis des maires, échevins, consuls, jurats, capitouls ; curés des paroisses
et supérieurs des maisons religieuses établies esdits
lieux, assemblés séparément en présence du substitut
de notre procureur général, soient attachés sous le
contre-scel de nosdites lettres, sans néanmoins que
lesdits maires et échevins, consuls, capitouls, jurats,
curés ou supérieurs desdites maisons religieuses,

puissent s'assembler pour donner leurs avis, qu'il ne leur soit auparavant apparu de nos ordres, soit par lettres signées de nous, ou contre-signées par l'un de nos secrétaires d'État et de nos commandemens, ou par arrêt de notre conseil, donné nous/y étant, par lequel, la requête à nous présentée pour avoir nos lettres-patentes, tendante à établissement de communauté dans leur ville, leur soient envoyés pour nous donner avis sur icelui.

Et en cas que ci-après il s'y fasse aucun établissement de communauté régulière ou séculière, sans avoir été satisfait à toutes les conditions ci-dessus énoncées, sans exception d'aucune. Nous déclarons, dès à présent, comme pour lors, l'assemblée qui se fera sous ce prétexte, être illicite, faite sans pouvoir, et au préjudice de notre autorité et des lois du royaume.

Déclarons lesdites prétendues communautés incapables d'ester en jugement, de recevoir aucuns dons et legs de meubles et immeubles, et de tous autres effets civils; comme aussi toutes dispositions tacites ou expresses faites en leur faveur, nulles et de nul effet, et les choses par elles acquises ou données, confisquées aux hôpitaux généraux des lieux.

Défendons à tous les archevêques et évêques, et autres soi-disant avoir juridiction ordinaire dans l'étendue de notre royaume, de planter la croix sur la porte desdits monastères ou communautés; de bénir leur oratoire ou chapelle; de donner l'habit de novice ou de recevoir à profession aucuns religieux ou religieuses, qu'il ne leur ait apparu de nosdites lettres-patentes dûment enregistrées : ensemble de l'ordonnance du lieutenant général, et de l'acte de leur enregistrement, fait en l'hôtel commun de la ville.

Défendons à tous généraux d'ordres, vicaires généraux et provinciaux, supérieurs des maisons religieuses, et aux abbesses et supérieures des monialles, de donner obédience aux religieux et religieuses qui sont sous leurs charges, pour faire un nouvel établissement, s'il ne leur est préalablement apparu de nos lettres-patentes, portant permission de le faire ; de l'arrêt d'enregistrement d'icelles en nosdites cours de parlement, et de la sentence dudit lieutenant général, en la forme ci-dessus énoncée, et que le tout n'ait été mis dans les registres de l'hôtel commun desdites villes et lieux, où lesdits établissemens devront être faits, et qu'il n'en soit fait mention dans leurs lettres d'obédience, à peine d'être procédé extraordinairement, tant contre les supérieurs que contre ceux qui auront été envoyés pour faire ledit établissement, à la diligence des substituts de nos procureurs généraux sur les lieux, auxquels nous ordonnons de ce faire, nonobstant tous priviléges et exemptions, auxquels nous défendons à nos juges d'avoir égard, à peine d'en répondre en leur propre et privé nom. Voulons que les communautés et monastères établis contre notre présente déclaration, soient incessamment séparés, et que les religieux ou religieuses qui y auront été introduits, soient renvoyés dans des monastères du même ordre ; que la pension de ceux ou celles qui auront été reçus à profession, soit payée par les évêques ou leurs grands vicaires qui les y auront admis, ou par leurs héritiers, et que lesdits évêques ou leurs grands vicaires soient pareillement tenus des dettes contractées par lesdites nouvelles communautés, auxquelles pensions et dettes, les biens meubles et immeubles desdits évêques et grands vicaires, demeureront affectés spécialement.

Voulons en outre que les baillifs, sénéchaux, ou les lieutenans généraux, et les substituts de nos procureurs généraux, les maires, échevins, capitouls, jurats et consuls des villes et lieux qui auront souffert lesdits établissemens sans que toutes lesdites formalités aient été observées, soient, savoir, lesdits lieutenans généraux, et substituts privés de leurs charges, et déclarés, comme nous les déclarons, incapables de posséder ni exercer jamais aucun office royal; et lesdits maires, échevins, jurats, capitouls et consuls, durant l'exercice desquels lesdits établissemens auront été faits, déchus des prérogatives et priviléges qu'ils pourraient avoir acquis par l'exercice desdites charges; voulons aussi que lesdits lieutenans généraux, substituts, maires, échevins, jurats, capitouls et consuls, soient tenus au paiement des pensions des religieux et religieuses qui se trouveront profés lorsque les communautés établies contre nos défenses seront séparées, et des dettes contractées par lesdites communautés depuis leurs prétendus établissemens, et ce, solidairement avec les évêques ou leurs vicaires généraux, qui les auront reçus à profession, ou contribué audit établissement, en quelque manière que ce soit. Et d'autant que certaines congrégations, monastères et communautés ont ci - devant obtenu de nous des permissions générales, d'établir des maisons ou hospices dans toutes les villes de notre royaume, où ils seront appelés du consentement de l'évêque et

des habitants, sans avoir besoin de nouvelles lettres ;
comme aussi l'amortissement de tous les biens qu'ils
pourraient acquérir pour la dotation desdits monastères. Nous avons, par ces présentes, révoqué et révoquons lesdites permissions, pour quelque cause et
en quelques termes qu'elles aient été accordées, les
déclarant nulles et de nul effet.

Nous avons pareillement révoqué toutes lettres d'a-
mortissement, accordées à quelques communautés que
ce soit, pour les biens qu'elles doivent ci - après acquérir, nonobstant les arrêts de vérification desdites
lettres, auxquels nous défendons à nos juges, officiers
et justiciers d'avoir aucun égard.

Afin que l'espérance d'obtenir nos lettres d'établissement ou de confirmation, ne serve plus de prétexte
de commencer l'érection d'aucun monastère ou communauté sans notre autorité, nous avons, par ces
présentes, déclaré et déclarons les monastères et communautés qui seront établis sans nos lettres patentes,
bien et dûment enregistrées où besoin sera, indignes
et incapables d'en obtenir ci-après; et si, par surprise, aucunes étaient obtenues, nous les déclarons
nulles, et défendons à nos cours de parlement d'y
avoir égard.

Voulons, qu'indistinctement, toutes les communautés de notre royaume, établies depuis trente ans,
soient tenues de représenter nos lettres, en vertu desquelles elles ont été établies, aux juges des lieux, en
présence des substituts de nos procureurs généraux,
lesquels en dresseront leurs procès-verbaux, avec un
état des monastères et communautés qui auront été
établis sans avoir obtenu nosdites lettres et arrêts

d'enregistrement, ensemble du nombre des religieux ou religieuses, profès et novices, de leurs qualités, et leurs maisons, domaines et revenus; pour lesdits procès-verbaux vus, être pourvu par confirmation de leur établissement, suppression, ou par translation desdits religieux ou religieuses en d'autres monastères desdits ordres, ainsi que nous le jugerons le plus convenable pour le bien de l'église et de notre royaume. Et à cette fin, voulons que lesdits procès-verbaux soient mis, dans trois mois au plus tard, du jour de la publication des présentes, ès mains de notre très-cher et féal le sieur Seguier, chevalier et chancelier de France ; et jusques à ce qu'il y ait été pourvu, défendons de donner l'habit, ni recevoir aucune personne à profession, dans lesdits monastères établis depuis trente années, et qui n'ont obtenu de nous lettres d'établissement ou de confirmation, sous les mêmes peines ci-dessus exprimées, lesquelles nous défendons à nos officiers et justiciers, de remettre ou modérer, sous quelque prétexte ou occasion que ce soit.

N'entendons comprendre, en la présente déclaration, les établissemens de séminaires des diocèses, lesquels nous admonestons, et néanmoins enjoignons aux archevêques et évêques, de dresser et instituer en leurs diocèses, et aviser de la forme qui leur semblera la plus propre et convenable, selon la nécessité et condition des lieux, et pourvoir à la fondation et dotation d'iceux, par union de bénéfices, assignations de pensions ou autrement, ainsi qu'ils verront être à faire. Si donnons en mandement à nos amés et féaux les gens tenant notre cour de parlement de Paris, que ces présentes ils aient à faire enregistrer, et tout le contenu en icelles, garder et faire garder et observer inviolablement, dans l'étendue du ressort de notre dite cour, sans permettre qu'il y soit contrevenu en aucune manière : car tel est notre plaisir. Et, afin que ce soit chose ferme et stable à toujours, nous avons fait mettre notre scel à cesdites présentes, données à Saint-Germain en Laye, au mois de décembre, l'an de grace mil six cent soixante-six, et de notre règne, le vingt-quatrième. Signé LOUIS, *et plus bas,* par le Roi, DE GUÉNEGAUD ; et scellées, en lacs de soie, du grand sceau de cire verte, et à côté, *visa,* SÉGUIER ; *et plus bas :* pour servir aux lettres de déclaration, portant défense d'établir aucune maison religieuse, sans permission expresse du Roi.

Registrées, ouï et ce requérant, le procureur général du Roi, pour être exécutées suivant l'arrêt de ce jour. A Paris, en parlement, le trente-un mars mil six cent soixante-sept.

Signé ROBERT.

Extrait des registres du Parlement.

Vu par la Cour, les lettres-patentes du Roi données à Saint-Germain en Laye, au mois de décembre dernier, signées LOUIS, et plus bas, par le Roi, DE GUÉNÉGAUD, et scellées sur lacs de soie, du grand sceau de cire verte ; par lesquelles, et pour les causes y contenues, ledit Seigneur Roi aurait dit, déclaré et ordonné, voulait et lui plaisait, qu'à l'avenir il ne put être fait aucun établissement de colléges, monastères, communautés religieuses ou séculières,

même sous prétexte d'hospices, en aucunes villes ou
lieux de ce royaume, pays, terres et seigneuries dudit Seigneur Roi, sans sa permission expresse, par
lettres-patentes bien et dûment enregistrées en ses
cours de parlemens, et sans que lesdites lettres, ensemble lesdits arrêts d'enregistrement d'icelles, aient
été enregistrées dans les bailliages, sénéchaussées et
siéges royaux, dans le ressort desquels ils seront situés, et ce, par ordonnance des lieutenans généraux
esdits siéges, rendus sur les conclusions des substituts
de ses procureurs généraux en iceux; et en cas que
lesdits monastères, colléges ou communautés soient
établis dans l'enceinte, faubourgs, ou proche d'aucunes villes, voulait, ledit Seigneur Roi, que sesdites
lettres, arrêts de ses cours, et ordonnances desdits
lieutenans généraux rendus en conséquence, seraient
enregistrés dans les hôtels communs desdites villes,
de l'ordonnance des magistrats d'icelles; que si néanmoins il était formé quelque opposition desdites
lettres-patentes enregistrées en la forme ci-dessus,
ledit Seigneur Roi ordonnait aux lieutenans généraux
et substituts de ses procureurs généraux, et aux
maires et échevins, jurats et capitouls desdites villes,
d'en donner incontinent avis aux procureurs généraux
dudit Seigneur Roi, pour lui en être par eux rendu
compte; et cependant défendait qu'il fut passé outre
audit établissement, jusques à ce que les oppositions
eussent été levées. Et afin que lesdites lettres-patentes
dudit Seigneur Roi, portant permission de faire
lesdits établissemens, fussent accordées avec connaissance de cause; voulait et entendait ledit Seigneur
Roi, que l'approbation de l'archevêque ou évêque

diocésain, ou de ses vicaires généraux, ensemble le procès-verbal du juge du lieu où devrait être fait ledit établissement, contenant les avis des maires et échevins, consuls, jurats, capitouls, curés des paroisses, et supérieurs des maisons religieuses assemblés séparément, en présence du substitut du procureur général du Roi, soient attachées sous le contre-scel desdites lettres, sans néanmoins que lesdits maires et échevins, consuls et capitouls, jurats, curés et supérieurs desdites maisons religieuses puissent s'assembler pour donner leurs avis, qu'il ne leur fut apparu des ordres dudit Seigneur Roi, suivant que plus au long le contiennent, entre autres choses, lesdites lettres à la cour adressantes, et à elle apportées par le procureur général du Roi. Conclusions dudit procureur général du Roi ; ouï le rapport de maître Claude Menardeau, conseiller en icelle, la matière mise en délibération : La Cour a ordonné et ordonne que lesdites lettres seront registrées au greffe d'icelle, pour être exécutées selon leur forme et teneur, à la charge que les oppositions à l'exécution des lettres-patentes enregistrées, seront jugées en la cour ; que les lieutenans généraux, substituts des procureurs généraux et autres qui souffriront les nouveaux établissemens, sans que les formalités prescrites par la présente déclaration aient été observées, seront tenus au paiement des dettes contractées par les communautés, et des pensions des religieux et religieuses, lorsque lesdites communautés seront séparées, mais ne pourront être, pour raison de ce, privés de leurs charges; et que les monastères et communautés qui ont ci-devant obtenu lettres-patentes bien et dûment vérifiées pour leur établissement, ne seront point obligés d'obtenir des lettres de confirmation de leursdits établissemens : et seront, les copies collationnées des présentes, envoyées aux bailliages et sénéchaussées du ressort, pour y être pareillement lues, publiées et registrées. Enjoint aux substituts du procureur général d'y tenir la main, et d'en certifier la cour au mois. Fait en parlement, le trente-unième mars, mil six cent soixante-sept.

Signé ROBERT.

Collationné aux originaux, par moi Conseiller Secrétaire du Roi, maison couronne de France, et de ses finances.

Signé BAUDOUIN.

Ordonnance concernant le Port à Plâtre.

Du 8 août 1667.

DE PAR LE ROI, et *MM. les présidents trésoriers de France, généraux des finances et grands voyers en la généralité de Paris.*

SUR ce qui nous a été remontré par le procureur de Sa Majesté en ce bureau, que s'étant transporté au Port au Plâtre, sur le chemin allant à Charenton, au sujet de la visitation qui aurait été faite en présence du sieur Danés, l'un de nous à ce commis, des bâtimens encommencés audit lieu par le nommé Nicolle, laboureur, propriétaire d'une place aboutissant sur ledit chemin. Il aurait reconnu plusieurs entreprises faites par divers particuliers, tant par bâtimens, clôtures que autrement, et que les nommés Cochepin, Gaillard, Bonnet et Cocherel avaient fait mettre en la plus grande partie le long dudit chemin, et sur les berges des pilles de bois ; comme aussi que ledit Cochepin avait de son autorité privée fait construire et élever sur ledit chemin un petit cabinet de bois et maçonnerie soutenu par quatre piliers de bois, et que le nommé Potin avait fait construire quelques maisons, bâtimens et clôtures qui empêchaient tellement le passage, qu'il était impossible aux carrosses et harnois d'y passer sans péril ; comme aussi qu'il aurait remarqué qu'en venant par la porte Saint-Antoine pour aller audit Port au Plâtre, le long de la contrescarpe du fossé étant vis-à-vis de l'Arsenal, il y avait plusieurs pilles de bois, tant sur le bord de ladite contrescarpe que autres lieux le long dudit chemin ; par le moyen desquelles entreprises il ne restait pas à quelques endroits dudit chemin que six pieds pour le passage tant des carrosses, charettes et harnois ; requérait ledit procureur du roi qu'il nous plut ordonner la démolition desdits bâtimens ; comme aussi que les pilles de bois qui sont mis sur la voie publique soient ôtés et enlevés aux frais et dépends desdits particuliers, et confisqués au profit de l'Hôpital général, faisant droit sur ledit réquisitoire, et vu le rapport de la visitation faite en présence dudit sieur commissaire par le maître des œuvres de maçonnerie, et le commis à l'exercice de la voirie desdits bâtimens encommencés par ledit Nicolle, dans lequel est fait mention desdites entreprises faites par lesdits particuliers susnommés, ensemble le procès-verbal dudit sieur commissaire de ladite visitation faite en sa présence, nous avons ordonné que dans huitaine du jour de la signification, lesdits Cochepin, Gaillard, Bonnet, Cocherel et tous autres qui ont fait mettre des pilles de bois tant sur ledit chemin, le long de la contrescarpe allant au Port au Plâtre, que sur celui dudit Port au Plâtre allant à Charenton, seront tenus de faire ôter et enlever lesdites pilles de bois, rendre lesdits chemins libres au public, en sorte que du haut de ladite contrescarpe et des berges il reste vingt-quatre pieds pour le passage des carrosses, charettes et harnois, sinon et à faute de ce faire ledit temps passé lesdits bois et autres choses qui se trouveront anticiper sur ledit chemin, hors lesdits vingt-quatre pieds, seront ôtés et enlevés aux frais et dépends desdits particuliers, et confisqués au profit de l'Hôpital général ; comme aussi que dans ledit temps ledit Cochepin sera tenu de faire abattre et démolir ledit cabinet par lui construit, à peine d'être démoli et abattu à ses frais et dépends, et d'être les matéreaux portés au chantier du roi ; ordonnons qu'à la requête dudit procureur du roi ledit Potin et autres particuliers qui ont fait des bâtimens et clôtures au long dudit chemin allant jusques à Charenton, et anticipé sur la voie publique, seront assignés en ce bureau pour rapporter la permission et l'alignement en vertu desquels ils ont fait lesdits bâtimens et clôtures, et outre pour eux voir condamner à retirer leursdits bâtimens et clôtures, et laisser vingt-quatre pieds de la face et rez-de-chaussée de leurs maisons et clôtures jusqu'au bord des berges pour le passage dudit chemin ; faisons défenses auxdits Cochepin, Gaillard, Bonnet, Cocherel et Potin, et à tous autres de quelque qualité et condition qu'ils soient de faire à l'avenir pareilles entreprises sur ledit chemin, à peine de démolition des bâtimens, confiscation des marchandises, et de cinq cents livres d'amende. Enjoignons auxdits maîtres des œuvres et commis à l'exercice de la voirie de tenir la main à l'exécution de notre présente ordonnance, laquelle à cette fin sera signifiée auxdits Cochepin, Gaillard, Bonnet, Cocherel et Potin, et à tous autres qu'il appartiendra, et affichée aux lieux et endroits dudit chemin, à ce que chacun n'en prétende cause d'ignorance, et ait à y obéir, ce qui sera exécuté, nonobstant oppositions ou appellations quelconques. Fait au bureau de finances, à Paris, le huit jour d'août 1667.

Extrait des registres du bureau des finances en la généralité de Paris.

———

Ordonnance du Roi, *portant confiscation des biens situés dans le royaume et terres de l'obéissance de Sa Majesté, appartenants tant aux sujets du Roi catholique, qu'à ceux qui demeurent dans ses Etats, ou qui y ont charge et emploi, à l'exception de ceux de la Franche-Comté.*

Du 28 octobre 1667.

De par le Roi. Sa Majesté ayant été avertie qu'ensuite de la déclaration de la guerre, qui a depuis peu été faite à cette couronne de la part du roi catholique, tous les biens appartenans aux sujets de Sa

Majesté, qui se sont trouvés situés dans les Etats et
sur les terres de l'obéissance dudit roi catholique,
ont été saisis et confisqués, sans autre fondement, ni
raison, que celui de ladite déclaration de la guerre;
et Sa Majesté se trouvant obligée par les lois d'icelle,
d'user des mêmes voies pour en tirer justice. SA MA-
JESTÉ a confisqué et confique tous et chacuns les biens
qui se trouveront appartenir tant aux sujets du roi
catholique, qu'à ceux qui seront actuellement de-
meurans dans les lieux de ses Etats qui ne paient
point de contribution, ou qui y auront charge ou
emploi; et ce, en quelque part du royaume, terres
et pays de l'obéissance de Sa Majesté que lesdits biens
soient situés; à l'exception toutefois de ceux appartenans aux habitants de la Franche-Comté, à l'égard
desquels Sa Majesté, pour des considérations particulières, a estimé à propos de différer de prendre sa
résolution. Ordonne, Sa Majesté, aux intendants et
commissaires départis dans ses provinces, frontières,
et ès pays avancés, de se saisir desdits biens confisqués, de s'en mettre en possession, et de commettre
à la recette des fruits et revenus d'iceux, sans avoir
égard à aucunes donations, confiscations et représailles qui pourraient avoir été expédiées en faveur
de qui que ce soit, et pour quelque cause et occasion
que ce puisse être; Sa Majesté se réservant de leur
faire raison, après avoir pris connaissance des sujets
et motifs pour lesquels les donations, confiscations
et représailles auront été accordées. Ordonne en
outre, Sa Majesté, aux gouverneurs et ses lieutenans-
généraux, en ses provinces, maréchaux et maîtres
de ses camps, colonels, capitaines, chefs et officiers

de ses troupes, gouverneurs particuliers de ses villes et places, baillifs, sénéchaux, prevôts, juges et leurs lieutenants, et tous autres ses officiers, qu'il appartiendra, de donner auxdits intendants et commissaires départis, tout aide, assistance et main-forte que besoin sera, et selon qu'ils en seront par eux requis, pour l'exécution de la présente, laquelle Sa Majesté veut être publiée et affichée par tout où besoin sera, à ce qu'aucun n'en prétende cause d'ignorance. Fait à Saint-Germain-en-Laye, le 28 octobre 1667. Signé LOUIS. *Et plus bas*, LE TELLIER.

JACQUES BARRIN, *chevalier, marquis de la Gallissonnière, conseiller du Roi en tous ses conseils, maître des requêtes ordinaires de son hôtel, commissaire départi par sa Majesté en la province de Normandie, généralité de Rouen, et intendant de justice, police et finance, sur les troupes étants et passants en ladite généralité.*

Nous, ordonnons que la présente Ordonnance sera lue, publiée et registrée dans tous les bailliages, siéges présidiaux et royaux, et de l'amirauté de cette généralité, et à son de trompe et cri public, aux carrefours, et en la place qu'on appelle la Bourse de cette ville de Rouen, à ce que nul n'en prétende cause d'ignorance, comme aussi en toutes les villes maritimes. Mandons aux Procureurs du Roi, esdits siéges, de nous certifier incessamment des diligences qu'ils auront faites pour ladite publication et enregistrement ; et au surplus, de tenir soigneusement la main à l'exécution de ladite Ordonnance, et faire pour ce, toutes requisitions nécessaires. Fait par nous Commissaire départi en la généralité de Rouen. À Rouen, ce 26 novembre 1667. Signé BARRIN. *Et plus bas*, Par mondit Seigneur, MIGNOT.

Arrêt de la Cour du Parlement qui, conformément à celui du 26 mars 1599 et autres, fait défense à toutes personnes de faire aucunes quêtes particulières et extraordinaires, tant dans les églises que dans les maisons, sans permission du grand Bureau des pauvres; permet d'arrêter et emprisonner les contrevenants.

Du 17 novembre 1667.

Extrait des registres de Parlement.

Vû, par la Cour, la requête à elle présentée par le Procureur-général du Roi, contenant qu'au mépris des arrêts et réglements faits pour la police et le secours des pauvres de cette ville et faubourgs de Paris, portant défenses à toutes personnes de quêter par les églises, sans la permission expresse des Commissaires du Bureau général des pauvres de ladite ville, damoiselles Charlotte et Marie-Anne de Cormeille, qui ont été déjà ci-devant surprises en contravention desdits réglements, quêtant dans les églises et par les maisons de cette ville, nonobstant qu'elles aient déjà été averties de s'en abstenir, auraient nouvellement récidivé, en sorte que le 7 du présent mois étant allées dans la maison de François Moreau, sieur de Launay, l'un des commissaires dudit Bureau, lui demander l'aumône pour une damoiselle de qualité, et ledit de

Launay les ayant requises en sa qualité de commissaire dudit grand Bureau, de lui représenter les permissions en vertu desquelles elles faisaient ladite quête, elles en auraient fait refus, et se seraient emportées en injures atroces, tant contre lui en particulier, que contre tous les autres commissaires dudit grand Bureau, dans le général; en sorte que ledit de Launay aurait été obligé d'envoyer quérir le Commissaire du quartier qui est le commissaire la Vigne, pour lui en rendre sa plainte, et requérir ledit Commissaire d'arrêter lesdites damoiselles, pour répondre sur la contravention par elles faite aux susdits Arrêts, sur leur récidive, même sur la falsification d'une permission de quêter du grand Vicaire de l'Archevêque de Paris, par elles représentée audit Commissaire, donnée en faveur de la damoiselle de Bury, et datée du mois de juin dernier, et depuis falsifiée en sa date, en présence duquel Commissaire, lesdites damoiselles auraient encore proféré et réitéré les mêmes injures et calomnies contre l'honneur dudit grand Bureau, et du Commissaire d'icelui, lesquelles peuvent être dissimulées, sans blesser l'honneur et la pureté de la conduite desdits Commissaires, qui donnent charitablement leur temps et leurs peines, au secours et assistance des pauvres, desquels faits ledit Commissaire aurait fait son procès-verbal, qui aurait été mis ès-mains du suppliant par les Commissaires dudit grand Bureau, pour à sa requête, être pourvu par la Cour, ainsi que de raison. A ces causes, requérait être ordonné qu'il serait plus amplement informé du contenu audit procès-verbal, et lesdites Charlotte et Anne-Marie de

Cormeille, ajournées à comparoir en personnes en ladite Cour, pour être ouïes et interrogées sur les faits résultants, tant dudit procès-verbal que de ladite permission falsifiée jointe à icelui, qui serait à cette fin mise au greffe d'icelle, pour ce fait, et communiqué prendre à leur égard, telles autres conclusions que de raison ; et cependant conformément aux Arrêts de ladite Cour, du 26 mars 1599, et autres donnés, en conséquence, réitérer les défenses portées par iceux ; et ce faisant, défenses faites à toutes personnes de faire aucunes quêtes particulières et extraordinaires, pour quelques causes et occasions que ce soit, tant par les Eglises et Paroisses de cette ville, que par les maisons d'icelle, sans ordonnance préalable des Commissaires dudit grand Bureau des pauvres et, en cas de contravention, permis d'arrêter et emprisonner les contrevenants. Enjoint à tous officiers de justice et aux marguillers des paroisses d'y tenir la main ; et à cette fin, l'arrêt qui interviendrait sur ladite requête, sera publié au prône des paroisses de cette ville et faubourgs, et affiché aux portes desdites églises, et partout ailleurs où besoin sera, à ce qu'aucun n'en prétende cause d'ignorance. Vû aussi lesdits arrêts, permission de quêter, procès-verbal du commissaire la Vigne, et autres pièces attachées à ladite requête signée du suppliant. Ouï le rapport de maitre Charles de Saveuse, conseiller ; et tout considéré, la Cour ayant égard à ladite requête, a ordonné et ordonne que par le Conseiller-Rapporteur, il sera plus amplement informé du contenu audit procès-verbal, et lesdites Charlotte et Anne de Cormeille ajournées à comparoir eu personne en ladite Cour, pour être ouïes et interrogées sur les faits résultants, tant dudit procès-verbal, que de ladite permission falsifiée, jointe à icelui, qui seront à cette fin mis au greffe d'icelle, pour ce fait, et rapporté et communiqué au Procureur-général du Roi, être ordonné ce que de raison. Et cependant conformément aux arrêts de ladite Cour, des 26 mars 1599, et autres donnés en conséquence, a réitéré les défenses portées par iceux, ce faisant, fait défenses à toutes personnes de faire aucunes quêtes particulières et extraordinaires, pour quelque cause et occasion que ce soit, tant par les églises et paroisses de cette ville, que par les maisons d'icelle, sans ordonnance préalable des Commissaires dudit grand Bureau des pauvres; et en cas de contravention, permis d'arrêter et emprisonner les contrevenants. Enjoint à tous officiers de justice, et aux marguilliers des paroisses d'y tenir la main, et à cette fin, le présent arrêt sera lu et publié aux prônes des paroisses de cette ville et faubourgs, et affiché aux portes desdites églises, et partout ailleurs où besoin sera, à ce qu'aucun n'en prétende cause d'ignorance. Fait en Parlement, le 17 novembre 1667. Collationné.   Signé ROBERT.

Arrêt de la Cour de Parlement, donné en faveur des Prisonniers détenus pour dettes, et réparations civiles.

Du 9 mars 1668.

Extrait des Registres de Parlement,

CE jour, la Cour, les grandes Chambres, Tournelle

et de l'Edit (1) assemblées, ayant délibéré sur la pro-
position faite par les Gens du Roi, M^e. Denis Talon,
avocat dudit Seigneur Roi, portant la parole, à ce qu'il
lui plut faire réglement général pour la nourriture
des prisonniers détenus pour dettes et réparations
civiles, qui n'ont point le pain du Roi, a arrêté et
ordonné que les prisonniers condamnés en des réparations civiles, par arrêts de ladite Cour, seront
transférés ès-prisons dont ils ont été amenés à la
diligence et aux frais des parties civiles, dans un mois
après la prononciation desdits arrêts ; autrement et
à faute de ce faire, seront élargis et mis hors desdites
prisons. Et à l'égard de ceux qui seront détenus ès-
prisons de cette ville, pour dettes et réparations
civiles, que ceux qui les ont fait emprisonner seront
tenus de leur payer quatre sous par jour, pour leur
nourriture, dont ils paieront un mois par avance, et
continueront de mois en mois, tant qu'ils seront
détenus prisonniers à leurs requêtes, autrement
seront lesdits prisonniers élargis. Ordonne en outre,
que nouveau réglement sera fait tous les ans, pour
la nourriture desdits prisonniers, et que tous les
juges du ressort feront pareillement la taxe des nour-
ritures des prisonniers, chaque année, eu égard au
prix des vivres sur les lieux, et faute de la payer
par les parties, mettront les prisonniers hors des
prisons. Et sera le présent arrêt, lu, publié et
affiché par tout où besoin sera. Fait en Parlement,
le 9 mars 1668.   Signé ROBERT.

_____

(1) C'est-à-dire mi-partie de catholiques et de protestans, conformément à l'*Edit de Nantes* de 1585, en faveur des protestans.

Extrait de l'Ordonnance de Louis XIV, sur le fait des Eaux et Forêts (1).

Donné à Saint-Germain-en-Laye, au mois d'août 1669.

LOUIS, par la grâce de Dieu, Roi de France et de Navarre : A tous présents et à venir, salut. Quoique le désordre qui s'était glissé dans les eaux et forêts de notre Royaume, fut si universel et si invétéré, que le remède en paraissait presque impossible, néanmoins le Ciel a tellement favorisé l'application de huit années, que nous avons données au rétablissement de cette noble et précieuse partie de notre Domaine, que nous la voyons aujourd'hui en état de refleurir plus que jamais, et de produire avec abondance au public, tous les avantages qu'il en peut espérer, soit

(1) L'ordonnance des eaux et forêts est un des plus beaux monumens de la législation du dix-septième siècle. Les commissaires nommés par le roi pour travailler à sa rédaction ne négligèrent rien pour prévenir ou faire cesser les abus qui pouvaient porter atteinte aux propriétés forestières, soit de l'Etat, soit des particuliers. C'était encore une des erreurs de ce siècle de barbarie de croire que les forêts nationales méritaient par leur étendue, leur produit, le riche aspect dont elles ornent le sol français, qu'on veillât à leur conservation : on était persuadé que si dans un gouvernement de marchands, comme l'Angleterre, par exemple, la couronne peut bien ne posséder que quelques bouquets de bois pour ses menus amusemens, un royaume comme la France devait conserver à l'Etat cette belle partie des domaines publics, l'améliorer et en accroître le revenu par des aménagemens bien entendus et une bonne police. C'est à quoi était destinée l'ordonnance de 1669 : nous en rapportons les titres qui regardent la police ; nous réunissons celles des forêts, des eaux et de la chasse qui se trouvent dans l'ordonnance ; ils sont encore la base de la jurisprudence des tribunaux dans cette matière.

pour les commodités de la vie privée, soit pour les nécessités de la guerre, ou enfin, pour l'ornement de la paix et l'accroissement du commerce, par les voyages de longs cours, dans toutes les parties du monde. Mais comme il ne suffit pas d'avoir rétabli l'ordre et la discipline, si par de bons et sages réglements, on ne l'assure, pour en faire passer le fruit à la postérité, nous avons estimé qu'il était de notre justice, pour consommer un ouvrage si utile et si nécessaire, de nous faire rapporter toutes les Ordonnances, tant anciennes que nouvelles, qui concernent la matière, afin que les ayant conférées avec les avis qui nous ont été envoyés des provinces, par les Commissaires départis pour la réformation des eaux et forêts, nous puissions sur le tout former un corps de lois claires, précises et certaines, qui dissipent toute l'obscurité des précédentes, et ne laissent plus de prétexte ou d'excuse à ceux qui pourront tomber en faute. A ces causes, après avoir ouï le rapport de personnes intelligentes et versées dans la matière, de l'avis de notre Conseil et de notre certaine science, pleine puissance et autorité royale, nous avons dit, déclaré et ordonné, disons, déclarons, ordonnons et nous plaît, ce qui en suit.

TITRE VINGT-SEPTIÈME.

De la Police et conservation des Forêts, Eaux et Rivières.

ART. 1. Réitérons la prohibition faite par l'Ordonnance de Moulins, de faire aucunes aliénations à l'avenir de quelque partie que ce soit de nos forêts, bois et buissons, à peine, contre les officiers, de privation de leurs charges, et de dix mille livres d'amende, contre les acquéreurs, outre la réunion à notre Domaine, et confiscation à notre profit de tout ce qui pourrait avoit été semé, planté ou bâti sur les places de cette qualité.

2. Tous arbres de réserve et balliveaux sur taillis, seront à l'avenir réputés faire partie du fonds de nos bois et forêts, sans que les douairiers, donataires, engagistes, usufruitiers et leurs receveurs ou fermiers y puissent rien prétendre, ni aux amendes qui en proviendront.

3. Les Grands-Maîtres faisant leurs visites, seront tenus de faire mention dans les procès-verbaux, de toutes les places vides non-aliénées, ni données a titre de cens ou d'afféage, qu'ils auront trouvées dans l'enclos et aux reins de nos forêts, pour être pourvu, sur leurs avis, à la semence et repeuplement, ou à ce qui sera convenable à l'état de nos affaires.

4. Tous les Riverains possédant bois joignants nos forêts et buissons, seront tenus de les séparer des nôtres, par des fossés, ayant quatre pieds de largeur, et cinq pieds de profondeur, qu'ils entretiendront en état, à peine de réunion.

5. Nos Officiers des maîtrises faisant leurs visites, feront mention dans leurs procès-verbaux, de l'état des bornes et fossés entre nous et les riverains, et réparer les entreprises et changemens qu'ils reconnaîtront y avoir été faits depuis leur dernière visite; même feront mention dans leur procès-verbal de visite suivante, du rétablissement des choses en leur premier état, et des jugemens qu'ils auront rendus

contre les coupables , à peine d'en demeurer responsables solidairement en leurs privés noms.

6. Défendons à toutes personnes de planter bois à
cent perches de nos forêts , sans notre permission
expresse, à peine de cinq cents livres d'amende , et de
confiscation de leurs bois, qui seront arrachés ou
coupés.

7. Nos Procureurs ès Maîtrises auront communication , par les mains des poursuivants criées, de
tous procès-verbaux de criées, affiches et publications qui se feront à l'avenir, des maisons, titres ,
bois et autres héritages en fief ou roture , assis dans
l'enclos , aux rives et à cent perches de nos forêts ,
bois et buissons qui , pour cet effet , seront mises
au greffe des Maîtrises , au moins quinzaine avant
l'adjudication des décrets , lesquels feront mention
expresse de leur consentement ou opposition , à peine
de nullité ; et le juge qui les aura adjugés sans cette
formalité , ou avant le jugement de l'opposition , en
cas qu'il y en ait de formée, condamné en mille
livres d'amende , pour la première fois, en deux mille
livres pour la seconde , et privation de sa charge en
récidive.

8. Seront aussi communiqués à nos Procureurs ès
maîtrises, tous aveux et dénombremens , contrats
d'acquisition et déclarations d'héritages tenus en censives dans l'enclos , et à cent perches de nos forêts ,
bois et buissons , sans qu'ils puissent être reçus,
vérifiés , enregistrés ou ensaisinés par nos Officiers
en la chambre des Comptes , bureau des Finances , ni
par les Seigneurs dominans et censiers, leurs fermiers,
receveurs ou officiers, qu'après cette communication

ou consentement de nos Procureurs, ou le jugement de l'opposition, s'il y en a eu, dont sera fait mention par les actes de réception, enregistrement et ensaisinement ; sur les peines ci-dessus, contre les officiers de réunion des droits féodaux et censives, contre les Seigneurs, et de confiscation des biens donnés par aveux et déclarations, contre les particuliers qui les auront faits sans cette formalité.

9. Dans les communications qui seront faites à nos Procureurs des maîtrises, tous les héritages joints aux forêts ainsi saisis ou acquis et donnés par aveu et dénombrement, seront exprimés avec leur consistance, quantité d'arpents, nature et qualité, et si besoin est, réarpentés par l'arpenteur-juré de la maîtrise, dont le procès-verbal sera affirmé pardevant le maître particulier, et registré au greffe, sans frais, en cas que l'expression faite par l'acte de communication soit fidèle ; mais aux frais des parties qui se trouveront en fraude pour l'arpentage seulement, dont il sera payé, suivant la taxe qui en sera faite par le maître particulier.

10. Enjoignons à nos Procureurs de donner dans quinzaine, du jour que les pièces auront été mises au greffe, leurs conclusions par écrit, et en cas d'opposition, de les faire signifier dans le même temps au poursuivant criées, acquéreurs, tenantiers et autres y ayant droit, pour y répondre dans la huitaine, et être incessamment procédé à l'instruction et jugement de l'opposition, par le Grand-Maître ou par les officiers de la maîtrise, sans aucuns frais ni droits, à peine de répondre du tout en leurs noms.

11. Faisons très-expresses défenses d'arracher aucuns

plans de chênes, charmes, ou autres bois dans nos
forêts, sans notre permission, et attache du Grand-
Maître, à peine de punition exemplaire, et de cinq
cents livres d'amende.

12. Défendons à toutes personnes d'enlever dans
l'étendue et aux reins de nos forêts, sables, terres,
marnes ou argiles, ni de faire faire de la chaux à
cent perches de distance, sans notre permission expresse, et aux officiers de le souffrir, sur peine de
cinq cents livres d'amende, et de confiscation des
chevaux et harnois.

13. Ne sera fait aucune délivrance de taillis ou
menus bois, vert ou sec, de telle qualité et valeur
qu'ils puissent être, aux poudriers et salpêtriers auxquels, et aux commissaires des poudres et salpêtres,
faisons très-expresses inhibitions et défenses d'en
prendre sous aucun prétexte, à peine de cinq cents
livres d'amende pour la première fois, du double et
de punition exemplaire en récidive, nonobstant édits,
déclarations et arrêts, permissions et concessions
contraires.

14. Nulle mesure n'aura lieu, et ne sera employée
dans nos bois et forêts, et en ceux tenus par indivis,
gruerie, grairie, segrairie, tiers et danger, appanage,
engagement, usufruit, et même des ecclésiastiques,
communautés, et particuliers nos sujets, sans aucun
excepter, que la mesure de douze lignes pour pouce,
douze pouces pour pied, vingt-deux pieds pour
perche, et cent perches pour arpent, à peine de
mille livres d'amende, nonobstant et sans avoir
égard à tous usage et possessions contraires, auxquelles
avons dérogé et dérogeons, et voulons qu'au greffe

de chacune maîtrise et autre justice, il soit mis en étalon de la mesure ci-dessus prescrite.

15. Dans toutes nos forêts et bois, et ceux des ecclésiastiques, particuliers et autres dénommés en l'article ci-dessus, il ne sera fait aucune livraison de bois à brûler, soit en cas de vente ou délivrance de chauffages à autre mesure qu'à la corde, qui aura huit pieds de long, quatre de haut, les bûches de trois pieds et demi de longueur, compris la taille; le bois de coteret de deux pieds de longueur, et le coteret de dix-sept à dix-huit pouces de grosseur, abrogeant les rotées, mesures, moules, sommes, charges, voies, et toutes autres mesures contraires.

16. Seront laissées et conservées au greffe de chacune maîtrise, des cartes, figures et descriptions approuvées par le Grand-Maître de nos bois, buissons et forêts, et de ceux tenus par indivis, gruerie, grairie, tiers et danger, appanage, engagement et usufruit, qui sont dans l'étendue de leur ressort, et autant dans les greffes des tables de marbre, le tout à la diligence des maîtres particuliers et nos Procureurs, à peine de radiation de leurs gages.

17. Toutes maisons bâties sur perches dans l'enceinte, aux reins et à demi-lieue des forêts, par des vagabonds et inutiles, seront incessamment démolies, et leur sera fait défense d'en bâtir à l'avenir dans la distance de deux lieues de nos bois et forêts, sur peine de punition corporelle.

18. Défendons à toutes personnes de faire construire à l'avenir aucuns châteaux, fermes et maisons dans l'enclos, aux rives et à demi-lieue de nos forêts, sans espérance d'aucune remise ni modération des

peines d'amende et de confiscation du fonds et des bâtimens.

19. Défendons aux marchands ventiers , usagers , et à toutes autres personnes , de faire cendre dans nos forêts , ni dans celles des ecclésiastiques ou communautés , aux usufruitiers , et à nos officiers de le souffrir , à peine d'amende arbitraire et de confiscation des bois vendus , ouvrages et outils , et privations de charge contre les officiers , s'il n'y a lettres-patentes vérifiées sur l'avis des Grands-Maîtres.

20. Les marchés qui se feront en vertu de lettres-patentes , seront enregistrés aux greffes des maîtrises, et ne pourront les cendres êtres faites , qu'aux places et endroits désignés aux marchands , par les Grands-Maîtres ou officiers.

21. Faisons défenses à toutes autres personnes de tenir ateliers de cendres , ni en faire ailleurs que dans les ventes, ou en faire transporter , que les tonneaux ne soient marqués du marteau du marchand , sur peine d'amende arbitraire et de confiscation.

22. Défendons à toutes personnes de charmer ou brûler les arbres , n'y d'en enlever l'écorce , sous peine de punition corporelle ; et seront les fosses à charbon placées aux endroits les plus vides et les plus éloignés des arbres et du recru , et les marchands tenus de repeupler et restituer , s'il est jugé à-propos par le Grand-Maître , avant qu'ils puissent obtenir leur congé de cour, à peine d'amende arbitraire.

23. Les cercliers , vanniers , tourneurs , sabottiers, et autres de pareille condition , ne pourront tenir ateliers dans la distance de demi-lieue de nos forêts,

à peine de confiscation de leurs marchandises, et de cent livres d'amende.

24. Enjoignons aux officiers des maîtrises, d'empêcher le débit du bois de délit ès villes fermées, qui sont à la distance de deux lieues de nos forêts ; et à cet effet leur permettons de faire perquisition dans les maisons des bois de merrein et à bâtir, qu'ils auront eu avis y avoir été portés, pour y être par eux pourvu ainsi qu'il appartiendra, et pourront les gardes de nos forêts en présence d'un officier de la maîtrise, ou au défaut, en la présence du juge ordinaire, de notre procureur ou du procureur d'office, faire les mêmes visites, dont ils dresseront leurs procès-verbaux qu'ils rapporteront aux greffes des maîtrises, et seront les coupables punis par les Grands-Maîtres ou officiers de la maîtrise, suivant la rigueur de nos Ordonnances.

25. Ordonnons que les monastères, gouverneurs des places, commandans les troupes, seigneurs et gentilshommes, feront ouverture des portes des villes et châteaux, aux Grands-Maîtres, maîtres particuliers, lieutenans et nos procureurs, pour faire toutes les recherches, perquisitions et procédures qu'ils trouveront à propos pour notre service, et mettront ès-mains de nos officiers tous accusés de délit commis ès-forêts, même les cavaliers et soldats passants ou tenants garnison, à la première réquisition qui leur en sera faite, sans qu'ils les puissent retenir ou garder, nonobstant tous priviléges, et sous aucun prétexte de justice militaire, police ou autrement, à peine de désobéissance, et de répondre en leurs propres et privés noms, des amendes, restitutions et intérêts.

26. Défendons à tous marchands adjudicataires de nos bois ou ceux des particuliers joignant nos forêts et même aux propriétaires qui les feront user, d'en donner aux bûcherons et autres ouvriers pour leurs salaires, à peine de répondre de tous délits qui se commettront dans nos forêts pendant les usances, et jusqu'au recollement des ventes, et aux bûcherons et autres ouvriers travaillants dans nos forêts, d'emporter sortant des ateliers aucun bois scié, fendu, ou d'autre nature, à peine de cinquante livres d'amende pour la première fois, et de punition en récidive.

27. Faisons défense aux usagers et à tous autres, d'abattre la glandée, feine et autres fruits des arbres, les amasser ni emporter, ni ceux qui seront tombés, sous prétexte d'usage ou autrement, à peine de cent livres d'amende.

28. Et à tous marchands de peler les bois de leurs ventes, étant debout et sur pied, sur peine de cinq cents livres d'amende et de confiscation.

29. Ne pourront les marchands, ni leurs associés, tenir aucuns ateliers et loges, ni faire ouvrer bois ailleurs que dans les ventes, sur peine de cent livres d'amende et de confiscation.

30. Ceux qui habitent les maisons situées dans nos forêts et sur leurs rives, ne pourront y faire commerce ni tenir ateliers de bois, ni en faire plus grand amas que ce qui est nécessaire pour leur chauffage, à peine de confiscation, d'amende arbitraire, et de démolition de leurs maisons.

31. Ne pourront les sergens à garde, ni autres officiers de nos forêts, tenir taverne, ni exercer aucun métier où l'on emploie du bois, à peine de

destitution et de cinquante livres d'emende, outre la confiscation des bois qui se trouveront en leurs maisons.

32. Faisons aussi défenses à toutes personnes de porter et allumer feu, en quelque saison que ce soit, dans nos forêts, landes et bruyères, et celles des communautés et particuliers, à peine de punition corporelle et d'amende arbitraire, outre la réparation des dommages que l'incendie pourrait avoir causés, dont les communautés et autres qui ont choisi les gardes, demeureront civilement responsables.

33. Abrogeons les permissions et droits de feu, loges et toutes délivrances d'arbres, perches, mort bois, sec et vert en étant, sans qu'il soit permis à aucuns usagers de telle condition qu'ils soient, d'en prendre ou faire couper, et d'en enlever autres que gisant, nonobstant tous titres, arrêts et priviléges contraires, qui demeurent nuls et révoqués, à peine contre les contrevenants, d'amende, restitution, dommages et intérêts, et de privation du droit d'usage.

34. Les usagers et autres personnes trouvées de nuit dans les forêts, hors les routes et grands chemins, avec serpes, haches, scies ou cognées, seront emprisonnés et condamnés, pour la première fois, en six livres d'amende, vingt livres pour la seconde, et pour la troisième, bannis de la forêt.

35. Aussitôt qu'une personne aura été déclarée inutile, notre procureur lui fera faire commandement et à sa famille, de sortir et s'éloigner à deux lieues de nos forêts, avec défenses à toutes personnes de les retirer dans l'étendue de cette distance, ce qui sera publié au prône, et où après la publication,

quelques personnes de la paroisse, se trouveraient avoir donné retraite, seront condamnées en trois cents livres d'amende, et outre demeureront responsables de toutes les amendes qui seront jugées contre les inutiles.

36. Ordonnons que dans trois mois après la publication des présentes, il sera fait un rôle exact en chacune maîtrise, du nom de tous les vagabonds et inutiles qui auront été employés plusieurs fois sur les rôles précédents, lesquels seront tenus de se retirer incessamment à deux lieues de nos forêts, à peine d'être mis au carcan, trois jours de marché consécutifs, et d'un mois de prison.

37. Si les gardes-marteaux ou sergens à garde, les emploient dans leurs procès-verbaux, après qu'ils auront été déclarés inutiles et vagabonds, en conséquence d'aucuns de leurs rapports précédents, ils seront eux-mêmes condamnés et contrains au paiement des sommes et amendes dont ils se trouveront chargés.

38. Sera envoyé un état contenant le nom et la description de tous les inutiles et vagabonds d'une maîtrise, aux greffes des autres maîtrises voisines, et s'il se trouve que pour n'être pas reconnus, ils aient changé de noms, voulons qu'ils soient condamnés aux galères, s'ils y peuvent servir, sinon en telles autres peines corporelles et exemplaires qui seront arbitrées par nos officiers des forêts.

39. Enjoignons à nos procureurs des maîtrises, de faire incessamment arrêter les inutiles et vagabonds de la qualité ci-dessus, et de les faire enlever des prisons des lieux dans la huitaine du jour qu'ils

auront été arrêtés , pour être à leur requête et diligence , conduits dans les prisons des villes où la
chaîne a accoutumé de passer , les plus proches du
lieu de la maîtrise, pour y être attachés , laquelle
conduite sera faite par les vice-baillifs, lieutenans
criminels de robe-courte, ou prévôts des maréchaux ,
à la première sommation qui leur en sera faite , à la
requête de nos procureurs des maîtrises , ce que
nous leur enjoignons et à leurs lieutenans, exempts
et archers , à peine de pertes de leurs charges , et
seront les frais et salaires payés sur les deniers des
amendes et confiscations, suivant la taxe qui en sera
faite par le Grand-Maître.

40. Ne seront tirés terres , sables et autres matériaux à six toises prés des rivières navigables , à peine
de cent livres d'amende.

41. Déclarons la propriété de tous les fleuves et
rivières portant bateaux, de leurs fonds , sans arti-
fices et ouvrages de mains , dans notre royaume et
terres de notre obéissance , faire partie du domaine
de notre couronne , nonobstant tous titres et possessions contraires, sauf les droits de pêches, moulins,
bacs et autres usages que les particuliers peuvent y
avoir par titres et possessions valables , auxquels ils
seront maintenus.

42. Nul, soit propriétaire ou engagiste , ne pourra
faire moulins , bâtardeaux, écluses , gords, pertuis,
murs, plans d'arbres , amas de pierres , de terre et
de fascines, ni autres édifices ou empêchemens nui-
sibles au cours de l'eau dans les fleuves et rivières
navigables et flottables , ni même y jeter aucunes
ordures, immondices , ou les amasser sur les quais

et rivages, à peine d'amende arbitraire. Enjoignons à toutes personnes de les ôter dans trois mois, du jour de la publication des présentes, et si aucuns se trouvent subsister après ce temps, voulons qu'ils soient incessamment ôtés et levés, à la diligence de nos procureurs des maîtrises, aux frais et dépens de ceux qui les auront faits ou causés, sur peine de cinq cents livres d'amende, tant contre les particuliers que contre le juge et notre procureur, qui auront négligé de le faire et de répondre en leurs privés noms, des dommages et intérêts.

43. Ceux qui ont fait bâtir des moulins, écluses, vannes, gords, et autres édifices, dans l'étendue des fleuves et rivières navigables et flottables, sans en avoir obtenu la permission de nous ou de nos prédécesseurs, seront tenus de les démolir, sinon le seront à leurs frais et dépens.

44. Défendons à toutes personnes de détourner l'eau des rivières navigables et flottables, ou d'en affaiblir et altérer le cours, par tranchées, fossés et canaux, à peines contre les contrevenants, d'être punis comme usurpateurs, et les choses réparées à leurs dépens.

45. Réglons et fixons le chomage de chacun moulin qui se trouvera établi sur les rivières navigables et flottables, avec droits, titres et concessions, à quarante sous pour le temps de vingt-quatre heures, qui seront payés aux propriétaires des moulins, ou leurs fermiers et meuniers, par ceux qui causeront le chomage par leur navigation et flottage, faisant très-expresses défenses à toutes personnes d'en exiger davantage, ni de retarder, en aucune manière, la na-

vigation et le flottage, à peine de mille livres d'amende, outre les dommages et intérêts, frais et dépens qui seront réglés par nos officiers des maîtrises, sans qu'il puisse être apporté aucune modération.

46. S'il arrive diffend pour les droits de chomage des moulins, et salaires des maîtres des ponts et gardes des pertuis, portes et écluses des rivières navigables et flottables: ils seront réglés par le Grand-Maître ou les officiers de la maîtrise en son absence, les marchands traficants et les propriétaires et meuniers préalablement ouïs, si besoin est, et ce qui sera par eux ordonné, exécuté par provision, nonobstant et sans préjudice de l'appel.

TITRE VINGT-HUITIÈME.

Des routes et chemins royaux ès forêts et marchepieds des rivières.

Art. Ier. En toutes les forêts de passage où il y a et doit y avoir un grand chemin royal, servant aux coches, carrosses, messagers et rouliers de ville à autre, les grandes routes auront au moins soixante et douze pieds de largeur, et où elles se trouveraient en avoir davantage, elles seront conservées en leur entier.

2. S'il était jugé nécessaire de faire nouvelles routes pour la facilité du commerce et la sûreté publique, en aucunes de nos forêts, les grands-maîtres feront leurs procès-verbaux d'alignement, et du nombre, essence et valeur des bois qu'il faudrait couper à cet effet, qu'ils enverront avec leurs avis à notre conseil, ès mains du contrôleur général de nos finances, pour y être par nous pourvu.

3. Ordonnons que dans six mois, du jour de la publication des présentes, tous bois, épines et broussailles qui se trouveront dans l'espace de soixante pieds, ès grands chemins servant au passage des coches et carrosses publics, tant de nos forêts que de celles des ecclésiastiques, communautés, seigneurs et particuliers, seront essartées et coupées, en sorte que le chemin soit libre et plus sûr; le tout à nos frais ès forêts de notre domaine, et aux frais des ecclésiastiques, communautés et particuliers, dans les bois de leur dépendance.

4. Voulons que les six mois passés, ceux qui se trouveront en demeure, soient mulctés d'amende arbitraire, et contraints, par saisie de leurs biens, au paiement tant du prix des ouvrages nécessaires pour l'essartement, dont l'adjudication sera faite au moins disant, au siége de la maîtrise, que des frais et dépens faits après les six mois, qui seront taxés par les grands-maîtres.

5. Les arbres et bois qu'il conviendra couper dans nos forêts, pour mettre les routes en largeur suffisante, seront vendus, ainsi que le grand-maître avisera, pour notre plus grand profit; et ceux des ecclésiastiques et communautés leur demeureront en compensation de la dépense qu'ils auront à faire pour l'essartement.

6. Ordonnons que dans les angles, ou coins des places croisées, triviaires et biviaires qui se rencontrent ès grandes routes et chemins royaux des forêts, nos officiers des maîtrises feront incessamment planter des croix, poteaux ou piramides à nos frais, ès bois qui nous appartiennent, et pour les autres, aux frais

des villes plus voisines et intéressées, avec inscriptions et marques apparentes, du lieu où chacun conduit, sans qu'il soit permis à aucunes personnes de rompre, emporter, lacérer ou biffer telles croix, poteaux, inscriptions et marques, à peine de trois cents livres d'amende et de punition exemplaire.

7. Les propriétaires des héritages aboutissants aux rivières navigables, laisseront, le long des bords, vingt-quatre pieds au moins de place en largeur, pour chemin royal et trait des chevaux, sans qu'ils puissent planter arbres, ni tenir clôture ou haie plus près que trente pieds du côté que les bateaux se tirent, et dix pieds de l'autre bord, à peine de cinq cents livres d'amende, confiscation des arbres, et d'être, les contrevenants, contraints à réparer et remettre les chemins en état à leurs frais.

TITRE TRENTIÈME.

Des Chasses.

ART. I.er Les ordonnances des Rois nos prédécesseurs, sur le fait des chasses, et spécialement celles des mois de juin 1601 et juillet 1607, seront observées en toutes leurs dispositions, auxquelles nous n'avons rien dérogé, et qui ne contiendront rien de contraire à ces présentes.

2. Défendons à nos juges et à tous autres, de condamner au dernier supplice, pour le fait de chasse, de quelque qualité que soit la contravention, s'il n'y a d'autres crimes mêlés, qui puissent mériter cette peine, nonobstant l'article 14 de l'ordonnance de

1601, auquel nous dérogeons expressément à cet égard.

3. Interdisons à toutes personnes, sans distinction de qualité, de temps ni de lieu, l'usage des armes à feu, brisées par la crosse ou par le canon, et des cannes ou bâtons creusés, même d'en porter, sous quelque prétexte que ce puisse être; et à tous ouvriers d'en fabriquer et façonner, à peine, contre les particuliers, de cent livres d'amende, outre la confiscation pour la première fois, et de punition corporelle pour la seconde; et, contre les ouvriers, de punition corporelle pour la première fois.

4. Faisons aussi défenses à toutes personnes de chasser à feu, et d'entrer ou demeurer de nuit dans nos forêts, bois et buissons en dépendants, ni même dans les bois des particuliers, avec armes à feu, à peine de cent livres d'amende et de punition corporelle, s'il y échet.

5. Pourront néanmoins, nos sujets de la qualité requise par nos édits et ordonnances, passant par les grands chemins des forêts et bois, porter des pistolets et autres armes non prohibées, pour la défense et conservation de leurs personnes.

6. Pourront, pareillement, les gardes des plaines, et les sergens à garde de nos bois, lorsqu'ils feront leurs charges, étant couverts et revêtus des casaques de nos livrées et non autrement, y porter des pistolets tant de nuit que de jour, pour la défense de leurs personnes.

7. Ne pourront, les gardes-plaines de nos capitaineries, tant à pied qu'à cheval, porter aucune arquebuse à rouet ou fusil, dans nos forêts et plaines, s'ils

ne sont à la suite de leurs capitaines ou lieutenans, à peine de cinquante livres d'amende, et de destitution de leurs charges.

8. Défendons à toutes personnes de prendre en nos forêts, garennes, buissons et plaisirs, aucuns aires d'oiseaux, de quelque espèce que ce soit ; et en tout autre lieu, les œufs des cailles, perdrix et faisans, à peine de cent livres d'amende pour la première fois, du double pour la seconde , et du fouet et bannissement à six lieues de la forêt, pendant cinq ans, pour la troisième.

9. Les sergens à garde où se trouveront des aires d'oiseaux, seront chargés de leur conservation par acte particulier, et en demeureront responsables.

10. Voulons que ceux qui seront convaincus d'avoir ouvert ou ruiné les halots ou raboulières qui sont dans nos garennes, ou en celles de nos sujets, soient punis comme voleurs.

Tous tendeurs de lacs, tirasses, tonnelles, traîneaux, bricolles de corde, et de fil d'archal, pièces et pans de rets, colliers, hailliers de fil ou de soie, seront condamnés au fouet pour la première fois, et en trente livres d'amende ; et pour la seconde, fustigés, flétris et bannis pour cinq ans, hors l'étendue de la maîtrise, soit qu'ils aient commis délit dans nos forêts, garennes et terres de notre domaine, ou en celles des ecclésiastiques, communautés et particuliers de notre royaume, sans exception.

13. Faisons très-expresses inhibitions et défenses à tous seigneurs, gentilshommes, hauts-justiciers et autres personnes, de quelque qualité et condition qu'ils soient, de tirer ou chasser à bruit dans nos

forêts, buissons, garennes et plaines, s'ils n'en ont titre ou permission, à peine contre les seigneurs de désobéissance, et de quinze cents livres d'amende ; et, contre les roturiers, des amendes et autres condamnations indictes par l'édit de 1601, à la réserve de la peine de mort, ci-dessus abolie à cet égard.

14. Permettons néanmoins à tous seigneurs, gentilshommes et nobles, de chasser noblement à force de chiens et oiseaux dans leurs forêts, buissons, garennes et plaines, pourvu qu'ils soient éloignés d'une lieue de nos plaisirs, même aux chevreuils et bêtes noires, dans la distance de trois lieues.

15. Leur permettons aussi de tirer de l'arquebuse sur toutes sortes d'oiseaux de passage et de gibier, hors le cerf et la biche, à une lieue de nos plaisirs, tant sur leurs terres que sur nos étangs, marais er rivières.

16. Interdisons la chasse aux chiens couchans en tous lieux, et l'usage de tirer en volant, à trois lieues près de nos plaisirs, à peine de deux cents livres d'amende pour la première fois, du double pour la seconde, et du triple pour la troisième, outre le bannissement à perpétuité, hors l'étendue de la maîtrise.

17. La liberté de tirer en volant, à trois lieues de distance de nos plaisirs, ne sera que pour les seigneurs, gentilshommes, nobles ou seigneurs des paroisses.

18. Défendons à tous gentilshommes et autres, ayant droit de chasse, de chasser à pied ou à cheval, avec chiens ou oiseaux, sur terres ensemencées, depuis que le bled sera en tuyau, et dans les vignes,

depuis le premier jour de mai, jusques après la dépouille, à peine de privation de leur droit de chasse, cinq cents livres d'amende, et de tous dépens, dommages et intérêts envers les propriétaires et usufruitiers.

19. Nul ne pourra établir garenne à l'avenir, s'il n'en a le droit par ses aveux et dénombremens, possession ou autres titres suffisants, à peine de cinq cents livres d'amende, et, en outre, d'être la garenne, détruite et ruinée à ses dépens.

20. Défendons à toutes personnes, de quelque qualité et condition qu'elles soient, de chasser à l'arquebuse, ou avec chiens, dans l'étendue des capitaineries de nos maisons royales de Saint-Germain en Laye, Fontainebleau, Chambort, Vincennes, Livry, Compiègne, bois de Boulogne et Varenne du Louvre, même aux seigneurs hauts-justiciers, et tous autres, quoique fondés en titres ou permissions générales ou particulières, déclarations, édits et arrêts, que nous révoquons à cet égard, sauf à nous d'accorder de nouvelles permissions, ou renouveler les anciennes en faveur de qui bon nous semblera.

21. Nos sujets qui ont parcs, jardins, vergers, et autres héritages clos de murs, dans l'étendue des capitaineries de nos maisons royales, ne pourront faire en leurs murailles aucuns trous, coulisses ni autres passages qui puissent y donner l'entrée au gibier, à peine de dix livres d'amende; et s'il y en avait aucuns de faits présentement, leur enjoignons de les boucher incessamment, sur la même peine.

22. N'entendons toutefois comprendre, dans la

prohibition ci-dessus, les trous ou arches qui servent aux cours des ruisseaux, ni les chantepleurs, ventouses, et autres ouvertures nécessaires à l'écoulement des eaux, lesquelles subsisteront en leur entier.

23. Défendons à tous nos sujets ayant des îles, prés et bourgognes sans clôture, dans l'étendue des capitaineries de Saint-Germain en Laye, Fontainebleau, Vincennes, Livry, Compiègne, Chambort et Varennes du Louvre, de les faire faucher avant le jour de la Saint Jean-Baptiste, à peine de confiscation et d'amende arbitraire.

24. Faisons défenses à toutes personnes de faire, à l'avenir, aucuns parcs et clôtures d'héritage, en maçonnerie, dans l'étendue des plaines de nos maisons royales, sans notre permission expresse.

25. N'entendons néanmoins obliger nos sujets à demander permission d'enclorre les héritages qu'ils ont derrière leurs maisons situées dans les bourgs, villages et hameaux hors des plaines, lesquels ils pourront faire fermer de murs, si bon leur semble, sans que nos capitaines les en puissent empêcher.

26. Déclarons tous seigneurs hauts-justiciers, soit qu'ils aient censives ou non, en droit de pouvoir chasser dans l'étendue de leur haute justice, quoique le fief de la paroisse appartînt à un autre, sans néanmoins qu'ils puissent y envoyer chasser aucuns de leurs domestiques ou autres personnes de leur part, ni empêcher le propriétaire du fief de la paroisse, de chasser aussi dans l'étendue de son fief.

27. Si la haute justice était démembrée et divisée

entre plusieurs enfants ou particuliers, celui seul à qui appartiendra la principale portion, aura droit de chasser dans l'étendue de la justice, à l'exclusion des autres cojusticiers, qui n'auront part au fief; et si les portions étaient égales, celle qui procédera du partage de l'aîné, aurait cette prérogative, à cet égard seulement, et sans tirer à conséquence pour leurs autres droits.

28. Faisons défenses aux marchands, artisans, bourgeois et habitants des villes, bourgs, paroisses, villages et hameaux, paysans et roturiers, de quelque état et qualité qu'ils soient, non possédant fiefs, seigneuries et haute justice, de chasser en quelque lieu, sorte et manière, et sur quelque gibier de poil ou de plume que ce puisse être, à peine de cent livres d'amende pour la première fois, du double pour la seconde, et, pour la troisième, d'être attachés trois heures au carcan du lieu de leur résidence, à jour de marché, et bannis, durant trois années, du ressort de la maîtrise, sans que, pour quelque cause que ce soit, les juges puissent remettre ou modérer la peine, à peine d'interdiction.

29. Les capitaines des chasses, leurs lieutenans et nos procureurs ès capitaineries, seront reçus au siège de la table de marbre, et les greffiers, huissiers et gardes tant à pied qu'à cheval, pardevant les capitaines ou leurs lieutenans, après information de vie, mœurs, religion catholique, apostolique et romaine, fidélité et affection à notre service; et, pour chaque réception, sera payé au greffier, pour la grosse de l'information et enregistrement des provisions, six livres seulement : exceptons néanmoins les officiers

des capitaineries de nos maisons royales ci-dessus nommées.

30. Ordonnons que, dans trois mois du jour de la publication des présentes, tous capitaines, lieutenans et autres officiers de chasse, qui prétendent juridiction, fors et excepté ceux de nos maisons royales ci-dessous exprimées, représenteront, pardevant le grand-maître de chacun·département, leurs titres d'érection ou établissement, et leurs provisions et actes de réception, pour être sur son avis, par nous pourvu en notre conseil, au rapport du contrôleur général de nos finances, à la conservation ou réduction, ainsi qu'il appartiendra; et, faute de les représenter dans ce temps, défenses d'exercer, à peine de faux.

31. Voulons que nos officiers des eaux et forêts, et les capitaines des chasses, connaissent concurremment et par prévention entre eux, en ce qui regarde la capture des délinquants, saisie des armes, bâtons, chiens, filets et engins défendus, contravention à la présente ordonnance, et information première seulement; mais quant à l'instruction et jugement, ils appartiendront au lieutenant de robe-longue, à la poursuite et diligence de nos procureurs, sans néanmoins qu'ils puissent exclure les capitaines et lieutenans des chasses, d'assister à l'une et à l'autre, si bon leur semble, et d'y avoir leur séance et voix délibérative; savoir, le capitaine avant le maître, et le lieutenant du capitaine avant celui de la maîtrise, ès cas ci-dessus seulement,

32. Exceptons, toutefois, les capitaines des chasses de nos maisons royales de Saint-Germain en Laye,

Fontainebleau, Chambort, bois de Boulogne, Varenne du Louvre et Livry, que nous maintenons, et en tant que besoin serait, confirmons dans leurs titres et possessions d'instruire et juger, à la diligence de nos procureurs en ces capitaineries, tous procès civils et criminels pour fait de chasse, en appelant avec eux les lieutenans de robe-longue, et autres juges et avocats pour conseil.

33. Exceptons aussi les capitaines des chasses de nos maisons royales de Vincennes et Compiègne, et ceux dont les états ont été par nous envoyés à la cour des aides depuis la révocation, auxquels nous attribuons pareille juridiction qu'à ceux de Saint-Germain en Laye, Fontainebleau, Chambort et Varenne du Louvre.

34. Si quelques particuliers riverains de nos forêts ou autres, de quelque qualité qu'ils soient, troublaient les officiers de nos chasses dans leur fonction, ou leur faisaient quelque violence pour se maintenir dans le droit de chasse qu'ils y pourraient avoir usurpé; voulons qu'ils soient condamnés, pour la première fois, à la somme de trois mille livres d'amende, et, en cas de récidive, privés de tous droits de chasse sur leurs terres riveraines, sauf néanmoins une peine plus sévère, si la violence était qualifiée.

35. Quant aux prêtres, moines et religieux qui tomberaient dans cette faute, et n'auraient pas de quoi satisfaire à l'amende, il leur sera défendu, pour la première fois, de demeurer plus près des forêts, bois, plaines et buissons, que de quatre lieues; et, en cas de récidive, en seront éloignés de dix lieues, par saisie de leur temporel, et par toutes autres voies

raisonnables, conformément à la déclaration de François I.er, du mois de mars de l'année 1515.

36. Les jugemens rendus par les capitaines des chasses de nos maisons royales, qui contiendront peine afflictive, seront signés sur la minute, qui demeurera au greffe de la capitainerie, du lieutenant de robe-longue, et des autres qui auront été appelés pour conseil, et mention faite dans les expéditions qui en seront délivrées, de leurs noms et qualités, à peine de nullité.

37. Les condamnations qui n'excéderont point la somme de soixante livres, pour toutes restitutions et réparations, sans autre peine ni amende, seront exécutées par provision, et sans préjudice de l'appel.

38. S'il y a appel d'un jugement rendu pour le fait de chasse, et que la condamnation ne soit que d'une amende pécuniaire, pour laquelle l'appelant se trouvera emprisonné, il ne pourra être élargi pendant l'appel, qu'en consignant l'amende.

39. Les sergens à garde de nos forêts et gardes-plaines de nos plaisirs, ne pourront faire aucun exploit, que pour le fait de nos eaux et forêts et chasses, à peine de faux, révoquant pour cet effet toutes lettres d'ampliation que nous leur pourrions avoir accordées.

TITRE TRENTE-UNIÈME.

De la Pêche.

ART. I.er Défendons à toutes personnes, autres que maîtres pêcheurs reçus ès siéges des maîtrises par les maîtres particuliers ou leurs lieutenans, de pêcher sur les fleuves et rivières navigables , à peine de cinquante livres d'amende et de confiscation du poisson , filets et autres instrumens de pêche , pour la première fois , et pour la seconde , de cent livres d'amende , outre pareille confiscation , même de punition plus sévère , s'il y échet.

2. Nul ne pourra être reçu maître pêcheur, qu'il n'ait au moins l'âge de vingt ans.

3. Les maîtres pêcheurs de chacune ville ou port, où ils seront au nombre de huit et au-dessus, éliront , tous les ans, aux assises qui se tiendront par les maîtres particuliers ou leurs lieutenans , un maître de communauté qui aura l'œil sur eux , et avertira les officiers des maîtrises des abus qu'ils commettront; et aux lieux où il y en aura moins que huit , ils convoqueront ceux des deux ou trois plus prochains ports ou villes, pour tous ensemble en nommer un d'entre eux qui fera la même charge ; le tout sans frais et sans exaction de deniers, présens ou festins, à peine de punition exemplaire , et d'amende arbitraire.

4. Défendons à tous pêcheurs de pêcher aux jours de dimanche et de fête, sous peine de quarante livres d'amende ; et, pour cet effet, leur enjoignons expressément d'apporter, tous les samedis et veilles de fêtes, incontinent après le soleil couché , au logis du maître de communauté, tous leurs engins et harnois, lesquels ne leur seront rendus que le lendemain du dimanche ou fête après le soleil levé, à peine de cinquante livres d'amende, et d'interdiction de la pêche pour un an.

5. Leur défendons pareillement de pêcher en quel-

ques jours et saisons que ce puisse être, à autre heure que depuis le lever du soleil jusqu'à son coucher, sinon aux arches des ponts, aux moulins et aux gords où se tendent des dideaux, auxquels lieux ils pourront pêcher, tant de nuit que de jour, pourvu que ce ne soit à jours de dimanches ou fêtes ou autres défendus.

6. Les pêcheurs ne pourront pêcher durant le temps de fraye, savoir, aux rivières où la truite abonde sur tous les autres poissons, depuis le premier février jusqu'à la mi-mars; et aux autres, depuis le premier avril jusqu'au premier de juin, à peine, pour la première fois, de vingt livres d'amende et d'un mois de prison; et du double de l'amende, et de deux mois de prison pour la seconde; et du carcan, fouet et bannissement du ressort de la maîtrise pendant cinq années pour la troisième.

7. Exceptons néanmoins la prohibition contenue en l'article, la pêche aux saumons, alozes, lamproyes, qui sera continuée en la manière accoutumée.

8. Ne pourront aussi mettre bires ou nasses d'osier à bout des dideaux pendant le temps de fraye, à peine de vingt livres d'amendes, et de confiscation du harnois pour la première fois, et d'être privés de la pêche pendant un an pour la seconde.

9. Leur permettons néanmoins d'y mettre des chausses ou sacs, du moule de dix-huit lignes en quarré, et non autrement, sur les mêmes peines; mais après le temps de fraye passé, ils y pourront mettre des bires ou nasses d'osier à jour, dont les verges seront éloignées les unes des autres de douze nés au moins.

10. Faisons très-expresses défenses aux maîtres pêcheurs de se servir d'aucuns engins et harnois prohibés par les anciennes ordonnances sur le fait de la pêche, et en outre de ceux appelés giles, tramail, furet, épervier, chasson et sabre, dont elles ne font point de mention, et de tous autres qui pourraient être inventés au depeuplement des rivières, comme aussi d'aller au barandage, et mettre des bacs en rivières, à peine de cent livres d'amende pour la première fois, et de punition corporelle pour la seconde.

11. Leur défendons en outre de brouiller avec brouilles ou rabots, tant sous les chevrins, racines, saules, osiers, terriers et arches, qu'en autres lieux, ou de mettre lignes avec échets et amorces vives, ensemble de porter chaînes et clairons en leurs batelets, et d'aller à la fare, ou de pêcher dans les noues avec filets, et d'y brouiller pour prendre le poisson, et le fray qui a pu y être porté par le débordement des rivières, sous quelque prétexte, en quelque temps et manière que ce soit, à peine de cinquante livres d'amende contre les contrevenants, et d'être bannis des rivières pour trois ans, et de trois cents livres contre les maîtres particuliers ou leurs lieutenans qui en auront donné la permission.

12. Les pêcheurs jetteront en rivières les truites, carpes, barbeaux, brêmes et mouniers qu'ils auront pris, ayant moins de six pouces entre l'œil et la queue, et les tanches, perches et gardons qui en auront moins de cinq, à peine de cent livres d'amende, et de confiscation contre les pêcheurs et marchands qui en auront vendu ou acheté.

13. Voulons qu'il y ait en chacune maîtrise un

coin, dans lequel l'écusson de nos armes sera gravé, et autour le nom de la maîtrise, duquel on se servira pour sceller en plomb les harnois ou engins des pêcheurs, qui ne pourront s'en servir que le sceau n'y soit apposé, à peine de confiscation et de vingt livres d'amende, et sera fait registre des harnois qui auront été marqués, ensemble du jour et du nom du pêcheur qui les aura fait marquer, sans que pour ce nos officiers puissent prendre aucuns salaires.

14. Défendons à toutes personnes de jeter dans les rivières aucune chaux, noix vomique, coque de Levant, momie et autres drogues ou appat, à peine de punition corporelle.

15. Faisons inhibitions à tous mariniers, contremaîtres, gouverneurs et autres compagnons de rivières conduisant leurs nefs, bateaux, besognes, marnois, flottes ou nacelles, d'avoir aucuns engins à pêcher, soit de ceux permis ou défendus, tant par les anciennes ordonnances que par ces présentes, à peine de cent livres d'amende et de confiscation des engins.

16. Ordonnons que toutes les épaves qui seront pêchées sur les fleuves et rivières navigables, soient garrées sur terre, et que les pêcheurs en donnent avis aux sergens et gardes-pêche, qui seront tenus d'en dresser procès-verbal, et de les donner en garde à des personnes solvables, qui s'en chargeront, dont notre procureur prendra communication au greffe aussitôt qu'il y aura été porté par le sergent ou garde-pêche, et en fera faire la lecture à la première audience; sur quoi le maître ou son lieutenant ordonnera que si dans un mois les épaves ne sont demandées et réclamées, elles seront vendues à notre profit au plus

offrant et dernier enchérisseur, et les deniers en provenans mis ès-mains de nos receveurs, sauf à les délivrer à celui qui les réclamera, un mois après la vente, s'il est ainsi ordonné en connaissance de cause.

17. Défendons de prendre et enlever les épaves, sans la permission des officiers de nos maîtrises, après la reconnaissance qui en aura été faite, et qu'ils aient été jugés à celui qui les réclame.

18. Faisons défenses à toutes personnes d'aller sur les mares, étangs et fossés, lorsqu'ils seront glacés, pour en rompre la glace et y faire des trous, ni d'y porter flambeaux, brandons et autres feux, à peine d'être punis comme de vol.

19. Les ecclésiastiques, seigneurs, gentilshommes et communautés qui ont droit de pêches dans les rivières, seront tenus d'observer et faire observer le présent réglement par leurs domestiques et pêcheurs, auxquels ils auront affermé le droit, à peine de privation de leur droit.

20. Leur enjoignons de donner pareillement par déclaration à nos procureurs ès-maîtrises les noms, surnoms et demeures des pêcheurs auxquels ils auront fait bail de leur pêche, laquelle déclaration sera registrée au greffe de la maîtrise, où les pêcheurs seront tenus de prêter le serment, et d'élire annuellement par-devant les maîtres particuliers ou leurs lieutenans, tenant les assises des maîtres de communauté, ainsi que les pêcheurs de nos eaux, pour être par eux gardé et observé pareil ordre que par les pêcheurs de nos maîtrises.

21. Pour le rempoissonnement de nos étangs, le carpeau aura six pouces au moins, la tanche cinq et

la perche quatre, et à l'égard du brocheton, il sera
de telle échantillon que l'adjudicataire voudra ; mais
il ne se jettera aux étangs, mares et fossés qu'un an
après leur empoissonnement ; ce qui sera observé
pour les étangs, mares et fossés des ecclésiastiques et
communautés, de même que pour les nôtres. Enjoignons aux officiers des maîtrises d'y tenir la main,
sans pouvoir prétendre aucuns frais ni droits, à peine
de concussion.

22. Tous les maîtres pêcheurs de nos rivières, et
ceux des particuliers qui ont droit de pêches sur les
fleuves et rivières navigables, répondront pour les
délits qu'ils y commettront, par-devant les officiers
des maîtrises, et non par-devant les juges des seigneurs, auxquels en interdisons la connaissance, et
seront condamnés suivant la rigueur de nos ordonnances.

23. Seront commis en chacune maîtrise des sergens pour la conservation des eaux et pêches, en
nombre suffisant, avec gages et suivant le réglement
qui sera fait en notre conseil par l'avis des grands-
maîtres, pour être journellement sur les fleuves et
rivières ; veiller sur les pêcheurs, à ce qu'ils ne contreviennent à nos ordonnances, et en cas de contravention, saisiront les engins, et les enverront avec
leurs procès-verbaux aux greffes des maîtrises, même
assigneront au premier jour les délinquants pour y
répondre.

24. Permettons aux maîtres, lieutenans et nos procureurs de visiter les rivières, bannetons, boutiques
et étuis des pêcheurs ; et s'ils y trouvent du poisson
qui ne soit pas de la longueur et échantillon ci-dessus

prescrite, ils feront procès-verbal de la qualité et quantité qu'ils en auront trouvées, et assigneront les pêcheurs pour répondre du délit, le tout sans frais.

25. Si les officiers des maîtrises trouvent des engins et harnois défendus, ils les feront brûler à l'issue de leur audience, au-devant de la porte de leur auditoire, et condamneront les pêcheurs sur qui ils auront été saisis, aux peines ci-devant déclarées, sans les pouvoir modérer, à peine de suspension de leurs charges pour un an.

26. Toutes les amendes jugées pour raison des rivières navigables et flottables, et pour toutes nos eaux, seront reçues à notre profit par le sergent collecteur des amendes dans chacune maîtrise ou département pour lesquelles il en sera usé comme pour celles de nos forêts, et ce qui nous en reviendra sera payé ès-mains du receveur, et par lui au receveur général, comme les autres deniers de sa charge.

TITRE TRENTE-DEUXIÈME.

Peines, Amendes, Restitutions, Dommages, Intérêts et Confiscations.

ART. 1er. L'amende ordinaire pour délits commis depuis le lever jusqu'au coucher du soleil, sans feu et sans scie, par personnes privées n'ayant charges, usages, ateliers ou commerce dans nos forêts, bois et garennes, sera, pour la première fois, de quatre livres pour chaque pied de tour de chêne et de tous arbres fruitiers indistinctement, même du châtaigner; cinquante sous pour chaque pied de tour de saule, hêtre orme, tillot, sapin, charme et frêne, et trente sous pour pied d'arbre de toute autre espèce vert, en étaut, sec ou abattu, et sera le tout pris et mesuré à demi pied près de terre.

2. Ceux qui auront éhoupé, ébranché et déshonoré des arbres, paieront la même amende au pied le tour, que s'ils les avaient abattus par le pied.

3. Pour chaque charretée de merein, bois quarré, de sciage ou de charpenterie, l'amende sera de quatre-vingts livres; pour la charretée de bois de chauffage, quinze livres, pour la somme ou charge de cheval ou bourrique, quatre livres, et pour le fagot ou fouée, vingt sous.

4. Pour étalons, balliveaux, parois, arbres de lisière et autres arbres de réserve, cinquante livres; pour pied cornier marqué de notre marteau, abattu, cent livres, et deux cents livres pour pied cornier arraché et déplacé : réduisons néanmoins l'amende pour balliveaux de l'âge du taillis, au-dessous de vingt ans, à dix livres.

5. Si les délits se trouvent avoir été commis depuis le coucher jusqu'au lever du soleil par scie ou par feu, soit par les officiers des forêts ou des chasses, arpenteurs, layeurs, gardes, usages, coutumiers, pâtres, paissonniers, marchands ventiers, leurs facteurs, gardes-ventes, bûcherons, charbonniers, charretiers, maîtres de forges, fourneaux, tuiliers, briquetiers, et tous autres employés à l'exploitation des forêts et des ateliers de bois en provenant, l'amende sera double.

6. Voulons que toutes les personnes ci-dessus soient privées, en cas de récidive, savoir, les officiers de

leurs charges, les marchands de leurs ventes, et les usagers de leurs droits et coutumes, et que tous soient bannis à perpétuité des forêts, sans qu'ils puissent espérer aucunes lettres de pardon, rétablissement, commutation et rappel de ban, que nous défendons à notre amé et féal chancelier de scéler, et à tous juges d'entériner, nonobstant commandemens ou jussions contraires, déclarant dès-à-présent nulles et de nul effet et valeur toutes celles qui pourraient être obtenues.

7. Demeureront les marchands, maîtres de forges, fermiers, usagers, riverains et autres occupants les maisons, fermes et autres héritages, dans l'enclos et à deux lieues de nos forêts, responsables civilement de leurs commis, charretiers, pâtres et domestiques.

8. Et d'autant que les amendes au pied du tour ont été réglées selon la valeur et état des bois de l'année 1518, depuis laquelle ils sont montés à beaucoup plus haut prix, ordonnons que conformément à l'Ordonnance faite par Henri III, en l'année 1588, et aux arrêts et réglements des mois de septembre 1601, juin 1602 et octobre 1623, les restitutions, dommages et intérêts seront adjugés de tous délits, au moins à pareille somme que portera l'amende.

9. Outre l'amende, restitution, dommages et intérêts, il y aura toujours confiscation de chevaux, bourriques et harnois qui se trouveront chargés de bois de délit, et des scies, haches, serpes, coignées et autres outils dont les particuliers coupables et complices seront trouvés saisis.

10. Les bestiaux trouvés en délit ou hors des lieux des routes et chemins désignés, seront pareillement

confisqués , et où les bêtes ne pourraient être saisies,
les propriétaires seront condamnés en l'amende qui
sera de vingt livres pour chaque cheval, bœuf ou
vache , cent sous pour chaque veau, et trois livres
pour mouton ou brebis ; le double pour la seconde
fois, et pour la troisième , le quadruple de l'amende,
bannissement des forêts contre les pâtres et autres
gardes et conducteurs, desquels en tout cas les
maîtres, pères , chefs de famille , propriétaires, fermiers et locataires des maisons y résidants demeureront civilement responsables.

11. Il sera procédé, sans délai, à la vente des
bestiaux pris en délit, et confisqués au plus offrant
et dernier enchérisseur, au jour de marché , à leur
juste valeur , et à la diligence de nos procureurs des
maîtrises ; et s'il arrivait que par l'autorité des propriétaires il ne se trouvât point d'enchérisseur , nos
procureurs en feront dresser procès-verbal , par les
maîtres ou leurs lieutenants ; et seront les bestiaux
par eux envoyés vendre aux marchés des villes où ils
trouveront plus à propos pour notre avantage et utilité.

12. Toutes personnes privées , coupants ou amassants
de jour des herbages , glands ou feines, de telle nature et âge que ce soit , et les emportants des forêts ,
boqueteaux, garennes et buissons, seront condamnées,
pour la première fois, à l'amende , savoir : pour faix
à col, cent sous; pour charge de cheval ou bourrique,
vingt livres; et pour harnois, quarante livres; le
double pour la seconde ; et la troisième, bannissement
des forêts , même du ressort de la maîtrise , et en tous
cas confiscation des chevaux , bourriques et harnois
qui se trouveront chargés.

13. Toutes personnes qui auront coupé, arraché et emporté arbres, branches ou feuillages de nos bois et garennes, et des ecclésiastiques, communautés ou particuliers, pour noces, fêtes et confrairies, seront punies de l'amende et restitution, dommages et intérêts, selon le tour et qualité des bois, ainsi qu'ils le seraient en autre délit.

14. Défendons aux officiers d'arbitrer les amendes et peines, ni les prononcer moindres que ce qu'elles sont réglées par la présente Ordonnance, ou les modérer ou changer après le jugement, à peine de répétition contre eux, de suspension de leurs charges pour la première fois, et de privation en récidive.

15. Ne sera fait don, remise ou modération, pour telle cause que ce soit, des amendes, restitutions, intérêts et confiscations avant qu'elles soient jugées, ni après, pour quelque personne que ce puisse être; défendons d'en expédier lettres ou brevets, et aux Parlements et Chambres des Comptes de les registrer et y avoir égard, et aux Grands-Maîtres et officiers des maîtrises, de les exécuter, à peine de privation de leurs charges, et d'en répondre en leurs propres et privés noms.

16. Ne pourront les amendes de nos bois en futaie et taillis, et des bois en gruerie, grairie, tiers et danger, et par indivis, paissons et glandées, garennes, eaux et rivières, être affermées ni engagées, sous quelque prétexte que ce soit, et s'il s'en trouvait de comprises en aucuns engagemens, baux et adjudications, nous les déclarons nulles et de nul effet: voulons qu'elles soient levées à notre profit, avec les restitutions, confiscations et autres condam-

nations à nous appartenantes, par les sergens collecteurs des maîtrises, et par eux payées aux receveurs,
ainsi qu'il est ordonné par ces présentes.

17. Les amendes qui seront adjugées par nos
commissaires et officiers en réformation ou autrement, à la diligence de nos Procureurs-généraux
ou leurs substituts pour délits, abus, usurpa-
tions, outrepasses, surmesures et contraventions ès
eaux et forêts des ecclésiastiques, commandeurs,
hôpitaux, maladeries et communautés, et en ceux
qui en dépendent par droit de gruerie, grairie
ou autrement, nous appartiendront sans exception
ni distinction, et seront les rôles mis et laissés ès
mains des sergens collecteurs de chaque maîtrise,
pour en faire le recouvrement, et en compter ainsi et
aux termes et peines que pour les amendes adjugées
pour nos eaux et forêts.

18. Les amendes et peines pour les omissions et
délits des officiers, marchands, usagers et coutumiers,
maîtres des fours, forges et fourneaux, d'ateliers et
maisons, fermiers, adjudicataires, riverains, communautés, pâtres et autres ayant direction, usage,
commerce et entrée dans les forêts, seront reçues par
le sergent collecteur des amendes de chaque maîtrise,
et les condamnations et rôles exécutés en la forme et
manière prescrite par les différents chapitres de la
présente ordonnance, et les condamnés contraints au
paiement par toutes voies, même par emprisonnement de leurs personnes.

19. Les collecteurs des amendes seront tenus
d'émarger leurs rôles de ce qu'ils recevront, et en
outre d'en donner quittance, sur peine de restitution

du quatruple des sommes dont ils n'auront donné quittance.

20. Demeurera le collecteur responsable des amendes, restitutions, intérêts et confiscations contenues aux rôles, faute par lui dans trois mois après qu'ils lui auront été délivrés, de justifier des exploits de perquisition, d'insolvabilité des débiteurs, et de diligences suffisantes et valables.

21. Les diligences ne seront point réputées suffisantes, ni les exploits de carence de biens, bons et valables pour la décharge des collecteurs des amendes, s'ils ne sont signés et certifiés par les curés ou vicaires, ou par le juge des lieux sur la représentation du rôle des tailles et du sel, sauf à en être fait nouvelle justification par les officiers et notre procureur, en cas de soupçon de fraude, dans lequel la vérification en sera faite aux frais des sergens collecteurs, qui seront en outre condamnés au quatruple.

22. Les collecteurs des amendes ne seront point déchargés de la collecte des amendes et condamnations, nonobstant toutes diligences et perquisitions, qu'après avoir chaque année fourni un état au grand-maître de leurs recettes et diligences, qui seront justifiées sur les rôles par eux représentés, avec les pièces, et après avoir ouï notre procureur, et sur le tout rendu jugement, pour ordonner que les parties seront passées en non valeur ; ce que nous enjoignons aux grands-maîtres de faire, et nos procureurs de le requérir, à peine d'en répondre en leurs noms.

23. Lorsqu'il y aura eu appel des condamnations d'amende, les collecteurs préposés dans les maîtrises en feront le recouvrement, après que l'appel aura été

jugé, soit que les amendes aient été augmentées ou
modérées au siége de la table de marbre, ou ailleurs ;
défendons à tous autres de s'immiscer en la recette
et collecte, à peine de mille livres d'amende.

24. Aura le collecteur des amendes deux sous pour
livre, pour ses taxations du recouvrement et recette
actuelle qu'il fera.

25. Les amendes ne pourront être prescrites que
par dix ans, nonobstant tous usages et coutumes
contraires.

26. S'il arrivait que les officiers fussent convaincus
d'avoir commis supposition, ou fraude dans leurs
rapports et procédures, ils seront condamnés au quatruple, privés de leurs charges, bannis des forêts,
et punis corporellement comme fauteurs et prévari-
cateurs, et les gardes qui auront fait le rapport,
envoyés aux galères perpétuelles, sans aucune modération.

27. Les charges et offices des eaux et forêts demeureront spécialement affectés, et privativement à toutes
dettes et hypothèques, aux restitutions, dommages
et intérêts, amendes et dépens adjugés pour délits,
négligences et malversations des officiers qui les possèdent.

28. Toutes amendes, restitutions, dommages et
intérêts, et confiscations, seront adjugées ès-eaux et
bois des ecclésiastiques, commandreries, maladreries,
hôpitaux, communautés et particuliers, et les condamnés et redevables exécutés en la même manière
que pour celles qui auront été prononcées sur le fait
de nos eaux et forêts. Si DONNONS EN MANDEMENT
à nos amés et féaux conseillers les gens tenant notre

Cour de Parlement et Chambre de nos comptes à Paris, que ces présentes ils fassent lire, publier et enregistrer, et le contenu en icelles garder, observer et entretenir, sans permettre qu'il y soit contrevenu en aucune sorte et manière que ce soit ; car tel est notre plaisir, nonobstant tous édits, déclarations, ordonnances, réglements, arrêts et autres choses à ce contraires, auxquelles et aux dérogatoires y contenues, nous avons dérogé et dérogeons par cesdites présentes. Et afin que ce soit chose ferme et stable à toujours, nous y avons fait mettre notre scel. Donné à Saint-Germain-en-Laye au mois d'août, l'an de grâce mil six cent soixante-neuf, et de notre règne le vingt-septième. *Signé* LOUIS. *Et plus bas*, par le Roi, COLBERT. *Et à côté est écrit :* visa, SEGUIER.

Au-dessous est écrit : Lue, publiée, registrée, ouï et ce requérant le procureur-général du roi, pour être exécutée selon sa forme et teneur. Fait en Parlement, le Roi séant en son lit de justice, le treizième août mil six cent soixante-neuf. *Signé* DU TILLET.

Et plus bas est écrit : Lue, publiée et registrée en la Chambre des Comptes, ouï et ce consentant le procureur-général du roi, du très-exprès commandement de Sa Majesté, porté par Monsieur son frère unique, duc d'Orléans, venu pour cet effet en la Chambre, assisté du sieur duc du Plessis Praslin, maréchal de France, et des sieurs d'Aligre et de Sève, conseillers d'Etat, et directeurs des finances, le treizième jour d'août mil six cent soixante-neuf. *Signé* RICHER.

Ordonnance de Police qui enjoint aux habitants de Paris, de relever les Neiges, et leur fait défenses, de les jeter dans la rue.

Du 4 janvier 1670.

Sur ce qui nous a été représenté par le Procureur du Roi, que voyant un juste sujet d'appréhender quelque désordre en plusieurs quartiers de cette ville, au temps du dégel, pour la fonte soudaine des neiges, principalement si le milieu des rues, ruisseaux et entrées des égoûts, se trouvaient engagés dans les quartiers des grandes décharges et où les pentes sont les plus douces, il estimait extrêmement important de prendre toutes les précautions possibles pour éviter les accidents qui peuvent être à craindre de la rigueur de la saison, et attendu que tous les momens étaient de conséquence dans une telle conjoncture, requérait qu'il fût sur ce, par nous pourvu : nous, faisant droit sur ledit réquisitoire, ordonnons à tous bourgeois, propriétaires, habitants ou principaux locataires des maisons de cette ville et faubourgs, chacun en droit, soit de relever incessamment dans vingt-quatre heures, les neiges qui sont au-devant et en toute la face de leurs maisons, et de les mettre par tas et monceaux les plus serrés que faire se pourra, comme aussi de rompre et casser les glaces qui seront au-devant de leurs maisons et dans le ruisseau. Faisons très-expresses défenses à toute sorte de personnes, de jeter dans la rue, la neige de leurs cours ou jardins, qui sera néanmoins relevée et rangée en plusieurs monceaux, afin que la fonte en soit plus lente ; le tout à peine de cinquante livres d'amende, en cas de contravention. Enjoint aux Commissaires du Châtelet, d'y tenir la main et de faire travailler assiduement les entrepreneurs de leurs quartiers et autres personnes à ce préposées, à rendre les ruisseaux libres, les entrées des égoûts nettes, et à transporter incessamment les neiges et glaces des rues, en commençant par celles qui sont les plus étroites et passantes. Et sera la présente Ordonnance, lue, publiée et affichée par tous les cantons, carrefours, et lieux publics et accoutumés de cette ville et faubourgs, afin que personne n'en prétende cause d'ignorance, et exécutée, nonobstant oppositions ou appellations quelconques, et sans préjudice d'icelles, attendu ce dont il s'agit. Ce fut fait et donné par messire Gabriel-Nicolas de la Reynie, conseiller du Roi, en ses conseils d'état et privé, maître des requêtes ordinaires de son hôtel, et lieutenant de police en la ville, prévôté et vicomté de Paris, le 4e. jour de janvier 1670.

Signé DE LA REYNIE.

Arrêt de la Cour de Parlement pour les aliments [des Prisonniers.

Du 51 janvier 1670.

Extrait des Registres de Parlement.

Sur ce qui a été remontré à la Cour par le procureur général du Roi, que, par arrêt du 9 mars 1668, il a été ordonné que les parties civiles paieraient, par

chacun jour, quatre sous pour aliments aux prisonniers détenus pour dettes, réparations et intérêts civils, et qu'attendu la diversité du prix des vivres, il
en serait fait un réglement tous les ans, et, sous prétexte que le temps porté par cet arrêt est expiré, elles
refusent de continuer de payer lesdits aliments; d'ailleurs, que plusieurs prisonniers n'ont pu jouir de l'effet
dudit arrêt, parce qu'ayant été transférés des prisons des
lieux où ils ont été jugés, en celle de la conciergerie
du palais, leurs parties civiles n'ont fait aucune élection de domicile en cette ville de Paris, à quoi il est
nécessaire de remédier. Lui retiré, la matière mise
en délibération : la Cour a ordonné et ordonne que
les aliments des prisonniers détenus pour dettes, réparations et intérêts civils, leur seront, pendant la
présente année, payés à raison de quatre sous par
jour; que leurs parties civiles leur paieront un mois
par avance; à cette fin, mettront ès mains du greffier
de la geolle, la somme de six livres pour ledit mois,
lequel greffier s'en chargera sur un registre particulier, et les délivrera, de trois jours en trois jours, et
sans frais, aux prisonniers; et au cas que les parties
lui demandent un certificat dudit paiement, il leur
délivrera, et, pour icelui, lui sera payé cinq sous
seulement; qu'iceux aliments seront payés trois jours
après la signification qui sera faite du présent arrêt,
à la requête desdits prisonniers, aux personnes ou
domiciles des créanciers et parties civiles; et faute de
les payer par avance, à ladite raison de six livres par
mois, lesdis trois jours passés, leur sera déclaré d'a-
bondant par un acte qui leur sera signifié à la requête
dudit greffier de la geolle, que faute de satisfaire

audit arrêt, vingt-quatre heures après la signification dudit acte, en vertu d'icelui, sans qu'il en soit besoin d'autre, le prisonnier sera élargi : auquel greffier, pour ledit acte, sera payé cinq sous seulement. Ordonne en outre, que les greffiers des lieux, lors qu'ils prononceront les sentences aux accusateurs et accusés, au cas qu'iceux accusés en interjettent appel, interpelleront les parties civiles de faire élection de domicile en cette ville de Paris, dont ils feront mention ensuite desdites sentences, à peine contre lesdites parties qui en feront refus, et contre le greffier qui aura omis de leur faire faire ladite élection de domicile, de cinquante livres d'amende chacun. Et afin que personne n'en puisse prétendre cause d'ignorance, le présent arrêt sera envoyé dans toutes les juridictions du ressort, et sera lu, publié, registré et affiché où besoin sera, dans les juridictions du ressort de la Cour, à la diligence des substituts du procureur général du Roi, qui l'en certifiera au mois. Fait en Parlement, le trente - un janvier, mil six cent soixante-dix. Collationné. *Signé*, ROBERT.

ORDONNANCE DE LOUIS XIV, *Roi de France et de Navarre* (1), *concernant la juridiction des Prévôt des marchands et Échevins de la ville de Paris.*

Donné à Versailles, au mois de décembre 1672.
Registré le 27 février 1673.

LOUIS par la grâce de Dieu, Roi de France et de Navarre : à tous présents et à venir, SALUT. L'affection

---

(1) L'ordonnance de 1672 sur la juridiction des prévôt des mar-

singulière que nous portons à nos fidèles sujets, bourgeois et habitants de notre bonne ville de Paris, nous
ayant obligé de procurer en toutes choses la décoration, commodité et avantage de cette capitale de notre
État, en même temps que nous nous sommes appliqués à renouveler et rétablir les ordonnances et réglements sur le fait de la justice et police dans tout notre
royaume ; nous avons fait rédiger de nouveau les ordonnances, coutumes, statuts et réglements de la prévôté des marchands et échevinage de ladite ville, concernant le régime et administration d'icelle, la police et
vente des marchandises qui y arrivent par les rivières,
et qui se distribuent sur les ports, places et étapes, ce
que nous aurions estimé d'autant plus nécessaire et
utile à ladite ville, que les ordonnances anciennes,
faites dès l'année 1415, n'ayant été revues ni réfor-
mées, étaient hors d'usage en plusieurs choses, et
conçues en des termes de police et de navigation qui
ne sont plus usités ; joint que l'aggrandissement de
ladite ville aurait apporté plusieurs changemens dans
la police et distribution de toutes les provisions nécessaires à la subsistance du grand nombre de ses
habitants. A CES CAUSES, après avoir fait voir et examiner, en notre conseil, les articles, ordonnances et
réglements sur le fait de la police et administration
de la prévôté et échevinage de notre bonne ville de

---

chands et échevins de la ville de Paris est un des beaux monumens
de la législation du dix-septième siècle, comme elle est le fondement
de la jurisprudence sur la police des approvisionnemens par eau,
que souvent on l'invoque pour décider des points contestés à cet
égard, nous l'avons rapportée en *entier*, quoique nous eussions pu
en retrancher des articles inutiles aujourd'hui.

Paris, vente et exposition des marchandises

nent par les rivières, et qui se distribuent sur les ports, places et étapes de ladite ville ; et, de notre certaine science, pleine puissance et autorité royale, nous avons confirmé, approuvé et ordonné, confirmons, approuvons et ordonnons les articles, statuts et réglements qui ensuivent.

CHAPITRE PREMIER.

Concernant les rivières et bords d'icelles, pour la commodité de la Navigation.

Ne détourner le cours de l'eau.

ART. 1.er Pour faciliter le commerce par les rivières, et le transport des provisions nécessaires à la ville de Paris, défenses sont faites à toutes personnes de détourner l'eau des ruisseaux et des rivières navigables et flottables, affluantes dans la Seine, ou d'en affaiblir ou altérer le cours par tranchées, fossés, canaux, ou autrement : et, en cas de contravention, seront les ouvrages détruits réellement et de fait, et les choses réparées incessamment aux frais des contrevenants.

Ne tirer aucuns matériaux à six toises des bords de la rivière.

2. Ne sera loisible de tirer ou faire tirer terres, sables, ou autres matériaux, à six toises près du rivage des rivières navigables, à peine de cent livres d'amende.

Quel espace faut laisser ès bords des rivières, pour
le trait des chevaux.

3. Seront, tous propriétaires d'héritages aboutissants aux rivières navigables, tenus laisser, le long des
bords, vingt-quatre pieds pour le trait des chevaux,
sans pouvoir planter arbres, ne tirer clôtures ou haies
plus près du bord que de trente pieds : et, en cas de
contravention, seront les fossés comblés, les arbres
arrachés, et les murs démolis aux frais des contrevenants.

Ne sera mis empêchement sur les rivières.

4. Ne seront pareillement mis, ès rivières de Seine,
Marne, Oise, Yonne, Loing, et autres y affluantes,
aucuns empêchemens aux passages des bateaux et
trains de bois montants et avalants ; et si aucuns se
trouvent, seront incessamment ôtés et démolis, et les
contrevenants tenus de tous dépens, dommages et
intérêts des marchands et voituriers.

A quoi sont tenus les meûniers et gardes-pertuis.

5. Enjoint à ceux qui, par concessions bien et dûment obtenues, auront droit d'avoir arches, gors,
moulins et pertuis construits sur les rivières, de
donner auxdits arches, gors, pertuis et passages,
vingt-quatre pieds au moins de largeur. Enjoint aussi
aux meûniers et gardes des pertuis de les tenir ouverts
en tout temps, et la barre d'iceux tournée en sorte
que le passage soit libre aux voituriers montants et
avalants leurs bateaux et trains, lorsqu'il y aura deux

pieds d'eau en rivière, et quand les eaux seront plus basses, de faire l'ouverture de leurs pertuis, toutes fois et quantes qu'ils en seront requis, laquelle ouverture ils feront lorsque les bateaux et trains seront proches de leursdits pertuis, qui ne pourront être refermés, ni les aiguilles remises, que lesdits bateaux et trains ne soient passés ; et seront, lesdits meûniers, tenus de laisser couler l'eau en telle quantité, que la voiture desdits bateaux et trains puisse être facilement faite d'un pertuis à un autre ; défenses auxdits meûniers, gardes desdits pertuis, et à leurs garçons, de prendre aucuns deniers ou marchandises, des marchands ou voituriers, pour l'ouverture et fermeture desdits pertuis, à peine du fouet, et de restitution du quadruple de ce qui aura été exigé.

Ne sera travaillé aux pertuis sans dénonciation préalable.

6. Lorsqu'il conviendra faire quelques ouvrages aux pertuis, vannes, gors, écluses et moulins sur les rivières de Seine et autres, navigables et flottables, et y affluantes, qui pourraient empêcher la navigation et conduite des marchandises nécessaires à la provision de Paris, seront, les propriétaires d'iceux, tenus d'en faire faire, aux paroisses voisines, la publication un mois auparavant que de commencer lesdits ouvrages et rétablissemens. Sera aussi déclaré le temps auquel lesdits ouvrages seront rendus parfaits, et la navigation rétablie ; à quoi les propriétaires seront tenus de satisfaire ponctuellement, à peine de demeurer responsables des dommages, intérêts et retards des marchands et voituriers.

Ne sont dus droits sur les rivières, s'ils ne sont établis avant cent ans, ou par arrêts et déclarations.

7. Seront ôtés et démolis, toutes barrières, digues, chaînes, et autres empêchemens mis aux chemins, levées, ponts, passages, écluses et pertuis, pour la perception des droits et péages qui ne sont établis avant cent ans, ou réservés par les déclarations du Roi, et arrêts.

Les huissiers établis pour le fait de la marchandise, feront leurs diligences.

8. Seront, les huissiers ou sergens de ladite ville, établis pour le fait de ladite marchandise, et les buissonniers, tenus d'en donner avis aux Prévôt des marchands et Echevins, des contraventions, si aucunes sont faites aux ordonnances et réglements, rapporter de six mois en six mois, au greffe de ladite ville, les procès-verbaux de visites qu'ils auront faits, contenant l'état des rivières ; s'il s'est fait aucun attérissement ; si les vannes, gors, pertuis et arches sont de largeur convenable ; si les ponts, moulins et pieux sont en bon état ; s'il n'y a aucuns orbillions et coursons en fonds d'eau, qui puissent blesser les bateaux ; s'il ne se fait point d'entreprise sur les bords et dans le lit des rivières ; et, faute de justifier par lesdits officiers des diligences par eux faites, sera, par lesdits Prévôt des marchands et Echevins, pourvu de personnes capables ès lieux où il en sera besoin.

N'empêcher le lit de la rivière, ni jeter immondices dans le bassin, et le long des ports et quais de ladite ville.

9. Défenses à toutes personnes de jeter dans le bassin de la rivière de Seine, le long des bords d'icelle, quais et ports de ladite ville, aucunes immondices, gravois, pailles et fumiers, à peine de punition corporelle contre les serviteurs, et d'amende arbitraire, au paiement de laquelle pourront être les maîtres contraints; et enjoint aux propriétaires des maisons bâties sur les ponts, le long des quais et bords de ladite rivière, et aux entrepreneurs qui auront travaillé ou travailleront à la construction et rétablissement des ponts et arches, ou murs des quais, de faire incessamment enlever les décombres provenants des bâtardeaux qu'ils auront fait faire pour lesdits ouvrages, à peine d'amende, et de répétition contre eux, des peines d'ouvriers employés à l'enlèvement desdits décombres. Et, à ce que le présent réglement soit plus ponctuellement gardé, sera affiché à la diligence du procureur du Roi et de la ville, et renouvelé de six mois en six mois.

Ne laisser bateaux à fonds d'eau, ni débris sur les ports.

10. Enjoint aux marchands et voituriers de faire, incessamment, enlever de la rivière les bateaux étant en fonds d'eau, et de faire ôter de la rivière et de dessus les ports et quais, les débris desdits bateaux, et ce, à peine d'amende et de confiscation. A cet effet seront, lesdits bateaux et débris, marqués du mar-

teau de la marchandise, pour être vendus dans la huitaine, sans autre formalité de justice, et les deniers en provenants, appliqués aux hôpitaux de ladite ville.

Les Prévôt des marchands et Echevins tiendront la main à l'exécution des réglements, pour la facilité de la navigation.

11. Et, pour l'entière exécution de ce que dessus, maintenir la liberté du commerce et facilité de la navigation, les Prévôt des marchands et Echevins auront soin de visiter les rivières de Marne, Yonne, Oise, Loing, Seine, et autres navigables et flottables y affluantes, pour recevoir les plaintes des marchands et voituriers, informer des exactions, si aucunes sont faites sur lesdites rivières, empêcher toutes les levées de droits qui ne seront établis en vertu des lettres-patentes bien et dûement vérifiées; faire faire sommations et injonctions nécessaires ; et seront les ordonnances desdits Prevôt des marchands et Echevins, et jugemens par eux sur ce rendus, exécutés par provision, comme pour fait de police, nonobstant oppositions ou appellations quelconques, et sans préjudice d'icelles.

CHAPITRE II.

Concernant la conduite des marchandises par eau.

Permis de voiturer tous les jours, excepté ceux des quatre Fétes solennelles.

ART. 1.er Pourront les voituriers aller par les rivières,

et conduire les bateaux chargés de marchandises pour la provision de Paris, aux jours fériés et non fériés, à l'exception seulement des quatre fêtes solennelles, de Noël, Pâques, Pentecôte et Toussaints ; défenses à tous seigneurs hauts justiciers, ecclésiastiques ou laïcs, et à leurs officiers, d'empêcher le passage desdits bateaux ès autres jours, ni d'exiger des marchands ou voituriers aucunes sommes de deniers, sous quelque prétexte que ce soit, à peine de concussion, et de demeurer responsables des dommages et intérêts causés pour les retards.

On ne doit voiturer de nuit.

2. Défenses à tous voituriers d'aller par rivières qu'entre soleil levant et couchant, et de se mettre en chemin en temps de vents ou tempête, à peine de demeurer responsables de la perte des marchandises, et dommages et intérêts des marchands, sans qu'il soit loisible aux voituriers de contrevenir au présent réglement, sous prétexte de jour nommé, ou d'avoir ordre du marchand de venir en diligence, sauf à eux, en ce cas, à renforcer les courbes des chevaux pour hâter la voiture, posé qu'elle se puisse faire sans risque ni péril.

Aux passages des Ponts et Pertuis l'avalant doit céder au montant.

Pour éviter les naufrages qui pourraient arriver aux passages des ponts et pertuis, les voituriers conduisants bateaux et trains aval la rivière, seront tenus, avant que de passer les pertuis, d'envoyer un de leurs compagnons pour reconnaître s'il n'y a point quelques bateaux ou traits montants embouchés dans les arches desdits ponts, ou dans lesdits pertuis, et si les cordes ne sont point portées pour les monter au-dessus desdits ponts, auquel cas l'avalant sera tenu de se garrer jusqu'à ce que le montant soit passé, et que les arches et pertuis soient entièrement libres, à peine de répondre par le voiturier avalant du dommage qui pourrait arriver aux bateaux et traits montants.

Les Voituriers tenus de découpler les bateaux, et les Compagnons de rivière tenus de se joindre et prêter la main aux passages difficiles.

4. Quand aucuns voituriers seront chargés de la conduite de plusieurs bateaux, et que pour plus grande commodité ils les auront accouplés, arrivant nécessité de les découpler, soit au passage des ponts et pertuis, ou autres endroits difficiles, sera le principal voiturier tenu de les passer séparément, et les compagnons de rivière aussi tenus de faire le travail, et se joindre ensemble à cet effet, à peine de demeurer les uns et les autres responsables de la perte desdites marchandises, dommages et intérêts des marchands.

En pleine rivière le montant doit céder à l'avalant.

5. Voituriers de bateaux montants, venants à rencontrer des bateaux avalants, seront tenus se retirer vers terre, pour laisser passer lesdits avalants, à peine de demeurer responsables du dommage causé, tant aux bateaux que marchandises.

En cas de rencontre des bateaux et Coches montants et avalants, ou traits de bateaux montants.

6. Pour prévenir les accidents qui peuvent arriver, par la rencontre des bateaux descendants, avec les coches et traits des bateaux montants ; seront tenus tous conducteurs de traits de bateaux montants, pour faciliter le passage desdits coches et bateaux descendants, faire voler par-dessus lesdits bateaux montants, la corde appelée *cincenelle*, et empêcher que les bacules accouplés en fin desdits traits, ne s'écartent et empêchent le passage desdits coches et autres bateaux ; et seront tenus les conducteurs desdits coches descendants, pour faciliter le passage desdits coches et bateaux montants, de lâcher leur cincenelle, ensorte qu'elle passe par-dessous le bateau montant, à peine aussi de toutes pertes, dommages et intérêts.

Le Voiturier reçu à cession de son Bateau et Ustenciles, en cas de naufrage.

7. Naufrage arrivant par fortune de temps, d'aucun bateau chargé de marchandise, sera le voiturier reçu dans les trois jours à faire abandonnement de son bateau et ustenciles ; quoi faisant il ne pourra être plus avant poursuivi pour la perte de la marchandise, qui sera cependant pêchée et tenue en justice, à la conservation et aux frais de qui il appartiendra ; et où ledit naufrage serait arrivé par le fait et faute dudit voiturier, où qu'il eût disposé à son profit particulier de sondit bateau et ustenciles depuis le naufrage, en ce cas demeurera ledit voiturier déchu

du bénéfice, et tenu de toutes pertes, dommages et intérêts du marchand.

Le Voiturier ne partira du Port de charge sans Lettre de voiture, ou sommation faite au Marchand de lui en fournir.

8. Défenses aux voituriers de partir des ports de charge, sans avoir lettres de voiture, à peine d'être déchus du prix d'icelles ; et si le voiturier allègue que le marchand a fait refus, en ce cas justifiant par ledit voiturier de sommation en bonne forme, par lui faite au marchand ou commissionnaire, de lui fournir lettres avant son départ, sera ledit voiturier cru, tant sur la quantité des marchandises que du prix de la voiture d'icelles.

Comment doit être la Lettre de Voiture.

9. Les lettres de voitures contiendront la quantité et qualité des marchandises, et le prix fixé de la voiture d'icelles, et feront mention, tant du lieu où les marchandises auront été chargées, que du lieu de la destination et du temps du départ.

Les Marchandises seront amenées nonobstant toutes saisies.

10. Les marchandises destinées pour la provision de Paris, ne pourront être arrêtées sur les lieux, ni en chemin, sous quelque prétexte que ce soit, même de saisies faites d'icelles, soit par les propriétaires ou créanciers particuliers du marchand, soit aussi pour salaires et prix de la voiture, nonobs-

tant lesquelles saisies , lesdites marchandises seront incessamment voiturées et amenées à la garde des gardiens établis à icelle , pour être vendues et débitées sur les ports , et les deniers de la vente tenus en justice , à la conservation de qui il appartiendra; à cet effet , les saisissants seront aussi tenus d'avancer les frais de garde , sauf à les répéter , faute de quoi seront lesdites saisies déclarées nulles.

En cas de disette , les Prévôt des Marchands et Échevins pourront faire voiturer les Marchandises étant sur les ports.

11. Pour empêcher le monopole et les mauvaises pratiques d'aucuns marchands qui , pour causer disette et augmenter le prix des marchandises, s'entendent ensemble, sous prétexte de société , et affectent de ne point faire charger et voiturer en cette ville, celles qu'ils ont extantes sur les ports et achetées dans les provinces : défenses sont faites à tous marchands de contracter telles sociétés , sous peine de punition corporelle , et pourront les Prévôt des Marchands et Échevins , en cas de besoin , faire voiturer lesdites marchandises en cette ville , aux frais de la chose , pour être vendues au public, ou octroyer permission à autres marchands de les faire voiturer pour leur compte , aux soumissions de rembourser par eux les propriétaires du prix de leurs marchandises.

CHAPITRE III.

*Concernant l'arrivée des Bateaux et marchan-
dises aux ports de la Ville de Paris.*

Droits de Compagnie Française supprimés.

ART. 1er. Pour laisser l'entière liberté au commerce
et exciter d'autant plus les marchands trafiquants sur
les rivières, d'amener en cette ville de Paris, toutes
les provisions nécessaires, seront et demeureront les
droits de Compagnie Française, éteints et supprimés
sans préjudice du droit de hance, et sans qu'il soit
fait autre distinction entre marchands, que de forains
et de marchands de Paris, ès cas portés par les
réglements.

N'aller au-devant des Marchandises.

2. Défenses à tous marchands d'aller au-devant
des marchandises destinées pour la provision de
Paris, et de les acheter en chemin, à peine contre
les marchands vendeurs, de confiscation de la marchandise et de perte du prix contre l'acheteur ; et
en cas de récidive, d'interdiction du commerce.

*Les Marchandises seront amenées ès ports de leur
destination.*

3. Seront les marchandises amenées par les voituriers aux ports destinés pour en faire la vente, et
au cas que lesdits ports se trouvent remplis, les voi-

turiers feront arrêter et garrer leurs bateaux èslieux qui leur seront désignés par les Prévôt des Marchands, et Echevins d'où ils seront ensuite descendus en leurs ports, suivant l'ordre de leur arrivée, qui sera justifiée par les quittances des fermiers du Roi , extrait des déclarations faites par les marchands et voituriers au greffe de l'Hôtel-de-Ville , et exhibitions des lettres de voitures aux bureaux des Officiers de Police.

Privilége des bourgeois de Paris , pour la décharge de leurs provisions.

4. Sera loisible aux bourgeois de Paris non trafiquants, de faire décharger au port Saint Paul , ou autre qui leur sera le plus commode, les marchandises et denrées provenants de leur crû, ou qu'ils auront achetées pour leur provision , en prenant permission des Prévôt des Marchands et Echevins, qui sera accordée sur un simple certificat.

De n'embarrasser les ports d'avirons et de gouvernaux.

5. Pour débarrasser les ports , et les rendre capables de contenir plus grande quantité de bateaux et marchandises, enjoint aux voituriers et marchands, aussitôt que leurs bateaux auront été fermés, d'en ôter les gouvernaux , lesquels ils seront tenus de mettre dans leurs bateaux , ou lelong des bords d'iceux , à peine d'amende.

Les Voituriers doivent donner avis , aux Marchands , de l'arrivée de leurs marchandises.

6. Les bateaux et marchandises étant arrivés en

cette ville , au port de leur destination , seront les
voituriers tenus d'en donner avis , dans vingt-quatre
heures au plus tard , aux marchands propriétaires
d'icelles , ou à leurs commissionnaires, et leur exhiber leurs lettres de voitures, en marge desquelles
lesdits marchands et commissionnaires seront obligés
de cotter le jour de l'exhibition , et en cas de refus,
leur sera fait sommation à la requête des voituriers ;
et à l'égard des marchandises qui ne doivent tenir
port , lesdits marchands les feront incessamment
conduire en leurs maisons et magasins , sans que les
voituriers soient tenus à autre chose, sinon à l'égard
de celles qui arrivent au port du guichet de Saint
Thomas du Louvre, que de délivrer les marchandises
de la quantité et qualité portées par la lettre de voiture, sans être tenus de payer la décharge qui sera
faite par les compagnons de rivière, pour le prix
que les marchands ont accoutumé d'en donner, et
sans que les voituriers demeurent garants de la
conduite et enlèvement desdites marchandises ès
maisons des machands ; et à l'égard de ceux qui arriveront au port Saint Paul , délivrer les marchandises
des quantité et qualité portées par ladite lettre de
voiture, pour être déchargées par les officiers-forts ,
ainsi qu'il se pratique.

Les Voituriers peuvent décharger les Marchandises
après sommation au Marchand.

7. En cas de négligence par les marchands ou
commissionnaires de faire enlever leurs marchandises,
pourront les voituriers après une sommation bien et
duement faite aux marchands ou commissionnaires

auxquels la lettre de voiture sera adressssante, faire
décharger ladite marchandise du bateau à terre,
soit par les officiers-forts au port Saint Paul, ou compagnons de rivière ès port du guichet et Saint Thomas
du Louvre, en faisant néaumoins, par lesdits voituriers, mention par écrit sur leur registre de voiture,
des quantités et qualités desdites marchandises ainsi
déchargées, et faisant attester ledit registre par lesdits officiers-forts, ou par deux personnes dignes
de foi ; et demeureront, ce faisant, lesdits voituriers,
ensemble lesdits forts et compagnons de rivière, déchargés desdites marchandises.

A quoi est tenu le Voiturier en cas de refus par
le Marchand, d'accepter les Marchandises.

8. Et où les marchands ou commissionnaires, après
une sommation à eux faite, feraient refus d'accepter
les lettres de voiture et marchandises à eux adressées,
pourront lesdits voituriers se pourvoir pardevant les
Prevôt des Marchands et Echevins, pour obtenir le
séquestre desdites marchandises, même, si besoin est,
en faire ordonner la vente avec le Procureur du Roi
et de la Ville, pour éviter au dépérissement, et faciliter le paiement de la voiture, et en justifiant par
le voiturier de la permission desdits Prevôt des Marchands et Echevins, du procès-verbal de vente ou
séquestre desdites marchandises, et de la décharge
d'icelles, attestées en la forme que dessus, en demeureront lesdits voituriers bien et valablement
quittes et déchargés; en cas de vente desdites marchandises, les deniers seront tenus en justice, à la
conservation de qui il appartiendra, sur iceux préa-

lablement pris les frais ordinaires, ceux de décharge, garde, prix de voitures, retards et séjours desdits voituriers, s'il y échet.

Les Marchandises ne seront déchargées sans l'aveu des Propriétaires, ou sommation préalable.

9. Défenses aux officiers-forts qui déchargent les marchandises au port Saint Paul, et aux compagnons de rivière qui ont accoutumé de décharger celles qui arrivent au guichet, port Saint Thomas du Louvre, et autres ports, de s'entremettre à la décharge desdites marchandises, avant qu'ils en soient requis et préposés par lesdits marchands-propriétaires, ou leurs commissionnaires, sous peine de punition corporelle, et de tous dépens, dommages et intérêts, si ce n'était que le voiturier leur eût fait apparoir de sommation bien et duement faite au marchand ou commissionnaire, de faire faire la décharge desdites marchandises, ou qu'elle eût été ordonnée par justice.

Les Charretiers et gagne-deniers ne transporteront les marchandises, sans l'aveu des Marchands ou de leurs Commissionnaires.

10. Défenses aussi aux charretiers, crocheteurs et gagne-deniers, de s'ingérer au transport et voiture des marchandises de dessus les ports, dans les maisons et magasin, s'ils n'en sont requis, ou y soient expressément préposés par les marchands ou les commissionnaires, sans que les officiers-forts du port Saint Paul, ni compagnons de rivière, puissent être responsables du fait desdits charretiers, crocheteurs

ou gagne-deniers, sinon en cas qu'il y eût convention entre lesdits forts ou compagnons de rivière, et les marchands-propriétaires ou leurs commissionnaires, pour le transport, voiture et conduite desdites marchandises, ès maisons et magasins desdits marchands.

Du temps que les Marchandises doivent tenir port.

11. Les voituriers qui auront amené en cette ville des marchandises de grains, vins, foins, bois, charbons et autres qui doivent tenir port, seront tenus, après avoir donné avis de leur arrivée au port de destination et exhibé leurs lettres de voiture, de laisser leurs bateaux sur les ports, pendant quinze jours au moins, à compter du jour que lesdits bateaux seront à port, et pour le vin, un mois; et où la vente desdites marchandises ne serait faite pendant ledit temps, seront lesdits voituriers payés des loyers et semaines de leurs bateaux par les marchands ou leurs commissionnaires, jusques à la restitution du bateau en bon état, eu égard à sa grandeur et qualité, au dire des gens à ce connaissants, ou qui seront nommés d'office, s'il n'y a convention contraire.

Le Voiturier n'est tenu du compte de la marchandise, s'il n'en a mésusé.

12. Le voiturier qui aura amené des marchandises, ne sera obligé de les rendre par compte et mesure, si ce n'est que par lettres de voiture il soit fait mention que la marchandise a été délivrée au voiturier par

compte et mesure, et que le voiturier soit chargé par icelles de rendre la marchandise aussi par compté, ou que le marchand mette en fait que le voiturier en a mésusé ; et si le marchand a mis gourmet ou garde sur le bateau pour la conservation de sa marchandise, le voiturier ne sera tenu de la rendre par compte.

Les Compagnons de rivière préférés sur la marchandise.

13. Si le principal Voiturier est en demeure de payer les compagnons de rivière, pourront lesdits compagnons s'adresser aux marchands, et à leur refus à la marchandise, même au bateau dans lequel elle aura été voiturée, qu'ils pourront faire saisir et vendre pour leurs salaires, frais, dépends et séjours, sauf le recours du marchand contre le principal voiturier.

Le Marchand chargé du Bateau depuis qu'il a été mis à Port.

14. Démeurera tout marchand responsable des bateaux qui auront servi à la voiture de ses marchandises, dès l'instant qu'ils auront été mis à port, et tant qu'il restera de ses marchandises dans lesdits bateaux.

Le Bateau est affecté à la Marchandise.

15. Le bateau répond de la marchandise, en sorte que si le voiturier défaut au marchand en la livraison de la quantité dont il a été chargé, ou si la marchandise se trouve endommagée par le défaut du soustrait, ou faute par le voiturier d'avoir couvert les marchandises de qualité à périr par l'injure du temps, en tous ces

cas le marchand peut procéder par voie de saisie et vente du bateau.

A qui doit appartenir le bon de la mesure.

16. S'il se trouve dans les bateaux plus grande quantité de marchandise que celle portée par la lettre de voiture, elle appartiendra au marchand, en augmentant le prix de la voiture à proportion de ce qu'il s'est trouvé de bon.

Ne seront enlevées des Ports de cette Ville les marchandises et Bateaux saisis.

17. Arrivant que les marchandises étant sur les ports de cette ville soient saisies sur le marchand, et les bateaux sur le voiturier, ne pourront lesdites marchandises être enlevées desdits ports par lesdits propriétaires ou saisissants, sous quelque prétexte que ce soit, au préjudice de ladite saisie, ni les bateaux emménés, à peine contre les contrevenants d'amende arbitraire et d'emprisonnement de leurs personnes.

Saisie n'empéchera le débit de la marchandise.

18. Ne sera néanmoins sursis, sous prétexte de ladite saisie, à la vente desdites marchandises, mais seront celles sujettes à la taxe, vendues aux prix de ladite taxe; et à l'égard de celles dont le prix n'est point fixé, seront vendues au prix courant, et les deniers provenants desdites ventes, reçus par les gardiens établis auxdites saisies, ou tenus en justice, à la conservation de qui il appartiendra.

Ne sera exposée en vente sur les Ports marchandise défectueuse.

19. Ne sera amené ni exposé en vente en cette ville, aucunes marchandises qu'elles ne soient bonnes, loyales, et non défectueuses, à peine de confiscation.

Mélanges des marchandises prohibées sur les Ports.

20. Défenses aux marchands de triquier ni mêler les marchandises de différentes qualités et prix, et d'en exposer la montre d'autre et de meilleure qualité, à peine de confiscation.

Le prix d'une vente commencée ne peut plus être augmenté.

21. Lorsque la vente d'aucune marchandise aura été commencée à certain prix, il ne pourra être augmenté ; et si dans la suite le marchand s'est trouvé nécessité de diminuer le prix de la marchandise, la vente sera continuée au dernier et moindre prix, sans pouvoir par le marchand augmenter ni revenir au prix de la première vente, à peine d'amende et de confiscation de la marchandise.

Les marchandises ne doivent être transportées d'un port à un autre.

22. Pour éviter les surventes, ne pourront les marchandises une fois exposées en vente dans un port, être transportées en un autre, sous quelque prétexte que ce soit ; défenses aux officiers de police d'en souffrir le transport, sans permission des Prévôt des

marchands et Echevins, à peine de suspension de leurs charges.

Tous Regrats défendus sur les ports.

23. Défenses à toutes personnes d'acheter des marchandises sur les ports et places de cette ville, pour les y revendre, et à tous regratiers d'acheter plus grande quantité de marchandise que celle réglée ès chapitres particuliers de chacune espèce de marchandise.

Les Forains ne mettront leurs marchandises en magasins, chantiers, greniers, caves ou celliers.

24. Ne pourront les marchands forains mettre en magasins, chantiers, greniers, caves ou celliers, leurs marchandises, à l'exception des bois flottés à brûler, soit sous leurs noms, soit sous celui de personnes interposées, à peine de confiscation des marchandises contre le marchand, et d'amende arbitraire contre le bourgeois qui aura ainsi prêté son nom : pourront néanmoins lesdits forains, en cas de nécessité, pour éviter la perte ou dépérissement de leurs marchandises, et avec la permission des Prévôt des marchands et Echevins, faire décharger leursdites marchandises, en déclarant le lieu où ils les feront conduire, et faisant les soumissions de les faire rapporter sur les ports pour y être vendues.

CHAPITRE IV.

Concernant les fonctions des maîtres des ponts, leurs aides, chableurs, maîtres des pertuis, gardes de nuit, boueurs, planchéeurs, débâcleurs, chargeurs et déchargeurs de fardeaux, gagne-deniers et charretiers.

Les maîtres des pertuis, des ponts et chableurs, doivent résidence sur les lieux et travail personnel.

ART. 1.er Enjoint aux maîtres des ponts, chableurs et maîtres des pertuis, de faire résidence sur les lieux, de travailler en personnes, et d'avoir à cet effet flettes, cordes et autres équipages nécessaires pour passer les bateaux sous lesdits ponts et par les pertuis, avec la diligence requise, faute de quoi, et en cas de retard, seront lesdits maîtres des ponts et pertuis, et chableurs, tenus des dommages et intérêts des marchands et voituriers, même demeureront responsables de la perte des bateaux et marchandises, naufrage arrivant auxdits ponts et pertuis, faute de bon travail.

Les voituriers n'entreprendront de passer eux-mêmes les bateaux sous les ponts et les pertuis, où il y a des maîtres établis.

Défenses à tous marchands ou voituriers, sous quelque prétexte que ce soit, de passer eux-mêmes les bateaux sous les ponts, ou par lesdits pertuis où il y a des maîtres établis, à peine de cent livres d'amende ; et seront les marchands et voituriers tenus s'arrêter aux garres ordinaires, et d'avertir les maîtres des ponts, lesquels seront tenus passer lesdits bateaux suivant l'ordre de leur arrivée, sans user de préférence, à peine des dommages et intérêts des marchands et voituriers, et d'amende arbitraire.

Les maîtres des ponts et pertuis, et chableurs, ne pourront faire commerce sur la rivière, ni tenir cabaret ou hôtellerie.

3. Ne sera loisible aux maîtres des ponts, pertuis ou chableurs, de faire commerce sur la rivière, entreprendre voiture, ni tenir taverne, cabaret ou hôtellerie sur les lieux, à peine d'amende pour la première fois, et d'interdiction de leurs charges en cas de récidive.

Salaires des maîtres des ponts et pertuis, et chableurs, seront inscrits sur une plaque de fer-blanc, laquelle sera posée au lieu le plus éminent desdits ports et garres.

4. Seront les droits attribués aux maîtres des ponts, pertuis et chableurs, inscrits sur une plaque de fer blanc, laquelle sera posée au lieu le plus éminent des ports et garres ordinaires.

Lesdits officiers doivent dénoncer les entreprises faites sur les rivières.

5. Seront tous les maîtres des ponts et chableurs, tenus dénoncer aux Prévôt des marchands et Echevins, les entreprises qui seront faites sur les rivières,

par constructions de moulins, pertuis, gors et autres ouvrages qui pourraient empêcher la navigation.

Les aides des maîtres des ponts, aussi tenus à la résidence, et dénoncer.

6. Enjoint aux aides des maîtres des ponts de faire résidence actuelle, au lieu de leurs établissemens, et d'obéir ponctuellement aux ordres qui leur seront donnés par les maîtres des ponts, à peine de demeurer responsables de toutes pertes causées par leur désobéissance, et seront tenus pareillement dénoncer auxdits Prévot des marchands et Echevins les entreprises faites sur les rivières.

Des gardes de nuit, et de leurs fonctions.

7. Enjoint aux gardes de nuit de faire leurs fonctions en personne, et de faire sur les ports bonne et sûre garde pour la conservation des marchandises y étant, à peine d'en répondre en leurs propres et privés noms et d'interdiction de leurs charges ; à l'effet de quoi par chacun jour, après l'heure de vente, leur seront données par comptes les marchandises qui se pourront compter, et les autres marchandises qui ne se pourront compter, leur seront confiées au même état qu'elles auront été reconnues le soir par deux marchands qui en auront au lieu le plus proche, pour être lesdites marchandises le lendemain rendues au même compte et état qu'elles leur auront été données en garde ; et en cas de contestation sur la quantité desdites marchandises, en seront crus les deux marchands qui auront été présents à la reconnaissance faite le soir précédent, et

sur leur déclaration lesdits gardes de nuit condamnés
à indemniser les marchands de la perte de leurs marchandises, au dire d'experts; et où les gardes de nuit
seraient accusés d'avoir abusé de la garde desdites
marchandises, et icelles appliquées à leur profit, en
ce cas pourront les marchands intenter leur action
dans les vingt-quatre heures, pour être contre lesdits
gardes de nuit procédé extraordinairement, après
lequel temps les marchands déclarés non recevables.

Fonctions des planchéeurs.

8. Enjoint aux planchéeurs de mettre sur les bateaux de fortes planches, portées sur tel nombre de
tréteaux qu'il conviendra, depuis le bord de la rivière, jusques sur les bateaux chargés de marchandises, et d'en mettre de travers sur les bateaux qui
se trouveront vides auxdits ports : autrement demeureront, lesdits planchéeurs, déchus et privés des
droits à eux attribués, et condamnés aux dommages et intérêts des bourgeois, marchands, officiers,
ou gagne-deniers, travaillants sur lesdits ports. Enjoint
aussi aux planchéeurs du port au vin, de fournir et
mettre des planches pour aller du bord de la rivière
dans les bateaux, par autres endroits que ceux où les
déchargeurs de vins auront fait leurs chemins et posé
leurs chantiers, sous les peines ci-dessus, et l'amende
arbitraire.

Fonctions des boüeurs.

9. Seront les boueurs des ports de ladite ville tenus, chacun à leur égard, de faire nétoyer et enlever par chacun jour, les boues, ordures et immon-

dices qui se trouveront sur lesdits ports, sans qu'il leur soit loisible de les jeter dans le lit de la rivière, ni les y pousser avec le rabot : seront aussi tenus, les marchands, dans l'étendue de la place que chacun occupe sur les ports, de mettre en tas les boues et immondices, pour être incessamment enlevées par les boueurs ; faute de quoi y seront mis ouvriers aux dépens desdits marchands ou boueurs, à la diligence du procureur du Roi et de la ville, et pour ce exécutoire délivré.

Des fonctions des débâcleurs.

10. Les débâcleurs feront ôter incessamment des ports, les bateaux vides, sans prétendre autres droits que ceux à eux attribués ; et paieront de leurs deniers les compagnons de rivière, ou gagne-deniers, dont ils se serviront pour le débâclage, sans souffrir qu'ils prennent aucune chose des marchands, soit en argent, soit en marchandises, dont ils seront responsables en leurs noms, et solidairement condamnés à la restitution.

Les bateaux chargés qui seront déplacés par le débâcleur pour faire son travail, seront remis en même place.

11. Si les débâcleurs, pour faciliter leur travail, se trouvent nécessités de déplacer aucuns bateaux chargés, ils seront tenus après le débâclage, remettre lesdits bateaux en même place d'où ils auront été tirés, à peine des dommages et intérêts des marchands, sans qu'ils puissent pour ce exiger aucuns droits, à peine de privation de leurs offices, et de punition corporelle,

Quand les bateaux d'un autre port empêchent le débâclage.

12. Quand les bateaux chargés de marchandises se trouveront en telle quantité qu'ils ne pourront être contenus dans le port de leur destination, et anticiperont sur le port prochain, en sorte que le débâclage ne se puisse faire que difficilement, seront, lesdits officiers, tenus de le dénoncer aux Prévôt des marchands et Échevins, pour y être pourvu.

Le débâcleur ne doit être troublé en son travail.

13. Défenses aux marchands, voituriers et compagnons de rivière, de troubler lesdits débâcleurs en leur travail, et de lâcher leurs bateaux au temps qu'ils feront la débâcle, à peine de cent livres d'amende.

Des lieux où doivent être montés les bateaux vides.

14. Et afin de donner aux bateaux chargés, plus de commodité d'arriver au port de leur destination, enjoint aux marchands, voituriers, et leurs gardes de bateaux, de faire, incontinent après la débâcle, remonter les bateaux vides le long du quai de l'île Notre-Dame, du côté de la Tournelle, et autres lieux qui seront destinés par lesdits Prévôt des marchands et Échevins, faute de quoi, et après une simple sommation d'y satisfaire, permis au débâcleur de faire ledit remontage aux frais des marchands et voituriers et à cette fin sera exécutoire délivré.

Du temps dans lequel les officiers pourront intenter action pour leurs droits.

15. Pourront les gardes de nuit, boueurs, planchéeurs et débâcleurs, intenter action pour leurs droits et salaires, dans la quinzaine seulement, à compter du jour que le bateau sera vide, après lequel temps non-recevables.

Les gagne-deniers ne s'associeront sur les ports.

16. Défenses à tous gagne-deniers et autres, de s'associer pour raison de leur travail, à peine d'amende arbitraire.

Les charretiers, auront leurs harnois attelés sur les ports aux heures de vente.

17. Seront tenus les voituriers par terre, se trouver sur les ports aux heures de vente, avec leurs charrettes et hacquets, attelés et prêts à faire les voitures, au prix de la taxe faite par les Prévôt des marchands et Échevins. Défenses auxdits voituriers d'exiger plus grands salaires, à peine du fouet; et ne pourront lesdits charretiers, pendant le jour, laisser sur les ports aucunes charrettes ni hacquets, qui ne soient attelés et en état de travailler, à peine d'amende, pour le paiement de laquelle seront lesdites charrettes et hacquets vendus sur-le-champ.

Les charretiers tenus décharger eux-mêmes leurs voitures.

18. Seront pareillement tenus les voituriers par terre, et leurs charretiers et garçons, décharger eux-

mêmes les marchandises qui leur seront données à voiturer sur leur charrettes et hacquets, à peine d'amende, à l'exception seulement des marchandises de bois, grains, foin et charbon, à la charge et décharge desquelles marchandises il y a officiers préposés. Fait défenses à tous gagne-deniers, et notamment à ceux qui travaillent ès ports Saint-Paul, Tournelle et Saint-Nicolas du Louvre, vulgairement appelés *tireurs de moulins*, de s'immiscer à charcher aucunes marchandises sur les charrettes et hacquets, et d'exiger aucunes choses des marchands et bourgeois, à peine du fouet.

Défenses aux charretiers de s'associer, et de garder rang sur les ports.

19. Et pour ce que lesdits charretiers, pour éluder l'effet des réglements, et dans l'espérance de se faire payer plus grands salaires que ceux portés par la taxe, s'associent et établissent entre eux, de ne travailler que par rang, défenses sont faites auxdits charretiers de s'associer entre eux, et garder aucun rang pour faire leurs voitures, et refuser de travailler pour les bourgeois qui les auront choisis et offert le prix de taxe, à peine du fouet.

La taxe des voituriers sera affichée sur les ports.

20. A ce qu'il ne soit fait aucune exaction sur les ports par les voituriers, sera la taxe faite par les Prévôt des marchands et Échevins, pour le salaire desdits voitutiers, affichée de six en six mois sur lesdits ports, à la diligence du procureur du Roi et de la Ville.

N'entrer en la rivière pour charger.

21. Défenses aux charretiers d'entrer dans le lit de la rivière, pour charger les marchandises, à peine d'amende.

Les charretiers responsables de la marchandise.

22. Demeureront, lesdits charretiers, responsables de la perte des marchandises arrivée par leurs fautes; et les maîtres charretiers, pareillement responsables du fait de leurs domestiques et garçous.

Les charretiers ne doivent charger, si le bourgeois n'est présent.

23. Pour empêcher que les regrattiers n'enlèvent une plus grande quantité de marchandises que celle portée par les réglements, ne pourront, lesdits charretiers, charger aucunes marchandises, si le bourgeois pour qui elles seront achetées n'est présent, à peine d'amende.

Le charretier ne doit partir du port qu'après le paiement fait au marchand.

24. Ne pourront, lesdits charretiers, partir du port où la marchandise aura été chargée, sans avoir su, au préalable, que le marchand ait été payé, ou ait agréé, à peine de répondre en leur nom de la marchandise.

Permis aux bourgeois de faire décharger leurs marchandises ou provisions par leurs domestiques, et d'en faire faire la voiture en leurs charriots.

25. Se a loisible à tous bourgeois de faire déchar-

ger par leurs domestiques., du bateau à terre, les denrées et marchandises qu'ils auront fait arriver, et d'en faire faire la voiture dens leurs charriots, si bon leur semble. Défenses aux charretiers et gagne-deniers, de troubler lesdits bourgeois en cette liberté, et d'entreprendre de faire aucun travail sur les ports, qu'ils n'aient été choisis et mis en besogne par les bourgeois, à peine du fouet.

Heures de vente sur les ports.

26. Seront les ventes de marchandises ouvertes, depuis Pâques jusqu'à la Saint-Remy, à six heures du matin jusqu'à midi, et de relevée, depuis deux heures jusqu'à sept heures ; et depuis le premier octobre, à sept heures du matin jusqu'à midi, et de relevée, depuis deux heures jusqu'à cinq heures, auxquelles heures les officiers seront tenus se rendre ponctuels aux fonctions de leurs offices et charges.

L'officier ne pourra négocier de la marchandise sur laquelle il a fonction.

27. Ne pourront, les officiers de police, trafiquer par eux ou par autres, de la marchandise sur laquelle ils auront fonction, à peine d'interdiction pour la première fois, et de privation de leurs offices, en cas de récidive.

Ne seront proférés blasphèmes et juremens, ni commis violence sur les ports.

28. Très-expresses inhibitions et défenses sont faites à tous gens travaillants sur les ports, de jurer et

blasphémer le Saint nom de Dieu, sur les peines portées par les ordonnances, qui seront, à cet effet, renouvelées et affichées de six en six mois, à la diligence du procureur du Roi et de la ville, et en cas
qu'il se présente des soldats, et autres personnes de
toutes conditions, pour travailler sur lesdits ports,
ils y seront reçus, en s'abstenant néanmoins, lesdits
soldats, d'y apporter leurs épées et autres armes, à
peine d'être procédé contre eux extraordinairement.

Toutes personnes reçues à dénoncer.

29. Et afin que ces présentes ordonnances soient
plus exactement gardées et observées, seront, tous
officiers de police, tenus de dénoncer au procureur
du Roi et de la ville les contraventions, sous peine
d'interdiction de leurs charges ; seront aussi,
toutes personnes reçues à dénoncer, et sera, le tiers
des amendes ordonnées contre les contrevenants, adjugé auxdits officiers et dénonciateurs.

CHAPITRE V.

*Concernant les Bateaux-Coches par eau,
et les maîtres passeurs d'eau.*

A quoi sont obligés les maîtres des coches par eau.

ART. I.er Seront, les maîtres des bateaux-coches,
tenus, aux jours de leur départ, d'avoir leurs bateaux
prêts, tant au port Saint-Paul qu'à celui de la Tournelle, pour y recevoir les personnes qui y voudront

entrer; savoir : au port Saint-Paul, depuis le soleil levant jusqu'à l'heure à laquelle ils doivent démarer, et au port de la Tournelle, jusqu'à ce que leurs chevaux soient billés, et auront planches suffisantes portées sur tréteaux, depuis le bord de la rivière jusques en leursdits bateaux, pour l'entrée et sortie de ceux qui se serviront desdits coches, à peine de cent livres d'amende.

Tiendront registre.

2. Seront, lesdits maîtres et conducteurs des coches par eau, tenus d'avoir des registres en bonne forme, sur lesquels ils se chargeront des marchandises ou hardes qui leur seront données à voiturer, et en demeureront responsables en cas de perte.

De la taxe pour personnes et hardes.

3. Ne sera pris, par les maîtres des coches par eau, plus grand droit que la taxe faite par les Prévôt des marchands et Echevins, pour la voiture des personnes, hardes et marchandises, eu égard à la distance des lieux et prix desdites marchandises, laquelle taxe sera inscrite sur une plaque de ferblanc, et attachée au mât du bateau; seront aussi, lesdits maîtres de bateaux-coches, tenus avoir en iceux des fléaux pour peser les hardes, sans qu'ils puissent rien prétendre pour le sac et hardes que chacune personne voudra porter avec soi, qui n'excéderont le poids de six livres, le tout à peine de cent livres.

De l'entrée et sortie des bateaux-coches sur la route.

4. Pour prévenir les accidens qui sont souvent ar-

tivés à l'abord des petits bateaux qui apportent ceux
qui veulent entrer dans les coches, ou reçoivent ceux
qui en veulent sortir, enjoint aux maîtres et conducteurs desdits coches, d'arrêter aux ports et villages
commodes, pour recevoir ou décharger ceux qui,
pendant la route, voudront entrer ou sortir desdits
coches, et défenses de recevoir ou laisser sortir personne en pleine rivière, et pendant que les chevaux
tirent.

N'aller au-devant des coches.

5. Pour rémédier aux abus qui se commettent par
aucuns compagnons de rivière qui, sous prétexte de
commodité publique, et d'aller au-devant des bateaux-coches arrivant en cette ville, pour descendre,
en leurs petits bateaux, les personnes du quartier de
l'Université, exigent telles sommes que bon leur
semble desdits particuliers, et aident à l'exaction de
certains gagne-deniers qu'ils font entrer avec eux
dans leurs bateaux, pour se charger des paquets et
hardes desdits particuliers ; défenses sont faites à tous
compagnons de rivière et gagne-deniers, d'aller au-
devant desdits coches, pour descendre des personnes
ou hardes y étant, sous quelque prétexte que ce soit,
à peine d'amende et de punition corporelle ; et aux
maîtres des coches, ou voituriers conducteurs d'iceux,
de s'arrêter en chemin pour faire lesdites descentes ;
ains seront, lesdits maîtres des coches, tenus de continuer leur chemin, et se rendre aux ports de leur
destination ordinaire, à peine d'amende arbitraire.

Gagne - deniers ne se saisiront des hardes et paquets à l'arrivée des coches.

6. Pour aussi empêcher le désordre qui se commet à l'arrivée des coches par aucuns des gagne-deniers, crocheteurs et autres, lesquels entrent d'abord dans les bateaux-coches, et se saisissent, de force et violence, des hardes et paquets, sous prétexte de les vouloir porter ès maisons des particuliers, ne leur laissant pas la liberté de porter eux-mêmes leurs hardes et paquets, et, par telles voies, commettent souvent des vols et font des exactions ; défenses sont faites à tous gagne-deniers, crocheteurs et autres, à peine du fouet, d'entrer dans lesdits bateaux, ni se saisir d'aucunes hardes ou paquets, s'ils ne sont appelés ou à ce faire préposés par lesdits particuliers ; ni de prendre plus grand salaire que celui qui aura été convenu ; et sera, le présent réglement, publié et affiché ès ports et places, de six mois en six mois, à la diligence du procureur du Roi et de la ville.

Les maîtres passeurs d'eau ne seront reçus qu'après avoir fait expérience.

7. Ne sera reçu aucun, au métier de maître passeur d'eau, qu'il n'ait fait apprentissage chez un maître, pendant deux ans, et ne seront reçus, audit métier, qu'après avoir fait expérience devant les maîtres du métier, ce qui sera par eux attesté aux Prévôt des marchands et Echevins, lors de la réception desdits maîtres passeurs.

Les maîtres passeurs d'eau, tenus d'avoir flettes
en bon état.

8. Seront tenus, les maîtres passeurs d'eau, d'avoir flettes garnies de leurs avirons et crocs en nombre suffisant, aux endroits qui leur seront désignés par les Prévôt des marchands et Echevins, pour passer sur la rivière ceux qui se présenteront depuis le soleil levant jusques au couchant ; à eux fait défenses de passer de nuit, à peine d'amende, pour le paiement de laquelle seront, leursdites flettes saisies, et, s'il est ordonné, vendues.

Seront tenus de passer, quand il y aura jusques au
nombre de cinq personnes.

9. Seront, lesdits passeurs d'eau, tenus de passer, quand il se trouvera dans leurs bateaux le nombre de cinq personnes, sans qu'ils puissent faire attendre les passagers ; à eux fait défenses de prendre plus grands salaires que ceux qui leur auront été attribués par les Prévôt des marchands et Echevins, à peine de concussion, et seront, toutes personnes, reçues à dénoncer telles exactions, et le tiers des amendes adjugé aux dénonciateurs.

Seront responsables des compagnons de rivière
qui travailleront pour eux.

10. Demeureront, lesdits maîtres passeurs d'eau, responsables de toutes pertes arrivées en leurs bateaux, conduits par leurs compagnons de rivières, et solidairement tenus avec eux de la restitution et des amen-

des, en cas d'exaction au-delà de la taxe, qui sera, de six mois en six mois, affichée sur les ports.

CHAPITRE VI.

Concernant la marchandise de Grains.

Défenses d'acheter les grains en vert.

ART. 1.er Les marchands trafiquans par la rivière pour la provision de Paris, ne pourront acheter les bleds en vert, et avant la récolte, à peine, contre le vendeur, de confiscation de la marchandise, et d'amende contre l'acheteur.

Défenses d'acheter des grains dans les dix lieues.

2. Ne pourront, les marchands, acheter grains ni farines, dans l'étendue des dix lieues des environs de ladite ville de Paris, à peine de confiscation desdites marchandises, et d'amende arbitraire.

Sera tenu registre de la quantité des grains qui arrivent en cette ville, par la rivière.

3. Les marchands, leurs commissionnaires ou les voituriers, se transporteront à l'instant de l'arrivée des marchandises de grains et farines, en la chambre des jurés-mesureurs de ladite marchandise, et y représenteront les lettres de voitures, dont lesdits mesureurs tiendront bon et fidèle registre, duquel ils seront tenus apporter les extraits au greffe de la ville, tous les lundis matin de chacune semaine, pour y être enregistrés.

En quel cas pourront, les marchandises de grains,
être descendues à terre, ou mises en greniers.

4. Seront, les marchandises de grains et farines,
conduites au port de leur destination, et y demeureront jusques à ce qu'elles aient été entièrement vendues, sans qu'elles puissent être descendues à terre,
ni mises en grenier. Si toutefois ladite marchandise
se trouvait tellement échauffée ou mouillée, qu'il fût
nécessaire, pour en éviter la perte, de la décharger,
la manier sur bannes, ou la mettre en greniers, ou
que le bateau fût en péril, en ce cas, pourront les
propriétaires se pourvoir devers les Prévôt des marchands et Echevins qui, après visite faite de la marchandise, par deux jurés-mesureurs, et sur leur rapport, accorderont les permissions, en faisant, par les
marchands, leurs soumissions de rapporter sur les
ports lesdits grains et farines, dans le temps qui leur
sera prescrit, et déclarant les lieux où ils feront resserrer lesdites marchandises.

Permis aux bourgeois de mettre grains en greniers.

5. Les bourgeois de Paris, non trafiquans desdites
marchandises de grains, pourront décharger du bateau à terre, et faire conduire, en leurs greniers, les
grains et farines provenant de leur cru, ou qu'ils
auront fait acheter pour leur provision, et qu'ils feront arriver sur les ports de cette ville.

La marchandise doit être bonne, loyale
et marchande.

6. Ne sera exposé en vente, sur les ports, aucune

marchandise de grains et farines qui ne soit bonne, loyale et marchande, sans aucun mélange, aussi bonne dessous que dessus, nette de toutes ordures et pailles; seront même, les avoines, vannées, et ce, à peine d'amende pour la première fois, et d'interdiction de commerce pour la seconde.

Défenses d'aller au - devant des marchandises de grains.

7. Ne sera loisible aux meûniers, boulangers, pâtissiers, brasseurs, maîtres grainiers et regrattiers, d'aller au-devant des marchands et laboureurs, pour arrher leurs grains, ni acheter ailleurs que sur les ports.

Quand peuvent acheter les regrattiers, et quelle quantité.

8. Afin que les bourgeois soient préférablement fournis des grains dont ils auront besoin, et éviter que les ports soient dégarnis : défenses à tous hôteliers, maîtres grainiers et regrattiers, de faire acheter des grains et farines sur les ports, par eux ou par personnes interposées, qu'aux jours de marché, et après midi, et ne pourront enlever à la fois plus grande quantité, que six septiers d'avoine et deux septiers des autres grains, et ne leur sera permis d'avoir dans leurs maisons, plus de deux muids d'avoine à la fois, et huit septiers de chacune sorte des autres grains et légumes, le tout à peine de confiscation du surplus desdites marchandises ; et ne pourront, lesdits regrattiers, vendre et débiter grains, qu'à la petite mesure du boisseau, demi - boisseau, et au dessous.

*Se serviront, les regrattiers, de mesures de bois
et non d'osier.*

9. Pour empêcher que le public ne soit trompé
dans le débit des grains à petites mesures, ne pourront, les regrattiers, avoir en leurs maisons aucuns
picotins et mesures d'osier, et seront tenus se servir,
pour la distribution des grains, de mesures de bois
étalonnées et marquées à la lettre courante de l'année, à peine, pour la première fois, de cinq cents
livres d'amende, et d'interdiction de pouvoir faire
regrat de ladite marchandise, pour la seconde fois ;
et ne pourront aussi, les maîtres grainiers, se servir,
pour la distribution des grains, que de la mesure du
boisseau et au-dessous, aussi étalonnée ; et quand ils
voudront distribuer à plus grande mesure, seront
tenus d'appeler les jurés - mesureurs, sous les mêmes
peines.

*Quelle quantité de grains et farines, les boulangers
et pâtissiers peuvent acheter.*

10. Ne pourront aussi, les boulangers de gros et
petits pains, enlever de dessus les ports, par chacun
jour, plus grande quantité que deux muids de bled
et un muid de farine, et les pâtissiers, plus de six
septiers de bled et trois septiers de farine, à peine
de confiscation de ce qu'ils auront acheté au par-
dessus desdites quantités

*Sera tenu registre du prix de la vente des grains
venant par la rivière.*

11. Pour empêcher la survente des grains, les jurés

mesureurs tiendront registre exact du prix auquel les
marchands, à l'ouverture de leur bateau, auront
commencé la vente de leurs grains et farines, lequel
prix ne pourra être augmenté, et en apporteront, au
greffe de la ville, les lundis de chaque semaine, extrait d'eux signé et certifié; même exposeront, dans
leur chambre, pareil extrait, pour donner à connaître au public et à leurs compagnons qui entreront
de rang sur les ports, le prix desdites marchandises,
et, sur leur déclaration, lesdits Prévôt des marchands
et Echevins feront le prix desdits grains et farines
vendus sur les ports, dont sera fait registre. Enjoint
aussi aux jurés-mesureurs de dénoncer aux acheteurs,
le dernier et plus bas prix des grains, quand le marchand aura fait rabais depuis l'ouverture de son bateau, à peine d'être responsables en leurs noms, de
la survente, et de cent livres d'amende.

Pouvoir attribué aux Prévot des marchands
et Échevins, en cas de disette de bled.

12. Les Prévôt des marchands et Echevins de ladite ville, pourront, en cas de disette de grains,
députer l'un d'entre eux pour se transporter ès lieux
assis sur les rivières, où il y aura abondance de grains;
y faire faire ouverture des greniers, et en faire vendre aux marchands de Paris, au prix des deux marchés
précédant leur arrivée, en laissant les lieux suffisamment pourvus; et, à cet effet, tous gouverneurs,
maires et échevins et magistrats des villes, donneront
toute liberté et facilité à la conduite et voiture desdites marchandises. Et, afin qu'il ne soit fait aucune
fraude, seront, tous les marchands qui acheteront en

temps de disette, grains pour être conduits à Paris par eau, tenus faire leurs déclarations au greffe des lieux, de la quantité qu'ils auront achetée, aux soumissions de rapporter bons certificats desdits Prévôt des marchands et Echevins, que les grains auront été conduits sur les ports de ladite ville.

CHAPITRE VII.

Concernant les fonctions des jurés-mesureurs et porteurs de grains.

Les jurés - mesureurs de grains doivent service assidu.

ART. I.er Seront, les jurés-mesureurs de grains et farines, tenus se trouver assiduement sur les ports, places et marchés, pour y faire les fonctions de leurs charges, à peine d'amende et de privation de tous émolumens.

Les mesureurs visiteront les grains et farines.

2. Les jurés - mesureurs visiteront les grains et farines qui arriveront en cette ville, pour connaître si lesdites marchandises sont bonnes, loyales et marchandes, et en feront leur rapport aux Prévôt des marchands et Echevins, tiendront registre des lettres de voiture et du prix des grains, et en rapporteront des extraits au greffe de ladite ville.

Les jurés-porteurs doivent résidence.

3. Les jurés-porteurs de grains feront résidence ac-

tuelle en cette ville de Paris, et se trouveront sur les ports, où ils auront été départis par leurs procureurs-syndics, pour y faire les fonctions de leurs offices, à peine d'amende et de privation de leurs droits.

Les porteurs de grains pourront avoir plumets, dont ils seront responsables.

4. Afin que la faculté donnée aux porteurs de grains de se servir de l'aide des gagne-deniers et plumets, ne serve de prétexte pour augmenter les droits de portage, seront, lesdits jurés-porteurs, tenus payer à leurs plumets, salaires raisonnables, en sorte qu'il ne soit rien exigé par eux, des bourgeois et marchands, sous prétexte de gratification ou autrement, à peine de punition corporelle contre les gagne-deniers, et de demeurer, par les jurés-porteurs, responsables de l'amende encourue par les plumets, et de la restitution envers le bourgeois.

Défenses aux jurés-mesureurs et porteurs, de s'associer avec les marchands et de faire regrat.

5. Ne pourront les jurés-mesureurs et porteurs de grains, faire aucune association avec les marchands de grains, ni se mêler des métiers de boulanger, pâtissier ou meûnier, ni aussi faire regrat par eux ni par leurs femmes, à peine de confiscation de leurs-dits offices.

Défenses aux mesureurs et porteurs d'acheter grains, si l'acheteur n'est présent.

6. Ne pourront lesdits mesureurs et porteurs de grains s'entremettre en l'achat d'aucuns grains sur

les ports et places, s'ils n'ont avec eux le bourgeois
acheteur, à peine de cent livres d'amende, au paiement de laquelle ils seront contraints par saisie de
leurs droits, dont le tiers sera adjugé au dénonciateur.

Les porteurs et mesureurs ne prendront la marchan-
dise en paiement de leurs droits.

7. Ne pourront aussi lesdits-jurés mesureurs et
porteurs prendre aucune marchandise en paiement
de leurs droits, à peine de cent livres d'amende et
de confiscation.

CHAPITRE VIII.

Concernant la marchandise de Vins et Cidres.

Bourgeois de Paris qui voudra faire marchandise de
vin, tenu en faire déclaration au Greffe de la
Ville.

ART. 1.er Les bourgeois et habitants de la ville de
Paris, qui voudront faire marchandise de vin, seront
tenus en faire déclaration au greffe ; en conséquence
pourront ouvrir taverne, et faire encaver les deux
tiers des vins qu'ils feront arriver sur les ports et
places, et les vendre en détail, à la charge de laisser
l'autre tiers sur l'étape et vente, pour y être vendu
en gros ; et ne sera loisible à homme de métier de
faire ledit trafic de vin, qu'il n'ait renoncé à son
métier.

. Le bourgeois peut vendre vin de son crû.

2. Sera permis aux bourgeois de Paris de vendre en détail et à pot le vin de leur crû ; et où il serait justifié qu'aucun eût fait achat d'autres vins pour les vendre en détail, et mêler avec le vin de son crû, en ce cas demeurera le bourgeois déchu de son privilége, et sera tout le vin trouvé en ses caves, tiré, pour être conduit et vendu sur les ports et places, et sur les deniers provenants de la vente, seront les frais et droits des officiers payés par préférence, et en cas de récidive, tous les vins trouvés ès caves des bourgeois seront confisqués.

Toutes personnes peuvent vendre vin en gros.

3. Toutes personnes, même les bourgeois de ladite ville, à l'exception des jurés-vendeurs et contrôleurs des vins, courtiers, jaugeurs et tonnelliers, peuvent amener et faire vendre en gros sur les ports et étapes les vins qu'ils auront achetés au-delà des vingt lieues, sans pouvoir faire mettre lesdits vins en caves et celliers, si ce n'était en cas de nécessité, et avec la permission des Prévôt des marchands et Echevins, qui sera accordée sur le rapport de deux jurés-courtiers de vins nommés d'offices.

Le vins encavés ne pourront être vendus en gros.

4. Ne pourront les deux tiers des vins encavés par les marchands de Paris, être vendus en gros, à peine d'amende, et d'être les contrevenants contraints au paiement des droits des officiers, si ce n'est en vertu de permission par écrit des Prévôt des marchands et Echevins.

N'acheter vins dans l'étendue des vingt lieues.

5. Afin que les bourgeois et habitants de Paris puissent se fournir plus commodément et à meilleur marché de vins nécessaires pour leur provision, défenses à tous marchands de Paris, privilégiés et non privilégiés, d'acheter des vins dans l'étendue des vingt lieues des environs de ladite ville, à peine de confiscation de la marchandise, et de cinq cents livres d'amende ; et pour connaître lesdites contraventions, seront lesdits marchands tenus, outre la lettre de voiture, de justifier, s'ils en sont requis, d'acquits et congés des fermiers des lieux où les achats auront été faits.

N'aller au-devant des vins.

6. N'est loisible à aucuns marchands privilégiés ou non privilégiés aller acheter ou arrher les vins sur le sep, ni aussi aller au-devant des vins chargés pour ladite ville, les marchander, retenir ou acheter, à peine de confiscation des vins à l'égard du marchand vendeur, et du prix de l'achat à l'égard de l'acheteur.

Hôtelliers et cabaretiers tenus se fournir
dans les ports.

7. Défenses aux hôtelliers et cabaretiers aller acheter ni faire acheter par personnes interposées aucuns vins, soit dans l'étendue des vingt lieues, soit au-delà ; mais seront tenus se fournir sur les ports ou étapes de la quantité des vins nécessaires pour leur commerce, à peine de confiscation et d'amende arbitraire.

Ports destinés à la décharge des vins.

8. Seront les vins arrivés par rivière, pour les marchands de Paris, déchargés ès ports Saint-Paul, Tournelle et Saint-Nicolas, à la charge, comme dit est, d'en faire conduire le tiers sur l'étape en Grève, ou le laisser en vente dans les bateaux où lesdits marchands de Paris seront tenus d'avoir banderolles, à la distinction des forains, qui seront obligés de faire descendre au port de vente en Grève, ou à la Halle, la totalité de leurs vins, pour y être vendus.

Les vins arrivant par terre conduits à l'étape.

9. Les vins et cidres que les marchands forains feront arriver par terre en ladite ville, seront conduits sur l'étape, et y sera aussi amené le tiers des vins que les marchands de Paris auront fait venir par charriots ou charrettes, pour y être, lesdits vins, vendus, à peine de confiscation.

Les marchands de Paris feront déclaration des vins qu'ils auront fait arriver.

10. Les marchands de Paris, aussitôt l'arrivée de leurs vins, feront déclaration au greffe de ladite ville, de la quantité dudit vin, du nom du voiturier, s'il est destiné, le tout pour être vendu en gros, ou le tiers seulement, et s'ils veulent mettre ledit tiers en vente ou à l'étape. Et sera la lettre de voiture représentée par lesdits marchands, et paraphée par le greffier de ladite ville, suivant et conformément aux arrêts; et, à faute de ce, sera tout le vin vendu en gros sur le port.

Vins achetés sur les ports ne seront revendus.

11. Marchands ou autres ne pourront acheter vins aux ports de vente, halle, ou étape, en gros, pour les y revendre, à peine de confiscation.

Ne vendre vin qu'à l'heure de vente.

12. Pour remédier à l'abus qui se commet par aucuns marchands et vendeurs, qui avertissent secrètement les cabaretiers, et leur vendent leurs meilleurs vins; de sorte qu'au commencement de la vente publique, ne se trouve rester que le rebut; défenses sont faites aux marchands et vendeurs, d'entamer la batelée avant l'heure de la vente ouverte et publique, à peine de confiscation des vins et d'amende arbitraire.

Déclarer la qualité des vins.

13. Sera le marchand vendeur tenu, sous les mêmes peines, déclarer à l'acheteur la qualité de son vin, si de Bourgogne, si vin français, sans lui donner autre nom que celui du pays où il sera crû.

Ne changer les vins de bateaux.

14. Défenses aux marchands de changer les vins de bateau en autre; et de mêler les restants de bateaux, soit ensemble ou avec autre bateau nouvellement entamé, sous mêmes peines.

En quel cas on peut changer de bateau.

15. Si toutefois aucun marchand s'était trouvé obligé de se servir d'alléges, et mettre son vin en plusieurs bateaux, et qu'il voulût remettre lesdits vins

en même bateau; faire le pourra avec congé des Prévôt des marchands et Échevins.

Ne retarder la vente des vins.

16. Seront les vins amenés en cette ville, sitôt qu'ils auront pris port, mis en vente, et ne sera discontinuée jusqu'à ce qu'elle soit parachevée, et se fera ladite vente par chacun jour aux heures ci-dessus ordonnées.

Taverniers ne pourront fermer leurs caves, qu'ils n'aient entièrement vendu leurs vins.

17. Pour prévenir aussi la malice d'aucuns vendants vins en détail, qui, prévoyant la stérilité, affectent de fermer leurs caves, et cessent la vente de leurs vins pour causer cherté, défenses aux taverniers de fermer leurs caves, et discontinuer de vendre jusques à ce que les vins étant en icelles, aient été entièrement vendus, à peine de confiscation, et d'amende arbitraire.

Ne mélanger les vins.

18. Défenses à tous marchands, tant en gros qu'en détail, de faire mixtion de vins, comme du vin blanc avec du vermeil, soit par remplage, ou autrement, à peine d'amende pour le première fois, et de confiscation en cas de récidive.

Le remplage doit se faire de vin de pareille qualité.

19. Pour empêcher les surprises qui pourraient être faites aux acheteurs, par les mixtions et remplages de vins, ou défectueux, ou d'autre qualité; défenses à

tous marchands, sur peines de punition corporelle, d'amener aucuns vins sur l'étape, halle et ports de vente, qui soient mélangés, mixtionnés ou défectueux: enjoint aux jurés-courtiers de goûter les vins desdits remplages, et de tenir la main à ce qu'il ne soit contrevenu à la présente ordonnance, à peine d'amende, et de suspension de leurs charges.

Défenses aux marchands d'acheter le tiers sur les ports.

20. Et d'autant que souvent en fraude des réglements, les marchands de vins achètent les uns des autres le tiers des vins destinés pour être vendus en gros au public; défenses à tous marchands d'acheter les vins destinés pour être vendus en gros sur les ports et places, à peine d'amende pour la première fois, et d'interdiction du commerce en cas de récidive.

Ne retirer par personnes interposées le tiers des vins mis sur l'étape.

21. Défenses auxdits marchands de retirer par personnes interposées, ou faire conduire en leurs maisons le tiers des vins qu'ils auront mis en vente sur les ports et places, à peine de confiscation desdits vins, quinze cents livres d'amende, et d'interdiction du commerce.

Débit de vins en détail sera fait dans des pots et pintes d'étain, et non dans des bouteilles.

22. Défenses à tous cabaretiers et taverniers, de vendre dans leurs cabarets, et distribuer en tavernes aucuns vins par bouteilles; à eux enjoint de fournir leursdits vins dans des pots d'étain, et pintes étalon-

nées, à peine de cent livres d'amende pour la première fois, et d'interdiction de pouvoir tenir tavernes ou cabarets, en cas de récidive.

Taverniers mettront enseignes et bouchons.

23. Pour donner à connaître les lieux où se vendent les vins en détail, et si les réglements y sont observés, nul ne pourra tenir taverne en cette dite ville et faubourgs, sans mettre enseigne et bouchon.

Ne seront débités vins étrangers [avant que le prix y ait été mis.

24. Ne pourront les vins étrangers être exposés en vente, que le prix n'en ait été fixé par les Prévôt des marchands et Échevins, eu égard aux lieux d'où les dits vins auront été voiturés, du prix de l'achat, dont ils justifieront à cet effet, et dont mention sera faite par l'acte d'assurage.

Seront mis enseignes aux vins étrangers, contenant le prix.

25. Seront lesdits marchands tenus de déclarer le lieu où ils voudront faire le débit et vente desdits vins, et d'avoir enseignes contenant le prix qui aura été mis par lesdits Prévôt des marchands et Échevins.

Ne mélanger les vins étrangers d'autres liqueurs.

26. Pour remédier aux fréquents abus qui se commettent par les marchands de vins étrangers, qui par mélange d'autres liqueurs, altèrent les vins, et trompent le public; défenses auxdits marchands d'avoir en

leurs caves aucunes liqueurs ni vins d'autre qualité ;
à cette fin seront les tonneaux, sitôt que lesdits vins
auront été mis à prix par les Prévôt des marchands et
Échevins, scellés sur les bondons par les sergens de la
ville à ce préposés.

Ne vendre plus que la taxe.

27. Défenses aux regrattiers de ladite marchandise,
de vendre lesdits vins étrangers, à plus haut prix que
la taxe, à peine de cent livres d'amende pour la première fois, et d'interdiction de ce commerce en cas
de récidive.

CHAPITRE IX.

Concernant les mesures à vin, et autres liqueurs.

Tous vins, breuvages et liqueurs seront distribués en mesures étalonnées.

Art. 1er. Tous vendants vin, cidre, bière, breuvage et liqueurs, en cette ville, faubourgs et banlieue, ne pourront faire débit desdites marchandises,
en d'autres mesures que de pinte, chopine et demi
septier d'étain, lesquelles ils seront tenus d'apporter à
l'hôtel-de-ville, pour y être jaugées et étalonnées sur les
mesures de cuivre étant en la chambre des huissiers ;
et quand lesdites mesures se trouveront de bonne continence, elles seront marquées aux armes du Roi et
de la Ville, tant en haut qu'au fond ; et où elles se
trouveraient défectueuses, elles seront rompues, et
les morceaux rendus.

Les mesures à vendre miel seront étalonnées.

2. Seront aussi tenus les marchands épiciers, faire étalonner les mesures dont ils entendront se servir à vendre miel en détail.

La visite des mesures sera faite par les six huissiers.

3. Feront les huissiers de ladite ville visite ès maisons de tous vendants vin, cidre, bière, et autres boissons, en cette ville, faubourgs et banlieue, et pourront se saisir des mesures qui se trouveront défectueuses, et non étalonnées, dont ils dresseront procès-verbal, qui sera signé de celui auquel lesdites mesures appartiendront; et en cas de refus après interpellation, dont sera fait mention, lesdits huissiers feront signer leur procès-verbal par quelqu'un trouvé en la maison, ou par un voisin; et sur les assignations qui seront données en contravention, à la requête du procureur du Roi et de la Ville, sera pourvu par les Prévôt des marchands et Échevins.

CHAPITRE X.

Concernant les fonctions des Jurés-Vendeurs de vins.

Les vendeurs feront résidence, recevront les déclarations des marchands forains, et tiendront contrôle des ventes.

ART. 1er. Les jurés-vendeurs et contrôleurs de vins seront tenus d'avoir en leurs bateaux nombre suffisant d'officiers, pour recevoir les déclarations des vins que les marchands forains feront arriver; à l'effet de quoi les lettres de voiture leur seront représentées, et tiendront contrôle des ventes qui auront été faites sur les ports et étapes, tant par les marchands forains que ceux de Paris, qui fera mention du nom du marchand, de celui de l'acheteur, et de la quantité du vin vendu.

Veilleront à ce que les vins venants par terre soient conduits sur l'étape.

2. Les vendeurs et contrôleurs de vins veilleront à ce que les vins qui seront amenés par terre en ladite ville par les forains, et le tiers de ceux que les marchands de Paris y feront conduire, même par charriots, soient amenés sur l'étape pour y être vendus en gros.

Le vendeur doit avancer aux marchands les droits d'entrées et frais de voiture.

3. Ne prend vendeur qui ne veut, mais quand aucun marchand aura pris vendeur, la communauté desdits jurés-vendeurs sera tenue fournir et avancer au marchand les deniers qu'il conviendra, tant pour le paiement des droits d'entrées, que pour la voiture, même ce dont le marchand aura besoin pour sa nourriture, et de son facteur.

Le vendeur doit compter au marchand.

4. Tout vendeur préposé à la vente d'aucunes marchandises de vins doit compter avec le marchand dans les vingt-quatre heures après la vente parachevée, et

payer ce qui restera dû, les avances faites par lesdits vendeurs et leurs droits payés et précomptés; et en cas de refus, demeurera, le vendeur, responsable en son nom des retards et séjours du marchand. Aura néanmoins, le marchand, la faculté de demander compte avant la fin de la vente, sans qu'il puisse prétendre toucher deniers, que les vendeurs ne soient remboursés de leurs avances et droits.

CHAPITRE XI.

Concernant les fonctions des Jurés-Courtiers de vins.

Les courtiers, à l'instant de] l'arrivée des vins, les doivent goûter pour en connaître la qualité.

ART. 1er. Les jurés-courtiers de vins seront tenus aussitôt l'arrivée des vins, les goûter pour connaître s'ils sont loyaux et marchands, s'ils ne sont pas chargés d'eau, ou autre mauvais remplage; et en cas qu'ils reconnaissent défaut en ladite marchandise, seront tenus le dénoncer aux Prévôt des marchands et Échevins pour y être pourvu, et aux marchands pour intenter leurs actions contre le voiturier ou son commissionnaire, ainsi qu'il avisera bon être.

Se trouveront sur les ports pour goûter les vins.

2. Se trouveront lesdits jurés-courtiers en nombre suffisant par chacun jour de vente sur les ports et places, pour faire goûter les vins aux bourgeois, quand

ils en seront requis ; et seront tenus d'avertir l'acheteur, si le vaisseau ne tient pas la juste moison, suivant la marque apposée par le jaugeur, à peine d'être, lesdits courtiers, déchus de leurs droits, et d'amende arbitraire.

Le courtier responsable de l'insolvabilité de l'acheteur.

3. Ne prend courtier qui ne veut, mais quand le courtier aura mené aucun acheteur vers le marchand ou juré-vendeur, et répondu de sa solvabilité, ledit courtier pourra être valablement poursuivi pour le prix de la vente, sans que le marchand, ou juré-vendeur soit tenu de faire aucune diligence contre celui qui aura acheté le vin. Et seront, les courtiers, tenus avoir registres dans leur bureau, dans lequel ils feront mention des conditions et prix de la vente, dont ils auront fait le courtage, la quantité et qualité, le nom du marchand et de l'acheteur, et le jour de la vente, pour y avoir recours en cas de besoin.

Un bourgeois pourra prendre le vin choisi pour un absent.

4. Si l'un des courtiers achète vin pour aucun qui ne soit présent, sera loisible à autre bourgeois qui le trouvera sur les port et place, de prendre le marché fait par ledit courtier, sans qu'il puisse être mis empêchement.

De la quantité de vin que peut avoir le courtier tenant hôtellerie.

5. Le courtier tenant hôtellerie ne pourra avoir en ses caves à la fois plus de quatre queues de vin, outre

et pardessus le vin du crû de son héritage, et ne pourra vendre lesdits vins qu'à ses hôtes, à peine d'interdiction.

CHAPITRE XII.

Concernant les fonctions de Jaugeurs.

A l'instant de l'arrivée, les vins seront jaugés.

ART. 1er. Les jurés-jaugeurs à l'instant de l'arrivée des vins, cidres, et autres boissons et liqueurs, se transporteront dans les bateaux pour jauger lesdits vins; et sera tenu chacun jaugeur d'avoir sa jauge juste et de bon patron, selon l'échantillon étant en l'hôtel-de-ville, sur peine d'amende et d'interdiction.

Marqueront ès vaisseaux la juste continence.

2. Pour donner à connaître à tous acheteurs la juste continence des vaisseaux, sera l'officier qui aura fait la jauge, tenu d'imprimer sa marque avec une rouannette, sur l'un des fonds desdits vaisseaux, quand ils se trouveront de la continence et moison qu'ils doivent être, y sera mis la lettre B.; si de moindre continence, sera mise la lettre M. et un chiffre de la quantité de pintes qui y manquera; et s'il y a de l'exédant, sera aussi marqué par la lettre P. et d'un chiffre figurant la quantité des pintes de vin, qu'il y aura de plus; et marquera, le jaugeur, non par septier, mais par pinte, étant mesure plus universellement connue.

Chacun jaugeur aura sa marque particulière.

3. Afin qu'on puisse connaître quel des jaugeurs aura fait la jauge, sera chacun des jaugeurs tenu d'avoir sa marque particulière, laquelle il figurera en marge du registre de sa réception, pour y avoir recours quand besoin sera.

Demeureront responsables de leurs jauges.

4. S'il se trouve manque à la jauge, et le vaisseau de plus grande ou moindre continence que celle marquée par l'officier qui a fait la jauge ; en ce cas demeurera ledit jaugeur responsable en son nom, de toutes pertes envers l'acheteur pour moindre jauge, et envers le vendeur pour l'excédant.

Chacun reçu à demander nouvelle jauge.

5. Sera loisible à l'acheteur ou marchand de demander nouvelle jauge, et si l'un des deux jaugeurs appelés, approuve la jauge du premier, telle jauge vaudra, et sera icelui qui s'en sera plaint, tenu payer les frais de la nouvelle jauge sur-le-champ ; si, au contraire, les deux jaugeurs appelés arguent la première jauge de défectuosité, la dernière sera suivie, et l'officier qui aura fait la première jauge tenu en son nom des frais de la visitation et rapport, ensemble des dommages et intérêts de celui qui aura demandé nouvelle jauge.

Du temps auquel un apprenti jaugeur peut jauger.

6. Ne pourront les apprentis jaugeurs s'immiscer à

faire aucune jauge, s'ils n'ont servi un maître jaugeur, au moins pendant un an, à peine d'amende, et en cas qu'il ait fait jauge par l'ordre de son maître, ledit maître demeurera responsable en son nom des dommages et intérêts causés par l'inexpérience de son apprenti.

CHAPITRE XIII.

Concernant les fonctions des maîtres déchargeurs de vins.

Feront la décharge des vins sur les ports.

ART. 1.er Seront les maitres déchargeurs de vins tenus se trouver avec leurs tabliers sur les ports et places auxquels ils auront été départis par les procureurs-syndics de leur communauté, pour y faire la décharge des vins achetés par les bourgeois, à peine d'être déchus de leurs salaires et d'amende arbitraire.

Doivent marquer avec de la craie les vins achetés par les bourgeois.

2. Lesdits tonneliers déchargeurs de vins qui auront été préposés par les bourgeois, feront ou feront faire par leurs garçons incessamment la décharge des vins achetés par lesdits bourgeois, et marqueront à cet effet les tonneaux avec de la craie en l'un des fonds, de leur marque particulière, et sera ladite décharge du bateau à terre faite sur des pièces de

bois appelés chemins, que lesdits tonneliers seront tenus mettre à cet effet sur les bateaux, sans qu'il leur soit loisible de passer les vins sur les planches, qui ne sont posées par les officiers planchécurs que pour donner moyen aux bourgeois d'aller choisir les vins dans les bateaux.

Ne sera mis sur les chemins qu'une pièce de vin à la fois.

3. Défenses aux déchargeurs de vins de poser sur lesdits bois, appelés chemins, plus d'une pièce de vin à la fois, et ce à peine d'amende arbitraire, et des dommages et intérêts en cas d'accident.

Les déchargeurs de vins responsables de la perte des vins arrivée faute de bon travail.

4. Si faute de bon travail arrive perte de quelque pièce de vin, ou autre boisson, ou qu'elle se trouve endommagée, lesdits déchargeurs de vins en demeureront responsables en leur nom, ensemble les cautions par eux données au bureau de la Ville, lors de leurs réceptions.

Ne leur est loisible de porter les vins sur les ports.

5. Pour empêcher que les vins soient buvetés, défenses aux déchargeurs de vins de percer les vaisseaux qu'ils déchargent, si ce n'est en cas de nécessité, et pour leur donner vent ; enjoint de fermer les vaisseaux, lorsqu'ils auront vent suffisant, avec un fosset qu'ils seront tenus de frapper et couper jusqu'au niveau de la douve.

Ne prendront que les salaires qui leur seront attribués pour faire décharge de vins.

6. Défenses aux déchargeurs de vins de s'entremettre en la vente desdits vins, en quelque sorte et manière que ce soit, et de prendre aucun droit de courtage, ni recevoir aucune chose des marchands vendeurs, sous quelque prétexte que ce soit, encore même qu'il leur soit volontairement offert, ni des acheteurs plus grande somme que celle qui leur est due pour leurs salaires de la décharge suivant la taxe, à peine de punition corporelle.

CHAPITRE XIV.

Concernant les fonctions des Jurés-Crieurs de corps et de vins.

Crieront les vins et personnes égarées.

ART. 1.er Ne sera loisible à autres personnes qu'aux jurés-crieurs de crier vins en cette ville et faubourgs de Paris, ni les personnes ou enfants égarés ; et au cas que lesdits enfants se trouvent âgés de plus de huit ans, seront tenus d'en demander permission auxdits Prévôt des marchands et Echevins.

Serviront seuls aux obsèques et funérailles en ladite ville et faubourgs.

2. Ayant été trouvé convenable d'avoir ès obsèques et funérailles certaines personnes instruites aux céré-

monïes qui s'y observent, et estimé plus commode
en attribuant cette fonction aux jurés-crieurs de
ladite ville, de les obliger aussi à fournir toutes les
choses nécessaires aux pompes funèbres ; enjoint auxdits jurés-crieurs d'avoir en leurs magasins toutes les
tentures et choses convenables pour lesdites obsèques
et funérailles, pourquoi jouiront des droits à eux
attribués, suivant le tarif et pancarte étant au greffe
de la Ville.

Les jurés-crieurs seuls fourniront les tentures et choses
nécessaires ès obsèques.

3. Seront les édits et réglements exécutés, et conformément à iceux défenses à tous marchands de
draps, tapissiers, frippiers et autres, de s'immiscer en
ladite fonction, ni de loüer, ni fournir en cette ville,
faubourgs et banlieue aucuns draps, serges, satins,
velours, robes et autres choses servants aux obsèques
et funérailles, à peine de confiscation. La liberté
néanmoins réservée aux bourgeois d'acheter des draps
et serges, pour faire lesdites tentures et auxdits marchands de draps, tapissiers et frippiers, de se servir de
leurs draps et serges, pour tendre ès obsèques du
mari, femme et enfants seulement.

Les jurés-crieurs se pourvoiront par-devant les Prévôt
des marchands et Echevins, pour raison de leurs
droits.

4. Toutes contestations qui seront formées pour
raison des droits attribués aux jurés-crieurs, seront
réglées par les Prévôt des marchands et Echevins,

par-devant lesquels les héritiers, légataires universels ou autres, seront appelés.

CHAPITRE XV.

Concernant la Marchandise de poisson d'eau douce.

Les pêcheurs doivent apporter leur poisson à Paris.

ART. 1.er Les pêcheurs, tant de ladite ville que des environs à deux lieues de distance, seront tenus d'apporter ou envoyer leurs poissons aux marchés publics de cette ville, sans les pouvoir vendre à marchand de poisson.

Défenses aux marchands de poisson d'acheter des Forains.

2. Défenses aux marchands de Paris d'acheter des forains aucunes marchandises de poisson, soit en gros ou en détail, pour les revendre, à peine de confiscation desdites marchandises et d'interdiction du commerce.

L'heure que les regrattiers peuvent aller acheter aux boutiques.

3. Ne pourront les regrattiers faire achat de marchandises de poisson ès boutiques, qu'après neuf heures du matin, à peine de confiscation.

Port des marchands de poisson forains.

4. Lesdits marchands de poisson forains feront

arriver leurs boutiques à poisson au port de l'Arche Beaufils, à commencer quatre toises au-dessus de la descente de pierre joignante la dernière maison de l'aîle du Pont-Marie jusqu'audit pont. Enjoint au débâcleur dudit port de tenir la main à ce que ledit espace soit laissé libre pour lesdits forains, et à cet effet d'ôter à leur première réquisition les bateaux chargés d'autres marchandises, aux dépens des marchands à qui elles appartiendront, contre lesquels sera exécutoire délivré.

Port des marchands de Paris.

5. Les marchands de poisson de Paris pourront faire arriver leurs marchandises de poisson aux ports destinés aux boutiques, l'un étant depuis le Pont-Marie jusqu'au Port au Foin, et l'autre depuis le Pont-au-Change jusqu'à l'abreuvoir Pépin ; et afin que lesdites boutiques n'incommodent point le chemin de la navigation, seront tenus faire survider dans leurs grandes boutiques et réservoirs les poissons qui leur arriveront, quand lesdites grandes boutiques les pourront contenir, sans laisser lesdites petites boutiques auxdits ports, à peine d'amende.

CHAPITRE XVI.

Concernant la marchandise de foin.

Le foin sera amené aux ports de destination.

ART. 1.er Les foins destinés pour la provision de

Paris, y seront incessamment conduits et amenés, savoir : ceux qui viendront d'Aval-l'eau, au port étant depuis l'abreuvoir Saint-Nicolas du Louvre, jusqu'au port au grain de l'École, et dans celui qui sera destiné à cet effet, le long du nouveau quai bâti du côté du faubourg Saint-Germain ; et ceux qui viendront d'Amont, au port au foin, en Grève, ou au port de la Tournelle, dans la place désignée pour y placer les bateaux de ladite marchandise.

Les bateaux chargés de foin ne seront descendus que lorsqu'il y aura place dans les ports.

2. Défenses à tous marchands de foin de faire mettre aucuns bateaux sous les ponts, et d'en faire arriver plus grand nombre dans les ports qu'ils n'en peuvent contenir. Enjoint auxdits marchands, lorsque lesdits ports seront remplis, de garer et soutenir les bateaux qu'ils amèneront sous l'île de Quinquengrogne, ou au port de la Rapée, jusqu'à ce qu'il y ait place dans les ports ; et s'ils étaient fermés et arrêtés dans le cours de la rivière, depuis ladite île de Quinquengrogne, ou dans des ports destinés pour d'autres marchandises que celles de foin, ils seront contraints d'en sortir, et de remonter aux lieux ci-dessus destinés pour la garre, et condamnés en l'amende.

Défenses aux marchands de foin de jeter aucuns foins dans la rivière.

3. Pour empêcher qu'il ne se fasse aucun attérissement dans le lit de la rivière, ne pourront, les marchands de foin, en jeter aucuns dans la rivière, à peine de cent livres d'amende, dont le tiers sera ad-

jugé au dénonciateur; et seront, en outre, contraints à faire ôter et enlever celui qu'ils auront jeté.

CHAPITRE XVII.

Concernant la marchandise de bois neuf flotté et d'ouvrages.

Des échantillons des bois à brûler.

ART. 1.er Seront, tous marchands trafiquants de bois pour la provision de Paris, tenus de faire façonner tous les bois à brûler, de trois pieds et demi de longueur, et des grosseurs suivantes; savoir, les bois de moule, de dix-huit pouces au moins de grosseur, et les bois de cordes de quartier, de dix-huit pouces au moins de grosseur; les bois de taillis, de six pouces aussi au moins de grosseur; les fagots, de trois pieds et demi de long, et de dix-sept à dix-huit pouces de tour, garnis de leurs paremens, remplis au-dedans de bois et non de feuilles : les cotterets de quartier ou de taillis, de deux pieds de long et de dix-sept à dix-huit pouces de tour. Et seront, lesdits marchands ventiers, tenus de fournir auxdits bucherons, des chaînes et mesures desdites longueurs et grosseurs; défenses auxdits marchands de faire façonner des bois qui ne soient des échantillons ci-dessus spécifiés, à peine de confiscation.

A quoi doivent être employés les menus bois.

2. Les menus bois étant au-dessous de six pouces,

seront convertis en charbon, ou débités en cotterels et fagots, ès lieux d'où la voiture en peut être commodément faite ; à l'égard des menus bois provenants de l'exploitation des forêts, dont les bois viennent par flottages, lesdits marchands pourront s'en servir pour façonner leurs trains, et les faire venir avec autres bois, à la charge néanmoins de ne les mêler avec lesdits bois d'échantillon, et de ne les vendre qu'au prix de la taxe qui y sera mise par les Prévôt des marchands et Échevins de ladite ville.

Des bois Dandelles, et autres bois venant par les rivières de Somme et d'Oise.

3. Pourront aussi, les bois Dandelles et autres venant par les rivières de Somme et d'Oise, quoiqu'ils ne soient pas des longueurs ci-dessus, être amenés en cette dite ville, pour y être vendus au prix et en la manière qui sera réglée lors de l'arrivage qui en sera fait.

Sera loisible aux marchands de faire passer leurs bois sur les terres et héritages étant depuis les forêts jusqu'aux ports flottables et navigables, des rivières et ruisseaux.

4. Pour faciliter à la ville de Paris la provision desdits bois, pourront, les marchands trafiquants desdites marchandises, faire tirer et sortir des forêts, passer les charrettes et harnois sur les terres et chemins étant depuis lesdites forêts, jusqu'aux ports flottables et navigables, en dédommageant les propriétaires desdites terres, au dire d'experts et gens à ce connaissant, dont les parties conviendront, sans que, pour raison

desdits dommages, les propriétaires desdits héritages puissent faire saisir lesdits bois, chevaux et charrettes, et empêcher la voiture sur lesdits ports, en faisant, par les marchands, leurs soumissions de payer lesdits dommages, tels que de raison.

Permis aux marchands de bois de faire des canaux, et de prendre les eaux des étangs pour le flottage des bois.

5. Et d'autant que les marchands de bois flottés ne pourraient souvent exploiter lesdits bois sans faire de nouveaux canaux, et se servir des eaux des étangs, sera permis auxdits marchands de bois de faire lesdits canaux, et de se servir des eaux desdits étangs, en dédommageant lesdits propriétaires desdites terres et desdits étangs, au dire d'experts et gens à ce connaissants, dont les parties conviendront.

Que les marchands pourront jeter leur bois à bois perdu.

6. Les marchands de bois flotté pourront faire jeter leurs bois à bois perdu, sur les rivières et ruisseaux, en avertissant les seigneurs intéressés par publications, qui seront faites dix jours avant que de jeter lesdits bois, aux prônes des messes de paroisses, étants depuis le lieu où les bois seront jetés, jusqu'à celui de l'arrêt, et à la charge de dédommager les propriétaires des dégradations, si aucunes étaient faites aux ouvrages et édifices construits sur lesdites rivières et ruisseaux.

Du chemin qui sera laissé le long desdits ruisseaux
servants au flottage des bois.

7. Afin que le flottage desdits bois puisse être plus commodément fait, seront tenus, les propriétaires des héritages étants des deux côtés desdits ruisseaux, de laisser un chemin de quatre pieds, pour le passage des ovri ers préposés par les marchands, pour pousser a val l'eau lesdits bois.

Les marchands pourront faire passer leurs bois dans
les étangs et fossés appartenants aux gentils-
hommes et autres.

8. Pourront aussi, les marchands de bois, les faire passer par les étangs et fossés appartenants aux gentilshommes et autres, lesquels seront tenus, à cet effet, de faire faire ouverture de leurs basse-cours et parcs, aux ouvriers préposés par lesdits marchands, à la charge de dédommager lesdits propriétaires, s'il y échet.

De la pêche des Bois-Canards.

9. Sera loisible, auxdits marchands, de faire pêcher, par telles personnes que bon leur semblera, les bois de leur flot qui auront été à fond d'eau, pendant quarante jours, après que ledit flot sera passé; et si, durant lesdits quarante jours, autres marchands jettent un autre flot, lesdits quarante jours ne commenceront de courir que du jour que le dernier flot sera entièrement passé; et ne pourront, ceux qui se prétend n seigneurs des rivières et ruisseaux, se faire payer aucune chose, sous prétexte de dédommage-

ment de la pêche, ou autrement, pour raison desdits Bois-Canards.

Les Seigneurs, après les quarante jours, pourront faire pêcher les Bois-Canards.

10. Si les marchands sont négligents de faire pêcher lesdits Bois-Canards durant les quarante jours, les seigneurs ou autres ayant droit sur les rivières, le pourront faire après lesdits quarante jours, à la charge toutefois de laisser lesdits bois sur les bords desdites rivières, pour les frais de laquelle pêche et occupation des terres, leur sera payé, par les marchands à qui les bois se trouveront appartenir, ce qui sera arbitré par gens à ce connaissants, dont les parties conviendront, eu égard aux lieux et revenu des héritages et temps de l'occupation. Fait défenses auxdits seigneurs et autres, de faire enlever en leurs châteaux et maisons lesdits bois, à peine d'être déchus de tout remboursement pour ladite pêche, et de restitution du quadruple du prix desdits bois qu'ils auront ainsi enlevés, dont lesdits marchands pourront faire faire recherche.

Les marchands feront visiter les vannes, écluses, pertuis et moulins, avant que de jeter leurs bois à bois perdu.

11. Pour prévenir les contestations fréquentes d'entre les marchands et les seigneurs, et autres propriétaires des moulins, vannes, écluses et pertuis, établis et construits sur lesdites rivières et ruisseaux, pour prétendues dégradations causées par le passage des bois; seront lesdits marchands tenus, avant que de

jeter leur flot, de faire visiter, par le premier juge
ou sergent sur ce requis, partie présente ou dûment
appelée aux domiciles de leurs meûniers, lesdites
vannes, écluses, pertuis et moulins, et de faire faire
le récollement de ladite visite, après le flot passé, par
le même juge ou sergent, à peine d'être tenus de
toutes les dégradations qui se trouveront auxdites
vannes, écluses, moulins et pertuis.

Les propriétaires des vannes, écluses, pertuis
et moulins, tenus les entretenir en bon état.

12. Si, par la visite faite avant le flot, il paraît
qu'il y ait aucune réparation à faire auxdites vannes,
écluses, pertuis et moulins, les propriétaires seront
tenus de les faire incessamment rétablir, après une
simple sommation faite auxdits propriétaires, à leurs
personnes, ou domiciles de leurs meûniers, sinon
permis auxdits marchands d'y mettre ouvriers, et
d'avancer, pour ce, les deniers nécessaires, qui leur
seront déduits et précomptés sur ce qu'ils pourront
devoir pour le chômage desdits moulins, causé par
le passage de leurs bois, et le surplus sera porté par
lesdits propriétaires, et pris, par préférence, sur le
revenu des moulins, qui demeurera, par privilège,
affecté auxdites avances.

Des droits qui seront payés pour le chômage
des moulins.

13. Quand aucuns moulins construits par titres
authentiques sur les rivières et ruisseaux flottables,
tournants et travaillants actuellement, chômeront au
sujet du passage des bois flottés, sera payé pour le

chômage d'un moulin, pendant vingt-quatre heures, de quelque nombre de roues que le corps du moulin soit composé, la somme de quarante sous, si ce n'est que les marchands ne soient en possession de payer moindre somme auxdits propriétaires desdits moulins, ou leurs meuniers ; auquel cas sera payé suivant l'ancien usage : Défenses auxdits meuniers, à peine de fouet, de se faire payer aucune autre somme, si ce n'était pour leur travail particulier, et dont ils seront convenus de gré à gré avec les marchands ou leurs facteurs.

Permis aux marchands de prendre des terres pour faire l'amas de leurs bois sur les bords des rivières navigables et flottables.

14. Pourront lesdits marchands de bois se servir des terres proches des rivières navigables et flottables, pour y faire les amas de leurs bois, soit pour les charger en bateaux, soit pour les mettre en trains, en payant pour l'occupation desdits héritages ; savoir, dix-huit deniers par chacune corde qui sera empilée sur les terres étant en pré, et un sou pour chacune corde empilée sur les terres étant en labour, lesquelles sommes seront payées pour chacune année que lesdits bois demeureront empilés sur lesdits lieux d'entrepôt ; et, moyennant lesdites sommes, seront tenus lesdits propriétaires de souffrir le passage des ouvriers sur leurs héritages, tant pour faire lesdits empilages, que pour façonner les trains ; ensemble laisser passer harnois et chevaux portant les rouettes, chantiers, et autres choses nécessaires pour la construction desdits trains.

De la hauteur et longueur des piles.

15. Et afin que lesdits propriétaires puissent être payés par chacun des marchands qui auront des bois dans un flot, seront tenus, lesdits marchands, de faire marquer leurs bois de leur marque particulière, de les faire triquer et empiler séparément sur lesdits ports flottables, et de faire faire les piles de huit pieds de haut, sur la longueur de quinze toises, ne laissant entre les piles que deux pieds de distance. Et ne pourront, lesdits marchands faire travailler à la confection de leurs trains, qu'après avoir payé ladite occupation, à l'effet de quoi seront tenus de faire compter à mesure lesdites piles par les compteurs des ports, en présence des propriétaires desdits héritages et prés, ou eux dûment appelés.

Permis aux marchands de bois flottés, tant de cette ville que forains, de mettre leurs bois en chantiers.

16. Pour procurer l'abondance de la marchandise de bois, pourront tous marchands, tant dans cette ville que forains, faire mettre en chantier les bois flottés qu'ils feront arriver, et tiendront lesdits Prévôt des marchands et Échevins, la main à ce que lesdits forains soient pourvus de chantiers en lieux convenables, pour la distribution de leurs bois.

Quel nombre de trains les marchands peuvent avoir devant leur chantier.

17. Afin que le chemin de la navigation soit laissé libre, ne pourront les marchands de bois flottés faire descendre au-devant de leurs chantiers plus de

quatre trains à la fois, et seront tenus de faire garrer avec bonnes et sûres cordes, les autres trains qui leur arriveront au-dessus du port de la Tournelle, depuis la dernière maison, en tirant vers le ponceau de la rivière des Gobelins au-dessus.

Les bois flottés seront empilés séparément dans leurs chantiers.

18. Enjoint aux marchands de bois flottés, faire triquer leurs bois et les faire empiler dans leurs chantiers séparément, selon leurs différentes qualités, à peine de confiscation de leurs marchandises, et sera chacune pile mise à telle distance, qu'elle puisse être entièrement vue et visitée par les officiers à ce préposés.

Les bois neufs seront chargés dans les bateaux séparément, suivant leurs qualités.

19. Pour éviter au mélange de bois de différentes qualités, qui en pourrait causer la survente; les marchands qui feront arriver les bois neufs de différentes qualités, en même bateau, seront tenus les y faire mettre par piles séparées, à peine de confiscation.

Les marchands de bois tenus de faire déclaration aux mouleurs, des marchandises qui leur arriveront.

20. Seront lesdits marchands tenus, aussitôt l'arrivée de leurs bois, se transporter ès bureaux des jurés-mouleurs, et leur exhiber les lettres de voiture, dont sera tenu registre, pour y avoir recours quand besoin sera.

Que les bois seront mis à prix sur la montre
qui sera apportée.

21. Lesdits marchands, avant que de mettre en
vente leurs bois de compte, corde ou taillis, fagots
ou cotrets, seront tenus d'en faire apporter au bureau
de la Ville la montre de chacune espèce, pour, sur
le rapport des officiers mouleurs qui auront fait la visite du bateau ou chantier, y être mis taxe par les
Prévôt des marchands et Échevins, et en être fait registre par l'un desdits Échevins.

Défenses de vendre les bois à plus haut prix
que la taxe.

22. Défenses à tous marchands de vendre les bois
à brûler à plus haut prix que la taxe ; et, pour prévenir la survente, sera apposée, par chacun jour de
vente, à chacune pile ou bateau, une banderole contenant le prix et la qualité de la marchandise ; défenses aux marchands et tous autres, d'ôter lesdites
banderoles, à peine de punition.

De la mesure des bois de moule.

23. Les gros bois à brûler seront distribués, tant
sur les ports que dans les chantiers, par la mesure de
l'anneau, et ne sera vendu pour bois de compte que
celui dont soixante-deux bûches, au plus, se trou-
ront remplir les trois anneaux qui compose la voie d
bois. Enjoint aux jurés-mouleurs de rejeter les bo
qui se trouveront au-dessous de dix-huit pouces d
grosseur, pour être remis dans les piles de bois
corde, et vendus aux prix des bois de cette qualité.

De la mesure des bois de corde et taillis.

24. Tous bois qui n'auront dix-sept pouces de grosseur, au moins, seront réputés de corde ou taillis, et vendus par membrure, qui aura quatre pieds de haut sur quatre pieds de large; et demeureront, les marchands qui auront fourni les membrures, et les mouleurs qui s'en seront servi, responsables de la continence d'icelles.

Bois tortus ne seront mis en membrures.

25. Défenses aux aides, aux mouleurs de bois, de mettre en membrures des bois qui soient si tortus, que la mesure en soit notablement diminuée, et aux jurés-mouleurs de le souffrir, ni aussi qu'il y ait plus du tiers de bois blanc dans les bois, à peine d'être responsables des dommages et intérêts des acheteurs.

Du bois dandelles.

26. La voie du bois dandelles, et autres bois de mesure extraordinaire, sera réglée pour la quantité des bûches qui la composeront, par les Prévôt des marchands et Échevins, lorsque la montre en sera apportée au bureau de la Ville, sur le rapport des officiers mouleurs, dont sera fait mention sur les registres par l'un desdits Échevins.

Les fagots et cotrets seront vendus par compte.

27. Les fagots et cotrets seront vendus par compte, par cent, et seront fournis, suivant l'usage, les quatre au pardessus de cent.

Les marchands paieront le débardage.

28. Tous bois à brûler , même les fagots et cotrets, seront livrés aux acheteurs à terre , et en état d'être chargés en charrettes , sans qu'ils soient tenus de payer autre chose que le prix de la taxe.

*Les marchands ou leurs domestiques ,
ne s'immisceront au compte et mesure de bois.*

29. Ne sera loisible aux marchands, ni à leurs domestiques, de s'immiscer au compte ou à la mesure des bois ; ni de les mettre dans les membrures, à peine d'amende.

Regrattiers de ladite marchandise.

30. Pourront les chandeliers et fruitiers , faire regrat de ladite marchandise à la pièce et au-dessous du demi-quarteron, sans qu'ils puissent avoir en leurs maisons plus grande provision que d'un millier de fagots , et autant de cotrets , et seront, lesdits regrattiers , sujets aux visites des mouleurs , qu'ils feront gratuitement et sans frais , sauf à leur être pourvu sur le tiers des amendes ordonnées sur leurs dénonciations.

*Peuvent les regrattiers vendre lesdits fagots et cotrets
au prix de la taxe qui leur sera faite.*

31. Et d'autant que contre l'esprit des réglements qui n'ont souffert le regrattage, que pour le soulagement des pauvres , les regrattiers au contraire ne l'exercent que pour revendre à un prix excessif : défenses auxdits regrattiers de vendre lesdites marchandises de

fagots et cotrets, à plus haut prix que la taxe qui y aura été mise à leur égard par les Prévôt des marchands et Échevins; de laquelle ils seront tenus avoir pancarte en leurs boutiques.

Défenses aux regrattiers et gagne-deniers d'altérer les fagots et cotrets.

32. Pour aussi remédier à l'abus qui se commet par lesdits regrattiers, lesquels altèrent journellement lesdites marchandises, défenses auxdits regrattiers et gagne-deniers, d'exposer en vente aucuns fagots ou cotrets diminués ou altérés, à peine de confiscation desdites marchandises, et de punition corporélle.

Du temps que les bois quarrés de sciage, charronnage, merrain et d'ouvrages, doivent tenir port.

33. Seront les marchands de bois quarrés, sciage, charronnage, merrain et d'ouvrages, soit de cette ville ou forains, tenus de laisser lesdits bois sur les ports pendant trois jours, à ce que les bourgeois s'en puissent fournir, et après lesdits trois jours les artisans les pourront lotir dans vingt-quatre heures, et ledit temps passé, seront tenus, les marchands de Paris, de faire enlever lesdits bois dans leurs chantiers; et à l'égard des forains, les laisseront sur les ports, jusqu'à ce qu'ils aient été actuellement vendus.

Défenses aux marchands de Paris d'acheter sur les ports les marchandises.

34. Pour empêcher le monopole, défenses aux marchands de Paris d'acheter aucuns bois à brûler, ou d'ouvrages, étant sur les ports de Paris, et auxdits

forains de leur vendre , à peine de confiscation contre le marchand vendeur, et du prix de l'achat.

CHAPITRE XVIII.

Merrain à treilles , osier et ployon.

De la moison des échalats.

ART. 1er. Les échalats servants aux vignes , auront
quatre pieds et demi de long au moins, et sera chacune botte ou javelle composée de cinquante échalats;
et ceux servants à faire palissades, auront onze pieds
de long, et seront pareillement chacunes bottes composées de cinquante.

De la visite des échalats.

2. Ne seront exposés échalats en vente , s'ils n'ont
été visités par deux huissiers, en présence du procureur du Roi et de la Ville, et de deux jurés-mouleurs
de bois, qui auront été par lui appelés, si besoin est,
et sur les échantillons représentés , sera la marchandise d'échalat mise à prix par les Prévôt des marchands
et Échevins, et les huissiers payés des droits à eux
attribués.

Des perches servants aux treilles et bottes d'osier ,
et de leur moison.

3. Les perches servants aux treilles auront , savoir:
celles dont les bottes ne seront composées que de quatre perches, dix pouces de tour , depuis le gros bout,

sur la longueur de six pieds de haut ; et celles dont la botte sera composée de six perches , auront pareille grosseur de dix pouces , jusqu'à trois pieds et demi de haut , et les perches dont la botte sera composée de douze , auront au moins huit pouces au gros bout , et reviendront à deux pouces au moins de grosseur par le haut ; celles dont il y en aura vingt-six à la botte , auront au moins six pouces au gros bout , et à l'extrémité au moins un pouce ; et à l'égard des bottes de perches composées de cinquante , elles auront au moins quatre pouces par le gros bout , et un pouce à l'extrémité , et pourront y être mêlées treize perches de moindre grosseur , pour servir de lozange des jardins.

Des oziers et ployon.

4. Les gerbes d'osier , soit de celui qui est rond et rouge , ou de l'osier des rivières , seront chacune de quatre pieds de lien , ou de deux pieds , sans qu'elles soient mélangées d'osier sec ou de branches de saules turannées ; pareillement seront les gerbes de ployon de la même moison : et seront les marchands tenus de faire tenir port auxdites marchandises pendant trois jours , pour la fourniture et provision des bourgeois , après lesquels les pourront faire enlever.

CHAPITRE XIX.

Concernant les fonctions des Jurés-Mouleurs de bois, et Contrôleurs des quantités.

Les jurés-mouleurs tenus à la visite des bois, recevront les déclarations des marchands, et en feront rapport au bureau de la Ville.

ART. 1.ᵉʳ Les procureurs-syndics de la communauté des jurés-mouleurs de bois, départiront deux officiers en chacun de leurs bureaux, pour recevoir les déclarations que les marchands de bois y viendront faire des bois qui leur seront arrivés, et faire registre des lettres de voiture qui leur seront représentées ; commettront aussi deux autres officiers de ladite communauté, pour faire la visite et contrôle desdits bois, dont ils viendront par chacun jour faire leur rapport au bureau de la Ville, pour, sur lesdits rapports et échantillons des bois qui y seront apportés, être lesdits bois mis à prix, dont sera aussi fait registre par l'un des Echevins.

Des mesures.

2. Lesdits jurés-mouleurs de bois, départis sur les ports et dans les chantiers, auront des mesures de quatre pieds pour mesurer les membrures, et des chaînes et anneaux pour mesurer les bois de compte, cotrets et fagots, et seront tenus par chacun jour au commencement de la vente, de vérifier lesdites membrures.

Mettront les banderolles aux bateaux et piles
de bois contenant la taxe.

3. Pour donner à connaître le prix desdites marchandises de bois, lesdits jurés-mouleurs de bois départis sur les ports, apposeront par chacun jour, et avant l'heure de vente, à chacune pile ou bateau desdites marchandises, les banderolles contenant le prix de chacune espèce de bois, lesquelles banderolles ils ôteront le soir, et seront en outre tenus de déclarer aux acheteurs le prix de la taxe, à peine d'amende, et d'être tenus de la restitution de la survente envers l'acheteur.

Des contrôleurs des quantités.

4. Seront les contrôleurs des quantités tenus départir aucuns d'entr'eux pour registrer les lettres de voiture qui leur seront représentées par les marchands, et de se transporter tous les jours non fériés sur les ports, pour faire le contrôle des bois qui y seront arrivés, dont sera par eux fait registre et rapport au bureau de la Ville, neuf heures du matin ; et en cas que le marchand conteste la déclaration de la quantité des bois faite par lesdits contrôleurs, sera par lesdits Prévôt des marchands et Echevins proposé personne capable pour tenir compte des ventes qui seront faites desdites marchandises, aux dépens de qui il appartiendra, même le marchand, s'il se trouve avoir témérairement contesté, condamné en telle amende que de raison, qui sera prise par préférence sur le prix de la marchandise.

CHAPITRE XX.

Concernant les fonctions des aides aux Jurés-Mouleurs et Chargeurs de bois en charrettes.

Des aides aux mouleurs.

ART. 1er. Seront les aides à mouleurs tenus mettre les bois par le milieu dans les membrures, et les ranger de sorte que la mesure s'y trouve bonne et loyale, sans y souffrir aucuns bois courts ou. si tortus, que la mesure en soit diminuée : A eux fait défenses de travailler qu'en présence desdits jurés-mouleurs.

Des jurés-chargeurs de bois.

2. Les jurés-chargeurs de bois se trouveront assidûment sur les ports et dans les chantiers où ils auront été départis, pour faire les fonctions de leurs offices : A eux fait défenses de recevoir plus grands droits que ceux qui leur seront attribués, ni de souffrir que les garçons qui aident dans leur travail, reçoivent aucune chose desdits acheteurs en argent ou bois, à peine d'en demeurer responsables en leurs propres et privés noms.

CHAPITRE XXI.

Concernant la marchandise de charbon, tant de bois que de terre.

———

Le charbon sera conduit ès ports et places à ce destinés.

ART. 1er. Seront les marchandises de charbon de bois et de terre, conduites ès ports et places à ce destinés, et les marchands tenus à l'instant de l'arrivée d'icelles, exhiber aux jurés-mesureurs et contrôleurs de ladite marchandises, leurs lettres de voiture, dont sera fait registre par lesdits mesureurs, pour y avoir recours quand besoin sera.

Sera fait arrivage de charbon.

2. Lesdits mesureurs seront tenus à l'instant de l'arrivée desdites marchandises, les aller visiter ès bateaux et places, et de venir déclarer au bureau de la Ville le nom du marchand, la quantité et la qualité de la marchandise, pour être le prix mis au charbon de bois sur l'échantillon qui en sera apporté, dont sera fait registre par l'un des Echevins à ce commis.

Ne sera fait magasin ni entrepôt de ladite marchandise.

3. Tous charbons amenés par rivière seront entièrement vendus dans les bateaux qui les auront voiturés, et ceux amenés par charrettes et bannes, incessamment conduits ès places à ce destinées, sans

qu'il soit loisible de faire aucun entrepôt ou magasin de ladite marchandise, sans permission expresse des Prévôt des marchands et Echevins, ni faire séjourner lesdites charrettes et bannes dans les hôtelleries et autres lieux de cette ville et faubourgs, à peine de confiscation.

De la vente du charbon arrivé à somme et sur chevaux.

4. Pourront les marchands forains qui amènent charbon à somme et sur chevaux, le vendre aux bourgeois et artisans non regrattiers, par les rues et sur leurs chevaux, dans des sacs qui seront de la moison et continence de mine, minot ou demi-minot, et au prix qu'il y sera mis par les Pévôt des marchands et Echevins ; et afin que le public en puisse avoir connaissance, seront tenus de ne charger leurs chevaux que de sacs qui soient de même continence, et d'avoir sur le bat de leurs chevaux des plaques de fer-blanc, sur lesquelles seront inscrits la continence des sacs et le prix du charbon, à peine de confiscation de ladite marchandise pour la première fois, et l'interdiction du commerce pour la seconde ; et a1 cas que l'acheteur prétende qu'il y ait défaut en la quantité, pourra appeler les jurés-mesureurs pour en faire faire la mesure, dont sera dressé procès-verbal, sur lequel sera pourvu par lesdits Prévôt des marchands et Echevins, ainsi qu'il appartiendra.

Ne vendre le charbon plus que la taxe.

5. Ne sera la marchandise de charbon vendue sur les

ports et places à plus haut prix que la taxe, et pour
la donner à connaître aux acheteurs, seront les jurés-
mesureurs tenus apposer par chacun jour à chacun
bateau qui sera en vente, et aux places publiques,
quand il s'y fera débit de ladite marchandise, une
banderolle contenant ladite taxe, à peine d'amende
contre lesdits jurés-mesureurs départis pour la mesure
desdits charbons, et d'être responsables en leurs noms
des dommages et intérêts de l'acheteur en cas de
survente.

Vente de charbon à petite mesure.

6. Les chandeliers, fruitiers, femmes de gagne-
deniers, vulgairement appelés les garçons de la pelle,
et tous autres, à l'exception des plumets des jurés-
porteurs de charbon et de leurs femmes, pourront
vendre du charbon à petites mesures, à la charge qu'ils
ne pourront avoir en leurs maisons, plus grande
quantité que de six mines à la fois, y compris leur
provision, à l'exception des femmes desdits garçons
de la pelle, qui se trouveront avoir récemment vidé
quelque Bateau-Foncet, chargé de charbon qui leur
aura été donné en paiement de leurs salaires, pour le
débit de laquelle quantité ils auront un mois, après
lequel ce qui se trouvera excéder les six mines à eux
ci-dessus accordées, sera rapporté sur les places publiques pour y être vendu.

Les regrattiers se serviront de mesures étalonnées.

7. Ne pourront, lesdits regrattiers, vendre aucun
charbon à plus grande mesure que le boisseau; à eux
joint de se servir de mesures étalonnées et marquées

à la lettre de l'année, et d'avoir, en leurs boutiques et étalages, une pancarte contenant le prix de chacune desdites mesures, dans lesquelles ils débiteront lesdites marchandises, à peine d'amende pour la première fois, et d'être exclus de pouvoir continuer le regrat de ladite marchandise, pour la seconde.

Du charbon de terre.

8. Le charbon de terre, amené tant d'Amont que d'Aval-l'Eau en cette ville, sera conduit aux ports à ce destinés, pour y demeurer ; savoir, celui qui appartiendra aux marchands forains, jusqu'à ce qu'il ait été entièrement vendu. Et seront, tous artisans et forgerons, préférés en l'achat de ladite marchandise, aux marchands de Paris qui en font trafic ; et à l'égard du charbon qui se trouvera appartenir aux marchands de Paris, tiendra port pendant trois jours, pour être pareillement vendu aux artisans et forgerons qui en auront besoin, sans que pendant ledit temps lesdits marchands de Paris en puissent acheter, et ledit temps passé, sera loisible auxdits marchands de Paris, propriétaires dudit charbon, de faire conduire ladite marchandise en leurs maisons, sans néanmoins qu'elle puisse y être vendue à plus haut prix que celui auquel la vente s'en fera sur les ports.

Le prix du charbon de terre ne doit être augmenté.

9. Quand le prix aura été mis au charbon de terre à l'ouverture de la vente, ledit prix ne pourra être augmenté, sous quelque prétexte que ce soit ; et si, dans le cours de la distribution le marchand fait rabais, il sera, en ce cas, tenu de continuer la vente au

dernier et moindre prix, à peine de confiscation desdites marchandises, et d'amende arbitraire ; et les
jurés-mesureurs tiendront registre du prix auquel la
vente du charbon de terre aura été commencée, et
aussi du rabais, pour y avoir recours quand besoin
sera.

CHAPITRE XXII.

Concernant la fonction des Jurés-Mesureurs de charbon.

Les jurés-mesureurs exerceront en personne.

Art. 1.er Les jurés-mesureurs de charbon se trouveront, aux jours et heures de vente, sur les ports et
places où ils auront été départis par les procureurs-
syndics de leur communauté, pour mesurer les charbons de bois et de terre, sans souffrir qu'il soit fait
aucune mesure par les garçons de la pelle, qu'en leur
présence, à peine d'interdiction contre l'officier, et
de privation de ses droits.

*Les mesureurs tiendront registres des charbons
qui seront amenés.*

2. Les procureurs-syndics de ladite communauté,
nommeront deux desdits mesureurs pour se trouver
assiduement en leur chambre par chacune semaine,
pour y recevoir les déclarations des marchands, tant
de Paris que forains, et enregistrer les lettres de voiture qui leur seront représentées ; seront, les procureurs-syndics, aussi tenus de nommer deux autres de

leurs compagnons, pour faire, par chacun jour, le contrôle desdites marchandises sur les ports, en faire le rapport au bureau, et faire mettre le prix audit charbon sur l'échantillon qui y sera apporté par les jurés-porteurs ou leurs garçons.

Mesureur préposé à un bateau, ne pourra le quitter qu'il n'ait été vidé.

3. Quand un mesureur aura été départi par les procureurs-syndics à un bateau de charbon de bois et de terre, il ne pourra entreprendre nouvelle besogne, que ledit bateau n'ait été entièrement vidé.

Les mesureurs feront rapport au bureau de la Ville, s'ils reconnaissent de la défectuosité en ladite marchandise.

4. Si dans le cours de la vente le mesureur départi à aucun bateau reconnaît le charbon être de moindre qualité dessous que dessus, et être différent du premier échantillon sur lequel il a été mis à prix, il sera tenu de le dénoncer au procureur du Roi et de la Ville. pour sur son réquisitoire être pourvu par les Prévôt des marchands et Echevins, et ce à peine d'interdiction contre l'officier.

CHAPITRE XXIII.

Concernant les fonctions des Jurés-Porteurs de charbon.

Jurés-porteurs doivent se trouver sur les ports.

ART. 1er. Les jurés-porteurs de charbon se trouveront par chacun jour aux ports et places auxquelles
ils auront été départis, pour faire le portage du
charbon acheté par les bourgeois, à peine d'être privés
de leurs émolumens.

Porteront on feront porter au bureau de la Ville les échantillons dudit charbon.

2. Seront les procureurs-syndics de la communauté
tenus de départir deux d'entr'eux pour porter ou faire
porter les échantillons au bureau de la Ville, et être
présents aux rapports qui y seront faits par lesdits
mesureurs, pour être les charbons mis à prix, et
registrés sur le registre des arrivages.

Les porteurs de charbon pourront se faire aider audit portage de charbon.

3. Pourront lesdits jurés-porteurs de charbon, conformément aux édits et déclarations, s'aider de gagne-
deniers, dits plumets, pour le transport de ladite
marchandise, à la charge de les payer de leurs deniers, sur les droits à eux attribués pour ledit portage.

Lesdits porteurs responsables des exactions
faites par leurs plumets.

4. Demeureront lesdits jurés-porteurs responsables
des exactions qui pourraient être commises par lesdits
plumets, et seront solidairement condamnés à la restitution de ce qu'ils auraient exigé au par-dessus la
taxe, pourquoi seront toutes dénonciations reçues,
et le tiers des amendes adjugé au dénonciateur.

Défenses aux plumets d'ôter du charbon des sacs,
le mélanger, ni rien exiger des bourgeois.

5. Défenses aux plumets desdits porteurs de rien
ôter des sacs de charbon qui auront été mesurés, et
qu'ils porteront, et d'y faire mélange de braise et de
charbons d'autre qualité, ni de recevoir des bourgeois
aucune chose au par-dessus de huit sous attribués
auxdits porteurs, sous quelque prétexte que ce soit,
même de gratification, à peine du fouet.

CHAPITRE XXIV.

Lettres-patentes du Roi portant qu'à la diligence des Prévôt des marchands, et Echevins, il sera fondu de nouveaux étalons, de minot, demi-minot, boisseau, demi-boisseau, quart, demi-quart, litron, demi-litron (1).

Données à Saint-Germain-en-Laye, au mois d'octobre 1669.

LOUIS, par la grâce de Dieu, Roi de France et de Navarre : à tous présents et à venir, SALUT. Nos chers et bien amés les Prévôt des marchands et Echevins de notre bonne ville de Paris, nous ont très-humblement représenté, qu'en exécution d'un arrêt rendu par notre cour de Parlement de Paris, du 3 août dernier, qui ordonne que par-devant deux conseillers de ladite Cour, il serait procédé à la vérification des mesures, dont on se servait pour le débit

_____

(1) Ce titre est autrement disposé dans l'édition ordinaire de l'ordonnance de la Ville. Il est ainsi conçu :

Contenant les Edits et Déclarations, Arrêts et Réglements sur les étalonnages des mesures.

Mais comme nous avons reconnu que ces réglements étaient absolument spéciaux, en ce qu'ils ordonnent à chaque profession faisant usage de mesures, de les soumettre à l'étalonnage ordonné par les lettres-patentes d'octobre 1669, nous n'avons donc dû conserver du chapitre XXIV, tel qu'il se trouve dans l'édition de 1676, in-folio de l'ordonnance de la Ville, que les lettres-patentes, comme base du droit de police en cette partie.

des grains, sur les étalons originaux étants en l'Hôtel-
de-Ville ; et qu'ils entendraient des marchands de
grains, boulangers et autres notables bourgeois, sur
les moyens de rendre lesdites mesures plus justes et
plus égales qu'elles n'étaient, et réduire les mesures
à avoine à celles du bled, pour empêcher les fraudes
qui s'y faisaient, et faire cesser les plaintes que les
bourgeois, boulangers, fermiers et marchands forains auraient portées auxdits Prévôt des marchands
et Echevins, et dont ils auraient donné avis à notredite cour, pour y être pourvu ; procès-verbal aurait
été dressé par lesdits commissaires, ledit procès verbal
portant qu'il est impossible de rendre les mesures à
grains égales, tant qu'on se servirait des étalons anciens composés de plusieurs pièces, et qu'on ferait
l'épalement des mesures de bois sur lesdits étalons,
en la manière prescrite par les 2.ᵉ, 3.ᵉ et 4.ᵉ articles
du cinquante-septième chapitre des ordonnances de
la prévôté des marchands et échevinages de notredite
Ville de Paris (1) ; comme aussi que la diversité des
mesures à bled et avoine donnait occasion de tromper
le public, en se servant du minot ou boisseau à bled
pour le débit de ladite marchandise d'avoine, et que
l'usage des mesures combles serait toujours incertain ;
pour à quoi remédier les notables bourgeois, marchands de grains, boulangers, jurés-mesureurs de sel,

---

(1) Il est question des *ordonnances royales sur le fait et juridiction de la prévôté des marchands et échevinage de la ville
de Paris*, formées de soixante-trois *chapitres* ou ordonnances différentes données depuis février 1415 jusqu'en avril 1515 : le tout
ensemble réuni a été imprimé en 1556.

étallonneurs des mesures, et les jurés-mesureurs de grains, entendus dans ledit procès-verbal, auraient été unanimement d'avis de faire fondre de nouveaux étallons, d'une seule pièce, du minot, boisseau, demi-boisseau, quart, demi-quart, litteron et demi-litteron, de se servir des mêmes mesures à bled pour la distribution de l'avoine, dont le septier serait composé de huit minots radés, sans grains sur bord, et que les mesures de bois seraient épallées sur lesdites mesures originales, par le moyen de la trémie, toutes lesquelles mesures étant radées, contiendront la même quantité de grains que contenaient lesdites mesures combles ; duquel procès-verbal rapport ayant été fait en ladite Cour, par les commissaires d'icelle, elle aurait ordonné par son arrêt du neuvième septembre dernier, que les exposants se retireraient pardevers Nous, pour obtenir nos lettres, pour la réformation des matrices et originaux des étallons des mesures à grains qui sont en l'hôtel de ladite ville ; ensemble de la forme et manière de procéder à l'étallon des mesures de bois servant à la distribution des grains, sur les ports et marchés de ladite ville, et à la réduction desdites mesures à grains, suivant le procès-verbal. A ces causes, de l'avis de notre conseil, qui a vu ledit arrêt du trois août dernier ; le procès-verbal fait en exécution d'icelui ; ensemble l'arrêt rendu sur ledit procès-verbal le neuf dudit mois de septembre ; le tout ci-attaché sous le contre-scel de notre chancellerie, et de notre certaine science, pleine puissance et autorité royale ; nous avons abrogé, et par ces présentes signées de notre main, abrogeons la manière de faire l'étallon des mesures à grains, portées

par le cinquante-septième chapitre de nos ordonnances, sur le fait de la jurisdiction de ladite ville;
et, par notre présent édit perpétuel et irrévocable,
ordonnons, voulons et nous plaît, qu'à la diligence
desdits Prévôt des marchands et Échevins, il
soit fondu un nouveau minot étalon à bled, qui
contiendra pareille quantité de grains, que les mesures dont on s'est servi jusqu'à présent pour le composer, et qu'il soit pareillement fondu de nouveaux
étalons de boisseau, demi-boisseau, quart, demi-
quart, litteron et demi-litteron, qui seront de telle
continence, que le grain qui composait le comble,
selon l'usage ci-devant gardé, y soit contenu; tous
lesquels étalons et mesures matrices, seront déposés
en la chambre des jurés-mesureurs de sel, étalonneurs
desdites mesures, étant dans l'hôtel commun de ladite ville, pour, sur iceux, faire l'épallement des mesures de bois qui serviront à la distribution de toutes
natures de grains, par le moyen de la trémie, ainsi
qu'ils s'en servent pour l'étalon des mesures à sel, à
l'effet duquel étalon du minot à bled, ils mettront,
dans ladite trémie, la quantité d'un minot et demi
de grains de millet, et non autres, qu'ils laisseront
couler dans ladite mesure matrice, jusqu'à ce qu'elle
soit comble, et sera ensuite par eux radée, sans laisser
grains sur bord, et le grain trouvé dans ladite mesure,
renversé dans ladite trémie pour une seconde fois,
pour en emplir de nouveau ladite mesure matrice,
qui sera de rechef radée sans laisser grains sur bord,
et, ce qui se trouvera de grains dans ladite matrice,
sera, par ladite trémie, versé dans ladite mesure de
bois, qui devra être étalonnée; et quand ladite me-

sure de bois se trouvera être de bonne continence et
de la moison dudit étalon original, elle sera marquée
à la lettre courante de l'année, ce qui sera toujours
fait par le même officier qui aura commencé de faire
ledit étalon; et à l'égard des mesures moindres que le
minot, l'étalon s'en fera pareillement en la manière
ci-dessus, sur la même proportion; et pour obvier aux
fraudes que peuvent faire les greneliers, et autres
vendants grains à petites mesures, lesquels, après avoir
fait faire l'étalon desdites mesures, pourraient la diminuer, voulons que lesdits mesureurs de sel mar-
quent lesdites mesures au fond, d'une fleur de lis, et
de l'autre côté, au dehors à l'extrémité, de ladite
lettre courante de l'année; et, pour ôter toutes occasions aux marchands de tromper le public dans le débit des marchandises d'avoine, voulons qu'elle soit, à
l'avenir, distribuée dans les mesures à bled. Faisons
défenses auxdits jurés-mesureurs de grains, d'en mesurer que par le minot à bled, et de se servir des autres minots à avoines, et aux maîtres grainiers, d'en
vendre que dans lesdites mesures à bled; et d'autant
que pour faire le septier d'avoine, l'on avait accoutumé de fournir sept minots à bled, dont le dernier
était comble; que par les épreuves qui ont été faites,
il faut le double de la mesure d'avoine pour faire le
même poids du bled, et que le septier d'avoine revient
à vingt-deux boisseaux à bled, nous avons ordonné que
le septier d'avoine sera, dorénavant, composé de vingt-
quatre boisseaux à bled; voulons que la distribution
desdits grains soit faite en la manière accoutumée,
par muid, septier, minot et boisseau; et afin que lesdites mesures puissent être égales, voulons que lesdits

jurés-mesureurs, ensemble lesdits grainiers, et autres faisant commerce de grains, fassent apporter en l'hôtel de ladite ville, dans les premiers quinze jours du mois de juin de chacune année, leursdites mesures, pour être vérifiées sur les étallons originaux, et marquées à la lettre de l'année : Faisons défenses aux jurés-mesureurs de grains, et à toutes autres personnes de se servir pour mesurer les grains, et en faire le débit, de mesures qui ne soient de moison marquées à la lettre de l'année, à peine contre lesdits mesureurs de grains, de cinq cents livres d'amende pour la première fois, et d'interdiction pour la seconde, et aux marchands grainiers de pareille amende pour la première fois, et d'interdiction du commerce pour la seconde. SI DONNONS EN MANDEMENT à nos amés et féaux conseillers les gens tenant notre cour de Parlement à Paris, que ces présentes ils aient à registrer, et le contenu en icelles garder et observer, cessant et faisant cesser tous troubles et empêchemens qui pourraient être mis ou donnés, nonobstant toutes ordonnances, arrêts et réglemens contraires, auxquels nous avons dérogé et dérogeons par ces présentes : CAR tel est notre plaisir. Et afin que ce soit chose ferme et stable à toujours, nous avons fait mettre notre scel à cesdites présentes. DONNÉ à Saint-Germain-en-Laye au mois d'octobre l'an de grâce mil six cent soixante-neuf, et de notre règne le vingt-septième. *Signé,* LOUIS; *et plus bas,* par le Roi, COLBERT. Et à côté, *visa,* SEGUIER, pour servir à l'édit pour l'étallonnage et égalité des mesures à bled avec celles de l'avoine. Et scellées du grand sceau de cire verte, sur laes de soie rouge et verte.

CHAPITRE XXV.

Concernant les fonctions des Jurés-Mesureurs de sel, Etalonneurs de mesures de bois, et Compteurs de salines sur la rivière.

Les jurés-mesureurs de sel seront départis par le boursier de la communauté.

ART. 1.er Les jurés - mesureurs de sel étant créés pour différentes fonctions, le boursier de la communauté sera tenu, le dernier jour de chacun mois, faire le département pour la distribution desdits officiers à chacune fonction, et l'afficher dans leur chambre ; enjoint à tous lesdits officiers de s'y trouver ledit jour de relevée, pour prendre leur département, et rendre le service au public avec assiduité.

De la fonction desdits jurés-mesureurs de sel.

2. Ceux desdits officiers qui seront départis pour faire le mesurage des sels, se trouveront, tan dans les bateaux qu'au grenier, pour y faire leurs fonctions.

Des Étalonneurs de mesures.

5. Lesdits mesureurs de sel, départis pour l'épallement des mesures de bois, y procéderont en la forme prescrite par la déclaration du Roi, du mois d'octobre 1669, arrêt de la Cour du 29 avril 1670, et ordonnances de la Ville, des 29 décembre en suivant,

24 mars 1671, et arrêt du parlement du 24 juillet audit an.

Des compteurs de salines.

4. Lesdits officiers départis pour le comptage des salines, seront tenus de faire en personne, le compte desdites marchandises, et se trouver, à la décharge d'icelles, depuis le premier octobre jusqu'au dernier février inclusivement, depuis sept heures du matin jusqu'à midi, et depuis deux heures de relevée jusqu'à cinq heures du soir; et du premier jour de mars jusqu'au dernier septembre, depuis six heures du matin jusqu'à midi, et, depuis deux heures de relevée, jusqu'à sept heures du soir.

Tiendront registres des déclarations faites par les marchands, et des quantités des marchandises qui auront été enlevées.

5. Ceux desdits officiers qui travailleront à compter lesdites marchandises de salines, commettront quelques-uns d'entre eux pour recevoir les déclarations des marchands de salines, et tenir registres des quantités des marchandises qui auront été enlevées pour chacun marchand, et le nom du charretier qui aura été chargé d'en faire la voiture.

De la visite des mesures ès maisons des regrattiers.

6. Afin que le public ne soit point trompé en la mesure, par ceux qui font regrat des marchandises de grains et farines, fruits et légumes, les jurés-mesureurs de sel seront tenus, par chacune année, de

prendre commission des Prévôt des marchands et
Échevins, pour faire leur visite en la ville, prévôté
et vicomté de Paris, ès maisons des marchands et regrattiers desdites marchandises ; et, au cas qu'ils
trouvent quelques mesures non étalonnées, ni marquées à la lettre de l'année, ou corrompue et altérée,
pourront les saisir, et assigner, pardevant lesdits Prévôt des marchands et Échevins, les contrevenants,
pour y être pourvu à la diligence du procureur du
Roi et de la ville ; et seront, pour ladite visite, payés
des droits qui leur seront attribués, et seront tenus
de mettre les procès-verbaux desdites visites, ès mains
du procureur du Roi et de la ville, pour y être
pourvu.

Les étalons des mesures, conservés et gardés
à l'Hôtel de Ville.

7. Les étalons pour l'épallement des mesures à sel,
et ceux servants à l'épallement des mesures de bois,
pour la distribution des grains, fruits et légumes,
fondus en exécution des lettres-patentes du mois d'octobre 1669, l'étalon du minot à charbon, fait en
exécution de l'arrêt de la Cour, du 24 juillet 1671,
et l'ancien étalon de demi-minot, servant à la distribution du charbon de terre; ensemble le boisseau,
demi-boisseau, quart et demi-quart anciens, pour la
distribution du charbon à petites mesures, demeureront en la chambre desdits mesureurs de sel, étant en
l'hôtel de Ville, et y seront soigneusement conservés
et gardés dans des armoires fermantes à deux clefs,
dont l'une sera mise ès mains du plus ancien de ceux qui

seront départis pour faire lesdits épallemens, et l'autre, ès mains du dernier reçu, aussi préposé pour ledit travail.

_____

CHAPITRE XXVI.

Concernant la fonction des Porteurs, Briseurs et Courtiers de sel.

_____

De la fonction des porteurs de sel.

ART. 1.er Les jurés-hannouards porteurs de sel, porteront le sel, tant du bateau au grenier, que du grenier ès maisons des bourgeois, et seront tenus de fournir, aux jurés-mesureurs, de radoires.

De la fonction des briseurs de sel.

2. Les jurés-briseurs de sel découvriront le sel dans les bateaux, le briseront et le mettront en tas, le rebrousseront, tant dans les bateaux que greniers, pour faire le chemin aux jurés-mesureurs et porteurs, et fourniront des pelles pour mettre le sel dans la trémie.

De la fonction des courtiers de sel.

3. Fourniront, les courtiers de sel, les minots pour mesurer le sel, et les toiles et bannes pour mettre sous lesdits minots.

CHAPITRE XXVII.

Concernant la fonction des Courtiers de lard et graisse.

———

Visiteront les lards et graisses.

ART. 1.er Les jurés-courtiers de lards et graisses, déchargeront et empileront lesdites marchandises ès lieux et places où elles se vendent ordinairement, les visiteront èsdits lieux, mettront à part celles qu'ils trouveront défectueuses, et feront leurs rapports des qualités desdits lards et graisses, pour être ordonné ce qu'il appartiendra.

Seront responsables de la qualité envers l'acheteur.

2. Si aucun s'est servi, pour l'achat desdits lards et graisses, du ministère desdits courtiers, en cas que lesdites marchandises se trouvent défectueuses, ledit courtier en demeurera responsable vers l'acheteur.

Le courtier, garant de la solvabilité de l'acheteur.

3. Le courtier qui aura fait vendre lesdites marchandises, demeurera garant envers le marchand, de la solvabilité de l'acheteur.

CHAPITRE XXVIII.

Concernant les fonctions des Jurés-Visiteurs et Mesureurs d'Aulx, oignons et autres fruits et gueldes.

Les marchandises seront mesurées dans les nouvelles mesures.

ART. 1.er Les jurés-visiteurs et mesureurs d'aulx, oignons, noix, noisettes, châtaignes, et autres fruits et gueldes, seront tenus d'avoir des mesures de la continence marquée à la marque de l'année, pour mesurer lesdites marchandises qui se vendront au minot, et feront, lesdits officiers, la visite desdites marchandises ; et, en cas de défectuosité, le dénonceront au procureur du Roi et de la Ville, pour y être pourvu par les Prévôt des marchands et Échevins.

Les regrattiers ne vendront lesdites marchandises qu'aux petites mesures.

2. Les regrattiers desdites marchandises, ne les pourront vendre et débiter qu'au boisseau, demi-boisseau, quart, demi-quart, litteron, demi-litteron, et, s'ils en vendent plus grande quantité, seront tenus d'y appeler lesdits visiteurs et mesureurs, à peine d'amende.

Que compte sera fait des oignons vendus à la botte
par lesdits mesureurs.

3. Et d'autant que lesdits oignons sont souvent mis
en bottes, dont douze composent la glaine, lesdits
jurés-mesureurs en feront le compte, pourquoi seront
payés des droits à eux attribués.

Les mesureurs de gueldes fourniront de pelles,
radoires et minot.

4. Les jurés-mesureurs de gueldes pour les droits
qui leur sont attribués, doivent, outre leurs peines,
fournir d'une mesure de minot étalonnée, de pelle
et radoire, pour s'en servir à la mesure desdites marchandises.

CHAPITRE XXIX.

Concernant le plâtre cru, chaux, pierre,
moellon, carreaux de grais et ardoises,
venant par la rivière, pour la provision de
Paris, et qui se vendent sur les ports de
ladite ville.

Plâtre, chaux, pierre, moellon, carreaux de grais
et ardoises.

ART. 1er. Les marchandises de plâtre, chaux,
pierre, moellon, carreaux de grais et ardoises, ne
pourront être déchargées qu'aux ports de leurs desti-

nations, sans permission des Prévôt des marchands et Échevins, à peine d'amende.

Des toiseurs de plâtre.

2. Les toiseurs de plâtre seront tenus d'avoir bonnes mesures et d'empêcher qu'il ne soit vendu aucun plâtre défectueux, à peine d'interdiction de leurs charges.

Des mesureurs et porteurs de chaux.

3. Les jurés-mesureurs de chaux seront tenus de faire bonne mesure desdites marchandises, et empêcher qu'il n'en soit exposé en vente, qu'elles ne soient bonnes, loyales et marchandes, et avant qu'elles aient été mises à prix par lesdits Prévôt des marchands et Échevins de ladite ville, à eux enjoint d'avertir les acheteurs de ladite taxe, et de tenir la main à ce qu'elle soit exécutée, et de dénoncer les contraventions, à peine d'interdiction : Fait défenses auxdits jurés-mesureurs et porteurs de chaux, de faire commerce de ladite marchandise, et de se faire payer plus grands droits que ceux qui leur sont attribués.

De la moison des ardoises.

4. Les marchands trafiquants d'ardoises pour la provision de Paris, ne pourront en faire venir que de deux qualités, savoir : de la quarrée forte, qui aura dix et onze pouces de longueur, sur six à sept pouces de largeur, et de deux lignes d'épaisseur, sans être traversine ni mêlée de fine ; et de la quarrée fine, qui aura douze à treize pouces de largeur et une ligne d'épaisseur, et sera ladite ardoise de quartier fort

et sonnant, et la pierre dont lesdites qualités d'ardoise seront faites, sera tirée de la troisième foncière de chacune mine ou perrière, à peine de confiscation desdites marchandises.

Défenses à tous marchands trafiquants de la marchandises d'ardoise, de les mélanger.

5. Pour prévenir le mélange de l'ardoise quarrée forte avec la fine, fait défenses aux marchands et voituriers, de mettre confusément dans les bateaux ou magasins, les ardoises de différentes qualités, à eux enjoint de les mettre par piles séparées, à peine de confiscation desdites marchandises.

Qu'il sera fait arrivage des ardoises.

6. Seront les jurés du métier de couvreur, tenus conformément à l'arrêt de la Cour du 5 août 1669, venir faire au bureau da la Ville leur rapport des quantités et qualités des ardoises, qui seront arrivées à chacun marchand, représenter les échantillons que les marchands y auront fait apporter pour en être fait registre par l'un des Échevins, et être taxées au prix porté par le susdit arrêt, quand elles se trouveront des échantillons ci-dessus spécifiés : Défenses auxdits marchands d'exposer en vente, ou enlever du port lesdites marchandises d'ardoises, que les échantillons n'aient été apportés au bureau de la Ville, à peine de confiscation.

CHAPITRE XXX.

Concernant les Courtiers de chevaux de la marchandise de l'eau.

De leurs fonctions.

Art. 1er. Les courtiers de chevaux de la marchandise de l'eau, seront tenus de billier les cordes ser ait à monter les bateaux, coches, et traits, les visiter pour connaître si le nombre des chevaux destinés pour en faire le montage est suffisant ; et au cas qu'ils trouvent à propos de renforcer de chevaux, seront tenus de le dénoncer aux principaux voituriers, et sur leur refus, d'en faire la dénonciation au procureur du Roi et de la Ville, pour y être pourvu. Seront aussi lesdits courtiers tenus, quand ils en seront requis par les voituriers, de leur faire fournir les chevaux dont ils auront besoin, à la charge de payer par les voituriers le prix qui sera convenu entre eux et le propriétaire desdits chevaux et charretiers.

Visiteront les bateaux et obligeront les voituriers à les faire réparer.

2. Afin qu'il n'arrive aucun inconvénient par l'avarice des voituriers, qui se servent souvent de bateaux défectueux, seront lesdits courtiers de traits tenus de les visiter, et de faire tirer des traits ceux qui se trouveront défectueux, et incapables de faire voitures, sans souffrir qu'ils soient remontés ou descendus,

qu'ils n'aient été radoubés et rétablis ; et en cas qu'il se trouve bateaux hors d'état de pouvoir être rétablis, pourront les faire tirer hors de l'eau, après dénonciation faite au procureur du Roi et de la Ville, et sommation aux propriétaires desdits bateaux, en leurs domiciles, ou de leur garde-bateaux ; et seront lesdits bateaux, à la diligence du procureur du Roi, marqués du marteau de la marchandise pour être dépecés, et les deniers provenants du débris remis en justice, à la conservation de qui il appartiendra.

Défenses auxdits courtiers d'être charretiers, voituriers par eau, gardes-bateaux, ni cabaretiers.

3. Défenses auxdits courtiers de traits, d'être charretiers, voituriers par eau, gardes-bateaux, loueurs de chevaux, ni cabaretiers, à peine d'amende.

CHAPITRE XXXI.

Concernant les rentes assignées sur l'Hôtel de Ville de Paris.

Les payeurs de rentes tenus faire parapher les feuilles.

ART. 1er. Avant les ouvertures des bureaux pour le paiement des rentes, le greffier présentera à chacun des Échevins, un extrait de leur département pour le fait des rentes, au paiement desquelles ils seront tenus d'assister et de veiller. Parapheront lesdits Échevins, chacun en leur département, la feuille des payeurs et receveurs, tant celle qui aura été par eux dressée sur les quittances qui leur auront été fournies, que celles qu'ils dresseront sur les quittances qui leur seront apportées pendant le cours du paiement.

Les payeurs de rentes feront en personnes les paiemens des rentes, et au bureau de l'hôtel-de-Ville, et non par certification.

2. Les receveurs et payeurs des rentes de toutes natures, feront en personnes la fonction de leurs charges, et paieront en l'hôtel-de-Ville et non en leurs maisons, les arrérages, tant du courant que des quartiers passés, en présence des contrôleurs : Défenses auxdits payeurs de faire aucuns paiemens desdites rentes par certifications, à peine de nullité desdits paiemens.

Les payeurs distribueront le fond entier qu'ils auront reçu des fermiers du Roi, ou receveur général du Clergé.

3. Lesdits payeurs distribueront par chacune semaine, le jour de leur paiement, le fond entier qu'ils auront reçu des fermiers du Roi, ou receveur général du clergé pour le courant desdites rentes, et dont ils auront donné leurs récépissés, contrôlés par le contrôleur de la partie, conformément à l'arrêt du conseil du 30 avril 1668, et seront tenus lesdits payeurs faire l'appel de leurs feuilles, suivant l'ordre de l'alphabet.

Du paiement des débets des payeurs, tant en exercice
que hors d'exercice.

4. Après le paiement du courant fait par les payeurs,
ils seront tenus de payer les débets de leurs exercices
précédents ; et se trouveront, les payeurs, hors d'exercice en l'hôtel-de-Ville à l'issue des paiemens ordinaires, pour payer aussi les débets de leurs exercices,
dont les quittances et décharges leur auront été fournies huit jours auparavant.

Des contraintes pour paiement d'arrérages des rentes.

5. Tous huissiers, porteurs d'arrêts, jugemens ou
sentences, portant condamnation contre les payeurs
des rentes, de vider leurs mains des arrérages desdites
rentes, seront tenus se rendre audit hôtel-de-Ville aux
jours ordinaires des paiemens, pour exécuter lesdites
condamnations, et recevoir les arrérages desdits paiemens en la manière accoutumée ; et, au préalable, seront tous huissiers et sergens, porteurs desdites contraintes, tenus les communiquer huitaine auparavant
auxdits payeurs, leur laisser copie, et en cas de refus
par le payeur, lui sera donné assignation au lendemain pardevant les Prévôt des marchands et Échevins, pour être la cause jugée sur-le-champs, et le
payeur contraint de payer sans déport en cas de témé-
raire contestation, et où le payeur fût défaillant de
comparoir, ou serait absent, et en ce cas permis aux
huissiers ou sergens de contraindre ledit payeur par
tout où il sera trouvé.

Des paiemens qui seront faits à autres personnes qu'aux propriétaires des rentes.

6. Pour empêcher que les rentiers ne reçoivent préjudice de la facilité que l'on a eue jusqu'à présent, de payer en l'hôtel-de-Ville à tous ceux qui répondaient à l'appel des parties, sans prendre connaissance de l'ordre ou pouvoir qu'ils en avaient des propriétaires, dont il y eu plusieurs plaintes, défenses sont faites à toutes personnes, à peine de punition corporelle, de s'immiscer à recevoir aucuns arrérages pour les rentiers qu'ils n'en aient d'eux charge et pouvoir suffisant, et qu'ils ne soient connus et domiciliés, et seront tenus tous porteurs de procurations pour recevoir et donner quittances des arrérages desdites rentes, les faire renouveler de quatre ans en quatre ans, et contiendront lesdites procurations renouvelées, compte ou décharge générale de tous les arrérages échus au précédent, et notamment du dernier quartier ; défenses aux receveurs et payeurs des rentes, de faire aucun paiement qu'à personnes connues ou domiciliées, et aux conditions ci-dessus.

Des contrôleurs des rentes.

7. Seront tenus les contrôleurs des rentes de se trouver en l'hôtel-de-Ville aux jours et heures des paiemens pour y faire leur fonctions ; défenses à eux de s'immiscer à faire le contrôle d'une autre partie que de celle dont ils sont officiers, à peine de faux, et d'interdiction de leur charge ; et en cas d'absence, maladie ou autre empêchement légitime, seront tenus d'en donner avis aux Prévôt des marchands et Échevins pour y être pourvu.

Les contrôleurs enregistreront les contrôles.

8. Lesdits contrôleurs tiendront contrôle exact de tous les paiemens qui seront faits en l'hôtel-de-Ville, lesquels ils écriront dans un registre relié sans intermission, ni blanc, dont les feuilles seront cotées et paraphées par le Prévôt des marchands, ou par celui des Échevins qui aura le département desdites rentes, et seront tenus de faire mention au commencement de leur registre, de la partie et du quartier, dont sera fait paiement; de signer sur leur registre en fin de chacun contrôle, d'en donner une expédition d'eux signée au payeur de la partie, et de fournir, à l'issue dudit paiement, auxdits Prévôt des marchands et Échevins, un certificat de la somme que le payeur aura reçue du fermier du Roi, ou receveur général du clergé, et de ce qu'il aura actuellement payé aux rentiers. Seront en outre tenus lesdits contrôleurs d'inscrire dans leurs registres par contrôles séparés, les paiemens des débets qui seront faits, tant par le payeur en exercice, que par son compagnon d'office hors d'exercice, et de faire mention des quartiers qui auront été payés.

Les payeurs des rentes donneront des états de leurs débets, et les contrôleurs copies des contrôles.

9. Les receveurs et payeurs desdites rentes assignées sur les fermes, seront tenus de mettre, un mois après fin de chacune des deux ouvertures de bureau, pour le paiement des rentes, portées par les déclarations des mois de décembre 1664 et janvier 1665, et les payeurs des rentes du clergé, un mois après chacun quartier

expiré, ès mains du Prévôt des marchands, un état d'eux signé, et certifié des bébets de leur exercice, sur lequel ils manqueront les parties saisies, et fourniront pareillement, les contrôleurs, copies d'eux signées du contrôle des paiemens faits, pour être lesdits états de débets et contrôles mis et déposés au greffe de la Ville, après avoir été examinés par le Prévôt des marchands.

Les Prévôt des marchands et Échevins assisteront au paiement desdites rentes.

10. Et d'autant que la présence des magistrats est le meilleur moyen de maintenir les réglemens, le Prévôt des marchands aura soin d'assister souvent au paiement des rentes pour y recevoir les plaintes et les avis des rentiers, et seront les Échevins tenus d'être assidus à la distribution des rentes, auxquelles ils auront été départis, pour faire faire l'appel et les paiemens, et régler les contestations, si aucunes surviennent sur-le-champ, ou en faire rapport au bureau.

CHAPITRE XXXII.

Concernant les constructions, réparations et entretenement des portes et remparts, quais, ports, abreuvoirs, et autres ouvrages publics de ladite ville.

Les quartiniers auront soin des portes et remparts

ART. 1er. Les quartiniers auront soin, chacun en

leur quartier, que les portes de la ville soient bien fermantes, et en bon état, que les abords en soient libres, qu'il ne soit fait sur les remparts aucune décharge de terres, ou gravois, ni jeté immondices qui puissent infecter le voisinage : recevront les avis des choses qui peuvent regarder la commodité publique, visiteront les lieux, et de tout feront rapport aux Prévôt des marchands et Échevins de ladite ville, même en dresseront des procès-verbaux, si besoin est, pour y être incessamment pourvu.

Réparations des quais et entretien des ports et breuvoirs.

2. Seront les quais de ladite ville soigneusement rétablis, et à l'instant qu'il y aura réparation à y faire, et les ports et abreuvoirs entretenus en bon état; le pavé d'iceux refait chacune année, et le fond desdits abreuvoirs affermi par des recoupes et cailloutages, et afin que lesdits ports et abreuvoirs soient laissés libres, et que personne ne puisse prétendre cause d'ignorance de l'étendue d'iceux, sera à cet effet planté bornes, et l'étendue desdits ports et abreuvoirs marquée sur des tables de marbre ou de cuivre, qui seront posées aux lieux les plus éminents des quais, vis-à-vis desdits ports et abreuvoirs.

Des fontaines publiques.

3. Afin que les eaux des fontaines publiques puissent venir sans intermission aux regards et lieux de distribution en ladite ville, seront les aqueducs, pierrées, conduits et réservoirs, nétoyés et rétablis soi-

gneusement, tant à la campagne, qu'en ladite ville et faubourgs ; et à cet effet sera tenu le maître des œuvres de ladite ville, faire la visite desdits aqueducs, pierrées, regards et réservoirs, et faire son rapport au bureau de la Ville, de leur état, et des réparations ou accommodemens qui seront à y faire, et de tenir la main à ce que les plombiers et ouvriers qui seront préposés par lesdits Prévôt des marchands et Échevins travaillent fidèlement et exécutent ponctuellement les devis et marchés qui ouront été faits pour lesdits ouvrages.

Du rétablissement des tranchées faites pour réparer les tuyaux.

4. Afin que la voie publique soit moins de temps embarrassée par les tranchées qui seront faites pour le rétablissement des tuyaux des fontaines publiques ou particulières, seront mis ouvriers en nombre suffisant pour le rétablissement desdites tranchées, le même jour qu'elles auront été ouvertes.

De la distribution des eaux.

5. Pour tenir un ordre exact en la distribution des eaux et fontaines publiques, et faire en sorte que le public et les particuliers en reçoivent à proportion de la quantité qui sera conduite à chacun regard, seront les bassinets des particuliers, ouverts par des cuivreaux, qui ne contiendront que la jauge de la concession, et pour empêcher toutes innovations, sera mis, en chacun regard, une plaque de cuivre qui mar-

quera la quantité des eaux, tant du public que des particuliers.

Sera, par chacun mois, tenu conseil au sujet des fontaines.

6. Et afin qu'il soit continuellement pourvu à l'entretien des fontaines, sera fait assemblée par les Prévôt des marchands et Échevins, en l'hôtel de Ville, par chacun mois, si besoin est, en laquelle, en présence des conseillers de ville, commissaires députés pour les eaux, et de quelques personnes notables et intelligentes qui seront appelées, les devis et marchés des ouvrages qui auront été résolus par les Prévôt des marchands et Échevins, seront rapportés ; ensemble les parties des ouvriers qui auront travaillé auxdites fontaines pendant le mois précédent ; et, faute d'avoir, par lesdits ouvriers, fait arrêter leurs parties au moins dans un mois après que les ouvrages auront été parachevés, demeureront déchus du paiement, dont sera mis clauses expresses dans les devis et marchés.

Sera fait visite générale des fontaines.

7. Les Prévôt des marchands, Échevins et commissaires des eaux, se transporteront, avec le procureur du Roi, au moins une fois l'année, au pré Saint Gervais, Belleville et Rungis, pour y faire visiter, en leur présence, les conduites et regards des eaux publiques ; et sera pareillement fait visite des regards de la ville et faubourgs, et, du tout, dressé procès-verbal.

Qu'il sera fait plan et figures des pierrées, puisarts, conduites et regards des fontaines publiques.

8. Pour remédier à ce que le temps ne puisse faire perdre la connaissance des aqueducs, pierrées, conduites et regards, qui ont été faits à la campagne, tant pour les eaux de Belleville que pour celles du pré Saint-Gervais, dans les héritages de plusieurs particuliers, et les conduites de plomb qui sont dans cette ville et faubourgs, seront faits des plans exacts de toutes lesdites pierrées, aqueducs, puisarts, regards et conduites des eaux de source et autres, sur lesquels seront marquées les bornes et autres désignations, étant sur les lieux, qui en peuvent assurer la connaissance pour l'avenir, lesquels plans seront déposés au greffe de la Ville, pour y avoir recours quand besoin sera.

Visite des ponts.

9. Les Prévôt des marchands et Échevins, avec le procureur du Roi et de la Ville, feront, au moins une fois l'année, visite générale des ponts et quais de ladite ville, à laquelle visite seront appelés, avec les maîtres des œuvres et contrôleur de ladite ville, des gens experts pour donner leur avis, de l'état des lieux et réparations à y faire, dont sera dressé procès-verbal, pour y être incessamment pourvu.

De la manière en laquelle seront arrêtés ou entrepris les ouvrages publics.

10. Les ouvrages, soit de réparation ou de nouvelle construction, qui seront résolus et entrepris par les

Prévôt des marchands et Échevins, ne seront point commencés sans un résultat du bureau, et ordre par écrit, signé dudit Prévôt des marchands et Échevins, et du procureur du Roi et de la Ville; et, quand les ouvrages seront considérables, en sera dressé devis par le maître des œuvres, sur lequel seront faites les publications et baux au rabais, et adjudications, dans lesquelles un des Échevins sera nommé et commis pour veiller particulièrement audit ouvrage, et faire exécuter les devis et marchés, même s'il était jugé nécessaire, lesdits Prévôt des marchands et Échevins préposeront un contrôleur particulier, expert, pour y prendre garde, ès mains duquel seront mis les devis et marchés, et ne sera fait aucun paiement auxdits ouvriers, qu'en rapportant lesdits ordres et marchés par écrit.

De la visite des ouvrages.

11. L'Échevin préposé pour avoir soin de quelque ouvrage, se fera assister, dans ses visites particulières, du maître des œuvres et contrôleur de ladite ville, par lesquels il fera dresser, par chacune semaine, des rapports et toisés des ouvrages qui auront été faits, outre lesquelles visites, lesdits Prévôt des marchands et Échevins, en feront, en corps de bureau, le plus fréquemment que faire se pourra.

De l'expédition des mandemens pour les ouvrages.

12. Ne seront expédiés aucuns mandemens par paiemens d'ouvrages, qu'à la relation de celui des Échevins qui en aura pris soin, sur les rapports, toi-

sés et certificats, tant du maître des œuvres que du contrôleur commis, lesquels rapports et toisés seront mis au greffe, pour être représentés lors de la réception finale des ouvrages.

Réception d'ouvrages.

13. Pour tenir les ouvriers en devoir, et les obliger à travailler pour la Ville avec plus de fidélité, ne leur sera à l'avenir payé, pendant la construction des ouvrages, que les trois quarts au plus du prix qui leur sera dû, et ne leur sera le surplus payé, qu'après que l'ouvrage entier aura été reçu, laquelle réception d'ouvrage ne se pourra faire qu'en présence des Prévôt des marchands et Échevins, ou, s'il l'est ainsi ordonné, par l'Échevin préposé, en présence du procureur du Roi et de la Ville, lors desquelles réceptions seront les adjudications, rapports, devis et marchés représentés, et le maître des œuvres et le contrôleur ouïs, dont sera dressé procès-verbal. Défenses au receveur de ladite ville, de faire le dernier et parfait paiement desdits ouvrages, qu'en rapportant, par l'ouvrier, le procès-verbal des réceptions d'iceux, en la forme susdite.

Ne sera loisible aux maîtres des œuvres et contrôleur de ladite ville, d'entreprendre aucuns ouvrages pour la Ville.

14. Défenses aux maîtres des œuvres et contrôleur de ladite ville, d'entreprendre aucuns ouvrages pour ladite ville, ni prendre part directement aux marchés qui s'en feront, à peine de privation de leurs offices,

sans que ladite peine puisse être réputée commi-
natoire.

CHAPITRE XXXIII.

*Concernant les principales fonctions des Prévôt
des marchands et Echevins, Procureur du
Roi, Greffier, Receveur, et autres officiers
d la ville de Paris.*

De l'exécution des réglements.

ART. 1ᵉʳ. Les Prévôt des marchands et Echevins
tiendront la main à ce que les édits, arrêts et réglements intervenus sur le fait de la police à eux com-
mise, soient ponctuellement gardés et observés; et
sera le procureur du Roi et de la Ville, tenu faire
toutes diligences sur les dénonciations qui lui seront
faites des contraventions.

Visites seront faites sur les ports.

2. La présence des magistrats sur les ports étant le
moyen le plus assuré pour y faire observer la police,
les Prévôt des marchands et Echevins s'y transporteront tous les jours de lundi de chacune semaine, pour
y recevoir les plaintes desdites contraventions aux réglements, y pourvoir sur-le-champ, et faire exécuter
les ordonnances par les huissiers et archers dont ils
seront assistés; et par chacun des autres jours de la
semaine, l'un des Echevins, à ce député, fera sa visite
à même fin sur lesdits ports, avant dix heures du ma-

tin, pour venir ensuite faire son rapport au bureau, de ce qu'il aura observé, et y être statué ainsi qu'il appartiendra.

Seront départis deux huissiers de la Ville, pour la visite desdits ports.

3. Seront aussi départis, par chacune semaine, deux des huissiers de la Ville, pour visiter le matin et de relever lesdits ports, et dresser procès-verbaux des contraventions, lesquels seront attestés des officiers de la marchandise, ou du port, ou bourgeois qui auront été présents, et mis dans le jour ès mains du procureur du Roi et de la Ville, pour donner ses conclusions : Défenses auxdits huissiers de donner aucune assignation à la requête du procureur du Roi, pour fait de police, ou autrement, sans avoir eu ordre de lui, et s'en être chargé sur son registre, excepté en cas de flagrant délit et urgente nécessité, lesquels cas ils seront tenus mettre lesdits exploits entre les mains dudit procureur du Roi, aussi dans le jour, à peine d'interdiction.

Huissiers de service pour le bureau.

4. Sera tenu l'ancien des huissiers de ladite ville, d'apporter chacun jour de lundi au bureau de la Ville, deux rôles, l'un contenant les noms des huissiers destinés pour la visite des ports pendant la semaine, et l'autre des huissiers de service pour le bureau ; et seront, lesdits huissiers de service pour le bureau, tenus de se trouver en leur chambre, par chacun jour de la semaine, à huit heures précises du matin, pour

y recevoir les ordres qui leur seront donnés par les Prévôt des marchands et Echevins, et procureur du Roi et de la Ville, donner sur-le-champ les assignations, comme aussi de se rendre au nombre de trois, ou de deux au moins, à la porte du grand bureau, dix heures précises du matin, à peine de trois livres d'amende, payable sans déport.

Des arrivages des marchandises.

5. Celui des Echevins, commis pour recevoir les déclarations et arrivages des marchandises, se rendra par chacun jour au bureau, neuf heures précises du matin, pour écrire sur le registre desdits arrivages, et la taxe des marchandises, dont le prix est certain et fixé par les réglements, posé qu'elles se trouvent de l'échantillon de l'ordonnance, sur les chaînes et mesures qui seront gardées au bureau à cet effet.

Sera par chacun jour tenu bureau pour l'expédition des affaires.

6. Les Prévôt des marchands et Echevins s'assembleront tous les jours non fériés au bureau de la Ville, dix heures du matin, et pourvoiront d'abord à ce qu'ils auront remarqué en la visite des ports, et au paiement des rentes.

De la réception desdits officiers.

7. Les quartiniers, cinquanteniers, et dixainiers, et officiers de police, ne pourront être reçus qu'ils n'aient les qualités requises, et l'âge suffisant : Sera tenu le greffier de la Ville rendre compte auxdits Pré-

vôt des marchands et Echevins de la ville, des oppositions, si aucunes ont été formées auxdites réceptions, pour y être pourvu, à peine d'en demeurer par
ledit greffier responsable en son propre et privé nom;
et seront lesdits officiers reçus, et feront le serment
après qu'ils auront été dûment certifiés de bonne vie,
mœurs, religion et conversation catholique, apostolique et romaine, affectionnés au service du Roi, et
n'être pourvus d'aucune autre charge, office ou emploi
incompatible, et avoir satisfait aux réglements et statuts des officiers de police; lequel acte de prestation
de serment sera registré, par ledit greffier, dans le registre à ce destiné, dont les feuillets seront cotés par
le Prévôt des marchands, et contiendra l'attestation
desdits témoins; ensemble ce qui aura été prononcé
sur lesdites oppositions; et sur ledit acte visé dudit
Prévôt des marchands, ou de celui des Echevins qui
en son absence aura reçu le serment des témoins et de
l'officier; seront les lettres de provision expédiées par
ledit greffier, et scellées du scel de la prévôté et échevinage, étant ès mains dudit Prévôt des marchands.

De l'audience.

8. Ès jours non fériés lesdits Prévôt des marchands
et Echevins donneront audience pour l'expédition des
causes pendantes pardevant eux; et seront les contestations des forains réglées par préférence.

Les procureurs communiqueront entre eux.

9. Pour empêcher que le temps de l'audience soit
consommé en plaidoiries inutiles, seront les procu-

reurs du siége, tenus avant l'ouverture de l'audience, de communiquer entre eux les pièces dont ils entendront se servir, à peine d'amende, et ne pourront s'absenter sans cause légitime, dont ils seront tenus d'informer les Prévôt des marchands et Echevins, ou le procureur du Roi et de la Ville : et en cas de maladie ou autre empêchement, remettront lesdits procureurs, dans les trois jours, à l'un de leurs confrères, ou d'un avocat, les dossiers et pièces, à peine des dommages et intérêts des parties.

De l'expédition des jugemens.

10. Pour accélérer l'expédition des jugemens, lesdits procureurs se rendront au greffe à l'issue de l'audience, quand elle sera finie avant midi, ou à trois heures de relevée quand elle sera finie plus tard, pour arrêter sur les feuilles les qualités des causes qui y auront été terminées, à peine de cent sous d'amende, d'être tenus des retards et séjours des parties.

La feuille de l'audience sera visée par celui qui aura présidé.

11. Le greffier de ladite ville sera tenu le jour de la prononciation faire viser la feuille de l'audience par le Prévôt des marchands, ou par celui des Echevins, qui aura présidé en son absence.

Les huissiers tenus rendre les assignations avant leurs échéances.

12. Ne pourront les huissiers de ladite ville, retenir, sous quelque prétexte que ce soit, les exploits

qu'ils auront donnés , et seront tenus de les remettre ès mains des parties avant leur échéance , ou de les donner aux procureurs , cotés par lesdits exploits, à peine d'amende , et d'être tenus des séjours des parties.

Les Prévôt des marchands et Echevins s'assembleront de relevée à certains jours.

13. Et d'autant que les matinées ne peuvent qu'à peine suffire aux audiences, à l'expédition des affaires des particuliers, et qu'il est nécessaire de pourvoir assidument à ce qui regarde les ouvrages publics, le commerce, la navigation, les contestations entre les officiers de police, le fait des rentes, et autres affaires ; lesdits Prévôt des marchands et Echevins s'assembleront en l'hôtel de ladite ville avec le procureur du Roi et de ladite ville, de relevée, au moins un jour de chacune semaine pour vaquer auxdites affaires.

Sera tenu registre des mandemens.

14. Pour garder ordre en la dépense du receveur de la Ville, et la régler sur le fonds, sera tenu, par l'un des Echevins, registre exact de tous les mandemens ou ordonnances qui auront été expédiées au bureau ; et sera fait mention de l'enregistrement sur lesdits mandemens et ordonnances : Défenses au receveur d'acquitter aucuns mandemens qui ne soient enregistrés.

Un des Echevins aura la direction des domaines et autres revenus de ladite ville.

15. L'un desdits Echevins, à ce commis par le Pré-

vôt des marchands, aura soin particulier des biens patrimoniaux de ladite ville, veillera à la conservation de ses domaines, perception de ses revenus, à ce que ceux qui ont pris à baux emphitéotiques, les places et héritages appartenants à ladite ville, exécutent les conditions de leurs baux, fassent faire les constructions des bâtimens dont ils sont chargés, et entretiennent les maisons de toutes réparations, ensorte qu'à l'échéance desdits baux, elles se trouvent en bon état : et à cet effet sera tenu ledit Echevin de se transporter avec le procureur du Roi et de la Ville sur les lieux, et de faire visiter lesdites maisons par le maître des œuvres de ladite ville, dont sera dressé procès-verbal pour être rapporté au bureau, sans qu'à l'avenir il puisse être fait aucun bail d'héritage appartenant à ladite ville, qu'après visitation des lieux bien et dûment faite par les Prévôt des marchands et Echevins, ou par ledit Echevin en présence du procureur du Roi et de la Ville, et seront les procès-verbaux de visitation représentés, lors de la passation de chacun bail.

Sera fourni par le greffier au procureur du Roi et de la Ville, et receveur, copie et extraits des condamnations d'amende, baux, contrats, et autres actes concernant les domaines de la Ville.

16. Afin que le procureur du Roi et de la Ville et le receveur puissent faire les diligences nécessaires à ce que les amendes soient payées, et les contrats, titres nouvels, déclarations, et autres actes concernants les domaines de la ville soient exécutés, et les baux re-

nouvelés à leur échéance, sera le greffier tenu trois jours après que lesdits actes auront été expédiés, d'en fournir copie au procureur du Roi et de la Ville; et un extrait au receveur, et de délivrer extraits des sentences et jugemens, portants condamnation d'amende.

L'un des Échevins aura soin des ports, quais et abreuvoirs.

17. L'un desdits Echevins à ce commis par le Prévôt des marchands, aura l'inspection sur les fontaines publiques, quais, ports, abreuvoirs et bateaux à lessives, et ne seront expédiés aucuns mandemens pour dépenses faites pour lesdites fontaines, ports, quais, abreuvoirs, que sur des mémoires visés dudit Echevin.

Sera laissé procès-verbal au greffe de la Ville, de ce qui aura été géré en chacune prévôté.

18. Les Prévôt des marchands et Echevins mettront au greffe de la Ville, en fin de chacune Prévôté, un procès-verbal des choses par eux faites, et entreprises pendant leur magistrature pour la décoration de la Ville, police des ports, commodité du commerce, navigation, et affaire de la jurisdiction; et seront aussi laissés au greffe les mémoires instructifs de ce qu'ils jugeront être à faire pour le bien de la Ville et utilité publique.

Des fonctions du procureur du Roi et de la Ville.

19. Le procureur du Roi et de la Ville, sera tenu de faire faire registre de toutes les oppositions formées à sa requête, et de celles qui lui auront été signifiées,

concernant les domaines, revenus, dons, et octrois de ladite ville et jurisdiction d'icelle, de toutes poursuites qui seront faites en son nom, touchant la police, navigation et priviléges de la prévôté et échevinage, et des appellations interjetées des jugemens du bureau, sur lesdites matières, et où lesdits Prévôt des marchands et Echevins seront parties : et sera tenu aussi faire enregistrer les conclusions préparatoires ou diffinitives, les baux des héritages dépendants du domaine de ladite ville, renouvellement d'iceux, titres nouvels et reconnaissances : contrats et déclarations qui seront passées sur ses conclusions pour lesdits domaines, et faire pour la conservation d'icelui toutes diligences nécessaires, ensemble pour la perception des droits et revenus, paiement des amendes et exécutions, des confiscations ordonnées par lesdits Prévôt des marchands et Echevins; tous lesquels registres demeureront par forme de dépôt au parquet.

Des fonctions du greffier de la Ville.

20. Le greffier de la Ville sera tenu faire soigneusement des registres distincts et séparés, des édits et déclarations, réglements et ordonnances, qui seront enregistrés au greffe, des baux, agrémens, transports et concessions d'héritages, places, loyers de maisons dépendantes du domaine de ladite ville, des devis d'ouvrages, publications, enchères et adjudications et procès-verbaux, et visites des ouvrage publics, des provisions d'offices, oppositions et main-levées sur les offices dépendants de l'hôtel-de-ville, qui seront faites au greffe : de tous les actes, titres et états, ou régle-

ments concernant le paiement des rentes constituées
sur ledit hôtel-de-ville; des délibérations et résultats
des assemblées générales et particulières de ladite ville,
et de toutes les sentences et jugemens, ordonnances
et réglements, qui seront rendus par les Prévôt des
marchands et Echevins, soit pour le fait de police,
navigation, flottage des bois, et toutes autres choses
concernant la provision de ladite ville, et étant de la
jurisdiction des Prévôt des marchands et Echevins.

Le greffier donnera en fin de chacun mois des extraits.

21. Sera le greffier de ladite ville tenu de donner au
Prévôt des marchands, en fin de chacun mois, extraits
de toutes les expéditions du greffe, pour être par lui
pourvu à l'exécution de ce qui aura été ordonné.

Sera fait inventaire des papiers du greffe lors du
changement du greffier.

22. Lors du décès ou changement du greffier de ladite
ville, sera fait inventaire et description par les Prévôt des marchands et Echevins, en présence du procureur du Roi et de la Ville, de toutes les minutes,
registres, titres et papiers étants au greffe, pour être
remis au greffe à la garde du greffier qui entrera en
charge.

Du devoir du receveur de la Ville.

23. Sera tenu le receveur de la Ville faire toutes
diligences pour la recette et perceptions des revenus
de la Ville, faire faire les exploits et significations nécessaires à la requête du procureur du Roi et de la

Ville, avertir les Prévôt des marchands et Echevins, des échéances des baux, et veiller à la conservation des domaines et droits de ladite ville, et ne fera aucun paiement sans retirer des acquits et décharges valables, à peine de nullité desdits paiemens, sera tenu de compter exactement de deux en deux ans, tant des revenus des domaines de la Ville, que des deniers d'octrois.

Du colonel et des archers de la Ville.

24. Sera tenu le colonel des trois compagnies des archers de la Ville, les tenir complètes et en bon état, et d'exécuter et faire exécuter ponctuellement tous les ordres qui lui seront donnés par les Prévôt des marchands et Échevins, soit pour les cérémonies, ou autres occasions publiques et particulières, pour lesquelles lesdits archers seront commandés.

Si DONNONS EN MANDEMENT à nos amés et féaux les gens tenants notre Cour de Parlement de Paris, et à nos chers et bien amés les Prévôt des marchands et Echevins de notre bonne ville de Paris, que lesdits articles, statuts, ordonnances et réglements, ils exécutent et observent, fassent garder et exécuter de point en point selon leur forme et teneur, et qu'ils les fassent publier et enregistrer ès registres de notre Parlement, et de ladite prévôté et échevinage. Enjoignons et commandons à tous nos autres justiciers, officiers et sujets, qu'ils aient à prêter confort et aide auxdits Prévôt des marchands et Echevins, et aux officiers par eux commis, si besoin est, et lorsqu'ils en seront requis, sans leur faire ni souffrir être fait aucun trouble et empêchement au contraire : CAR tel est notre plaisir. Et afin que ce soit chose ferme et stable à toujours, nous avons fait mettre notre scel à cesdites présentes. DONNÉ à Versailles, au mois de décembre l'an de grâce mil six cent soixante-douze, et de notre règne le trentième. *Signé*, LOUIS. *Et plus bas*, par le Roi, COLBERT. Et scellées du grand sceau de cire verte, en lacs de soie rouge et verte. Et à côté est écrit, *visa*, DALIGRE, pour servir de réglement dans l'hôtel-de-ville de Paris. Et en marge est aussi écrit:

Lues, publiées et registrées, ouï et ce requérant le procureur général du Roi, pour être exécutées selon leur forme et teneur, suivant l'arrêt du dix-septième de ce mois. A Paris, en Parlement, le vingtième février mil six cent soixante-treize. Signé, DU TILLET.

ARRET DE LA COUR DU PARLEMENT, *portant réglement entre M. le Lieutenant général de police, et MM. les Prévôt des marchands et Échevins de la ville de Paris, par lequel, apert que la connaissance des réglements de la marchandise de foin, et toutes ses dépendances, appartient audit sieur Lieutenant général de police.*

Du 8 juillet, 1673 (1).

Extrait des registres de Parlement.

SUR ce qui a été remontré à la Cour par le procu-

---

(1) Un Edit du Roi de 1700 a réglé d'une manière définitive la juridiction du Prévôt des marchands et du lieutenant de police: nous le rapporterons à sa date. On l'invoque quelquefois pour dé-

reur général du Roi, qu'encore qu'il y eut beaucoup
d'apparence que les contestations qui étaient quelquefois arrivées entre le lieutenant de police et le Prévôt
des marchands et Échevins de cette ville de Paris, sur
la marchandise de foin, ne se présenteraient plus , et
que la longue possession en laquelle est le Prévôt de
Paris ou son Lieutenant de police, établisse suffisamment le droit qu'il a d'exercer la jurisdiction toute
entière sur cette marchandise, de quelque manière
qu'elle soit arrivée en cette ville, telle que les lieutenans civils l'ont exercée avant l'année 1667. Néanmoins il estimait nécessaire, après tout ce qui s'était
passé, qu'il plût à la Cour en expliquer l'étendue par
un arrêt, suivant les mémoires qu'il en avait recueillis
de plusieurs arrêts de la Cour et sentences de police
qu'il lui a présentés. Lui retiré, la matière mise en
délibération ; LA COUR a ordonné et ordonne , que le
Lieutenant de police pourvoira à ce que la Ville soit
toujours fournie de foin abondamment, et, à cet
effet, enverra, lorsqu'il le jugera à propos, des commissaires du Châtelet, ou tels autres officiers qu'il
avisera, le long des rivières, et sur les lieux d'où vient
ladite marchandise, pour en faire la visite ; reconnaître quelle en sera l'abondance ou la disette ; donner les ordres nécessaires pour les faire conduire en
cette ville, et les faire charger ; à cet effet, empêchera
qu'ils ne soient arrêtés en chemin ; informera des abus
qui pourraient être commis dans la vente, achat,

---

cider certains points des attributions respectives du Préfet de la
Seine et de celui de police.

conduite et débit qui en sera fait : réglera le poids et
le bottelage du foin ; empêchera que l'on n'aille au-
devant des bateaux qui en sont chargés, qu'ils soient
amenés ailleurs que dans les endroits et places des
ports de cette ville, qui y sont destinés ; savoir, ceux
qui viendront d'amont, aux ports de Grève, la Tournelle et l'île Louviers, et ceux qui viendront d'aval,
aux ports de l'École, et à celui qui sera incessamment
marqué du côté du faubourg Saint - Germain ; y met-
tra le prix, et telle marque qu'il jugera à propos,
pour en faire connaître la qualité ; fera descendre les
bateaux, mettre à port et sortir du port lorsqu'il
l'estimera nécessaire, et qu'il y aura place dans les
ports, soit qu'ils soient chargés ou vides, en sorte
qu'ils ne puissent entrer dans lesdits ports, y être déchargés, ni en sortir sans sa permission ; connaîtra
des droits attribués aux jurés et courtiers de foin ;
des salaires des metteurs à port, déchargeurs, et autres qui travailleront en exécution de ses ordonnances,
à amener aux ports, en faire sortir et décharger lesdits bateaux, et des exactions qui pourraient être
faites sur les propriétaires et voituriers ; réglera l'ordre du registre que les jurés-contrôleurs de foin doivent tenir des arrivages des bateaux ; empêchera qu'il
n'y ait aucuns bateaux dans les ports au foin, que
ceux qui en sont chargés et qui sont nécessaires aux
marchands et bateliers pour leur conduite ; et généralement appartiendra, au Prévôt de Paris ou à son
Lieutenant de police, l'entière juridiction, connaissance et police sur la marchandise de foin, pour
l'exercer, ainsi que les lieutenans civils ont bien et
dûment fait, jusqu'à la séparation de leur charge, en

l'année mil six cent soixante-sept. Fait en Parlement,
le vingt-huitième juillet, mil six cent soixante-treize.
Collationné.

Signé, DONGOIS.

---

*Réglement de Messieurs les Prévôt des Marchands
et Echevins de la ville de Paris, pour la vente
du charbon qui est amené sur chevaux et à
somme.*

Du 17 mai 1675.

A tous ceux qui ces présentes lettres verront,
Claude LE PELLETIER, chevalier, conseiller du Roi
en ses conseils, et d'honneur en sa Cour de parlement,
Prévôt des marchands, et les Échevins de la ville de
Paris, SALUT : Savoir faisons, que vu la requête à
nous présentée par la communauté des jurés-mesureurs, visiteurs et contrôleurs de charbons de bois et
de terre en cette ville, faubourgs et banlieue, contenant qu'il aurait plû au Roi les rétablir par son
édit du mois de mars 1674, dans la perception entière
de leurs droits, tant sur le charbon de bois que de
terre, arrivant par eau ou par terre, sur chevaux,
charrettes ou autrement, et ce, suivant et conformément aux édits et déclarations de Sa Majesté, des années 1633, 1637, 1644, 1652, nonobstant tous arrêts à ce contraires, que Sa Majesté a cassés et an-
nullés à cet égard. Et quoique depuis cet édit, lesdits
suppliants ne reçussent aucun trouble dans la perception de leursdits droits, néanmoins lesdits suppliants
voulant, de leur part, contribuer à l'avantage du

public, et empêcher, autant qu'il leur serait possible, les abus qui se commettaient en la vente du charbon amené sur chevaux et à somme, dont les sacs n'étaient point des continences portées par les réglements, et procurer l'abondance de cette marchandise, en consentant eux-mêmes la diminution de leurs droits, à l'égard seulement dudit charbon amené sur chevaux et à somme; ils auraient cru être de leur devoir de se pourvoir pardevant nous, et de nous remontrer que le principal abus qui se commettait dans le débit de cette marchandise, provenait de ce que les regrattiers d'icelle allaient au devant des marchands forains, acheter lesdits charbons qu'ils serraient en des magasins, pour les vendre seulement lors qu'en certaine saison de l'année, il n'y avait pas abondance de cette marchandise; que dans ce temps, ils faisaient charger lesdits charbons sur des chevaux, dans des sacs qui n'étaient pas de la continence de demi-minot, minot ou mine, suivant les réglements, et trompaient ainsi les acheteurs, qui sont, pour l'ordinaire, de pauvres artisans; que sur les plaintes qui nous avaient été faites de ces malversations, nous avions non seulement fait défenses de faire le regrat de ladite marchandise, d'aller au-devant des marchands forains pour acheter les charbons qu'ils amenaient, et de les mettre en magasin; mais encore ordonné que les sacs dans lesquels lesdits charbons seraient exposés en vente, auraient une continence certaine de demi-minot, minot ou mine, qui serait marquée par des plombs qui seraient attachés à ces sacs. Mais comme il était souvent arrivé que lesdits particuliers, faisant la vente de ladite marchandise, avaient arraché les

plombs desdits sacs, qu'ils les avaient même coupés
pour en diminuer la grandeur, et qu'ayant la liberté
d'entrer à Paris par différentes portes, il avait été,
jusqu'à présent, très-difficile de remédier à ces abus,
auxquels ils croyaient qu'il ne pouvait être pourvu
qu'en faisant deux choses. La première, de renouveler
les défenses à toutes personnes de faire le regrat de
ladite marchandise, d'aller au devant des marchands
forains, d'en acheter d'eux pour les mettre en entre-
pot et magasin ; et la seconde, d'obliger ceux qui
feraient venir du charbon sur chevaux à somme pour
le vendre, de passer, à peine de confiscation des charbons et chevaux, par deux bureaux qui seraient établis proche des barrières, étant au commencement des
faubourgs Saint-Jacques et Saint-Germain, qui
étaient les endroits par où lesdits charbons venaient
à Paris, pour être les sacs, dans lesquels seraient lesdits charbons, mesurés et jaugés, tant en longueur
que largeur, par une chaîne de fer, et lesdits sacs
ensuite marqués de leur continence, avec un cachet
aux armes de la ville, appliqué sur une carte qui sera
cousue sur lesdits sacs, requérant qu'il nous plût
ordonner que les réglements faits sur la marchandise
de charbon seraient exécutés ; et, en conséquence,
faire défenses à toutes personnes de faire le regrat de
ladite marchandise de charbon, d'en acheter des marchands forains, et d'aller à cet effet au devant d'eux,
ni d'en faire magasin et entrepôt. Enjoindre auxdits
marchands forains de passer, en venant de cette ville,
par les bureaux qui seraient établis proche des barrières desdits faubourgs Saint-Jacques et Saint-
Germain, pour y être, lesdits sacs, mesurés et jaugés

avec une chaîne, et ensuite marqués de leur juste
moison, et à peine de confiscation desdits charbons et
chevaux, et de donner acte aux suppliants, de ce
qu'au lieu de deux sous six deniers qui leur étaient
attribués pour la mesure de chacun minot de charbon, et qu'ils pouvaient prétendre sur les charbons
qui venaient sur chevaux et à somme, en conséquence
dudit édit du mois de mars 1674, ils se restreignaient
à dix-huit deniers pour chacun minot de charbon,
qui serait emmené sur lesdits chevaux et à somme;
et ce, tant en considération de ce que lesdits charbons
étaient achetés par les pauvres artisans, que pour
procurer l'abondance de cette marchandise, et sans
que la présente réduction de leursdits droits leur
puisse être tirée à conséquence. Considéré le contenu
en laquelle requête, vu les édits, arrêts et réglements
intervenus sur le fait de ladite marchandise de charbon amené à Paris sur chevaux et à somme : conclusions du procureur du Roi et de la Ville, auquel le
tout à été communiqué. Nous avons ordonné que
les réglements faits sur ladite marchandise de charbon, seront exécutés selon leur forme et teneur : et,
en conséquence, fait défenses à toutes personnes de
quelque qualité et condition qu'elles soient, d'aller
au devant des marchands forains qui amènent par
terre des charbons à Paris, de les acheter et mettre
en magasin pour en faire le regrat, à peine de confiscation desdits charbons, et cinq cents livres d'amende,
au paiement de laquelle ils seront contraints en cas
de contravention en vertu des présentes. Donné acte
auxdits jurés-mesureurs de charbons, de ce qu'ils restreignaient leurs droits sur le charbon amené sur che-

vaux et sommes, à dix-huit deniers pour minot, au lieu de deux sous six deniers qui leur sont attribués; sans que la présente restriction puisse être tirée à conséquence pour les charbons venant par charrettes, en bannes ou par la rivière, dont ils seront payés de leurs droits, ainsi qu'ils ont accoutumé. Et pour prévenir les abus qui se sont commis en la vente et débit de ladite marchandise de charbon amené sur chevaux et à somme, et empêcher que le public ne soit trompé en la mesure desdits charbons, avons, conformément aux anciens réglements, ordonné que le charbon qui sera amené vendre en cette ville, sur chevaux et à somme, y sera apporté dans des sacs de la continence de demi-minot, minot ou mine seulement, sans que lesdits sacs puissent être d'autre moison, à peine de confiscation desdits charbons, et, à cet effet, que les sacs de la continence de demi-minot auront deux pieds quatre pouces de haut, et de large, trois pieds quatre pouces; le minot, trois pieds dix pouces de large, sur deux pieds dix pouces de hauteur, et la mine, quatre pieds quatre pouces de large, sur quatre pieds deux pouces de hauteur, le tout aussi large d'un bout que de l'autre; et pour connaître si lesdits sacs sont de ladite continence, ordonnons qu'ils seront jaugés et mesurés par lesdits jurés-mesureurs de charbon, avec des chaînes de fer étalonnés sur celles étant au greffe de la ville, desdites largeurs et longueurs; et à cette fin seront, tous marchands et conducteurs desdits charbons amenés sur chevaux et à somme, à peine de confiscation desdits charbons, tenus de passer aux deux bureaux que lesdits jurés-mesureurs auront, l'un proche de la première bar-

rière du faubourg Saint - Jacques, et l'autre proche
de la première barrière du faubourg Saint-Germain,
proche les Incurables, où lesdits sacs seront mesurés
avec lesdites chaînes, et quand lesdits sacs se trouveront de la continence, seront marqués avec un cachet
aux armes de la Ville, appliqué sur une carte qui sera
cousue sur lesdits sacs, laquelle empreinte contiendra
et la quantité du charbon qui sera contenue dans
ledit sac, et le prix d'icelui, dans lequel les droits
desdits jurés-mesureurs seront compris; savoir, le sac
de la continence de demi-minot, dix sous neuf deniers; le minot, vingt-un sous six deniers, et la
mine, quarante-trois sous. Et pour ôter toute occasion auxdits marchands de charbon de tromper le
public : FAISONS DÉFENSES à toutes personnes d'a-
cheter dudit charbon amené sur chevaux et à somme,
s'il n'est dans des sacs étalonnés et marqués, à peine
de confiscation desdits charbons, et de cent livres
d'amende; ce qui sera affiché, à ce qu'aucun n'en
prétende cause d'ignorance, et exécuté nonobstant
oppositions ou appellations quelconques, faites ou à
faire, et sans préjudice d'icelle. EN TÉMOIN DE CE,
nous avons mis à ces présentes le scel de ladite Prévôté des marchands. Ce fut fait et donné au bureau
de la Ville, le dix-septième jour de mai mil six cent
soixante et quinze.

Signé, LANGLOIS.

Ordonnance de M. de la Reynie, sur le réquisitoire de M.
le Procureur du Roi, qui défend de jeter dans
la rue les neiges des cours et jardins.

Du 6 janvier 1677.

DÉFENSES sont faites, ce requérant le Procureur
du Roi, à tous propriétaires ou locataires d'hôtels
et maisons, et à leurs serviteurs, de faire jeter dans
les rues ou places publiques la neige qui sera tombée
dans leurs cours et jardins, sauf à eux à la faire enlever
et transporter, à leurs frais et dépens, aux lieux des
décharges qui leur seront marqués par les commissaires des quartiers, sans toutes fois qu'ils puissent
employer à faire lesdits enlèvemens et transports, les
charettes et tombereaux des entrepreneurs ordinaires
du nétoiement desdits quartiers, le tout à peine de
cent livres d'amende, au paiement de laquelle les
maîtres d'hôtels, propriétaires ou locataires, et autres
qu'il appartiendra, seront contraints, en leurs noms
propres et privés, et sera la présente Ordonnance
lue, publiée et affichée aux carrefours, places publiques et autres lieux de cette ville et faubourgs,
afin qu'aucun n'en prétende cause d'ignorance, et
exécutée, nonobstant oppositions ou appellations
quelconques. Ce fut fait et donné par messire Gabriel-
Nicolas de la Reynie, etc., le 6e. jour de janvier 1677.
Signé DE LA REYNIE, de Ryantz. *Et plus bas* SAGOT,
greffier.

Lu, publié à son de trompe et cri public ès lieux
et endroits accoutumés de la ville, faubourgs,
prévoté et vicomté de Paris, par moi Marc-Antoine

Pasquier, juré-crieur de Sa Majesté, en ladite ville, prévôté et vicomté de Paris, accompagné de Hiérosme Trosson, Estienne Du Bas, jurés-trompettes du Roi, et d'un autre trompette, le 9ᵉ. jour de janvier 1677. *Signé* Pasquier.

Arrèt du conseil d'état du Roi, *concernant les publications de la paix dans la ville de Paris.*

Du 3 janvier 1679.

Le Roi voulant régler les différends survenus entre les sieurs lieutenans civils de la prévôté et vicomté de Paris et siége présidial du Châtelet et le lieutenant général de police, pour raison de la publication des déclarations de guerre et de paix; et Sa Majesté s'étant fait représenter les mémoires, édits, déclarations, arrêts et actes de possession de part et d'autre, contenant, savoir : de la part desdits lieutenans civils, que cette charge ayant été divisée en deux fonctions, par édits de 1667, par lequel toutes celles du lieutenant de police sont clairement expliquées; tout ce qui n'est point attribué, par ledit édit, au lieutenant de police, appartient auxdits lieutenans civils, sans difficulté, comme ayant été laissé à l'ancienne charge de lieutenant civil, dont il sont pourvus; qu'ils sont toujours les premiers magistrats, chefs des Châtelets, et ont la préséance au-dessus desdits lieutenans de police; que les ordres pour lesdites publications sont toujour adressés aux officiers tenants le siége présidial au Châtelet de Paris, auquel siége le lieutenant de police ne peut présider ; que tous les officiers du Châtelet assistent en corps auxdites publications ; que ces publications ne regardent ni la police générale, ni la particulière ; mais seulement défendent ou donnent une permission libre aux sujets du Roi de contracter et d'avoir commerce avec les sujets des Etats avec lesquels Sa Majesté est en guerre ou a fait la paix ; et enfin, que la possession en laquelle leurs prédécesseurs ont été de faire ces publications, a été confirmée en leurs personnes, par les ordres qui leur en on été adressés pour la publication de la paix avec l'Espagne en 1668, et, depuis peu, avec les Etats-généraux des Provinces-Unies et avec l'Espagne.

Et de la part dudit lieutenant de police, que l'édit de 1667 attribue à sa charge tout ce qui concerne la police générale et particulière, et à celle de lieutenant civil, tout ce qui concerne la justice distributive et contentieuse ; que le détail des fonctions de ces deux charges est également déduit par ledit édit ; qu'il ne prétend rien en ce qui concerne la justice distributive et contentieuse, quoiqu'il y ait beaucoup d'articles non déclarés par ledit édit ; et que lesdits lieutenans de police n'ont aucun droit de prétendre à ce qui concerne la police générale et particulière ; que toutes les publications, appositions d'affiches publiques se font de sont autorité ; que les ordres pour les publications et déclarations de guerre lui ont été adressés, et que, lors des publications de la paix avec l'Espagne en 1668, et depuis peu avec les Etats-généraux et l'Espagne, il fit ses instances pour en obtenir l'adresse, et que Sa Majesté ne pouvant décider cette question aussi promptement qu'il était nécessaire que ces déclarations fussent publiées, Sa Majesté ordonna, sans conséquence, que les ordres seraient adressés comme auparavant l'édit de 1667; et, enfin, que les déclarations de guerre lui ont été adressées et ont été publiées par ses ordres, et qu'il est seulement question de décider si les déclarations de guerre et de paix, sont des fonctions de la police ou de la justice distributive et contentieuse : or, il est certain qu'elles ne regardent que la sûreté des sujets du Roi, pour leur faire connaître les étrangers avec lesquels il leur est défendu ou permis de communiquer avec liberté, ensemble ceux qu'ils doivent attaquer et traiter comme ennemis ou comme alliés et amis, ce qui regarde seulement la sûreté et la liberté publique, qui sont des objets de police. .

Vu lesdits édit, arrêts, actes de possession et autres pièces produites de part et d'autre.

Sa Majesté, étant en son conseil, a ordonné et ordonne que les ordres de la publication des déclarations de guerre et de paix, seront adressés à l'avenir au Prévôt de Paris, ou son lieutenant de police, pour être ensuite publiées.

A l'égard des publications de paix, elles seront faites par ledit lieutenant de police, assisté du lieutenant particulier ou procureur de Sa Majesté, qui serviront au Châtelet, dont le ressort s'étend du côté du Louvre, et de huit conseillers, savoir : quatre de chacun des deux Châtelets, tous lesquels officiers se rendront en l'hôtel-de-ville de Paris, pour être ensuite procédé auxdites publications, à l'ordinaire, et de la manière accoutumée. Veut, Sa Majesté, que le présent arrêt soit registré au greffe desdits deux Châtelets.

Fait au conseil du Roi, Sa Majesté y étant; tenu à Saint-Germain-en-Laye, le trois janvier 1679 (1).

---

(1) Une lettre du duc d'Estrées , adressée de Fontainebleau à M. d'Argenson, le 10 novembre 1714 , confirme la possession du lieutenant de police de faire les publications de paix.

Fontainebleau, 10 novembre 1714.

« Je vous adresse, Monsieur, copie de l'ordonnance du Roi au sujet de la paix conclue entre Sa Majesté l'Empereur, les électeurs, les princes et Etats de l'Empire , afin que vous le fassiez incessamment publier avec les cérémonies ordinaires en pareil cas. Je suis, Monsieur, votre très-humble et très-affectionné serviteur ,

» Le duc D'ESTRÉES. »

Les publications de paix ont continué d'être une attribution du lieutenant-général de police ; c'était à lui que les ordonnances du Roi pour cette fin étaient adressées ; la publication se faisait en vertu d'une sorte de proclamation affichée , colportée, criée dans Paris ; mais le lieutenant de police n'agissait que comme magistrat du Chatelet et comme lieutenant du Prévôt de Paris pour la police. Ainsi la proclamation pour la paix de 1783 porte : DE PAR LE ROI , M. le *prévôt de Paris, ou M. son lieutenant-général de police.*

Pour exemple, voyez l'ordonnance du Roi du 3 novembre 1783 ; la proclamation du lieutenant de police y est jointe.

Le même ordre de choses n'a pas été conservé sous le gouvernement impérial , relativement au préfet de police.

Le ministre de l'intérieur lui donnait connaissance du jour où la publication de la paix se ferait dans Paris par des hérault d'armes, et le Préfet rendait une ordonnance sur les soins à prendre ce jour-là pour prévenir les désordres ou les accidents ; mais on ne voit pas que l'acte du gouvernement qui prescrivait cette publication lui fut directement adressé, et qu'il rendît une ordonnance pour qu'on le publiât, l'affichât , le colportât dans Paris.

Voyez, pour exemple, l'ordonnance du préfet de police du 29 octobre 1809, pour la publication de la *paix de Vienne.*

ÉDIT DU ROI, *portant réglement général sur les duels.*

Donné à Saint-Germain-en-Laye, au mois d'août 1679.

Registré en Parlement le premier jour de septembre de la même année.

LOUIS, par la grâce de Dieu, Roi de France et de Navarre : à tous présents et à venir, SALUT. Comme nous reconnaissons que l'une des plus grandes grâces que nous ayons reçues de Dieu dans le gouvernement et conduite de notre Etat, consiste en la fermeté qu'il lui a plu de nous donner pour maintenir les défenses des duels et combats particuliers, et punir sévèrement ceux qui ont contrevenu à une loi si juste et si nécessaire pour la conservation de notre noblesse, nous sommes bien résolus de cultiver avec soin une grâce si particulière, qui nous donne lieu d'espérer de pouvoir parvenir pendant notre règne à l'abolition de ce crime, après avoir été inutilement tenté par les rois nos prédécesseurs. Pour cet effet, nous nous sommes appliqués de nouveau à bien examiner tous les édits et réglements faits contre les duels, et tout ce qui s'est fait en conséquence, auxquels nous avons estimé nécessaire d'ajouter divers articles. A CES CAUSES, et autres bonnes et grandes considérations à ce nous mouvant, de l'avis de notre conseil et de notre certaine science, pleine puissance et autorité royale, après avoir examiné en notredit conseil ce que nos très-chers et bien-amés cousins les maréchaux de France, qui se sont assemblés plusieurs fois sur ce sujet, nous ont proposé : nous avons, en renouvelant les défenses portées par nos édits et ordonnances, et celles des rois nos prédécesseurs, et en y ajoutant ce que nous avons jugé nécessaire, dit, déclaré, statué et ordonné, disons, déclarons, statuons et ordonnons par notre présent édit perpétuel et irrévocable, voulons et nous plaît.

Premièrement, nous exhortons tous nos sujets, et leur enjoignons de vivre à l'avenir ensemble dans la paix, l'union et la concorde nécessaire pour leur conservation, celle de leurs familles et celle de l'Etat, à peine d'encourir notre indignation et de châtiment exemplaire. Nous leur ordonnons aussi de garder le respect convenable à chacun selon sa qualité, sa dignité et son rang, et d'apporter mutuellement les uns avec les autres tout ce qui dépendra d'eux, pour prévenir tous différends, débats et querelles, notamment celles qui peuvent être suivies de voies de fait; de se donner les uns aux autres sincèrement et de bonne foi tous les éclaircissemens nécessaires sur les peines et mauvaises satisfactions qui pourront survenir entr'eux; d'empêcher qu'on ne vienne aux mains, en quelque manière que ce soit, déclarant que nous réputerons ce procédé pour un effet de l'obéissance qui nous est dûe, et que nous tenons être plus conforme aux maximes du véritable honneur, aussi bien qu'à celles du christianisme, aucuns ne pouvant se dispenser de cette mutuelle charité, sans contrevenir aux commandemens de Dieu aussi bien qu'aux nôtres.

2. Et d'autant qu'il n'y a rien de si honnête, ni qui gagne davantage les affections du public et des particuliers, que d'arrêter le cours des querelles en leur source, nous ordonnons à nos très-chers et bien-

aînés cousins les maréchaux de France , soit qu'ils
soient à notre suite ou en nos provinces, et aux gouverneurs-généraux de nos provinces , et en leur
absence à nos lieutenans-généraux en icelles , de
s'employer eux-mêmes très-soigneusement et incessamment à terminer tous les différends qui pourront
arriver entre nos sujets , par les voies et ainsi qu'il
leur en est donné pouvoir par les édits et ordonnances
des Rois nos prédécesseurs. Et en outre nous donnons pouvoir à nosdits cousins de commettre en
chacun des bailliages ou sénéchaussées de notre
royaume un ou plusieurs gentilshommes , selon
l'étendue d'icelles , qui soient de qualité, d'âge et
capacité requise , pour recevoir les avis des différends
qui surviendront entre les gentilshommes, gens de
guerre et autres nos sujets , les renvoyer à nosdits
cousins les maréchaux de France , ou au plus ancien
d'eux , ou aux gouverneurs-généraux de nos provinces,
et nos lieutenans-généraux en icelles , lorsqu'ils y
seront présents ; et donnons pouvoir auxdits gentilshommes qui seront ainsi commis, de faire venir
par-devant eux , en l'absence des gouverneurs et
nosdits lieutenans-généraux , tous ceux qui auront
quelque différend , pour les accorder , ou les renvoyer par-devant nosdits cousins les maréchaux de
France , au cas que quelqu'une des parties se trouve
lésée par l'accord desdits gentilshommes , ou ne
veuille pas se soumettre à leurs jugemens. Même
lorsque lesdits gouverneurs-généraux de nos provinces, et nos lieutenans-généraux en icelles , seront
dans les provinces , en cas que les querelles qui surviendront requièrent un prompt remède pour en

empêcher les suites, et que les gouverneurs fussent absents du lieu où le différend sera survenu : nous voulons que lesdits gentilshommes commis y pourvoient sur-le-champ, et fassent exécuter le contenu aux articles du présent édit, dont ils donneront avis à l'instant auxdits gouverneurs-généraux de nos provinces, ou en leur absence aux lieutenans-généraux en icelles, pour travailler incessamment à l'accommodement, et pour cette fin nous enjoignons très-expressément à tous les Prévôts des maréchaux, vice-baillifs, vice-sénéchaux, leurs lieutenans, exempts, greffiers et archers, d'obéir promptement et fidélement, sur peine de suspension de leurs charges, et privation de leurs gages, auxdits gentilshommes commis sur le fait desdits différends, soit qu'il faille assigner ceux qui auront querelle, constituer prisonniers, saisir et annoter leurs biens, ou faire tous autres actes nécessaires pour empêcher les voies de fait, et pour l'exécution des ordres desdits gentilshommes ainsi commis, le tout aux frais et dépens des parties.

3. Nous déclarons en outre que tous ceux qui assisteront ou se rencontreront, quoiqu'inopinément aux lieux où se commettront des offenses à l'honneur, soit par des rapports ou discours injurieux, soit par manquement de promesse ou de parole donnée, soit par démentis, coups de main ou autres outrages, de quelque nature qu'ils soient, seront à l'avenir obligés d'en avertir nos cousins les maréchaux de France, ou lesdits gouverneurs-généraux de nos provinces, et nos lieutenans-généraux en icelles ou les gentilshommes commis par nosdits cousins, sur peine d'être

réputés complices desdites offenses, et d'être poursuivis comme y ayant tacitement contribué, pour ne
s'être pas mis en devoir d'en empêcher les mauvaises
suites. Voulons pareillement et nous plaît que ceux
qui auront connaissance de quelque commencement
de querelles et animosités causées par les procès qui
seraient sur le point d'être intentés entre gentilshommes pour quelque intérêt d'importance, soient
obligés à l'avenir d'en avertir nosdits cousins les maréchaux de France ou les gouverneurs-généraux de
nosdites provinces, et lieutenans-généraux en icelles,
ou en leur absence, les gentilshommes commis dans
les bailliages, afin qu'ils empêchent de tout leur pouvoir que les parties sortent des voies civiles et ordinaires pour venir à celles de fait. Et pour être d'autant mieux informé de tous les duels et combats qui
se font dans nos provinces, nous enjoignons aux gouverneurs-généraux et lieutenans-généraux en icelles,
de donner avis aux secrétaires d'Etat, chacun en son
département, de tous les duels et combats qui arriveront dans l'étendue de leurs charges; aux premiers
présidents de nos Cours de Parlement, et à nos procureurs-généraux en icelles, de donner pareillement
avis à notre très-cher et féal le sieur le Tellier, chancelier de France, et aux gentilshommes commis et
officiers des maréchaussées, aux maréchaux de France
pour nous en informer chacun à leur égard. Ordonnons encore à tous nos sujets de nous en donner avis
par telles voies que bon leur semblera, promettant
de récompenser ceux qui donneront avis des combats
arrivés dans les provinces, dont nous n'aurons point

reçu d'avis d'ailleurs, avec les moyens d'en avoir la preuve.

4. Lorsque nosdits cousins les maréchaux de France, les gouverneurs généraux de nos provinces, et nos lieutenans généraux en icelles en leur absence, ou les gentilshommes commis, auront eu avis de quelque différend entre les gentilshommes, et entre tous ceux qui font profession des armes dans notre royaume, et pays de notre obéissance, lequel procédant de paroles outrageuses, ou autre cause touchant l'honneur, semblera devoir les porter à quelque ressentiment extraordinaire ; nosdits cousins les maréchaux de France enverront aussitôt des défenses très - expresses aux parties, de se rien demander par les voies de fait, directement ou indirectement, et les feront assigner à comparoir incessamment pardevant eux, pour y être réglés. Que s'ils appréhendent que lesdites parties soient tellement animées, qu'elles n'apportent pas tout le respect et la déférence qu'elles doivent à leurs ordres, ils leur enverront incontinent des archers et gardes de la connétablie et maréchaussée de France, pour se tenir près de leur personne, aux frais et dépens desdites parties, jusqu'à ce qu'elles se soient rendues pardevant eux ; ce qui sera ainsi pratiqué par les gouverneurs généraux de nos provinces, et nos lieutenans généraux en icelles, dans l'étendue de leurs gouvernemens et charges, en faisant assigner, pardevant eux, ceux qui auront querelle, ou leur envoyant de leurs gardes, ou quelques autres personnes qui se tiendront près d'eux, pour les empêcher d'en venir aux voies de fait, et nous donnons pouvoir aux gentilshommes, commis dans chaque bailliage ;

de tenir, en l'absence des maréchaux de France, gouverneurs généraux de nos provinces, et nos lieutenans généraux en icelles, la même procédure envers ceux qui auront querelle, et se servir des Prévôts des maréchaux, leurs lieutenans, exempts et archers, pour l'exécution de leurs ordres.

5. Ceux qui auront querelle, étant comparus pardevant nos cousins les maréchaux de France, ou gouverneurs généraux de nos provinces et lieutenans en icelles, ou en leur absence, devant lesdits gentilshommes, s'il apparaît de quelque injure atroce, qui ait été faite avec avantage, soit de dessein prémédité ou de gaîté de cœur, nous voulons et entendons que la partie offensée en reçoive une réparation et satisfaction si avantageuse, qu'elle ait tout sujet d'en demeurer contente, confirmant, en tant que besoin est par notre présent édit, l'autorité attribuée par les feus Rois, nos très-honorés aïeul et père, à nosdits cousins les maréchaux de France, de juger et décider, par jugement souverain, tous différends concernant le point d'honneur et réparation d'offenses, soit qu'ils arrivent dans notre Cour, ou en quelque autre lieu de nos provinces où ils se trouveront, et auxdits gouverneurs ou lieutenans généraux, le pouvoir qu'ils leur ont aussi donné pour même fin, chacun en l'étendue de sa charge.

6. Et parce qu'il se commet quelquefois des offenses si importantes à l'honneur, que non seulement les personnes qui les reçoivent en sont touchées, mais aussi le respect qui est dû à nos lois et ordonnances y est manifestement violé, nous voulons que ceux qui auront fait de semblables offenses, outre les satisfac-

tions ordonnées à l'égard des personnes offensées, soient encore condamnés par lesdits juges du point d'honneur, à souffrir prisons, bannissemens et amendes. Considérant aussi qu'il n'y a rien qui soit si déraisonnable, ni si contraire à la profession d'honneur, que l'outrage qui se ferait pour le sujet de quelques intérêts civil, ou de quelque procès qui serait intenté pardevant les juges ordinaires, nous voulons que dans les accommodemens des offenses provenues de semblables causes, lesdits juges du point d'honneur tiennent toute la rigueur qu'ils verront raisonnable pour la satisfaction de la partie offensée, et que pour la réparation de notre autorité blessée, ils ordonnent ou la prison durant l'espace de trois mois au moins, ou le bannissement pour autant de temps, des lieux où l'offensant fera sa résidence, ou la privation du revenu d'une année ou deux de la chose contestée.

7. Comme il arrive beaucoup de différends entre lesdits gentilshommes, à cause des chasses, de droits honorifiques des églises, et autres prééminences des fiefs et seigneuries, pour être fort mêlées avec le point d'honneur : nous voulons et entendons que nosdits cousins les maréchaux de France, les gouverneurs de nos provinces et nos lieutenans en icelles, et les gentilshommes commis dans lesdits bailliages ou sénéchaussées, apportent tout ce qui dépendra d'eux, pour obliger les parties de convenir d'arbitres, qui jugent sommairement avec eux, sans aucune consignation ni épices, le fonds de semblables différends, à la charge de l'appel en nos Cours de parlement, lorsqu'une des parties se trouvera lésée par la sentence arbitrale.

8. Au cas qu'un gentilhomme refuse ou diffère, sans aucune cause légitime, d'obéir aux ordres de nos cousins les maréchaux de France, ou à ceux des autres juges du point d'honneur, comme de comparaître pardevant eux, lorsqu'il aura été assigné par acte signifié à lui ou à son domicile, et aussi lorsqu'il n'aura pas subi le bannissement ordonné contre lui; il sera incessamment contraint, après un certain temps que lesdits juges lui prescriront, soit par garnison qui sera posée dans sa maison, ou par l'emprisonnement de sa personne : ce qui sera soigneusement exécuté par les Prévôts de nosdits cousins les maréchaux de France, vice-baillifs, vice-sénéchaux, leurs lieutenans, exempts et archers, sur peine de suspension de leurs charges, et de privation de leurs gages, suivant les ordonnances desdits juges, et ladite exécution sera faite aux frais et dépens de la partie désobéissante ou réfractaire. Que si lesdits prévôts, vice-baillifs, vice-sénéchaux, leurs lieutenans, exempts et archers, ne peuvent exécuter ledit emprisonnement, ils saisiront et annoteront tous les revenus dudit banni ou désobéissant, pour être appliqués et demeurer acquis durant tout le temps de sa désobéissance; savoir, la moitié à l'hôpital de la ville où il y a parlement établi, et l'autre moitié, à l'hôpital du lieu où il y a siége royal, dans le ressort duquel parlement, ou siége royal, les biens dudit banni ou désobéissant se trouveront, afin que s'entr'aidant dans la poursuite, l'un puisse fournir l'avis et la preuve, et l'autre, interposer notre autorité par celle de la justice, pour l'effet de notre intention. Et au cas qu'il y ait des dettes précédentes qui empêchent la perception de ce revenu

appliquable au profit desdits hôpitaux, la somme à
quoi il pourra monter, vaudra une dette hypothéquée
sur tous les biens meubles et immeubles du banni,
pour être payée et acquittée dans son ordre du jour
de la condamnation qui interviendra contre lui.

9. Nous ordonnons en outre que ceux qui auront
eu des gardes de nos cousins les maréchaux de France,
des gouverneurs généraux de nos provinces et nos
lieutenans en icelles, ou desdits gentilshommes commis, et qui s'en seront dégagés en quelque manière
que ce puisse être, soient punis avec rigueur, et ne
puissent être reçus à l'accommodement sur le point
d'honneur, que les coupables de ladite garde enfreinte
n'aient tenu prison; qu'à la requête de notre procureur en la connétablie, et des substituts aux autres
maréchaussées de France, le procès ne leur ait été
fait selon les formes requises par nos ordonnances.
Voulons et nous plaît que, sur le procès - verbal ou
rapport des gardes qui seront ordonnés près d'eux, il
soit, sans autre information, décrété contre eux, à
la requête desdits substituts, et leur procès sommairement fait.

10. Bien que le soin que nous prenons de l'honneur de notre noblesse, paraisse assez par le contenu
aux articles précédents, et par la soigneuse recherche
que nous faisons des moyens estimés les plus propres
pour éteindre les querelles dans leur naissance, et rejeter sur ceux qui offensent, le blâme et la honte
qu'ils méritent. Néanmoins appréhendant qu'il ne se
trouve encore des gens assez osés pour contrevenir à
nos volontés si expressément expliquées, et qui pré-
sument d'avoir raison en cherchant à se venger, nous

voulons et ordonnons que celui qui, s'estimant offensé, fera un appel à qui que ce soit pour soi-même, demeure déchu de pouvoir jamais avoir satisfaction de l'offense qu'il prétendra avoir reçue; qu'il tienne prison pendant deux ans, et soit condamné à une amende envers l'hôpital de la ville la plus proche de sa demeure, laquelle ne pourra être de moindre valeur que la moitié du revenu d'une année de ses biens, et de plus, qu'il soit suspendu de toutes ses charges, et privé du revenu d'icelles durant trois ans. Permettons à tous juges d'augmenter lesdites peines, selon que les conditions des personnes, les sujets des querelles, comme procès intentés ou autres intérêts civils, les défenses ou gardes enfreintes ou violées, les circonstances des lieux et des temps rendront l'appel plus punissable. Que si celui qui est appelé, au lieu de refuser l'appel, et d'en donner avis à nos cousins les maréchaux de France, ou aux gouverneurs généraux de nos provinces, et nos lieutenans en icelles, ou aux gentilshommes commis, ainsi que nous lui enjoignons de faire, va sur le lieu de l'assignation, ou fait effort pour cet effet, il soit puni des mêmes peines de l'appelant. Nous voulons de plus que ceux qui auront appelé pour un autre, ou qui auront accepté l'appel, sans en avoir donné avis auparavant, soient punis des mêmes peines.

11. Et d'autant, qu'outre la peine que doivent encourir ceux qui appelleront, il y en a qui méritent doublement d'en être châtiés et réprimés, comme lorsqu'ils s'attaquent à ceux qui sont leurs bienfaiteurs, supérieurs, ou seigneurs, et personnes de commandement, et relevées par leurs qualités et charges, et spé-

cialement quand les querelles naissent pour des actions d'obéissance, auxquelles une condition, charge ou emploi subalterne les ont soumis, ou pour des châtimens qu'ils ont subis par l'autorité de ceux qui ont le pouvoir de les y assujettir : considérant qu'il n'y a rien de plus nécessaire pour le maintien de la discipline, particulièrement entre ceux qui font profession des armes, que le respect envers ceux qui les commandent, nous voulons et ordonnons que ceux qui s'emporteront à cet excès, et notamment qui appelleront leurs chefs ou autres qui ont droit de leur commander, tiennent prison pendant quatre ans, soient privés de l'exercice de leurs charges pendant ledit temps, ensemble des gages et appointemens y attribués, qui seront donnés à l'hôpital général de la ville la plus prochaine ; et en cas que ce soit un inférieur contre son supérieur ou seigneur, il tiendra prison pendant les mêmes quatre années, et sera condamné à une amende qui ne pourra être moindre qu'une année de son revenu : enjoignant très-expressément à nosdits cousins les maréchaux de France, gouverneurs généraux de nos provinces, et lieutenans généraux en icelles, et gentilshommes commis et singulièrement aux généraux de nos armés, dans lesquelles ce désordre peut être plus fréquent qu'en nul autre lieu, de tenir la main à l'exacte et sévère exécution du présent article. Que si les chefs ou officiers supérieurs et les seigneurs qui auront été appelés reçoivent l'appel, et se mettent en état de satisfaire les appelants, ils seront punis des mêmes peines de prison, de suspension de leur charges et revenus d'icelles et amendes ci-dessus spéciales, sans qu'ils puissent en être dispensés, quelques instances et supplications qu'ils nous en fassent.

12. Et d'autant que nous avons résolu de casser et priver entièrement de leurs charges tous ceux qui se trouveront coupables dudit crime, même par notoriété : si ceux qui auront été ainsi cassés et privés de leursdites charges s'en ressentent contre ceux que nous en aurons pourvus, en les appelant, ou excitant au combat par eux mêmes, ou par autrui, par rencontre, ou autrement, nous voulons qu'eux, et ceux desquels ils se seront servis tiennent prison pendant six ans, et soient condamnés à l'amende de six années de leurs revenus, sans pouvoir jamais être relevées desdites peines ; et généralement que ceux qui viendront pour la seconde fois à violer notre présent édit, comme appelants, et notamment ceux qui se seront servis de seconds pour porter leurs appels, soient punis des mêmes peines de prison, destitutions de charges, et amendes, encore qu'il ne s'en soit ensuivi aucun combat.

13. Si contre les défenses portées par notre présent édit, l'appelant et l'appelé venaient au combat actuel, nous voulons et ordonnons qu'encore qu'il n'y ait aucun de blessé ou de tué, le procès criminel et extraordinaire soit fait contre eux ; qu'ils soient sans rémission punis de mort ; que tous leurs biens meubles et immeubles nous soient confisqués, le tiers d'iceux applicable à l'hôpital de la ville où est le Parlement dans le ressort duquel le crime aura été commis, et conjointement à l'hôpital du siége royal le plus proche du lieu du délit ; et les deux autres tiers tant aux frais de capture et de la justice, qu'en ce que les juges trouveront équitable d'adjuger aux femmes et enfants,

si aucuns y a pour leur nourriture et entretenement seulement leur vie durant. Que si le crime se trouve commis dans les provinces où la confiscation n'a point de lieu, nous voulons et entendons qu'au lieu de ladite confiscation, il soit pris sur les biens des criminels, au profit desdits hôpitaux, une amende dont la valeur ne pourra être moindre que la moité des biens des criminels. Ordonnons et enjoignons à nos procureurs généraux, leurs substituts, et ceux qui auront l'administration desdits hôpitaux, de faire de soigneuses recherches et poursuites desdites sommes et confiscations, pour lesquelles leur action pourra durer pendant le temps et espace de vingt ans, quand même ils ne feraient aucune poursuite qui la pût proroger, lesquelles sommes et confiscations ne pourront être remises, ni diverties, pour quelque cause et prétexte que ce soit. Que si l'un des combattants, ou tous les deux sont tués, nous voulons et ordonnons que le procès criminel soit fait contre la mémoire des morts, comme contre criminels de lèze-Majesté divine et humaine; et que leurs corps soient privés de la sépulture: défendant à tous curés, leurs vicaires, et autres ecclésiastiques de les enterrer, ni souffrir être enterrés en terre sainte; confisquant en outre, comme dessus, tous leurs biens meubles et immeubles. Et quant au survivant qui aura tué, outre la susdite confiscation de tous ses biens, ou amende de la moitié de la valeur d'iceux dans les pays où la confiscation n'a point de lieu, il sera irrémissiblement puni de mort, suivant la disposition des ordonnances.

14. Les biens de celui qui aura été tué et du survivant, seront régis par les administrateurs des hôpi-

taux pendant l'instruction du procès qualifié pour duel, et les revenus employés aux frais des poursuites.

15. Encore que nous espérions que nos défenses, et des peines si justement ordonnées contre les duels retiendront dorénavant tous nos sujets d'y tomber, néanmoins s'il s'en rencontrait encore d'assez téméraires pour oser contrevenir à nos volontés, non-seulement en se faisant raison par eux-mêmes, mais en y engageant de plus dans leurs querelles et ressentiment des seconds, tiers, ou autre plus grand nombre de personnes; ce qui ne se peut faire que par une lâcheté artificieuse qui fait rechercher à ceux qui sentent leur faiblesse, la sûreté dont ils ont besoin, dans l'adresse et le courage d'autrui : nous voulons que ceux qui se trouveront coupables d'une si criminelle et lâche contravention à notre présent édit, soient sans rémission punis de mort, quand même il n'y aurait aucun de blessé, ni de tué dans ces combats; que tous leurs biens soient confisqués comme dessus ; qu'ils soient dégradés de noblesse, et déclarés roturiers, incapables de tenir jamais aucunes charges; leurs armes noircies et brisées publiquement par l'exécuteur de la haute-justice. Enjoignons à leurs successeurs de changer leurs armes, et en prendre de nouvelles, pour lesquelles ils obtiendront nos lettres à ce nécessaires ; et en cas qu'ils reprissent les mêmes armes, elles seront de nouveau noircies et brisées par l'exécuteur de la haute-justice, et eux condamnés à l'amende de deux années de leurs revenus, applicable moitié à l'hôpital général de la ville la plus proche, et l'autre moitié à la volonté des juges. Et comme nul chatiment ne peut être assez grand pour punir ceux qui s'engagent si légèrement et si

criminellement dans le ressentiment d'offenses où ils n'ont aucune part, et dont ils devraient plutôt procurer l'accommodement pour la conservation et satisfaction de leurs amis, que d'en poursuivre la vengeance par des voies aussi destituées de véritable valeur et courage, comme elles le sont de charité et d'amitié chrétienne : nous voulons que tous ceux qui tomberont dans le crime d'être seconds, tiers, ou autre nombre également, soient punis des mêmes peines que nous avons ordonnées contre ceux qui les emploient.

16. D'autant qu'il se trouve des gens de naissance ignoble, et qui n'ont jamais porté les armes, qui sont assez insolents pour appeler les gentilshommes, lesquels refusant de leur faire raison à cause de la différence des conditions, ces mêmes personnes suscitent contre ceux qu'ils ont appelés d'autres gentilshommes ; d'où il s'en suit quelquefois des meurtres d'autant plus détestables, qu'ils proviennent d'une cause abjecte : nous voulons et ordonnons qu'en tels cas d'appels ou de combats, principalement s'ils sont suivis de quelque grande blessure, ou de mort, lesdits ignobles ou roturiers qui seront dûment atteints et convaincus d'avoir causé et promu semblables désordres, soient sans rémission pendus et étranglés ; tous leurs biens meubles et immeubles confisqués, les deux tiers aux hôpitaux des lieux, ou des plus prochains, et l'autre tiers employé aux frais de la justice, à la nourriture et entretenement des veuves et enfants des défunts, si aucuns y a : permettant en outre aux juges desdits crimes d'ordonner sur les biens confisqués, telle récompense qu'ils aviseront raisonnable au dénonciateur et autres qui auront découvert lesdits cas,

afin que dans un crime si punissable, chacun soit invité à la dénonciation d'icelui. Et quant aux gentilshommes qui se sont ainsi battus, pour des sujets et contre des personnes indignes, nous voulons qu'ils souffrent les mêmes peines que nous avons ordonné contre les seconds, s'ils peuvent être appréhendés; sinon il sera procédé contre eux par défaut et contumace, suivant la rigueur des ordonnances.

17. Nous voulons que tous ceux qui porteront sciemment des billets d'appel, ou qui conduiront aux lieux des duels ou rencontres, comme laquais, ou autres domestiques, soient punis du fouet et de la fleur de lis pour la première fois; et s'ils retombent dans la même faute, des galères à perpétuité. Et quant à ceux qui auront été spectateurs d'un duel, s'ils s'y sont rendus exprès pour ce sujet, nous voulons qu'ils soient privés pour toujours des charges, dignités et pensions qu'ils possèdent; que s'ils n'ont aucunes charges, le quart de leurs biens soit confisqué, et appliqué aux hôpitaux : et si le délit a été commis en quelque province où la confiscation n'ait point de lieu, qu'ils soient condamnés à une amende au profit desdits hôpitaux, laquelle ne pourra être de moindre valeur que le quart des biens desdits spectateurs, que nous réputons, avec raison, complices d'un crime si détestable, puisqu'ils y assistent, et ne l'empêchent pas tant qu'ils peuvent, comme ils y sont obligés par les lois divines et humaines.

18. Et d'autant qu'il est souvent arrivé que pour éviter la rigueur des peines ordonnées par tant d'édits contre les duels, plusieurs ont recherché les occasions de se rencontrer, nous voulons et ordonnons que

ceux qui prétendront avoir reçu quelque offense, et qui n'en auront point donné avis aux susdits juges du point-d'honneur, et qui viendront à se rencontrer, et se battre seuls, ou en pareil état et nombre, avec armes égales de part et d'autre, à pied ou à cheval, soient sujets aux mêmes peines que si c'était un duel. Et pour ce qu'il s'est encore trouvé de nos sujets, qui ayant pris querelle dans nos Etats, et s'étant donné rendez-vous pour se battre hors d'iceux, ou sur nos frontières, ont cru par ce moyen pouvoir éluder l'effet de nos édits, nous voulons que tous ceux qui en useront ainsi, soient poursuivis criminellement, s'ils peuvent être pris, sinon par contumace, et qu'ils soient condamnés aux mêmes peines, et leurs biens confisqués, comme s'ils avaient contrevenu au présent édit, dans l'étendue, et sans sortir de nos provinces, les jugeant d'autant plus criminels et punissables, que les premiers mouvemens dans la chaleur et nouveauté de l'offense ne les peuvent plus excuser, et qu'ils ont eu assez de loisir pour modérer leur ressentiment, et s'abstenir d'une vengeance si défendue; sans qu'ès deux cas mentionnés au présent article, les prévenus puissent alléguer le cas fortuit, auquel nous défendons à nos juges d'avoir aucun égard.

19. Et pour éviter qu'une loi si sainte et si utile à nos Etats ne devienne inutile au public, faute d'observation d'icelle, nous enjoignons et commandons très-expressément à nos cousins les maréchaux de France, auxquels appartient, sous notre autorité, la connaissance et décision des contentions et querelles qui concernent l'honneur et la réputation de nos sujets, de tenir la main exactement et diligemment à

l'observation de notre présent édit, sans y apporter aucune modération, ni permettre que par faveur, connivence, ou autre voie, il y soit contrevenu en aucune manière. Et pour donner d'autant plus de moyens et de pouvoir à nosdits cousins les maréchaux de France, d'empêcher et réprimer cette licence effrénée des duels et rencontres, considérant d'ailleurs que la diligence importe grandement pour la punition de tels crimes, et que les Prévôts de nosdits cousins les maréchaux, les vice-baillifs, vice-sénéchaux et lieutenans criminels de robe-courte, se trouvent le plus souvent à cheval pour notre service, pour être plus prompts et plus propres pour procéder contre les coupables des duels et rencontres : nous avons de nouveau attribué et attribuons l'exécution du présent édit, tant dans l'enclos des villes, que hors d'icelles, aux officiers de la connétablie et maréchaussée de France, Prévôts généraux de ladite connétablie de l'Ile-de-France et des monnaies, et tous les autres Prévôts généraux provinciaux et particuliers, vice-baillifs et vice-sénéchaux et lieutenans criminels de robe-courte, concurremment avec nos juges ordinaires, et à la charge de l'appel en nos Cours de Parlement auxquelles il doit ressortir, dérogeant pour ce regard à toutes déclarations et édits à ce contraires portant défenses auxdits prévôts de connaître des duels et rencontres.

20. Les juges ou autres officiers qui auront supprimé et changé les informations, seront destitués et privés de leurs charges, et châtiés comme faussaires.

21. Et d'autant qu'il arrive assez souvent que lesdits prévôts, vice-baillifs, vice-sénéchaux et lieute-

nans criminels de robe-courte, sont négligents dans l'exécution des ordres de nosdits cousins les maré-chaux de France, nous voulons et ordonnons que si lesdits officiers manquent d'obéir au premier man-dement de nosdits cousins les maréchaux, ou de l'un d'eux, ou autres juges du point-d'honneur, de som-mer ceux qui auront querelle de comparaître au jour assigné, de les saisir et arrêter en cas de refus et de désobéissance, et finalement d'exécuter de point en point, et toutes affaires cessantes, ce qui leur sera mandé et ordonné par nosdits cousins les maréchaux de France, et juges du point-d'honneur, ils soient par nosdits cousins punis et châtiés de leurs négli-gences par suspension de leurs charges et privation de leurs gages, lesquels pourront être réellement arrêtés et saisis sur la simple ordonnance de nosdits cousins les maréchaux de France, ou de l'un d'eux, signifiée à la personne ou au domicile du trésorier de l'ordinaire de nos guerres qui sera en exercice. Nous ordonnons en outre auxdits prévôts, vice-baillifs, vice-sénéchaux, leurs lieutenans et archers, chacun en leur ressort, sur les mêmes peines de suspension et privation de leurs gages, que sur le bruit d'un combat arrivé ils se transporteront à l'instant sur les lieux pour arrêter les coupables, et les constituer prisonniers dans les prisons royales les plus proches du lieu du délit, voulant que pour chacune capture il leur serait payé la somme de quinze cents livres, à prendre avec les autres frais de justice sur le bien le plus clair des coupables, et préférablement aux confiscations et amendes que nous avons ordonnées ci-dessus.

22. Et comme les coupables, pour éviter de tomber entre les mains de la justice, se retirent d'ordinaire chez les grands de notre royaume, nous faisons très-expresses inhibitions et défenses à toutes personnes, de quelque qualité et condition qu'elles soient, de recevoir dans leurs hôtels et maisons ceux qui auront contrevenu à notre présent Edit. Et au cas qu'il se trouve quelques-uns qui leur donnent asile, et qui refusent de les remettre entre les mains de la justice sitôt qu'ils en seront requis, nous voulons que les procès-verbaux qui en seront dressés et duement arrêtés par lesdits prévôts des maréchaux et autres juges, soient incontinent et incessamment envoyés aux secrétaires d'Etat et de nos commandemens chacun en son département, ensemble aux procureurs-généraux de nos Cours de Parlement, et à nosdits cousins les maréchaux, afin qu'ayant pris avis d'eux, nous fassions rigoureusement procéder à la punition de ceux qui protègent de si criminels désordres.

23. Que si nonobstant tous les soins et diligences prescrites par les articles précédents, le crédit et l'autorité des personnes intéressées dans ces crimes en détournaient les preuves par menaces ou artifice, nous ordonnons que sur la simple réquisition qui sera faite par nos procureurs-généraux ou leurs substituts, il soit décerné des monitoires par les officiaux des évêques des lieux, lesquels seront publiés et fulminés selon les formes canoniques contre ceux qui refuseront de venir à réclamation de ce qu'ils sauront touchant les duels et rencontres arrivés. Nous ordonnons en outre qu'à l'avenir nos procureurs-généraux en nos Cours de Parlement, et leurs subs-

tituts, sur l'avis qu'ils auront des combats qui auront été faits; feront leurs réquisitions contre ceux qui par notoriété en seront estimés coupables, et que conformément à icelles nosdites Cours, sans autres preuves, ordonnent que dans les délais qu'elles jugeront à propos, ils seront tenus de se rendre dans les prisons pour se justifier, et répondre sur les réquisitions de nosdits procureurs-généraux; et à faute dans ledit temps de satisfaire aux arrêts qui seront signifiés à leurs domiciles, nous voulons qu'il soit procédé contre eux par défaut et contumace; qu'ils soient déclarés atteints et convaincus des cas à eux imposés, et comme tels qu'ils soient condamnés aux peines portées par nos Edits, et leurs biens à nous acquis et confisqués, et mis à nos mains, et sans attendre que les cinq années des défauts et contumaces soient expirées; que toutes leurs maisons soient rasées et leurs bois de haute-futaie coupés jusqu'à certaine hauteur, suivant les ordres que nous en donnerons, et eux déclarés infâmes et dégradés de noblesse, sans qu'ils puissent à l'avenir entrer en aucune charge. Défendons à toutes nos Cours de Parlement et nos autres juges de les recevoir en leur justification après les arrêts de condamnation, même pendant les cinq années de la contumace, qu'auparavant ils n'aient obtenu nos lettres portant permission de se représenter, et qu'ils n'aient payé les amendes auxquelles ils seront condamnés, et ce nonobstant l'article dix-huit du titre sept de notre ordonnance criminelle, auquel nous avons dérogé et dérogeons pour ce regard, et sans tirer à conséquence.

24, Et lors même que les prévenus auront été arrêtés et mis dans les prisons, ou qu'ils s'y seront mis, nous voulons qu'en cas que nos procureurs-généraux trouvent difficulté à administrer la preuve desdits combats, nos Cours leur donnent les délais qu'ils requerront, remettant à l'honneur et conscience de nosdits procureurs-généraux de n'en user que pour le bien de la justice.

25. Pendant le temps que les accusés ou prévenus desdits crimes ne se rendront point prisonniers, nous voulons que la justice de leurs terres soit exercée en notre nom, et nous pourvoiront pendant ledit temps aux offices et bénéfices dont la disposition appartiendra auxdits accusés non prévenus.

26. Et pour éviter que pendant le temps de l'instruction des défauts et contumaces, les prévenus ne puissent se servir des moyens qu'ils ont accoutumé de pratiquer pour détourner les preuves de leurs crimes, en intimidant les témoins, ou les obligeant de se rétracter dans le recollement, nous voulons que nonobstant l'article troisième du titre quinze de notre ordonnance du mois d'août 1670, auquel nous avons dérogé et dérogeons pour ce regard dans les crimes de duels seulement, il soit procédé par les officiers de nos Cours et les lieutenans criminels des bailliages où il y a siége présidial, au recollement des témoins dans les vingt-quatre heures, et le plutôt qu'il se pourra après qu'ils auront été entendus dans les informations, et ce avant qu'il y ait aucun jugement qui l'ordonne, sans toutefois que les recollemens puissent valoir confrontation, qu'après qu'il

àura été ainsi ordonné par le jugement de défaut et contumace.

27. Nous déclarons les condamnés par contumace incapables et indignes de toutes successions qui pourraient leur échoir depuis la condamnation , encore qu'ils soient dans les cinq années, et qu'ils se fussent ensuite restitués contre la contumace. Si les successions sont échues avant la restitution, la seigneurie et la justice des terres sera exercée en notre nom , et les fruits attribués aux hôpitaux, sans espérance de restitution, à compter du jour de la, condamnation par contumace.

28. Nous voulons pareillement et ordonnons que dans les lieux éloignés des villes où nos Cours de Parlement sont séantes, lorsqu'après toutes les perquisitions et recherches susdites , les coupables des duels et rencontres ne pourront être trouvés, il soit à la requête des substituts de nos procureurs-généraux sur la simple notoriété du fait , décerné prise de corps contre les absents , et qu'à faute de les pouvoir appréhender en vertu du décret, tous leurs biens soient saisis, et qu'il soit procédé contre eux suivant ce qui est porté par notre ordonnance du mois d'août mil six cent soixante-dix , au titre dix-sept des défauts et contumaces, et sans que nosdits procureurs-généraux, ou leurs substituts, soient obligés d'informer et faire preuve de la notoriété.

29. Quand le titre de l'accusation sera pour crime de duel, il ne pourra être formé aucun réglement de juges, nonobstant tout prétexte de prévention , assassinat ou autrement , et le procès ne pourra être poursuivi que par-devant les juges du crime de duel.

30. Et afin d'empêcher les surprises de ceux qui, pour obtenir des grâces, nous déguiseraient la vérité des combats arrivés, et mettraient en avant de faux faits, pour faire croire que lesdits combats seraient survenus inopinément, et en suite de querelles prises sur-le-champ : nous ordonnons que nul ne pourra poursuivre au sceau l'expédition d'aucune grâce ès cas où il y aura soupçon de duel ou rencontre préméditée, qu'il ne soit actuellement prisonnier à notre suite, ou bien dans la principale prison du Parlement dans le ressort duquel le combat aura été fait, et après qu'il aura été vérifié qu'il n'a contrevenu en aucune sorte à notre présent Édit, et avoir sur ce pris l'avis de nos cousins les maréchaux de France, nous pourrons lui accorder des Lettres de rémission en connaissance de cause.

31. Et d'autant qu'en conséquence de nos ordres, nos cousins les maréchaux de France se sont assemblés pour recevoir et examiner de nouveau le réglement fait par eux, sur les diverses satisfactions et réparations d'honneur, auquel par ordre ils ont ajouté des peines plus sévères contre les agresseurs : nous voulons que ledit nouveau réglement en date du 22 du présent mois, ensemble celui du 22 août 1653, ci attachés sous le contrescel de notre chancellerie, soient inviolablement suivis et observés à l'avenir par tous ceux qui seront employés aux accommodemens des différends qui touchent le point d'honneur et la réputation des gentilshommes.

32. Et d'autant que quelquefois les administrateurs des hôpitaux ont négligé le recouvrement desdites amendes et confiscations, nous voulons que le recou-

vrement des amendes et confiscations adjugées auxdits hôpitaux et autres personnes qui auront été négligées pendant un an à compter du jour des arrêts de condamnation, soit fait par le receveur général de nos domaines, auquel la moitié desdites confiscations et amendes appartiendra pour les frais de ce recouvrement, nous réservant de disposer de l'autre moitié en faveur de tel hôpital qu'il nous plaira, autre que celui auquel elles auront été adjugées.

33. Voulons de plus que lorsque les gentilshommes n'auront pas déféré aux ordres des maréchaux de France, et qu'ils auront encouru les amendes et confiscations portées par le présent Edit et le réglement desdits maréchaux de France, il en soit à l'instant donné avis par lesdits maréchaux de France à nos procureurs-généraux en nos Cours de Parlement, ou à leurs substituts, auxquels nous enjoignons de procéder incessamment à la saisie des biens, jusqu'à ce que lesdits gentilshommes prévenus aient obéi ; et en cas qu'ils n'obéissent dans trois mois, les fruits seront en pure perte appliqués aux hôpitaux jusqu'à ce qu'ils aient obéi, les frais des Prévôts, de procédure, de garnison et autres, pris par préférence, et pour cet effet nous voulons que les directeurs et administrateurs desdits hôpitaux soient mis en possession et jouissance actuelle desdits biens. Enjoignons à nosdits procureurs-généraux, leurs substituts, de se joindre auxdits directeurs et administrateurs, pour être faite une prompte et réelle perception desdites amendes. Faisons très-expresses défenses aux juges d'avoir aucun égard aux contrats, testaments et autres actes faits six mois avant les crimes commis.

34. Lorsque dans les combats il y aura eu quelqu'un de tué, nous permettons aux parents du mort de se rendre partie dans trois mois pour tout délai contre celui qui aura tué ; et en cas qu'il soit convaincu du crime, condamné et exécuté, nous faisons remise de la confiscation du mort, au profit de celui qui aura poursuivi, sans qu'il soit tenu d'obtenir d'autres lettres de don que le présent édit. A l'égard de celui des parents, au profit duquel nous faisons remise de la confiscation, nous voulons que le plus proche soit préféré au plus éloigné, pourvu qu'ils se soient rendus parties dans les trois mois, à condition de rembourser les frais qui auront été faits.

35. Le crime de duel ne pourra être éteint ni par la mort, ni par aucune prescription de vingt, ni de trente ans, ni aucune autre, encore qu'il n'y ait aucune exécution, ni condamnation, ni plainte, et pourra être poursuivi, après quelque laps de temps que ce soit contre la personne ou contre sa mémoire: même ceux qui se trouveront coupables de duel depuis notre édit de 1651, registré en notre cour de Parlement de Paris, au mois de septembre de la même année, pourront être recherchés pour les autres crimes par eux commis auparavant ou depuis, nonobstant ladite prescription de vingt et trente ans, pourvu que le procès leur soit fait en même temps pour crime de duel, et par les mêmes juges, et qu'ils en demeurent convaincus.

56. Toutes les peines contenues dans le présent édit, pour la punition des contrevenants à nos volontés, seraient inutiles et de nul effet, si par les motifs d'une justice et d'une fermeté inflexible, nous ne

maintenions les lois que nous avons établies. A cette fin, nous jurons et promettons en foi et parole de Roi, de n'exempter à l'avenir aucune personne, pour quelque cause et considération que ce soit, de la rigueur du présent édit; qu'il ne sera par nous accordé aucune rémission, pardon et abolition à ceux qui se trouveront prévenus desdits crimes de duels et rencontres. Défendons très-expressément à tous princes et seigneurs près de nous de faire aucunes prières pour les coupables desdits crimes, sur peine d'encourir notre indignation. Protestons derechef que, ni en faveur d'aucun mariage de prince ou princesse de notre sang, ni pour les naissances des princes et enfants de France qui pourront arriver durant notre règne, ni pour quelqu'autre considération générale et particulière qui puisse être, nous ne permettons sciemment être expédié aucunes lettres contraires à notre présente volonté, l'exécution de laquelle nous avons jurée expressément et solennellement au jour de notre sacre et couronnement, afin de rendre plus authentique et plus inviolable une loi si chrétienne, si juste et si nécessaire.

Si donnons en mandement à nos amés et féaux conseillers les gens tenants notre cour de Parlement, que ces présentes ils fassent lire, publier et registrer, et le contenu en icelles garder et observer inviolablement, sans y contrevenir, ni permettre qu'il y soit contrevenu : car tel est notre plaisir. Et afin que ce soit chose ferme et stable à toujours, nous avons fait mettre notre scel à cesdites présentes. Donné à Saint-Germain-en-Laye, au mois d'août, l'an de grâce mil six cent soixante-dix-neuf, et de notre règne le trente-septième. *Signé*, LOUIS. *Et plus bas*, par le Roi, COLBERT. *Visa*, LE TELLIER. Pour servir à l'édit concernant les duels. Et scellé du grand sceau de cire verte, sur lacs de soie rouge et verte.

Registrées, ouï, et ce requérant le procureur gé- néral du Roi, pour étre exécutées selon leur forme et teneur. A Paris, en Parlement, le premier septembre mil six cent soixante-dix-neuf. Signé, DONGOIS.

––––––––––

RÉGLEMENT *de MM. les Maréchaux de France, sur les diverses satisfactions et réparations d'honneur* (1).

Sur ce qui nous a été ordonné par ordre exprès du Roi, et notamment par la déclaration de Sa Majesté contre les duels, lue, publiée et registrée au Parle- ment de Paris, le vingt-neuf juillet 1633 (2), *de nous assembler incessamment, pour dresser un régle- ment le plus exact et distinct qu'il se pourra, sur les diverses satisfactions et réparations d'honneur que nous jugerons devoir étre ordonnées, suivant les divers dégrés d'offense, et de telle sorte que la punition con- tre l'aggresseur et la satisfaction à l'offensé soient si grandes et si proportionnées à l'injure reçue, qu'il n'en puisse renaitre aucune plainte ou querelle nouvelle;*

––––––––––

(1) Il est du 22 août 1653.

(2) Cet Edit se trouve, avec quelques autres lois contre les duels rapporté aux dates antérieures. Nous avons cru cependant devoir placer ici le réglement de MM. les maréchaux de France, parce qu'il peut être bon de le mettre actuellement sous les yeux du public.

pour être, ledit réglement, *inviolablement suivi et ob-*
servé à l'avenir par tous ceux qui seront employés
aux accommodemens des différends qui toucheront le
point d'honneur et la réputation des gentilshommes....
Nous, après avoir vu et examiné les propositions de
plusieurs gentilshommes de qualité de ce royaume,
qui ont eu ensemble diverses conférences sur ce sujet,
en conséquence de l'ordre qui leur a été donné par
nous dès le premier de juillet 1651, lesquels nous ont
présenté dans notre assemblée lesdites propositions ré-
digées par écrit et signées de leurs mains, avons,
après une mure délibération, conclu et arrêté les articles suivants:

ARTICLE 1.er. Que dans toutes les occasions et sujets qui peuvent causer des querelles et ressentimens,
nul gentilhomme ne doit estimer contraire à l'honneur tout ce qui peut donner entier et sincère éclaircissement de la vérité.

2. Qu'entre les gentilshommes, plusieurs ayant déjà
protesté solennellement et par écrit, de refuser toutes
sortes d'appels, et de ne se battre jamais en duel pour
quelque cause que ce soit : ceux-ci sont d'autant plus
obligés à donner ces éclaircissemens, que sans cela ils
contreviendraient formellement à leur écrit, et seraient par conséquent plus dignes de repréhension et
de châtiment dans les accommodemens des querelles
qui surviendraient par faute d'éclaircissement.

3. Que si le prétendu offensé est si peu raisonnable que de ne se pas contenter de l'éclaircissement
qu'on lui aura donné de bonne foi, et qu'il veuille
obliger celui de qui il croira avoir été offensé à se battre contre lui, celui qui aura renoncé au duel lui

pourra répondre en ce sens, ou autre semblable: *Qu'il s'étonne bien que sachant les derniers édits du Roi, et particulièrement la déclaration de plusieurs gentilshommes, dans laquelle il s'est engagé publiquement de ne se point battre, il ne veuille pas se contenter des éclaircissemens qu'il lui donne, et qu'il ne considère pas qu'il ne peut ni ne doit donner ou recevoir aucun lieu pour se battre, ni même lui marquer les endroits où il le pourrait rencontrer, mais qu'il ne changera rien en sa façon ordinaire de vivre.* Et généralement tous les autres gentilshommes pourront répondre: *Que si on les attaque, ils se défendront, mais qu'ils ne croient pas que leur honneur les oblige à s'aller battre de sang-froid, et contrevenir ainsi formellement aux édits de Sa Majesté, aux lois de la religion, et à leur conscience.*

4. Lorsqu'il y aura eu quelque démêlé entre les gentilshommes, dont les uns auront promis et signé de ne se point battre, et les autres non, ces derniers seront toujours réputés aggresseurs, si ce n'est que le contraire paraisse par des preuves bien expresses.

5. Et parce qu'on pourrait aisément prévenir les voies de fait, si nous, les gouverneurs ou lieutenans généraux des provinces, n'étions soigneusement avertis de toutes les causes et commencemens de querelles: nous avons avisé et arrêté, conformément au pouvoir qui nous est attribué par le dernier édit de Sa Majesté, enregistré au Parlement, le Roi y séant, le 7 septembre 1651, de nommer et commettre incessamment en chaque bailliage et sénéchaussée de ce royaume, un ou plusieurs gentilshommes de qualité, âge et suffisance requise, pour recevoir les avis des différends des gen-

tilshommes, et nous les envoyer, ou aux gouverneurs et lieutenans généraux des provinces, lorsqu'ils y seront résidents, et pour être généralement fait par lesdits gentilshommes commis, ce qui est prescrit par le second article dudit édit.

Et nous ordonnons en conformité du même édit, à tous nos Prévôts, vice-baillifs, vice-sénéchaux, lieutenans criminels de robe-courte, et autres officiers des maréchaussées, d'obéir promptement et fidèlement auxdits gentilshommes commis pour l'exécution de leurs ordres.

6. Et afin de pouvoir être encore plus soigneusement avertis des différends des gentilshommes, nous déclarons, suivant le troisième article du même édit, que tous ceux qui se rencontreront, quoiqu'inopinément, aux lieux où se commettront des offenses, soit par rapports, discours ou paroles injurieuses, soit par manquement de paroles données, soit par démentis, menaces, soufflets, coups de bâton, ou autres outrages à l'honneur, de quelque nature qu'ils soient, seront à l'avenir obligés de nous en avertir, ou les gouverneurs ou lieutenans généraux des provinces, ou les gentilshommes commis, sur peine d'être réputés complices desdites offenses, et d'être poursuivis comme y ayant tacitement contribué, et que ceux qui auront connaissance des procès qui seront sur le point d'être intentés entre gentilshommes pour quelques intérêts d'importance, seront aussi obligés, suivant le même article troisième, dudit édit, de nous en donner avis, ou aux gouverneurs ou lieutenans généraux des provinces, ou aux gentilshommes commis dans les bailliages, afin de pourvoir aux moyens d'empêcher que

les parties ne sortent des voies de la justice ordinaire pour en venir à celles de fait, et se faire raison par elles-mêmes.

7. Et pour ce que dans toutes les offenses qu'on peut recevoir il est nécessaire d'établir quelques règles générales pour les satisfactions, lesquelles répareront suffisamment l'honneur dès qu'elles seront reçues et pratiquées, puisqu'il n'est que trop constant que c'est l'opinion qui a établi la plupart des maximes du point d'honneur, et considérant que dans les offenses il faut regarder avant toutes choses si elles ont été faites sans sujet, et si elles n'ont point été repoussées par quelques reparties ou revanches plus atroces : nous déclarons que dans celles qui auront été ainsi faites sans sujet, et qui n'auront point été repoussées, si elles consistent en paroles injurieuses, comme de *sot*, *lâche*, *traitre*, et semblables, on pourra ordonner pour punition que l'offensant tiendra prison durant un mois, sans que le temps en puisse être diminué par le crédit ou prière de qui que ce soit, ni même par l'indulgence de la personne offensée, et qu'après qu'il sera sorti de la prison, il déclarera à l'offensé : *Que mal à propos et impertinemment il l'a offensé par des paroles outrageantes, qu'il reconnaît être fausses, et lui en demande pardon.*

Pour les démentis ou menaces de coups de main ou de bâton, on ordonnera deux mois de prison, dont le temps ne pourra être diminué non plus que ci-dessus : et après que l'offensant sera sorti de prison, il demandera pardon à l'offensé, avec des paroles encore plus satisfaisantes que les susdites, et qui seront particulièrement spécifiées par les juges du point d'honneur.

9. Pour les offenses actuelles de coups de main et autres semblables, on ordonnera pour punition que l'offensant tiendra prison durant six mois, dont le temps ne pourra être diminué non plus que ci-dessus, si ce n'est que l'offensant requière qu'on commue seulement la moitié du temps de ladite prison en une amende, qui ne pourra être moindre de quinze cents livres, applicable à l'hôpital le plus proche du lieu de la demeure de l'offensé, et laquelle sera payée avant que ledit offensant sorte de prison; et après même qu'il en sera sorti, il se soumettra encore de recevoir de la main de l'offensé des coups pareils à ceux qu'il aura donnés, et déclarera par paroles et par écrit : *Qu'il l'a frappé brutalement, et le supplie de lui pardonner et oublier cette offense.*

10. Pour les coups de bâtons ou autres pareils outrages, l'offensant tiendra prison un an entier, et ce temps ne pourra être modéré, sinon de six mois, en payant trois mille livres d'amende, payable et applicable en la manière ci-dessus; et après qu'il sera sorti de prison, il demandera pardon à l'offensé, le genou en terre, se soumettra en cet état de recevoir de pareils coups, le remerciera très-humblement s'il ne les lui donne pas, comme il le pourrait faire, et déclarera en outre de paroles et par écrit : *Qu'il l'a offensé brutalement, qu'il le supplie de l'oublier, et que s'il était en sa place, il se contenterait des mêmes satisfactions.* Et dans toutes les offenses de coups de main, de bâton, ou autres semblables, outre les susdites punitions et satisfactions, on pourra obliger l'offensé de châtier l'offensant par les mêmes coups qu'il aura reçus, quand même il aurait la générosité de ne les

vouloir pas donner, et cela, au cas seulement que l'offense soit jugée si atroce par les circonstances, qu'elle mérite qu'on réduise l'offensé à cette nécessité.

11. Et lorsque les accommodemens se feront en tous les cas susdits, les juges du point d'honneur pourront ordonner tel nombre d'amis de l'offensé qu'il leur plaira, pour voir faire les satisfactions qui seront ordonnées, et les rendre plus notoires.

12. Pour les offenses et outrages à l'honneur qui se feront à un gentilhomme, pour le sujet de quelque intérêt civil, ou de quelque procès qui serait déjà intenté pardevant les juges ordinaires, on ne pourra, dans les offenses ainsi survenues, être trop rigoureux dans les satisfactions, et ceux qui régleront semblables différends pourront, outre les punitions spécifiées ci-dessus en chaque espèce d'offense, ordonner encore le bannissement pour autant de temps qu'ils jugeront à propos, des lieux où l'offensant fait sa résidence ordinaire, et lorsqu'il sera constant, par notoriété de fait ou autres preuves, qu'un gentilhomme se soit mis en possession de quelque chose par voie de fait ou par surprise, on ne pourra faire aucun accommodement, même touchant le point d'honneur, que la chose contestée n'ait été préalablement mise dans l'état où elle était avant la violence ou la surprise.

13. Et pour ce qu'outre les susdites causes de différends, les paroles qu'on prétend avoir été données et violées, en produisent une infinité d'autres, nous déclarons qu'un gentilhomme qui aura tiré parole d'un autre, sur quelque affaire que ce soit, ne pourra y faire à l'avenir aucun fondement, ni se plaindre

qu'elle ait été violée, si on ne la lui a donnée par écrit, ou en présence d'un ou plusieurs gentilshommes. Et ainsi, tous gentilshommes seront désormais obligés de prendre cette précaution, non seulement pour obéir à nos réglements, mais encore pour l'intérêt qu'un chacun a de conserver l'amitié de celui qui lui aura donné sa parole, et de n'être pas déclaré aggresseur, ainsi qu'il sera, dorénavant, dans tous les démêlés qni arriveront ensuite d'une parole donnée sans écrit ni témoins, et qu'il prétendra n'avoir pas été observée.

14. Si la parole donnée par écrit, ou pardevant d'autres gentilshommes se trouve violée, l'intéressé sera tenu d'en demander justice à nous, aux gouverneurs ou lieutenans généraux des provinces, ou aux gentilshommes commis, à faute de quoi il sera réputé aggresseur dans tous les démêlés qui pourront arriver en conséquence de ladite parole violée, comme aussi tous les témoins de ladite parole violée qui n'en auront point donné avis, seront responsables de tous les désordres qui en pourront arriver; et, quant à ce qui regarde lesdits manquemens de parole, les réparations et satisfactions seront ordonnées suivant l'importance de la chose.

15. Si, par le rapport des présents, ou par d'autres preuves, il paraît qu'une injure ait été faite de dessein prémédité, de gaîté de cœur, et avec avantage, nous déclarons que, selon les lois de l'honneur, l'offensé peut poursuivre l'aggresseur et ses complices pardevant les juges ordinaires, comme s'il avait été assassiné, et ce procédé ne doit point sembler étrange, puisque celui qui offense un autre avec avantage, se

rend par cette action indigne d'être traité en gentilhomme, si toutefois la personne offensée n'aime mieux se rapporter à notre jugement, ou à celui des autres juges du point d'honneur, pour sa satisfaction et pour le châtiment de l'aggresseur, lequel doit être beaucoup plus grand que tous les précédents, qui ne regardent que les offenses qui se font dans les querelles inopinées.

16. Au cas qu'un gentilhomme refuse ou diffère, sans aucune cause légitime, d'obéir à nos ordres, ou à ceux des autres juges du point d'honneur, comme de se rendre par-devant nous ou eux, lorsqu'il aura été assigné par acte signifié à lui ou à son domicile, et aussi lorsqu'il n'aura pas subi les peines ordonnées contre lui, il y sera incessamment contraint, après un certain temps prescrit, par garnison dans sa maison, ou emprisonnement, conformément au huitième article dudit Edit, ce qui sera soigneusement exécuté par nos prévôts, vice-baillifs, vice-sénéchaux, lieutenans criminels de robe-courte, et autres lieutenans, exempts, archers des maréchaussées, sur peine de suspension de leurs charges et privation de leurs gages, et ladite exécution se fera aux frais et dépens de la partie désobéissante et réfractaire.

17. Et suivant le même article huitième dudit Edit, si nos prévôts, vice-baillifs, vice-sénéchaux, lieutenans criminels de robe-courte et autres officiers des maréchaussées, ne peuvent exécuter lesdits emprisonnemens, ils saisiront et annoteront tous les revenus desdits désobéissants, donneront avis desdites saisies à MM. les procureurs-généraux ou à leurs substituts, suivant la dernière déclaration contre les

duels, enregistrée au Parlement de Paris le 29 de juillet dernier, pour être lesdits revenus appliqués et demeurer acquis durant tout le temps de la désobéissance, à l'hôpital de la ville où sera le Parlement dans le ressort duquel seront les biens des désobéissants, conjointement avec l'hôpital du Siége royal d'où ils dépendront aussi, afin que s'entraidant dans la poursuite, l'un puisse fournir l'avis et la preuve, et l'autre la justice et l'autorité. Et au cas qu'il y ait des dettes précédentes qui empêchent la perception du revenu confisqué au profit desdits hôpitaux, la somme à quoi pourra monter ledit revenu deviendra une dette hypothéquée sur tous les biens meubles et immeubles du désobéissant, pour être payée et acquittée en son ordre, suivant le même article 8 dudit Edit.

18. Si ceux à qui nous et les autres juges du point d'honneur auront donné des gardes, s'en sont dégagés, l'accommodement ne sera point fait, qu'ils n'aient tenu prison durant tout le temps qui sera ordonné.

19. Et généralement dans toutes les autres différences d'offenses, qui n'ont point été ci-dessus spécifiées, et dont la variété est infinie ; comme si elles ont été faites avec sujet, et si elles ont été repoussées par quelques réparties plus atroces, ou si par des paroles outrageantes l'offensant s'est attiré un démenti, ou quelques coups de main ; et en un mot, dans toutes les autres rencontres d'injures insensiblement aggravées : nous remettons aux juges du point d'honneur d'ordonner les punitions et satisfactions telles que les cas et les circonstances le requerront, les exhortant de faire toujours une particulière

considération sur celui qui aura été l'aggresseur et
la première cause de l'offense, et de renvoyer pardevant nous tous ceux qui voudront nous représenter
leurs raisons, conformément au second article du
dernier Edit de Sa Majesté, enregistré, comme dit
est, au Parlement le sept septembre mil six cent
cinquante-un.

Fait à Paris le vingt-deuxième jour d'août mil six
cent cinquante-trois. *Signé* D'ESTRÉE, DE GRAMMONT,
LA MOTTE, L'HÔPITAL, PLESSIS-PRASLIN, VILLEROY,
DE GRANCEY, D'ALBRET, DE CLEREMBAULT. *Et plus
bas* : QUILLET.

NOUVLAU RÉGLEMENT *de MM. les Maréchaux de
France, qui confirme et augmente le précédent.*

Du 22 août 1679.

Le Roi nous ayant ordonné de nous assembler et
examiner de nouveau le réglement que nous avons
fait par ordre exprès de Sa Majesté, en date du
22 août 1653, sur les satisfactions et réparations
d'honneur entre les gentilshommes, l'intention de Sa
Majesté étant d'augmenter les peines et satisfactions,
ensorte qu'elles soient égales et proportionnées aux
injures. Pour obéir aux ordres de Sa Majesté, nous
avons estimé, sous son bon plaisir :

Que les articles 1, 2, 3, 4 et 5 dudit réglement
doivent être exécutés.

Sur le 6 nous estimons que ceux qui auront été
présents aux offenses, et qui n'en auront pas donné
avis, doivent être punis de six mois de prison.

Sur l'article 7 , au lieu d'un mois de prison pour celui qui aura offensé, nous sommes d'avis qu'il tienne prison deux mois, et que le surplus de l'article soit exécuté.

Sur l'article 8 , nous estimons que l'offensant doit tenir prison quatre mois au lieu de deux ; et après que l'offensant sera sorti de prison, il demandera pardon à l'offensé.

Sur le 9.e article, nous estimons que pour les offenses actuelles de soufflet ou coups de main commis dans la chaleur des démêlés, si le soufflet ou coup de main a été précédé d'un démenti, celui qui aura frappé tiendra prison pendant un an, et s'il n'a point été précédé d'un démenti, il tiendra prison pendant deux ans, sans que le temps puisse être diminué pour quelque cause que ce soit, quand même l'offensé le demanderait ; et après que l'offensant sera sorti de prison, il se soumettra encore de recevoir de la main de l'offensé des coups pareils à ceux qu'il aura donnés, et déclarera de parole et par écrit qu'il l'a frappé brutalement, et le supplie de lui pardonner et oublier cette offense.

Sur le 10.e article, à l'égard des coups de bâton et autres pareils outrages donnés dans la chaleur des démêlés, en cas qu'ils aient été donnés après un soufflet ou coup de main, celui qui aura frappé du bâton ou autrement, tiendra prison pendant deux ans ; et en cas qu'il n'ait point été frappé auparavant, il tiendra prison pendant quatre ans, et après qu'il sera sorti, il demandera pardon à l'offensé.

Sur les articles 11 , 12 , 13 et 14, nous estimons

qu'ils doivent être exécutés, et qu'il n'y doit être rien changé.

Sur le 15.ᵉ article , nous estimons que si par le rapport des présents, par notoriété, ou par autre preuve, il paraît qu'une injure de coups de bâton, canne ou autre de pareille nature , ait été faite de dessein prémédité , par surprise ou avec avantage, celui qui aura frappé seul et par devant, doit tenir prison pendant quinze ans , et celui qui aura frappé par derrière, quoique seul, ou avec avantage, soit en se faisant accompagner, ou autrement , doit tenir prison pendant vingt années entières , et ce dans une ville , citadelle ou forteresse éloignée au moins de trente lieues du lieu où l'offensé fera sa demeure ordinaire ; et que défenses soient faites par Sa Majesté à l'offensant de se sauver de prison , à peine de la vie , et à l'offensé d'approcher du lieu de ladite prison de dix lieues , à peine de désobéissance.

Sur les articles 16 , 17 , 18 et 19 , nous n'estimons pas qu'il y doive être rien changé.

Fait à Saint-Germain-en-Laye , le vingt-deuxième jour d'août mil six cent soixante-dix-neuf. *Signé* Villeroy, Grancey, le maréchal duc de Navailles, le maréchal d'Estrades , Montmorency-Luxembourg (1).

---

(1) Voyez la *Préface* de ce volume , sur le tribunal des maréchaux de France.

DÉCLARATION DU ROI , *en interprétation de l'Edit du mois d'août* 1679 , *sur le fait des duels.*

Donnée à Saint-Germain-en-Laye , le 14 décembre 1679.

LOUIS , par la grâce de Dieu , Roi de France et de Navarre : à tous ceux qui ces présentes lettres verront, SALUT. Par notre Edit du mois d'août dernier , nous avons expliqué nos intentions pour la punition du crime de duel ; et afin que cette punition puisse être prompte , nous en avons attribué la connaissance aux prévôts de nos cousins les maréchaux de France , vice-baillifs , vice-sénéchaux et lieutenans criminels de robe-coute , concurremment avec nos juges ordi- naires , à la charge de l'appel en nos Cours de Par- lement. Et bien que nous ayons tout sujet d'espérer que lesdits juges voyant les soins et les précautions que nous prenons pour empêcher que nos sujets ne tombent dans un crime si détestable , se porteront, chacun à son égard , avec zèle et sans jalousie , à exécuter ce qui lui est prescrit : néanmoins parce qu'il pourrait arriver souvent des conflits entre les- dits juges commis pour ledit crime de duel , sous prétexte de prévention ou autrement, et qu'aupa- ravant que nos Cours de Parlement les eussent réglés , il se passerait beaucoup de temps, ou que nosdits juges ou prévôts des maréchaux, en procédant ainsi concurremment, notre grand conseil ignorant le titre de l'accusation , pourrait donner des commissions et autres actes préparatoires qui seront faits , soit par lesdits prévôts des maréchaux , ou par nosdits juges, à raison dudit crime de duel, notre procureur ou autre accusateur, à la requête duquel ils seront donnés, soit qualifié dèmandeur et accusateur en crime de duel ; et en conséquence voulons que dorénavant il ne puisse être donné en notre grand conseil aucune commission en réglement de juges, entre les prévôts de nos cousins les maréchaux de France, et autres officiers de robe-courte, et nos juges ordinaires, sous quelque prétexte que ce puisse être, lorsqu'il apparaîtra qu'aucun desdits juges aura pris connaissance du fait pour crime de duel : pourra néanmoins notre grand conseil continuer à juger les conflits d'entre lesdits prévôts et officiers de robecourte, et nosdits juges ordinaires, en tout cas, fors ceux de duel, à condition que dans les arrêts, ou commissions, ou réglements de juges qui seront donnés à cet effet par icelui notre grand conseil, il sera inséré la clause que l'instruction sera continuée par celui des juges entre lesquels sera le conflit, que notre grand conseil estimera à propos, jusqu'à jugement définitif exclusivement, et que le réglement de juges ait été jugé et terminé, à peine de nullité desdits arrêts ou commissions en réglement de juges. Et parce qu'il n'est pas moins important, après avoir pourvu à ce que nous avons cru utile pour empêcher les conflits desdits juges, de pourvoir particulièrement à l'abréviation des procédures contre les absents : voulons et ordonnons que lorsque les coupables des duels ou rencontres ne pourront être trouvés, il soit à la requête de nos procureurs-généraux ou de leurs substituts, sur la simple notoriété du fait, décerné prise de corps contre les absents, et qu'à faute de les pouvoir appréhender en vertu du décret, tous leurs biens soient saisis, et soit procédé contr'eux, suivant ce qui est porté par notre ordonnance du mois d'août 1670, au titre 17 des défauts et contumaces, et sans que nosdits procureurs-généraux et leurs substituts soient obligés d'informer et faire preuve de la notoriété ; et ce faisant, nous avons dérogé à l'art. 28 dudit Edit du mois d'août dernier. Voulons au surplus que nos Cours de Parlement connaissent en première instance des cas portés par notre Edit, quand ils seront arrivés dans l'enceinte ou ès environs des villes où nosdites Cours sont séantes, ou bien plus loin, entre les personnes de telle qualité et importance, que nosdites Cours jugent y devoir interposer leur autorité ; et hors ce cas, les juges susdits, à la charge de l'appel., ainsi ainsi qu'il est porté par notre Edit.

SI DONNONS EN MANDEMENT à nos amés et féaux les gens tenant notre Cour de Parlement à Paris, que ces présentes ils fassent lire, publier et registrer, et le contenu en icelles garder et faire garder et observer inviolablement, sans y contrevenir, ni souffrir qu'il y soit contrevenu, en quelque sorte et manière que ce soit ; car tel est notre plaisir. En témoin de quoi nous y avons fait mettre notre scel à cesdites présentes. DONNÉ à Saint-Germain-en-Laye le quatorzième jour de décembre mil six cent soixante-dit-neuf, et de notre règne le trente-sept. *Signé* LOUIS. par le Roi, PHELYPEAUX.

Registrée en Parlement le 22 décembre 1679. *Signé* JACQUES.

DÉCLARATION DU ROI , *portant défenses à ceux de la religion prétendue réformée de faire les fonctions de sages-femmes.*

Du 20 janvier 1680.

Registrée en Parlement le 29 du même mois.

LOUIS , par la grâce de Dieu , Roi de France et de Navarre , à tous ceux qui ces présentes lettres verront; SALUT. Nous avons été informés qu'il se commet beaucoup d'abus par ceux de la religion prétendue réformée de l'un et de l'autre sexe , qui se mêlent d'accoucher et faire les fonctions de maîtresses sages-femmes dans l'étendue de notre royaume, en ce que suivant les principes de leur religion, ne croyant pas le baptême absolument nécessaire, et ne pouvant pas d'ailleurs ondoyer les enfants, parce qu'il n'est libre qu'aux ministres de baptiser, et même dans les temples, quand il arrive que des enfants sont en péril de la vie, l'absence desdits ministres, ou l'éloignement des temples cause souvent leur mort sans qu'ils aient reçu le baptême ; qu'il arrive encore que lors que lesdits de la religion prétendue réformée sont employés à l'accouchement des femmes catholiques, quand ils connaissent qu'elles sont en danger de la vie , comme ils n'ont pas de croyance aux sacremens , ils ne les avertissent point de l'état où elles se trouvent; en sorte qu'elles meurent sans que lesdits sacremens leur aient été administrés. A quoi voulant pourvoir et empêcher en même temps , que les enfants illégitimes dont on cache la naissance , et dont l'éducation est ordinaire-

ment confiée à ceux qui accouchent les mères, s'ils
font profession de la religion prétendue réformée, ne
les instruisent dans ladite religion ; bien que les pères
et mères fassent profession de la religion catholique,
apostolique et romaine : A CES CAUSES et autres à ce
nous mouvants, de l'avis de notre conseil et de notre
certaine science, pleine puissance et autorité royale ;
avons dit et déclaré, disons et déclarons par ces présentes signées de notre main, voulons et nous plait,
qu'aucunes personnes, de quelque sexe que ce soit,
faisant profession de la religion prétendue réformée ne
puissent dorénavant se mêler d'accoucher dans notre
royaume, pays et terres de notre obéissance, des femmes, tant de la religion catholique, apostolique et
et romaine, que de la religion prétendue réformée ;
leur faisant très-expresses inhibitions et défenses de
s'y immiscer, à peine de trois mille livres d'amende,
et d'être procédé extraordinairement contre les contrevenants, et ce faisant avons dérogé et dérogeons à
l'article 30 de notre déclaration du premier jour de
février 1669, par laquelle nous avons ordonné, que
nos sujets de la religion prétendue réformée seront
admis et reçus à tous les arts et métiers dans les formes ordinaires des apprentissages et chefs-d'œuvre
dans les lieux où il y a maîtrise. SI DONNONS EN
MANDEMENT à nos amés et féaux conseillers, les gens
tenant notre cour de Parlement de Paris, baillifs,
sénéchaux et à tous autres nos justiciers et officiers
qu'il appartiendra, que cesdites présentes ils aient à
faire lire, publier et enregistrer purement et simplement, et le contenu en icelles exécuter, garder et observer selon leur forme et teneur, nonobstant tous

édits, déclarations, arrêts et réglements à ce contraires ; enjoignons à notre procureur général et ses substituts de faire pour l'accomplissement de notre intention, toutes les poursuites et réquisitions nécessaires, et à tous nos sujets de donner avis aux juges des lieux, des contraventions qui pourront être faites à cesdites présentes : CAR tel est notre plaisir. En témoin de quoi nous avons fait mettre notre scel à cesdites présentes. DONNÉ à Saint-Germain-en-Laye, le vingtième jour du mois de février, l'an de grâce mil six cent quatre-vingt, et de notre règne le trente-septième. *Signé*, LOUIS ; *et sur le repli*, par le Roi, COLBERT. Et scellées du grand sceau de cire jaune.

***

ARRÊT DE LA COUR DE PARLEMENT, *sur un libelle imprimé en forme de Bref de N. S. Père le Pape Innocent XI.*

Du 31 mars 1681.

Extrait des registres de Parlement.

Vu par la Cour la requête à elle présentée par le procureur général du Roi, contenant que l'on débite, depuis quelques jours, en cette ville de Paris, un imprimé en forme de bref de notre Saint-Père le Pape Innocent XI, adressé au chapitre de l'église de Pamier, par lequel le pape confirme les grands vicaires qu'il a élus, et déclare qu'il confirmera tous ceux qu'il élira dans la suite ; défend à toutes autres personnes d'en faire les fonctions, quelque pouvoir qu'ils en eussent d'ailleurs, à peine d'excommunication, de privation des bénéfices, et des dignités dont ils sont pourvus, et d'incapacité d'en obtenir d'autres, et déclare sujets aux mêmes peines tous clercs et laïques qui leur obéiraient, et qui les aideraient de leur conseil et autorité, même le métropolitain ; et quoi que ce qui s'est passé depuis quelque temps, pût donner lieu de croire cette imprimé véritable ; néaumoins quand on le verrait revêtu de toutes les formes qui pourraient le rendre authentique, le respect que nous avons pour le Pape, nous laisserait encore douter que S. S. voulût ainsi renverser la juridiction d'un archevêque, à qui l'on ne peut ôter le droit de connaître des appellations de ses suffragants, sans donner au même temps atteinte à celui qu'a le Pape de prononcer sur celles que l'on peut interjeter à Sa Sainteté des jugemens que rendent les métropolitains ; et lequel, en nommant messire Simon d'Endore, grand vicaire du diocèse de Pamiers , n'a fait que se servir du pouvoir que l'église lui donne, et s'acquitter de l'obligation que ses règles lui imposent, de pourvoir en certains cas au gouvernement des églises vacantes de sa province. En effet, quelques religieux, dont la plupart se prétendaient chanoines de l'église de Pamiers, en vertu des provisions que le défunt évêque de Pamiers leur avait données, sans avoir droit de le faire, ayant procédé à l'élection des frères Aubarede et Rech pour grands vicaires, sans appeler aucuns de ceux qui étaient pourvus par le Roi des mêmes bénéfices, comme ayant vaqué en régale, et qui auraient pu avoir les qualités nécessaires pour entrer dans le chapitre. Ledit procureur général fut obligé d'interjeter appel comme d'abus de cette élec-

tion, à cause du préjudice qu'elle faisait aux droits
du Roi, par cette exclusion, sans connaissance de
cause, de ceux qui avaient été nommés par ledit seigneur Roi, et sur les moyens conformes mêmes aux
règles canoniques qu'il en expliqua à la Cour. Elle fit
défenses à ces prétendus grands vicaires d'en exercer
les fonctions, et ordonna en même temps que le chapitre entier s'assemblerait, c'est-à-dire les anciens
chanoines, paisibles possesseurs de leurs bénéfices, et
ceux qui, ayant été nommés par le Roi, se trouveraient d'ailleurs en état d'y entrer, pour nommer ensemble d'autres grands vicaires dans trois jours, sinon,
que le métropolitain y pourvoirait. Le chapitre ne
s'étant pas assemblé dans ce temps, l'archevêque de
Toulouse aurait nommé messire Simon d'Eudore, pour
grand vicaire, et les autres officiers nécessaires pour
le gouvernement de ce diocèse; non pas en vertu
d'aucun pouvoir qui lui fût donné par cet arrêt; mais
par la puissance attachée à son caractère, et dans la
forme prescrite par les canons, dont la Cour avait ordonné l'exécution; et quand même cet arrêt aurait
été aussi contraire qu'il était conforme aux règles de
l'église, un archevêque, lequel non plus que toutes
les autres puissances ecclésiastiques, n'a pas le pouvoir de juger, ni d'empêcher l'exécution des arrêts
rendus au nom du Roi, auquel seul ses officiers sont
obligés d'en rendre compte, aurait-il dû abandonner
une église vacante, parce qu'il n'y pouvait pas pourvoir en la forme qu'il aurait désiré, et la laisser sans
grands vicaires pour la conduire, parce que l'on empêchait, avec raison, ceux qui n'avaient pas été élus
dans les formes d'en faire les fonctions; cependant,

si ce bref était véritable, ce serait là le sujet pour lequel le Pape voudrait déclarer excommunié un arche-
vêqué, son confrère, qui a reçu de Dieu, et non pas
de ses bulles, que les prélats de ce royaume ne prennent à Rome que depuis le concordat, le pouvoir
attaché à son caractère : ce serait là le sujet des anathèmes qu'il prononcerait contre des ecclésiastiques
qui obéissent à leur supérieur immédiat, sans avoir
entendu ni les uns, ni les autres, que par la bouche
de personnes dont la conduite connue présentement à
Sa Sainteté, l'aura sans doute persuadée de la confiance qu'ils méritent même dans les affaires où ils ne
sont pas parties. Le Pape menacerait de déposition un
archevêque soumis au moins en première instance au
jugement de ses co-provinciaux, quoi que les flatteurs
de la Cour de Rome engagent Sa Sainté à censurer
des livres conformes aux anciens canons de l'église, et
aux véritables sentimens de la France sur ce sujet ; Sa
Sainteté jugerait à Rome, elle-même, une cause de
ce royaume, dont elle ne peut prendre connaissance
qu'en cas d'appel, et par des commissaires délégués
sur les lieux, quand même on trouverait moyen de
transformer cet appel de la nomination d'un grand
vicaire, en quelques-unes de ces causes qui sont appelées majeures. Le Pape regarderait comme un atten-
tat à son autorité tout ce qu'un archevêque pourrait
faire dans la suite d'une affaire, aussitôt que l'on aurait appelé devant Sa Sainteté, quand même l'appel
aurait été d'une ordonnance précédente, et qui ne
subsisterait plus comme la nomination de messire
    Fortassin, qui s'est volontairement démis de
la commission que l'archevêque de Toulouse lui avait

donnée. Enfin, Sa Sainteté étendrait ses menaces jusques sur les laïques de quelque dignité qu'ils fussent revêtus; mais comme ils ne les tiennent que de la grâce du Roi seul, ils ne sont responsables de leur conduite qu'à Sa Majesté seule; et si la religion leur fait appréhender les justes anathèmes, dont l'église a droit de punir la corruption de la foi, ou celle des mœurs de ses enfants, leurs lumières les assurent contre les foudres que la Cour de Rome a lancés vainement depuis quelques siècles, pour étendre sa puissance au-delà des bornes légitimes qui lui étaient prescrites; et quoi que tous les ordres du royaume eussent une douleur véritable d'être contraints de se servir de remèdes proportionnés à la grandeur des entreprises que ce dernier bref, s'il se trouve véritable, et les autres dont l'on s'est déjà plaint, font sur la liberté que nos ancêtres ont conservée si soigneusement; néanmoins toujours fermes comme eux dans la foi, à laquelle toutes ces contestations n'ont aucun rapport, et sans blesser le respect véritable qu'ils ont pour le Saint-Siége, il faudrait bien à la fin imiter leurs exemples jusqu'à ce que le Pape, mieux informé des droits de ce royaume, voulût rétablir les choses dans l'ordre légitime que lui prescrivent aussi bien qu'à nous les canons qui y sont reçus. Qu'il était encore plus obligé que les autres à garder ces saintes règles, afin de nous fortifier, par son exemple, dans leur observation; et puis qu'elles nous obligeaient de reconnaître et de respecter, en sa personne, la primauté établie par la parole de Dieu même, en faveur du Prince des Apôtres, dont il est successeur; il était de sa prudence aussi bien que sa justice d'en employer

le pouvoir à conserver celui des successeurs légitimes
des autres Apôtres, au lieu de les attaquer ainsi par
des brefs dont on pourrait tirer des conséquences fu-
nestes à son autorité ; mais comme, en attendant que
l'on soit informé de la vérité de ce prétendu bref, des
libelles de cette nature pourraient faire des impres-
sions fàcheuses sur des esprits faibles et ignorants.
Requèrait ledit procureur général du Roi, que commission lui fût délivrée pour informer contre ceux qui
débitaient lesdits libelles ; défenses faites à toutes personnes de les vendre et de les retenir ; et que tous ceux
qui en auraient des exemplaires, seraient tenus de les
apporter au greffe de la Cour pour être supprimés.
Vu aussi une copie imprimée dudit prétendu bref ;
ouï le rapport de maître Etienne Daurat, conseiller,
la matière mise en délibération. LA COUR ordonne
que commission sera délivrée audit procureur général,
pour informer contre ceux qui débitent lesdits libelles.
Fait défenses à toutes personnes de les vendre et de
les retenir ; enjoint à tous ceux qui en ont des exemplaires de les rapporter au greffe de ladite Cour, pour
y être supprimés. Fait en Parlement, le trente-un
mars mil six cent quatre-vingt-un. *Signé*, DONGOIS.

ÉDIT DU ROI *sur la déclaration faite par le clergé de France de ses sentimens touchant la puissance ecclésiastique.*

Donné à Saint-Germain-en-Laye, au mois de Mars 1682.

Registré en Parlement le 23 du même mois (1)

LOUIS, par la grâce de Dieu, Roi de France et de Navarre, à tous présents et à venir, SALUT. Bien que l'indépendance de notre couronne de toute autre puissance que de Dieu, soit une vérité certaine et incontestable, et établie sur les propres paroles de Jésus-Christ, nous n'avons pas laissé de recevoir avec plaisir la déclaration que les députés du clergé de France, assemblés par notre permission en notre bonne ville de Paris, nous ont présentée, contenant leurs sentiments touchant la puissance ecclésiastique; nous avons d'autant plus volontiers écouté la supplication que lesdits députés nous ont faite de faire publier cette déclaration dans notre royaume, qu'étant faite par une assemblée composée de tant de personnes également recommandables par leurs vertus et par leur doctrine, et qui s'emploient avec tant de zèle à tout ce qui peut être avantageux à l'Eglise et à notre service, la sagesse et la modération avec lesquelles ils

---

(1) Il ne faut pas nous demander le motif de l'insertion d'un pareil acte dans la collection des lois de police ; la religion, sous le rapport des lois de l'Etat et de l'ordre public, est de notre domaine; il en est des concordats et décisions canoniques à cet égard, comme des déclarations de guerre et traités de paix ; ils ont une grande influence sur la société.

ont expliqué les sentiments que l'on doit avoir sur ce sujet, peuvent beaucoup contribuer à confirmer nos sujets dans le respect qu'ils sont tenus comme nous de rendre à l'autorité que Dieu a donnée à l'Eglise, et à ôter en même-temps aux ministres de la religion prétendue réformée le prétexte qu'ils prennent des livres de quelques auteurs, pour rendre odieuse la puissance légitime du chef visible de l'Eglise et du centre de l'unité ecclésiastique. A CES CAUSES et autres bonnes et grandes considérations, à ce nous mouvants, après avoir fait examiner ladite déclaration en notre conseil, nous, par notre présent Edit perpétuel et irrévocable, avons dit, statué et ordonné, disons, statuons et ordonnons, voulons et nous plaît que ladite déclaration des sentiments du clergé sur la puissance ecclésiastique, ci-attachée sous le contre-scel de notre chancellerie, soit enregistrée dans toutes nos Cours de Parlement, bailliages, sénéchaussées, universités et facultés de théologie et de droit canon de notre royaume, pays, terres et seigneuries de notre obéissance.

ART. 1er Défendons à tous nos sujets, et aux étrangers étant dans notre royaume, séculiers et réguliers, de quelque ordre, congrégation et société qu'ils soient, d'enseigner dans leurs maisons, colléges et séminaires, ou d'écrire aucune chose contraire à la doctrine contenue en icelle.

2. Ordonnons que ceux qui seront dorénavant choisis pour enseigner la théologie dans tous les colléges de chaque université, soit qu'ils soient séculiers ou réguliers, souscriront ladite déclaration aux greffes des facultés de théologie, avant de pouvoir

faire cette fonction dans les colléges ou maisons séculières et régulières ; qu'ils se soumettront à enseigner la doctrine qui y est expliquée ; et que les syndics des facultés de théologie présenteront aux ordinaires des lieux, et à nos procureurs généraux, des copies desdites soumissions, signées par les greffiers desdites facultés.

3. Que, dans tous les colléges et maisons desdites universités où il y aura plusieurs professeurs, soit qu'ils soient séculiers ou réguliers, l'un d'eux sera chargé, tous les ans, d'enseigner la doctrine contenue en ladite déclaration ; et, dans les colléges où il n'y aura qu'un seul professeur, il sera obligé de l'enseigner l'une des trois années consécutives.

4. Enjoignons aux syndics des facultés de théologie de présenter tous les ans, avant l'ouverture des leçons, aux archevêques ou évêques des villes où elles sont établies, et d'envoyer à nos procureurs généraux les noms des professeurs qui seront chargés d'enseigner ladite doctrine, et auxdits professeurs de représenter auxdits prélats et à nosdits procureurs généraux les écrits qu'ils dicteront à leurs écoliers, lorsqu'ils leur ordonneront de le faire.

5. Voulons qu'aucun bachelier, soit séculier ou régulier, ne puisse être dorénavant licencié, tant en théologie qu'en droit canon, ni être reçu docteur qu'après avoir soutenu ladite doctrine dans l'une de ses thèses, dont il fera aparoir à ceux qui ont droit de conférer ces degrés dans les universités.

6. Exhortons néanmoins, enjoignons à tous les archevêques et évêques de notre royaume, pays, terres et seigneuries de notre obéissance, d'employer

leur autorité pour faire enseigner, dans l'étendue de leurs diocèses, la doctrine contenue dans ladite déclaration faite par lesdits députés du clergé.

7. Ordonnons aux doyens et syndics des facultés de théologie, de tenir la main à l'exécution des présentes, à peine d'en répondre en leur propre et privé nom.

Si donnons en mandement à nos amés et féaux les gens tenant nos Cours de Parlement, que ces présentes nos lettres, en forme d'édit, ensemble ladite déclaration du clergé, ils fassent lire, publier et enregistrer aux greffes de nosdites Cours, et des bailliages, sénéchaussées et universités de leurs ressorts, chacun en droit soi, et aient à tenir la main à leur observation, sans souffrir qu'il y soit contrevenu directement ni indirectement, et à procéder contre les contrevenants en la manière qu'ils le jugeront à propos, suivant l'exigence des cas : car tel est notre plaisir. Et afin que ce soit chose ferme et stable à toujours, nous avons fait mettre notre scel à cesdites présentes. Donné à Saint-Germain-en-Laye, au mois de mars, l'an de grâce mil six cent quatre-vingt-deux, et de notre règne le trente-neuvième. *Signé* LOUIS. *Et plus bas :* par le Roi, COLBERT. *Visa* LE TELLIER. Et scellées du grand sceau de cire verte.

Registrées, ouï et ce requérant le procureur général du Roi, pour être exécutées selon leur forme et teneur, suivant l'arrêt de ce jour. A Paris, en Parlement, le 23 mars 1682. *Signé* DONGOIS.

CLERI GALLICANI DE ECCLESIASTICA POTESTATE DECLARATIO.

Ecclesiæ Gallicanæ decreta et libertates à majoribus nostris tanto studio propugnatas, earumque fundamenta sacris canonibus et patrum traditione nixa multi diruere moliuntur; nec desunt qui earum obtentu primatum beati Petri ejusque successorum Romanorum pontificum à Christo institutum, iisque debitam ab omnibus christianis obedientiam, sedisque apostolicæ, in quá fides prædicatur et unitas servatur Ecclesiæ, reverendam omnibus gentibus majestatem imminuere non vereantur. Hæretici quoque nihil prætermittunt quò eam potestatem, quá pax Ecclesiæ continetur, invidiosam et gravem Regibus et populis ostentent, iisque fraudibus simplices 'animas ab Ecclesiæ matris Christique adeò communione dissocient. Quæ ut incommoda propulsemus, nos Archiepiscopi et Episcopi Parisiis mandato regio congregati, Ecclesiam Gallicanam repræsentantes, unàcum cœteris ecclesiasticis viris nobiscum deputatis, diligenti tractatu habito, hæc sancienda et declaranda esse duximus:

1. *Primùm; beato Petro ejusque successoribus Christi vicariis ipsique Ecclesiæ rerum spiritualium et ad æternam salutem pertinentium, non autem civilium ac temporalium, à Deo traditam potestatem,* dicente Domino, Regnum meum non est de hoc mundo, *et* iterum, Reddite ergo quæ sunt Cæsaris Cæsari, et quæ sunt Dei Deo; *ac proindè stare Apostolicum illud :* Omnis anima postestatibus sublimioribus subdita sit; non est enim potestas nisi à Deo. Quæ

autem sunt , à.Deo ordinatæ sunt. Itaque qui potestati resistit , Dei ordinationi resistit. *Reges ergo et Principes in temporalibus nulli eccesiasticœ potestati Dei ordinatione subjici , neque auctoritate clavium Ecclesiœ directè vel indirectè .deponi , aut illorum subditos eximi à fide atque obedientiá , ac prœstito fidelitatis sacramento solvi posse ; eamque sententiam publicœ tranquillitati necessariam, nec minùs Ecclesiœ quàm Imperio utilem , ut verbo Dei , patrum traditioni , et sanctorum exemplis consonam omnino retinendam.*

2. *Sic autem inesse apostolicœ sedi ac Petri successoribus Christi vicariis rerum spiritualium plenam potestatem ut simul valeant atque immota consistant sanctœ œcumenicœ synodi Constantiensis à sede apostolicá comprobata , ipsoque Romanorum pontificum ac totius Ecclesiœ usu confirmata , atque ab Ecclesiá Gallicaná perpetuá religione custodita decreta de auctoritate Conciliorum generalium , quœ sessione quartá et quintá continentur; nec probari à Gallicaná Ecclesiá qui eorum decretorum , quasi dubiœ sint auctoritatis ac minùs approbata , robur infringant , aut ad solum schismati, tempus Concilii dicta detorqueant.*

3. *Hinc apostolicœ potestatis usum moderandum per canones spiritu Dei conditos et totius mundi reverentiá consecratos : valere etiam regulas, mores et instituta à Regno et Ecclesia Gallicaná recepta , patrumque terminos manere inconcussos ; atque id pertinere ad amplitudinem apostolicœ sedis , ut statuta et consuetudines tantœ sedis et ecclesiarum consensione firmatœ propriam stabilitatem obtineant.*

4. *In fidei quoque quœstionibus prœcipuas summi*

pontificis esse partes, ejusque decreta ad omnes et singulas ecclesias pertinere, nec tamen irreformabile esse judicium nisi Ecclesiæ consensus accesserit.

5. *Quæ accepta à patribus ad omnes ecclesias Gallicanas, atque episcopos iis Spiritu sancto auctore præsidentes mittenda decrevimus ; ut idipsum dicamus omnes, simusque in eodem sensu et in eâdem sententiâ.*

Franciscus, *Archiepiscopus Parisiensis*, Præses.

Carolus Mauritius, *Archiep. Dux Remensis.*

Carolus, *Ebrodunensis Archiep.*

Jacobus, *Archiep. Cameracensis.*

Hyacinthus, *Archiep. Albiensis.*

M. Phelypeaux, *P. P. Archiep. Bituricensis.*

Ludovicus de Bourlemont, *Archiep. Burdegalensis.*

Jacobus Nicolaus Colbert, *Archiep. Carthaginiensis, Coadjutor Rothomagensis.*

Gilbertus, *Episcopus Tornacensis.*

Henricus de Laval, *Episc. Rupellensis.*

Nicolaus, *Episc. Regiensis.*

Daniel de Cosnac, *Episc. et Com. Valentinensis et Diensis.*

Gabriel, *Episc. Æduensis.*

Guillelmus, *Episc. Vasatensis.*

Gabriel Ph. de Froullay de Tessé, *Episc. Abrincensis.*

Joannes, *Episc. Tolonensis.*

Jacobus Benignus, *Episc. Meldensis.*

S. du Guemadeuc, *Episc. Macloviensis.*

L. M. Ar. de Simiane de Gordes, *Episc. et Dux Lingonensis.*

Fr. Leo , *Episc. Glandatensis.*

Lucas d'Aquin , *Episc. Forojuliensis.*

J. B. M. Colbert , *Episc. et D. Montisalbani.*

Carolus de Pradel , *Episc. Montispessulani.*

Franciscus Placidus , *Episc. Mimatensis.*

Carolus , *Episc. Vaurensis.*

Andreas , *Episc. Antissiodorensis.*

Franciscus , *Episc. Trecensis.*

Lud. Ant. , *Episc. Com. Catalaunensis.*

Franc. IG. , *Episc. Com. Trecorensis.*

Petrus , *Episc. Bellicensis.*

Gabriel , *Episc. Conseranensis.*

Ludovicus Alphonsus , *Alectensis Episc.*

Humbertus , *Episc. Tutellensis.*

J. B. d'Estampes , *Massiliensis Episc.*

Paulus Phil. de Luzignan.

De Franqueville.

Ludovicus d'Espinay de St.-Luc.

Cocquelin.

Lambert.

P. d Bermond.

A. H. de Fleury.

De Viens.

Franciscus Feu.

De Maupéou.

Le Franc de la Grange.

De Senaux.

Parra , *Decanus Bellicensis.*

De Boche.

M. de Ratabon.

Clemens de Poudenx.

Bigot.

De Gourgue.

De Villeneuve de Vence.

C. Leny de Coadeletz.

La Faye.

J. F. de l'Escure.

Pierre le Roy.

De Soupets.

A. Argoud, *Decanus Viennæ.*

De Bousset, *Præpositus Massiliensis.*

G. Bochard de Champigny.

De S. Georges, *C. Lugdunensis.*

Courcier.

Cheron.

A. Faure.

Gerbais.

De Guenegaud.

Fr. de Camps.

De la Borey.

Armand Bazin de Bezons, *agent général au clergé.*

Desmazets, *agent général du clergé.*

Registrées, ouï et ce requérant le procureur général du Roi, pour être exécutées selon leur forme et teneur, suivant l'arrêt de ce jour. A Paris, en Parlement, le 23 mars 1682.

Signé DONGOIS.

ÉDIT DU ROI, *concernant le jugement des Sorciers et Empoisonneurs, et qui règle ceux qui peuvent avoir des laboratoires, et autres matières importantes.*

Donné à Versailles, au mois de juillet 1682.

Registré le 30 août de la même année.

LOUIS par la grace de Dieu, Roi de France et de Navarre, à tous présents et à venir, SALUT : L'exécution des ordonnances des Rois nos prédécesseurs, contre ceux qui se disent devins, magiciens et enchanteurs, ayant été négligée depuis long-temps, et ce relâchement ayant attiré, des pays étrangers dans notre royaume, plusieurs de ces imposteurs, il serait arrivé que, sous prétexte d'horoscope et de devination, et par le moyen des prestiges des opérations des prétendues magies et autres illusions semblables, dont cette sorte de gens ont accoutumé de se servir, ils auraient surpris diverses personnes ignorantes ou crédules qui s'étaient insensiblement engagées avec eux en passant des vaines curiosités aux superstitions, et des superstitions aux impiétés et aux sacrilèges. Et par une funeste suite d'engagement, ceux qui se sont le plus abandonnés à la conduite de ces séducteurs, se seraient portés à cette extrémité criminelle d'ajouter le maléfice et le poison aux impiétés et aux sacrilèges, pour obtenir l'effet des promesses desdits séducteurs, et pour l'accomplissement de leurs méchantes prédictions. Ces pratiques étant venues à notre connaissance, nous aurions employé tous les soins possibles pour en faire cesser et pour arrêter, par des moyens

convenables, les progrès de ces détestables abomina-
tions ; et bien qu'après la punition qui a été faite des
principaux auteurs et complices de ces crimes, nous
dussions espérer que ces sortes de gens seraient pour
toujours bannis de nos États, et nos sujets garantis de
leur surprise. Néanmoins, comme l'expérience du
passé nous a fait connaître combien il est dangereux
de souffrir les moindres abus qui portent aux crimes
de cette qualité, et combien il est difficile de les dé-
raciner lorsque, par la dissimulation ou par le nombre
des coupables, ils sont devenus crimes publics ; ne
voulant d'ailleurs rien omettre de ce qui peut être
de la plus grande gloire de Dieu, et de la sûreté de
nos sujets. Nous avons jugé nécessaire de renouveler
les anciennes ordonnances, et de prendre encore, en
y ajoutant de nouvelles précautions, tant à l'égard de
tous ceux qui usent de maléfices et des poisons, que
de ceux qui, sous la vaine profession de devins, magiciens, sorciers ou autres noms semblables, condamnés
par les lois divines et humaines, infectent et corrom-
pent l'esprit des peuples par leurs discours et pratiques, et par la profanation de ce que la religion a de
plus saint. SAVOIR faisons, que nous, pour ces causes
et autres à ce nous mouvants, et de notre propre
mouvement, certaine science, pleine puissance et autorité royale, avons dit, déclaré et ordonné, disons,
déclarons et ordonnons par ces présentes signées de
notre main, ce qui suit :

1. Que toutes personnes se mêlant de deviner, et
se disant devins ou devineresses, videront incessamment le royaume après la publication de notre présente déclaration, à peine de punition corporelle.

2. Défendons toutes pratiques superstitieuses, de fait, par écrit ou par parole, soit en abusant des termes de l'écriture sainte ou des prières de l'église, soit en disant ou en faisant des choses qui n'ont aucun rapport aux causes naturelles, voulons que ceux qui se trouveront les avoir enseignées, ensemble ceux qui les auront mises en usage, et qui s'en sont servi pour quelque fin que ce puisse être, soient punis exemplairement, et suivant l'exigence des cas.

3. Et s'il se trouvait à l'avenir des personnes assez méchantes pour ajouter et joindre à la superstition l'impiété et le sacrilége, sous prétexte d'opérations de prétendue magie, ou autre prétexte de pareille qualité, nous voulons que celles qui s'en trouveront convaincues, soient punies de mort.

4. Seront punis de semblables peines tous ceux qui seront convaincus de s'être servi de vénéfices et de poisons, soit que la mort s'en soit ensuivie ou non, comme aussi ceux qui seront convaincus d'avoir composé ou distribué du poison pour empoisonner. Et parce que les crimes qui se commettent par le poison, sont non-seulement les plus détestables et les plus dangereux de tous, mais encore les plus difficiles à découvrir. Nous voulons que tous ceux, sans exception, qui auront connaissance qu'il aura été travaillé à faire du poison, qu'il en aura été demandé ou donné, soient tenus de dénoncer incessamment ce qu'ils en sauront à nos procureurs généraux ou à leurs substituts, et en cas d'absence au premier officier public des lieux, à peine d'être extraordinairement procédé contre eux, punis selon les circonstances, et l'exigence des cas, comme fauteurs

et complices desdits crimes, et sans que les dénonciateurs soient sujets à aucune peine, ni même aux intérêts civils, lors qu'ils auront déclaré et articulé des
faits, ou des indices considérables qui seront trouvés
véritables, et conformes à leur dénonciation, quoi
que, dans la suite, les personnes comprises dans lesdites dénonciations soient déchargées des accusations,
dérogeant à cet effet à l'article 73 de l'ordonnance
d'Orléans, pour l'effet du vénéfice et du poison seulement, sauf à punir les calomniateurs selon la rigueur
de ladite ordonnance.

5. Ceux qui seront convaincus d'avoir attenté à la
vie de quelqu'un par vénéfice et poison, en sorte qu'il
n'ait pas tenu à eux que ce crime n'ait été consommé,
seront punis de mort.

6. Seront réputés au nombre des poisons non-seulement ceux qui peuvent causer une mort prompte et
violente, mais aussi ceux qui, en altérant peu-à-peu
la santé, causent des maladies, soit que lesdits poisons soient simples, naturels ou composés, et faits de
main d'artiste ; et, en conséquence, défendons à toutes
sortes de personnes à peine de la vie, même aux médecins, apothicaires et chirurgiens, à peine de punition corporelle, d'avoir et garder de tels poisons simples ou préparés, qui, retenant toujours leur qualité
de venin, et n'entrant en aucune composition ordinaire ne peuvent servir qu'à nuire, et sont de leur
nature pernicieux et mortels.

7. A l'égard de l'arcenic, du réagal, de l'orpiment
et du sublimé, quoi qu'ils soient poisons dangereux
de toute leur substance, comme ils entrent et sont
employés en plusieurs compositions nécessaires, nous

voulons, afin d'empêcher à l'avenir la trop grande facilité qu'il y a eu jusques ici d'en abuser, qu'il ne soit permis qu'aux marchands qui demeurent dans les villes d'en vendre, et d'en livrer, eux-mêmes seulement, aux médecins, apothicaires, chirurgiens, orfèvres, teinturiers, maréchaux et autres personnes publiques, qui, par leurs professions, sont obligées d'en employer, lesquelles néanmoins écriront en les prenant sur un registre particulier, tenu pour cet effet par lesdits marchands, leurs noms, qualités et demeures, ensemble la quantité qu'ils auront prise desdits minéraux; et si, au nombre desdits artisans qui s'en servent, il s'en trouve qui ne sache écrire, lesdits marchands écriront pour eux : quant aux personnes inconnues auxdits marchands, comme peuvent être les chirurgiens, les maréchaux des bourgs et villages, ils apporteront des certificats en bonne forme, contenant leurs noms, demeures et professions, signés du juge des lieux, ou d'un notaire et de deux témoins, ou du curé et de deux principaux habitants, lesquels certificats et attestations demeureront chez lesdits marchands pour être leur décharge. Seront aussi les épiciers, merciers et autres marchands demeurants dans lesdits bourgs et villages, tenus de remettre incessamment ce qu'ils auront desdits minéraux entre les mains des syndics, gardes ou anciens marchands épiciers ou apothicaires des villes plus prochaines des lieux où ils demeureront, lesquels leur en rendront le prix ; le tout à peine de trois mille livres d'amende, en cas de contravention, même de punition corporelle s'il y échet.

8. Enjoignons à tous ceux qui ont droit par leurs

professions et métiers de vendre ou d'acheter des susdits minéraux, de les tenir en des lieux sûrs, dont
ils gardent eux-mêmes la clef. Comme aussi leur
enjoignons d'écrire sur un registre particulier la qualité des remèdes où ils auront employé desdits minéraux, les noms de ceux pour qui ils auront été faits,
et la quantité qu'ils y auront employée, et d'arrêter à
la fin de chaque année, sur leursdits registres, ce qui
leur en restera; le tout à peine de mille livres d'a-
mende pour la première fois, et de plus grande s'il y
échet.

9. Défendons aux médecins, chirurgiens, apothicaires, épiciers, droguistes, orfèvres, teinturiers,
maréchaux et tous autres de distribuer desdits minéraux en substance à quelque personne que ce puisse
être, et sous quelque prétexte que ce soit, sur peine
d'être punis corporellement, et seront tenus de composer eux-mêmes ou de faire composer en leur présence, par leurs garçons, les remèdes ou il devra entrer
nécessairement desdits minéraux, qu'ils donneront
après cela à ceux qui en demanderont pour s'en servir
aux usages ordinaires.

10. Défenses sont aussi faites à toutes personnes,
autres qu'aux médecins et apothicaires, d'employer
aucuns insectes vénéneux, comme serpents, crapauds,
vipères et autres semblables, sous prétexte de s'en servir à des médicaments, ou à faire des expériences, et
sous quelque autre prétexte que ce puisse être, s'ils
n'en ont la permission expresse par écrit.

11. Faisons très-expresses défenses à toutes personnes de quelque profession et condition qu'elles soient,
excepté aux médecins approuvés, et dans le lieu de leur

résidence, aux professeurs en chimie et aux maîtres apothicaires d'avoir aucuns laboratoires, et d'y travailler à
aucunes préparations de drogues ou distillations, sous
prétexte de remèdes chimiques, expériences, secrets
particuliers, recherche de la pierre philosophale, conversion, multiplication ou rafinement des métaux,
confection de cristaux ou pierres de couleur, et autres
semblables prétextes, sans avoir auparavant obtenu
de nous, par lettres du grand sceau, la permission d'a-
voir lesdits laboratoires, présenté lesdites lettres, et
fait déclaration en conséquence à nos juges et officiers
de police des lieux. Défendons pareillement à tous
distillateurs, vendeurs d'eau-de-vie, de faire autre
distillation que celle de l'eau-de-vie, et de l'esprit de
vin, sauf à être choisi d'entre eux le nombre qui sera
jugé nécessaire pour la confection des eaux fortes,
dont l'usage est permis; lesquels ne pourront néanmoins y travailler qu'en vertu de nosdites lettres, et
après en avoir fait leurs déclarations, à peine de punition exemplaire.

Si donnons en mandement à nos amés et féaux les
gens tenants notre Cour de Parlement de Paris, que
ces présentes ils aient à faire lire, publier et enregistrer, et icelles exécuter selon leur forme et teneur,
sans souffrir qu'il y soit contrevenu en quelque sorte
et manière que ce soit : car tel est notre plaisir; et
afin que ce soit chose ferme et stable à toujours, nous
avons fait mettre notre scel à cesdites présentes. Donné
à Versailles, au mois de juillet, l'an de grâce mil six
cent quatre-vingt-deux, et de notre règne le quarantième. *Signé*, LOUIS. *Et plus bas*, par le Roi,
Colbert. *Visa*, Le Tellier. Registré à Paris, en

Parlement, le trente-un août mil six cent quatre-vingt-deux. *Signé*, DONGOIS.

DÉCLARATION DU ROI, *rendue contre les Bohémes et ceux qui leur donnent retraite.*

Du 11 juillet 1682 (1).

LOUIS, par la grâce de Dieu, Roi de France et de Navarre : à tous ceux qui ces présentes lettres verront;

---

(1) Cette nation est peu connue des écrivains, qui n'en ont parlé que d'une manière confuse : elle a quelque ressemblance avec les Juifs, tant par sa dispersion sur le globe que par les plaintes et les rigueurs que ses hordes se sont attirées dans leurs courses vagabondes ; elle n'est cependant pas sans intérêt.

Un savant Allemand, M. Grillmann, en a écrit l'histoire traduite en français en 1810.

Les Bohêmes, ou Bohémiens, paraissent s'être débordés sur l'Europe de l'Egypte ou de l'Asie Mineure. Il est question d'eux en Allemagne dès l'année 1417; un an après on les trouve en Suisse, dans le pays des Grisons ; en 1422 il en est fait mention en Italie : à cette époque il en parut une horde de cent à Boulogne, conduite par un chef ou duc, comme ils l'appelaient.

Pasquier fait remonter l'arrivée des Bohémiens en France à 1427; ils rôdèrent alors autour de Paris pour y chercher quelque refuge. Il dit à ce sujet, que douze *penanciers* ou pénitents, qui se qualifiaient chrétiens de la Basse-Egypte, chassés par les Sarrazins, s'en vinrent à Rome, et se confessèrent au Pape, qui leur enjoignit pour pénitence d'errer pendant sept ans par le monde, sans coucher sur aucun lit. Il y avait entr'eux, continue Pasquier, un comte, un duc, et dix hommes de cheval. Leur suite était de cent vingt personnes. Arrivés à Paris, on les logea à la Chapelle (village à la porte de Paris, du côté de Saint-Denis), où on allait les voir en foule. Ils avaient aux oreilles des boucles d'argent, et les cheveux noirs et crêpés. Leurs femmes étaient laides, voleuses et diseuses de bonne

SALUT. Quelques soins que les Rois nos prédécesseurs aient pris pour purger leurs Etats des vagabonds et gens appelés *Bohêmes*, ayant enjoint par leurs ordonnances aux Prévôts des maréchaux et autres juges d'envoyer lesdits Bohêmes aux galères, sans autre forme de procès : néanmoins il a été impossible de chasser entièrement du royaume ces voleurs, par la protection qu'ils ont de tout temps trouvée, et qu'ils trouvent encore journellement auprès des gentilshommes et seigneurs justiciers, qui leur donnent retraite dans leurs châteaux et maisons, nonobstant les arrêts des Parlements qui le leur défendent expressément, à peine de privation de leurs justices, et d'amende arbitraire, ce désordre étant commun dans la plupart des provinces de notre royaume. Et d'autant qu'il importe au repos de nos sujets, et à la tranquillité publique,

---

aventure. L'évêque de Paris les contraignit de s'éloigner, et excommunia ceux qui les avaient consultés.

Depuis ce temps on vit plusieurs bandes de gens de cette espèce errer dans le royaume. Les Etats tenus à Blois en 1560 en demandèrent l'expulsion ; l'ordonnance rendue en conséquence leur enjoignit de se retirer sous peine des galères.

Le nom de Bohémiens est resté aux gens errants, sans asile, mal vêtus et disant la bonne aventure. Cette dernière qualité est surtout ce qui les distingue des autres vagabonds.

Cependant la nation errante, connue dans l'histoire de France sous le nom de Bohêmes ou Bohémiens, porte celui de *Tschengènes* en Turquie ; de *Zigeuner* en Allemagne ; de *Gypsies* (Egyptiens) en Angleterre ; d'Egyptiens en Italie et en Provence.

Des hordes assez considérables de cette nation se sont établies dans la Moldavie et dans la Valachie, où elles sont connues sous le nom de Cynganis ; elles ont leurs lois, leurs usages, leurs coutumes, dont on peut prendre connaissance dans l'ouvrage de M. Grillmann, cité au commencement de cette note.

de renouveler les anciennes ordonnances à l'égard desdits Bohêmes, et d'en établir de nouvelles contre
leurs femmes, et contre ceux qui leur donnent retraite, et qui par ce moyen se rendent complices de
leurs crimes. A CES CAUSES et autres considérations à
ce nous mouvants, de l'avis de notre conseil et de
notre certaine science, pleine puissance et autorité
royale, nous avons dit et déclaré, disons et déclarons
par ces présentes signées de notre main, voulons et
nous plaît que les anciennes ordonnances faites au sujet desdits Bohêmes soient exécutées selon leur forme
et teneur; et ce faisant, enjoignons à nos baillifs, sénéchaux, leurs lieutenans, comme aussi aux Prévôts
des maréchaux, vice-baillifs et vice-sénéchaux d'arrêter et faire arrêter tous ceux qui s'appellent *Bohêmes*
ou *Égyptiens*, leurs femmes, enfants et autres de leur
suite : de faire attacher les hommes à la chaîne des
forçats, pour être conduits dans nos galères, et y
servir à perpétuité; et à l'égard de leurs femmes
et filles, ordonnons à nosdits juges de les faire raser
la première fois qu'elles auront été trouvées menant
la vie de Bohémiennes, et de faire conduire dans les
hôpitaux les plus prochains des lieux les enfants
qui ne seront pas en état de servir dans nos galères, pour y être nourris et élevés comme les autres
enfants qui y sont enfermés; et en cas que lesdites
femmes continuent de vaguer et de vivre en Bohémiennes, de les faire fustiger et bannir hors du
royaume; le tout sans autre forme ni figure de procès.
Faisons défenses à tous gentilshommes, seigneurs
hauts-justiciers et de fiefs de donner retraite dans
leurs châteaux et maisons auxdits Bohêmes et à leurs

femmes; en cas de contravention, voulons que lesdits
gentilshommes, seigneurs haut-justiciers soient privés
de leurs justices, que leurs fiefs soient réunis à notre
domaine, même qu'il soit procédé contre eux extraordinairement pour être punis d'une plus grande
peine, si le cas y échet, et sans qu'il soit en la liberté
de nos juges de modérer ces peines.

Si donnons en mandement à nos amés et féaux
les gens tenants nos Cours de Parlements, que ces
présentes ils aient à faire lire, publier et enregistrer,
même dans les sénéchaussées et bailliages de leur ressort, et le contenu en icelles entretenir et faire entretenir, et observer, selon leur forme et teneur, sans
y contrevenir, ni souffrir qu'il y soit contrevenu en
quelque sorte et manière que ce soit : car tel est
notre plaisir, en témoin de quoi nous avons fait
mettre notre scel à cesdites présentes. Donné à Versailles, le onze juillet, l'an de grâce mil six cent quatre-vingt-deux, et de notre règne le quarantième.
Signé, LOUIS. *Et plus bas*, par le Roi, Philipeaux (1).

_____

(1) La rigueur de cette déclaration a dû être motivée sur des rapports vraisemblablement exagérés. Mais ce n'est pas la première, et
ce ne sera pas la dernière fois que le gouvernement s'en sera laissé
imposer par ses agens.

Au reste, le vagabondage et les ressources qu'il a offertes dans
tous les temps aux perturbateurs du repos public ont dû exaspérer
contre lui l'autorité, et donner lieu à des mesures de la nature de
celles-ci, dont une meilleure police saurait se passer.

ARRÊT DU CONSEIL D'ÉTAT , *donné en faveur des marchands voituriers par eau, trafiquants sur les rivières de Seine, Oise et autres, au sujet des péages qui se lèvent sur les marchandises voiturées par lesdites rivières, portant attribution de jurisdiction à Messieurs les Prévôt des marchands et Echevins de la Ville de Paris, des différends qui naîtront pour raison desdits péages. Lettres patentes de Sa Majesté, expédiées en conséquence dudit arrêt, le 14 décembre audit an, et arrêt de vérification d'icelles au parlement, le 21 février 1685.*

Du 29 août 1682 (1).

Lettres patentes du Roi, en faveur des marchands voituriers par eau, trafiquants sur les rivières de Seine, Oise et autres.

Du 14 décembre 1682.

LOUIS par la grace de Dieu, Roi de France et de Navarre, à tous ceux qui ces présentes lettres verront, SALUT : Le commerce qui se fait dans notre royaume sur les rivières et fleuves navigables, de toutes sortes de vivres, denrées et marchandises, étant le moyen le plus certain pour en procurer l'abondance à nos sujets, nous aurions, à l'imitation des Rois nos prédécesseurs, fait divers réglements pour lever tous les obstacles qui pouvaient en interrompre le cours, même prescrit par

(1) Nous avons omis les motifs et le dispositif de cet arrêt, qui sont particuliers aux fermiers des droits supprimés , et avons pensé qu'il suffisait de rapporter les lettres-patentes du 14 décembre 1682.

l'article 7 de notre déclaration du mois de janvier mil six cent soixante-trois, la forme des certificats qui doivent être rapportés par les voituriers, pour être, sur iceux, les droits des péages payés et acquittés. Mais comme l'expérience découvre souvent des abus, que les lois les plus exactes n'ont point prévus, et ayant été pleinement informés par les voituriers des rivières de Seine et d'Oise, que les propriétaires des péages qui se lèvent à Conflans, Sainte-Honorine et autres, causaient, sous prétexte dudit article, beaucoup de retardement dans la navigation, au sujet du paiement de leurs droits, nous aurions, pour faire cesser des différends si préjudiciables au bien du commerce, ordonné, entre autres choses, par arrêt de notre conseil d'état du 29 août 1682, que lesdits voituriers demeureraient à l'avenir déchargés de l'exécution dudit article 7, et sans s'y arrêter, qu'ils seraient seulement tenus de faire un inventaire des marchandises chargées dans leurs bateaux, en la forme prescrite par ledit arrêt, pour l'exécution duquel toutes lettres nécessaires en seraient expédiées. A CES CAUSES, de l'avis de notredit conseil, qui a vu l'extrait de l'arrêt dudit jour 29 août dernier, ci-attaché sous le contre-scel de notre chancellerie, nous, de nos graces spéciales, pleine puissance et autorité royale, avons, par ces présentes signées de notre main, dit, déclaré et ordonné, disons, déclarons et ordonnons, voulons et nous plaît que, conformément à l'arrêt dudit jour 29 août dernier, lesdits voituriers demeureront à l'avenir déchargés de l'exécution de l'article 7 de notre déclaration du mois de janvier 1663, et sans s'y arrêter, qu'ils soient seulement tenus de faire un inventaire exact et fidèle des qualités, quantités, nombre, poids et mesures des marchandises qui seront chargées dans leurs bateaux, les personnes pour qui elles seront voiturées, leurs qualités et demeures, lequel ils affirmeront véritable, sans frais, pardevant le juge des lieux où se fera le chargement, à peine, en cas de fraude, de trois cents livres d'amende, et de tous dépens, dommages et intérêts, et que, sur le contenu audit inventaire, les droits de péage soient payés auxdits lieux de Conflans, Maisons et autres, suivant les anciennes pencartes, lesquelles, à cet effet, seront affichées dans les bureaux desdits péages, sans néanmoins que, sous prétexte d'omission et défectuosité dudit inventaire ou autrement, en quelque sorte et manière que ce soit, les fermiers et receveurs préposés à la levée desdits péages, puissent saisir et arrêter les bateaux et équipages desdits voituriers, leurs garçons et domestiques, à peine de répondre du re-retardement, mille livres d'amende, et des dommages et intérêts, tant des voituriers que des marchands et propriétaires desdites marchandises, sauf à eux de venir ou envoyer au lieu du déchargement, pour faire telle vérification et poursuites que bon leur semblera, pour raison de quoi, en cas de contestation, les parties se pourvoiront pardevant les Prévôt des marchands et Échevins de Paris. SI DONNONS EN MANDEMENT, à nos amés et féaux conseillers, les gens tenants notre Cour de parlement de Paris, que ces présentes, ensemble ledit arrêt, ils aient à faire régistrer dans leurs registres, les faire exécuter, garder et observer, sans qu'il y soit contrevenu, nonobstant tous autres réglements à ce contraires, auxquels nous avons dérogé et dérogeons : voulons en outre, qu'aux copies des présentes et dudit arrêt dûment collationnées par l'un de nos âmés et féaux conseillers secrétaires, Maison, Couronne de France et de nos Finances, foi soit ajoutée comme aux originaux ; CAR est notre plaisir, en foi de quoi nous avons fait mettre notre scel à cesdites présentes. DONNÉ à Versailles, le quatorzième jour de décembre, l'an de grace 1682, et de notre règne, le quarantième. Signé LOUIS, *et sur le repli:* par le Roi, COLBERT, et scellées du grand sceau de cire jaune sur simple queue.

Extrait des registres du parlement.

VU par la Cour, les lettres patentes du Roi en forme de déclaration, données à Versailles le 14 décembre 1682, signées LOUIS, et sur le repli : par le Roi, COLBERT, et scellées du grand sceau de cire jaune, obtenues par le procureur du Roi de l'hôtel de Ville de Paris ; et, pour les causes y contenues, ledit Seigneur Roi dit, déclare et ordonne, veut et lui plaît que, conformément à l'arrêt de son conseil d'état du 29 août lors dernier, les voituriers demeureront, à l'avenir, déchargés de l'exécution de l'article 7, de sa déclaration du mois de janvier 1663, et sans s'y arrêter, qu'ils soient seulement tenus de faire un inventaire exact et fidèle des qualités et quantités, nombre, poids et mesures des marchandises qui seraient chargées dans leurs bateaux, les personnes pour qui elles seront voiturées, leurs qualités et demeure, lequel ils affirmeront véritable, sans frais, pardevant le juge des lieux où se fera le chargement, à peine, en cas

de fraude, de trois cents livres d'amende et de tous
dépens, dommages et intérêts, et ainsi que plus au
long le contiennent lesdites lettres à la Cour adressantes. Vu aussi l'arrêt du conseil d'état du 29 août
1684, par lequel les sieurs Président de Maisons, de
Menards, maître des Requêtes et intendant de la Généralité de Paris, auraient été déboutés des oppositions formées à l'enregistrement desdites lettres; requête dudit procureur du Roi à l'hôtel de Ville, afin
d'enregistrement desdites lettres, conclusions du procureur général du Roi, ouï le rapport de M.ᵉ Étienne
Daurat, conseiller; tout considéré : LADITE COUR
ordonne que lesdites lettres, en forme de déclaration
et arrêt du conseil d'état, du 29 août 1682, seront
régistrées au greffe; ordonne qu'elles seront exécutées
selon leur forme et teneur. Fait en Parlement, le 21
février 1685.

Signé, JACQUES.

DÉCLARATION DU ROI, *portant que les Mahométans
et Idolâtres qui voudront se faire Chrétiens, ne
pourront être instruits que dans la religion
catholique.*

Du 25 janvier 1683.

Registré en Parlement le 13 février de la même année.

LOUIS, par la grâce de Dieu, Roi de France et de
Navarre : à tous ceux qui ces présentes lettres verront;
SALUT. Les soins continuels que nous prenons pour la
conversion de ceux de la religion prétendue réformée,
ont déjà eu de si heureux succès, que nous avons lieu

d'espérer de la bonné divine, que ce qui reste de nos sujets de ladite religion, connaissant enfin les erreurs dans lesquelles ils sont à présent engagés, rentreront dans le sein de l'église, pour y trouver le salut que nous souhaitons avec tant d'ardeur de leur procurer : et comme nous sommes informés que dans le nombre considérable de gens de toutes nations et religions, qui abordent dans notre royaume, il y en a eu quelques-uns par le passé, qui étant tombés entre les mains de ceux de ladite religion prétendue réformée, ont été par eux instruits dans leur fausse doctrine; nous avons estimé nécessaire d'y pourvoir à l'avenir, et d'empêcher qu'on ne puisse abuser de leur ignorance, pour les engager dans une religion contraire à leur salut. A CES CAUSES, et autres à ce nous mouvants, nous avons dit et déclaré, disons et déclarons par ces présentes signées de notre main, voulons et nous plaît que tous Mahométans et Idolâtres qui voudront se faire Chrétiens, ne puissent être instruits, ni faire profession d'autre religion|que de la catholique, apostolique et romaine. Faisons défenses aux ministres de la religion prétendue réformée, et aux anciens des consistoires de souffrir les personnes de la qualité susdite dans leurs temples ou assemblées, sur peine d'amende arbitaire, qui ne pourra être moindre que de la somme de cinq cents livres, d'être privés pour toujours de faire aucunes fonctions de leur ministère dans notre royaume, et d'interdiction pour jamais de l'exercice de la religion prétendue réformée dans les temples et autres lieux où les personnes de la qualité susdite auront été reçues et souffertes.

Si DONNONS EN MANDEMENT à nos amés et féaux

conseillers les gens tenants notre Cour de Parlement de Paris, que ces présentes ils aient à faire lire, publier et registrer, et icelles exécuter selon sa forme et teneur : CAR tel est notre plaisir; en témoin de quoi nous avons fait mettre notre scel à cesdites présentes. DONNÉ à Versailles, le vingt-cinquième jour du mois de janvier, l'an de grâce mil six cent quatre-vingt-trois, et de notre règne le quarantième. *Signé*, LOUIS. *Et sur le repli*, par le Roi, COLBERT. Et scellé du grand sceau de cire jaune.

DÉCLARATION DU ROI, *concernant les propriétaires des îles, îlots, attérissemens, accroissemens, droits de pêches, péages, passages, bacs, bateaux, ponts, moulins, et autres édifices et droits sur les rivières navigables dans l'étendue du royaume.*

Donnée à Versailles, au mois d'avril 1683.

Registrée en Parlement et en la Chambre des Comptes, au mois de mai de la même année.

LOUIS, par la grace de Dieu, Roi de France et de Navarre; à tous présents et à venir, SALUT. Comme les grands fleuves et les rivières navigables appartiennent, en pleine propriété, aux Rois et aux Souverains, par le seul titre de leur souveraineté, tout ce qui se trouve renfermé dans leurs lits, comme les îles qu'elles forment en diverses manières, les accroissemens et attérissemens, les péages, passages, ponts, bacs, bateaux, pêches, moulins, et autres choses ou droits qu'elles produisent nous appartiennent, et personne n'y peut prétendre aucun droit sans un titre exprès et une possession légitime ; aussi nos officiers ont pris un soin particulier, dans tous les temps, de les conserver comme des portions principales de notre domaine, auquel les Rois nos prédécesseurs ont ordonné que la réunion en serait faite. Entre autres, le Roi François Ier, par ses lettres patentes de l'année 1539, voulut qu'il fût procédé à la recherche de celles du Rhône, et Charles IX, en l'année 1572, établit des commissaires pour informer des entreprises faites sur celles des rivières de Seine, Loire, Garonne, Marne, Dordogne et autres, avec ordre de les réunir au domaine, s'il n'y avait titre au contraire, et ensuite les donner à ferme, ou en faire des baux à cens et rentes, suivant qu'il serait trouvé plus utile. C'est sur ces motifs et sur ces exemples, que nous nous sommes proposé de renouveler ces ordonnances, et à cette fin, nous aurions fait expédier notre déclaration du mois de mars 1664; en conséquence de laquelle et des arrêts de notre conseil rendus en exécution, les détenteurs des îles, accroissemens, péages, moulins, et autres choses ci-dessus, ont été poursuivis. Mais, comme ensuite des remontrances qui nous en auraient été faites, nous aurions bien voulu relâcher quelque chose des droits que nous y avions par le titre de notre couronne, en faveur de ceux qui en jouissaient paisiblement plus de cent années auparavant, et ce, sans autre réserve, charge ni condition que d'une modique redevance foncière, que nous aurions voulu être payée à l'avenir, par forme de reconnaissance, à la recette de notre domaine, sur le pied de la valeur du vingtième denier du revenu, ainsi qu'il est porté par notre Édit du mois d'avril 1668. Lequel nous étant fait représenter avec les arrêts de notre conseil du 12 août et autres donnés en conséquence, et voulant traiter favorablement nos sujets, et leur donner en cette occasion, comme en toutes autres, des marques de notre bonté. A CES CAUSES, cette affaire ayant été mise en délibération en notre conseil; de l'avis d'icelui et de notre certaine science, pleine puissance et autorité royale, nous avons par ces présentes signées de notre main, confirmé et confirmons en la propriété, possession et jouissance des îles, îlots, attérissemens, accroissemens, droits de pêches, péages, passages, bacs, bateaux, ponts, moulins, et autres édifices et droits sur les rivières navigables dans l'étendue de notre royaume, pays, terres et seigneuries de nôtre obéissance, tous les propriétaires qui rapporteront des titres de propriété authentiques, faits avec les rois nos prédécesseurs, en bonne forme auparavant l'année 1566; c'est à savoir inféodations, contrats d'aliénations et engagemens, aveux et dénombremens qui nous auront été rendus, et qui auront été reçus sans blâme. Nous avons pareillement confirmé et confirmons en la propriété et jouissance desdits droits, même en ceux de justice et de propriété desdites rivières, les églises et monastères de fondation royale auxquels lesdits droits auront été donnés par les rois nos prédécesseurs, pour cause de fondation et dotation desdites églises, mentionnée dans leurs titres ou dans les déclarations des biens et revenus desdites églises qui se trouveront en nos Chambres des comptes; et quant aux possesseurs desdites îles, îlots, fonds, édifices et droits susdits sur lesdites rivières depuis les lieux où elles sont navigables sans écluse ni artifice, qui rapporteront seulement des actes authentiques de possession commencée sans vice avant le 1.er avril 1566, et continuée sans trouble, voulons et nous plaît qu'eux, leurs héritiers, successeurs et ayants cause demeurent confirmés, comme nous les confirmons en leur possession, sans qu'à l'avenir ils puissent être troublés, à condition néanmoins de nous payer annuellement, à commencer du 1.er janvier de la présente année, entre les mains et sur les quittances du fermier de notre domaine, par forme de redevance foncière, le vingtième du revenu annuel desdites îles, îlots, et autres droits et choses susdites, suivant la liquidation qui en sera faite sur le pied des baux passés sans fraude, ou sur l'estimation du revenu des choses et fonds de pareille qualité, et ce outre les droits seigneuriaux, rentes et redevances dont ils se trouveront chargés tant envers nous ou les engagistes de notre domaine qu'envers les seigneurs particuliers, auxquels nous n'entendons préjudicier; et à l'égard desdits droits dont les détenteurs ne rapporteront titres valables de propriété ou de possession avant l'année 1566, ainsi qu'il est dit ci-dessus, nous voulons que les droits et choses susdites soient réunis à notredit domaine, comme nous les réunissons par ces présentes: dérogeons pour cet effet, en tant que de besoin, à toutes lois, ordonnances et coutumes contraires.

SI DONNONS EN MANDEMENT à nos amés et féaux les gens tenants notre Cour de Parlement et Chambre des Comptes à Paris, que ces présentes ils fassent registrer, et le contenu en icelles garder, entretenir

et observer de point en point selon leur forme et
teneur, sans permettre qu'il y soit contrevenu, nonobstant oppositions ou appellations quelconques,
dont si aucunes interviennent, nous nous en réser-
vons la connaissance et à notre conseil, l'interdisant
à toutes nos Cours et juges ; car tel est notre plaisir.
Et afin que ce soit chose ferme et stable à toujours,
nous avons fait mettre notre scel à cesdites présentes,
sauf en autres choses notre droit, et l'autrui en
toutes. DONNÉ à Versailles, au mois d'avril, l'an de
grâce mil six cent quatre-vingt-trois, et de notre
règne le quarantième. *Signé* LOUIS. *Et plus bas :*
par le Roi, COLBERT. Et scellé de cire verte. Et à
côté, *visa*, LE TELLIER.

---

*Ordonnance du Siége présidial de Lyon, concernant
les Fétes Baladoires.*

Du 20 mai 1683.

DE PAR LE ROI ET MESSIEURS LES SÉNÉCHAL
ET PRÉSIDIAUX A LYON.

Sur ce qui a été remontré par le procureur du Roi,
en ce siége, que les désordres qui accompagnent d'ordinaire les fêtes baladoires ayants obligé la *Cours des
grands Jours* de les supprimer dans toute l'étendue de
son ressort, avec défenses à tous seigneurs ecclésias-
ques et séculiers, et à tous officiers de les permettre à
peine de cent livres d'amende contre chacun des contre-
vénants. Ce réglement, si utile, a été observé quelque
temps ; mais quelques paroisses, dépendantes de cette
sénéchaussée, s'étants donné depuis quelques années

la licence de rétablir ces fêtes baladoires ; d'autres , à
leur exemple , s'échappent dans le même abus, ce que
l'on a remarqué par les procédures qui ont été faites
à cause des violences qui suivent presque toujours in-
séparablement la débauche, et les excès que ces sortes
de fêtes produisent, et qu'il était important d'empêcher le progrès de cette licence ; à quoi ledit procureur
du Roi se croyait d'autant plus engagé de veiller qu'il
lui est ordonné de tenir la main à l'exécution de l'arrêt des grands Jours intervenu sur ce sujet, et ayant
à cet effet requis, que conformément audit arrêt
du 14 décembre 1665 , lu et publié en l'audience de
ce siége, le 7 janvier 1666 , itératives défenses soient
faites à toutes personnes d'établir , ni permettre aucunes fêtes baladoires dans l'étendue de cette sénéchaussée ; sur peine de cent livres d'amende contre
chacun de ceux qui pourraient les avoir établies ou
permises ou qui assisteront ou contribueront aux danses publiques, et autres assemblées extraordinaires et
illicites , qui se pratiquent abusivement dans lesdites
fêtes , et qu'injonction soit faite aux officiers des lieux
de tenir la main à l'exécution de l'ordonnance, qui
interviendra sur son réquisitoire , et informer ledit
procureur du Roi des contraventions, si aucunes y
sont commises, sur peine d'en répondre en leur privé
nom , et sous telles autres peines que de droit, et qu'il
soit passé outre nonobstant oppositions ou appellations quelconques, et comme pour exécution des arrêts de la Cour, et que l'ordonnance qui interviendra
sur son réquisitoire soit publiée et affichée ou besoin
sera : Nous avons ordonné que, conformément audit
arrêt , itératives défenses sont faites à toutes personnes

d'établir ni permettre aucunes fêtes baladoires dans l'étendue de cette sénéchaussée , sur peine de cent livres d'amende contre chacun de ceux qui pourraient les avoir établies ou permises, et qui assisteront et contribueront aux danses publiques et autres assemblées extraordinaires et illicites qui se pratiquent abusivement lesdites fêtes, avec injonction aux officiers des lieux de tenir la main à l'exécution de notre présente ordonnance , et d'informer ledit procureur du Roi des contraventions , sur peine d'en répondre en leur nom, et sous telles autres peines que de droit. Sera notre présente ordonnance publiée et affichée où besoin sera , et passé outre nonobstant oppositions ou appellations quelconques , et sans préjudice d'icelles, et comme pour exécution d'arrêt. FAIT à Lyon, par nous Jean-Baptiste Dulieu , écuyer, conseiller du Roi en la sénéchaussée et siége présidial dudit Lyon, le 20 mai 1683. *Signé ,* DULIEU , VAGINAY , procureur du Roi , et GORGERON , greffier.

Ordonnance du bureau de Ville , portant que les marchands de bois flotté seront tenus de faire réduire les pilles et théâtres de bois dans leurs chantiers à la hauteur de vingt pieds seulement, sinon qu'elles seront réduites aux frais desdits marchands.

Du 8 juin 1683.

DE PAR LES PRÉVÔT DES MARCHANDS ET ÉCHEVINS DE LA VILLE DE PARIS.

A tous ceux qui ces présentes lettres verront ; Auguste Robert de Pomereu, chevalier, seigneur de la Bretesche, saint nom, conseiller d'Etat ordinaire, Prévôt des marchands : et les Echevins de la ville de Paris; SALUT. Savoir faisons, que sur ce qui nous a été remontré par le procureur du Roi et de la Ville, qu'il aurait eu avis que quelques marchands de bois flotté de ladite ville, avaient fait élever dans leurs chantiers des piles et théâtres desdits bois de hauteur excessive, y en ayant qui avait jusqu'à quarante et cinquante pieds d'exhaussement, et que s'étant depuis peu éboulé une desdites piles dans le chantier de Jacques Bonnet, l'un desdits marchands, il y avait eu deux personnes écrasées, et quelques autres de blessées ; qu'il était d'une extrême conséquence d'empêcher qu'il n'arrivât à l'avenir de pareils accidents; pourquoi prévenir, requérait qu'il nous plût ordonner, que lesdits marchands seraient tenus de réduire lesdites piles et théâtres de leurs bois à telle hauteur que nous jugerions à propos ; et de leur faire défenses d'exhausser dorénavant lesdites piles et théâtres à plus grande hauteur, à peine de confiscation desdits bois qui se trouveraient excéder, cinq cents livres d'amende, dépens, dommages et intérêts, et d'être responsables des accidents. Nous, ayant égard auxdites remontrances et conclusions dudit procureur du Roi et de la Ville, avons ordonné que lesdits marchands seront tenus de faire incessamment et dans huitaine, réduire lesdites piles et théâtres de leurs bois, étants dans lesdits chantiers, à la hauteur de vingt pieds seulement; sinon, et à faute de ce faire dans ledit temps et icelui passé, seront lesdites piles et théâtres réduites à ladite hauteur de vingt pieds, à la diligence de Jean Pinet et Jacques Lefévre, huissiers de ladite ville, et de Jacques de Lamourette aide-major des archers de ladite ville, aux frais et dépens desdits marchands, contre lesquels sera exécutoire délivrée. Faisons très-expresses inhibitions et défenses, à tous marchands de bois flotté de cette ville, d'élever dans leurs chantiers et donner auxdites piles et théâtres de leurs bois, plus desdits vingt pieds de hauteur, à peine de confiscation des bois qui se trouveront excéder lesdits vingt pieds au profit de l'hôpital général, cinquante livres d'amende, et de tous dépens, dommages et intérêts, et d'être responsables des accidents qui pourraient arriver, faute par eux de satisfaire à la présente ordonnance, qui leur sera signifiée, et affichée par tout où besoin sera, à ce qu'aucun n'en prétende cause d'ignorance, et exécutée nonobstant oppositions, ou appellations quelconques, faites ou à faire, et sans préjudice d'icelles. En témoins de ce, nous avons mis à ces présentes, le scel de ladite prévôté des marchands. Ce fut fait et donné au bureau de la Ville, le huitième février mil six cent quatre-vingt trois. *Signé,* MITANTIER.

———————

RÉGLEMENTS *que le Roi veut être exécutés dans l'Hôpital général de Paris, pour la correction des enfants de famille, et pour la punition des femmes débauchées qui y seront renfermés.*

Régistrés le 29 avril 1684.

Les enfants, soit garçons au-dessous de vingt-cinq

ans, soit filles des artisans et des pauvres habitants de la ville et des faubourgs de Paris, qui y exercent un métier ou qui ont quelque emploi, lesquels maltraiteront leurs pères ou mères, ceux qui ne voudraient pas travailler par libertinage ou par paresse, et les filles qui auront été débauchées, et celles qui seront en péril évident de l'être, seront enfermés dans les lieux destinés à cet effet; savoir, les garçons dans la maison de Bicêtre, et les filles dans celle de la Salpêtrière.

Les pères, mères, tuteurs ou curateurs des enfants de famille, leurs oncles, ou autres plus proches parents, en cas que leurs pères et leurs mères soient morts, même les curés des paroisses où ils demeurent, pourront s'adresser au bureau de l'hôpital général, qui se tient pour la réception des pauvres; ou celui qui se trouvera y présider, commettra un ou deux des directeurs pour s'informer de la vérité des plaintes. Et sur le rapport qu'ils en feront, au jour auquel on reçoit les pauvres, on leur délivrera un ordre signé de celui qui présidera, et de quatre directeurs, adressant aux officiers desdites maisons, pour y recevoir les enfans lorsqu'ils y seront amenés.

Ceux qui auront obtenu lesdits ordres pourront se pourvoir, s'il est nécessaire, pardevant les lieutenans du Prévôt de Paris, afin d'en obtenir la permission en la manière accoutumée, pour faire arrêter lesdits enfants, s'il est nécessaire, et les conduire ensuite dans les maisons dudit hôpital.

Lorsque les pères ou mères, qui se plaindront de la conduite de leurs enfants d'un premier lit, seront mariés en secondes noces, ou qu'ils auront d'autres enfants d'un second mariage, quoi que le père ou la mère desdits enfants nés d'un second mariage soit mort, lesdits directeurs, commis pour s'informer de la vérité des plaintes, entendront les plus proches parents desdits enfants, ou des personnes dignes de foi, avant de faire leur rapport.

. Lesdits enfants demeureront aussi long-temps dans lesdites maisons de correction, que les directeurs qui seront commis pour en avoir soin le trouveront à propos; et les ordres pour les faire sortir seront signés au moins par quatre d'entre eux, et par celui qui présidera au bureau, lorsqu'ils en feront leur rapport.

Les garçons et filles entendront la messe les dimanches et les fêtes, prieront Dieu un quart-d'heure tous les matins et autant les soirs, seront instruits soigneusement dans le catéchisme et entendront la lecture de quelques livres de piété pendant leur travail.

On les fera travailler le plus long-temps et aux ouvrages les plus rudes que leurs forces et les lieux où ils seront le pourront permettre; et en cas qu'ils donnent sujet par leur conduite de juger qu'ils veulent se corriger, on leur fera apprendre, autant qu'il sera possible, des métiers convenables à leur sexe et à leur inclination, et propres à gagner leur vie, et ils seront traités avec douceur, à mesure qu'ils donneront des preuves de leur changement.

Lesdits enfants, garçons et filles, seront vétus de tiretaine et auront des sabots, comme les autres pauvres dudit hôpital; ils auront une paillasse, des draps, et une couverture pour se coucher, et du pain, du potage et de l'eau pour leur nourriture, si ce n'est qu'ils gagnent par le travail auquel on les appliquera dans la suite de quoi acheter une demi-livre de bœuf aux jours où l'on peut manger de la viande, ou quelque fruit ou autres rafraîchissemens, lorsque les directeurs qui en auront soin trouveront à propos de leur permettre.

Leur paresse et leurs autres fautes seront punies par le retranchement du potage, par l'augmentation du travail, par la prison et autres peines usitées dans ledit hôpital, ainsi que les directeurs l'estimeront raisonnable.

Si quelque pauvre fille de Paris veut se retirer du déréglement dans lequel elle aurait eu la faiblesse de tomber, elle sera reçue et traitée charitablement dans ledit lieu, et l'on lui fera apprendre ce qui lui sera plus avantageux pour gagner sa vie, et l'on pourra la garder jusqu'à ce qu'on trouve à la pourvoir. Fait à Versailles le vingtième avril 1684.

Signé LOUIS. *Et plus bas*, par le Roi, COLBERT.

Registré, ouï et ce requérant le procureur général du Roi, pour être exécuté selon sa forme et teneur, suivant l'arrêt de ce jour. A Paris, en Parlement, le vingt-neuvième jour d'avril mil six cent quatre-vingt-quatre. *Signé* DONGOIS.

RÉGLEMENT *que le Roi veut être exécuté pour la punition des femmes d'une débauche publique et scandaleuse, qui se pourront trouver dans sa bonne ville de Paris, et pour leur traitement dans la maison de la Salpétrière de l'hôpital général, où elles seront renfermées.*

Les femmes d'une débauche et prostitution publique et scandaleuse, ou qui en prostituent d'autres, seront renfermées dans un lieu particulier destiné pour cet effet dans la maison de la Salpêtrière, lorsqu'elles y seront conduites par l'ordre de Sa Majesté, ou en vertu des jugemens qui seront rendus pour cet effet au Châtelet par le lieutenant de police à l'encontre desdites femmes, sur les procès qui leur seront instruits, pour y demeurer durant le temps qui sera ordonné; Sa Majesté voulant que les sentences dudit lieutenant de police en ce fait particulier, et dont Sa Majesté lui a attribué, en tant que besoin est, toute jurisdiction et connaissance, soient exécutées comme de juge en dernier ressort.

Si en jugeant un procès criminel les juges à qui la connaissance dudit procès appartiendra trouvent à propos de condamner à la même peine des femmes convaincues du susdit crime de débauche publique, qui se trouveront comprises dans lesdits procès, elles pourront être aussi enfermées dans le même lieu, en vertu des arrêts ou jugemens qui interviendront pour cet effet.

Lesdites femmes entendront la messe les dimanches et les fêtes, et seront traitées des maladies qui leur pourront survenir, sans sortir du lieu où elles seront renfermées, qu'en cas d'une nécessité indispensable. Elles prieront Dieu toutes ensemble un quart-d'heure le matin, autant le soir, et durant la journée on leur fera lecture du catéchisme et de quelques livres de piété, pendant le travail auquel on trouvera à propos de les employer.

Elles seront habillées de tiretaine avec des sabots, elles auront du pain, du potage et de l'eau pour nourriture, et une paillasse, des draps et une couverture pour se coucher.

On les fera travailler le plus long-temps et aux ouvrages les plus pénibles que leurs forces le pourront permettre, en la manière en laquelle les directeurs qui en auront le soin particulier, le trouveront à propos.

Lesdits directeurs pourront, après quelque temps, permettre à celles desdites femmes qui paraîtront avoir regret de leurs désordres, de travailler à des ouvrages moins rudes, et d'acheter, du gain qu'elles y pourront faire, jusqu'à demi-livre de viande chaque jour que l'on en peut manger, ou des fruits et autres rafraîchissemens, ainsi que lesdits directeurs le jugeront à propos.

On punira les juremens, la paresse au travail, les emportemens, et les autres fautes que lesdites femmes pourront commettre, par le retranchement du potage, en les mettant au carcan, dans les malaises durant certain temps de la journée, ou par les autres voies semblables et usitées dans ledit hôpital, que les directeurs estimeront nécessaires. Fait à Versailles, le vingtième avril 1684. *Signé* LOUIS. *Et plus bas,* par le Roi, COLBERT.

Registré, ouï et ce requérant le procureur général du Roi, pour être exécuté selon sa forme et teneur, suivant l'arrêt de ce jour. A Paris, en Parlement, le 29.ᵉ jour d'avril 1684.

Signé, DONGOIS.

Commission sur des réglements pour l'Hôpital Général.

LOUIS, par la grace de Dieu, Roi de France et de Navarre, à nos amés et féaux, les gens tenants notre Cour de parlement à Paris, Salut. Les directeurs de l'hôpital général de notre bonne ville de Paris, nous ayant représenté que la maison du refuge, destinée pour enfermer les femmes débauchées, était située et bâtie de telle sorte que l'on ne pouvait, sans une très-grande dépense, la rendre aussi sûre qu'il était nécessaire, et retrancher aux femmes qui y étaient, quelque reste de commerce avec ceux qui voulaient aller dans toutes les maisons dont celle-là est environnée; d'ailleurs, que n'y ayant aucun revenu attaché à cette maison, on n'y pouvait recevoir que les femmes pour lesquelles on payait des pensions, et dont la plupart n'ayant pas été dans une prostitution publique, et quelques-unes même se trouvant d'une condition honnête, elles ne devaient pas être mêlées avec les misérables qui se prostituent avec tant de scandale et de désordre, ni avec celles qui en corrompaient d'autres pour les prostituer, que l'ordre et la police publique désirent principalement que l'on punisse. Qu'ils avaient aussi remarqué qu'il y avait plusieurs enfants de l'un et l'autre sexe, qui se débauchaient en différentes manières, et dont il ne serait pas impossible de corriger, au moins une partie, s'il y avait des lieux où on les instruisît des devoirs de la religion, et où on les contraignît de travailler avec une conduite propre à changer leurs mau-

vaises inclinations, et que dans le désir où ils étaient
de rendre ledit hôpital général le plus utile qu'il leur
était possible, à la gloire de Dieu, à notre service et
au public, ils estimaient pouvoir s'engager à donner
des lieux, dans les maisons dudit hôpital, propres
pour renfermer très-sûrement jusques à quarante
desdites femmes, et pour corriger jusqu'au nombre
de deux cents desdits enfants, et les y nourrir, en cas
que nous approuvassions ce dessein, et que nous eussions agréable de leur prescrire la manière en laquelle
il nous plairait qu'il fût exécuté. Et comme nous em-
ployons avec joie l'autorité qu'il a plû à Dieu de nous
donner pour toutes les choses qui regardent son service et l'avantage de nos sujets, nous avons bien
voulu donner auxdits directeurs, les sommes nécessaires pour bâtir et accommoder lesdits lieux, et prescrire en même temps, par des réglements, les formalités avec lesquelles lesdites femmes et lesdits enfants
de famille seront mis dans ledit hôpital, et la manière
en laquelle ils y seront traités; et, pour cet effet, ayant
fait dresser lesdits réglements, et voulant qu'ils soient
ponctuellement exécutés. A CES CAUSES, nous vous
mandons et ordonnons par ces présentes, signées de
notre main, que lesdits réglements ci-attachés, sous
le contréscel de notre chancellerie, vous ayez à enregistrer avec ces présentes, et le contenu en iceux,
faire entretenir, garder et observer selon leur forme
et teneur, sans souffrir qu'il y soit contrevenu en
quelque sorte et manière que ce soit; car tel est notre
plaisir. Donné à Versailles, le 20.ᵉ jour d'avril 1684,
et de notre règne, le quarante-unième.

Signé LOUIS, *et plus bas,* par le Roi, COLBERT.

Registrées, ouï et ce requérant le procureur général du Roi, pour être exécutées selon leur forme et
teneur, suivant l'arrêt de ce jour. A Paris, en Parlement, le 29.ᵉ jour d'avril 1684. *Signé*, DONGOIS.

———————

*Arrêt du conseil d'état du Roi, qui fait défenses
à tous marchands de charbon, bateaux à Lavandières et autres, de mettre leurs bateaux dans
le courant d'eau de la pompe située contre le
Pont Neuf.*

Du 11 juin 1685.

Extrait des registres du conseil d'état du Roi.

Sur ce qui a été représenté au Roi étant en son
conseil, par Louis Laforest, l'un de ses ingénieurs ordinaires, chargé par Sa Majesté de la conduite et entretenement de la pompe située contre le Pont-Neuf
de la ville de Paris; qu'au préjudice des défenses faites
par Sa Majesté, par arrêt de sondit conseil d'état, du
31 décembre 1668, à tous marchands de charbon,
voituriers de sel, bateaux à Lavandières, et autres
trafiquants sur la rivière de Seine, de mettre dorénavant les bateaux, flettes ou foncets dans le courant
d'eau de ladite pompe, ils ne laissent pas d'y contrevenir, ce qui empêche la machine de tirer l'eau nécessaire, même durant tout l'été, pour en fournir
suffisamment aux fontaines de Sa Majesté, et pour le
besoin de ses bâtimens et l'utilité du public; à quoi
étant nécessaire de pourvoir, ouï le rapport du sieur

marquis de Louvois, conseiller de Sa Majesté en ses
conseils, secrétaire d'État et de ses commandemens,
et surintendant général de ses bâtimens, et tout considéré : Sa Majesté étant en son conseil, conformément
à l'arrêt dudit conseil dudit jour 31 décembre 1668,
a fait et fait de nouvelles défenses à tous marchands
de charbon, voituriers de sel, bateaux à Lavandières,
et autres trafiquants sur la rivière de Seine, de mettre
dorénavant leurs bateaux, flettes ou foncets dans le
courant d'eau de ladite pompe, lequel Sa Majesté a
fixé à neuf toises dè large, en montant depuis l'arche
d'icelle, jusqu'aux boutiques à poisson qui sont au
dessous du Pont au Change, laquelle largeur com-
mencera à seize toises des murs du quai de la Mégisserie, en entrant dans la rivière du côté du quai de
l'Horloge du Palais, à peine, aux contrevenants, de
trois mille livres d'amende pour les pauvres de l'hôpital général, au paiement de laquelle ils seront contraints, comme pour les affaires de Sa Majesté, en
vertu du présent arrêt, lequel sera lu, publié et affiché partout où besoin sera. Fait au conseil d'état du
Roi, Sa Majesté y étant : tenu à Versailles, le 11.^e
jour de juin 1685. *Signé*, COLBERT.

LOUIS, par la grace de Dieu, Roi de France et de
Navarre : au premier notre huissier ou sergent, sur
ce requis, nous te mandons et commandons, par ces
présentes signées de notre main, que l'arrêt ci-attaché
sous le contrescel ne notre chancellerie, cejourd'hui
donné en notre conseil d'état, nous y étant, tu signi-
fies, à tous qu'il appartiendra, à ce qu'ils n'en prétendent cause d'ignorance, et fasses, au surplus, pour

l'entière exécution d'icelui, tous exploits, significations, et autres actes requis et nécessaires, sans, pour
ce, demander autres congé ni permission, car tel est
notre plaisir. Donné à Versailles, le onzième jour de
juin, l'an de grace 1685, et de notre règne, le quarante-troisième. *Signé*, LOUIS, *et plus bas*, par le
Roi, COLBERT.

Lu et publié à haute et intelligible voix, à son de
trompe et cri public, sur le quai de la Mégisserie et
autres ports de cette ville de Paris, par moi Marc-
Antoine Pasquier, juré-crieur ordinaire du Roi en la
ville, prévôté et vicomté de Paris, y demeurant, rue
du milieu de l'hôtel des Ursins, accompagné de Louis
la Coste, Pierre Angar, et François Flamant, commis trompettes, à ce que personne n'en prétende cause
d'ignorance, et affiché.   *Signé*, PASQUIER.

ÉDIT DU ROI, *portant défenses de faire aucun
exercice public de la R. P. R. dans son royaume.*

Registré en la Chambre des Vacations, le 22 octobre 1685.

LOUIS, par la grâce de Dieu, Roi de France et de
Navarre : à tous présents et à venir ; SALUT. Le Roi
Henri-le-Grand, notre aïeul de glorieuse mémoire,
voulant empêcher que la paix qu'il avait procurée à ses
sujets, après les grandes pertes qu'ils avaient souffertes
par la durée des guerres civiles et étrangères, ne fût
troublée à l'occasion de la religion prétendue réformée, comme il était arrivé sous les règnes des Rois
ses prédécesseurs ; aurait par son édit, donné à Nantes,

au mois d'avril mil cinq cent quatre-vingt-dix-huit, réglé la conduite qui serait à tenir à l'égard de ceux de ladite religion, les lieux dans lesquels ils en pourraient faire l'exercice, établi des juges extraordinaires pour leur administrer la justice, et enfin pourvu même par des articles particuliers à tout ce qu'il aurait jugé nécessaire pour maintenir la tranquillité dans son royaume, et pour diminuer l'aversion qui était entre ceux de l'une et l'autre religion, afin d'être plus en état de travailler comme il avait résolu de le faire pour réunir à l'église, ceux qui s'en étaient si facilement éloignés. Et comme l'intention du Roi, notredit aïeul, ne pût être effectuée à cause de sa mort précipitée, et que l'exécution dudit édit fut même interrompue pendant la minorité du feu Roi, notre très-honoré seigneur et père de glorieuse mémoire, par des nouvelles entreprises desdits de la religion prétendue réformée ; elles donnèrent occasion à les priver de divers avantages qui leur avaient été accordés par ledit édit. Néanmoins le Roi, notre dit feu seigneur et père, usant de sa clémence ordinaire, leur accorda encore un nouvel édit, à Nîmes, au mois de juillet mil six cent vingt-neuf, au moyen duquel la tranquillité ayant de nouveau été rétablie, ledit feu Roi, animé du même esprit et du même zèle pour la religion, que le Roi notredit aïeul, avait résolu de profiter de ce repos, pour essayer de mettre son pieux dessein à exécution ; mais les guerres avec les étrangers étant survenues peu d'années après, ensorte que depuis 1635 jusques à la trève conclue en l'année 1684 avec les princes de l'Europe, le royaume ayant été peu de temps sans agitation, il n'a pas été possible de faire autre chose pour l'avantage de la religion, que de diminuer le nombre des exercices de la religion prétendue réformée, par l'interdiction de ceux qui se sont trouvés établis au préjudice de la disposition des édits, et par la suppression des chambres mi-parties, dont l'érection n'avait été faite que par provision. Dieu ayant enfin permis que nos peuples jouissant d'un parfait repos, et que nous même n'étant pas occupés des soins de les protéger contre nos ennemis, ayons pu profiter de cette trève que nous avons facilitée à l'effet de donner notre entière application à rechercher les moyens de parvenir au succès du dessein des Rois nosdits aïeul et père, dans lequel nous sommes entrés dès notre avénement à la couronne. Nous voyons présentement, avec la juste reconnaissance que nous devons à Dieu, que nos soins ont eu la fin que nous nous sommes proposée, puisque la meilleure et la plus grande partie de nos sujets de ladite religion prétendue réformée ont embrassé la catholique. Et d'autant qu'au moyen de ce, l'exécution de l'édit de Nantes, et de tout ce qui a été ordonné en faveur de ladite religion prétendue réformée demeure inutile, nous avons jugé que nous ne pouvions rien faire de mieux pour effacer entièrement la mémoire des troubles, de la confusion et des maux que le progrès de cette fausse religion a causés dans notre royaume, et qui ont donné lieu audit édit, et à tant d'autres édits et déclarations qui l'on précédé, ou ont été faits en conséquence, que de révoquer entièrement ledit édit de Nantes, et les articles particuliers qui ont été accordés ensuite d'icelui, et tout ce qui a été fait depuis en faveur de ladite religion.

Art. 1er. Savoir faisons, que pour ces causes et autres à ce nous mouvant , et de notre certaine science, pleine puissance, et autorité royale, avons, par ce présent édit perpétuel et irrévocable , supprimé et révoqué, supprimons et révoquons l'édit du Roi , notredit aïeul , donné à Nantes au mois d'avril mil cinq cent quatre-vingt-dix-huit, en toute son étendue ; ensemble les articles particuliers arrêtés le deuxième mai ensuivant , et les lettres patentes expédiées sur iceux, et l'édit donné à Nîmes au mois de juillet mil six cent vingt-neuf , les déclarons nuls , et comme non-avenus ; ensemble toutes les concessions faites, tant par iceux, que par d'autres édits, déclarations et arrêts , aux gens de ladite religion prétendue réformée de quelque nature qu'elles puissent être , lesquelles demeureront pareillement comme non-avenues. Et en conséquence voulons et nous plaît, que tous les temples de ceux de ladite religion prétendue réformée, situés dans notre royaume, pays, terres et seigneuries de notre obéissance, soient incessamment démolis.

2. Défendons à nosdits sujets de la religion prétendue réformée de plus s'assembler pour faire l'exercice de ladite religion en aucun lieu ou maison particulière ; sous quelque prétexte que ce puisse être , même d'exercices réels ou de bailliages , quand bien lesdits exercices auraient été maintenus par des arrêts de notre conseil.

3. défendons pareillement à tous seigneurs de quelques conditions qu'ils soient de faire l'exercice dans leurs maisons et fiefs , de quelque qualité que soient lesdits fiefs ; le tout à peine contre tous nosdits sujets

qui feraient ledit exercice, de confiscation de corps et de biens.

4. Enjoignons à tous ministres de ladite religion prétendue réformée qui ne voudront pas se convertir et embrasser la religion catholique, apostolique et romaine, de sortir de notre royaume et terres de notre obéissance, quinze jours après la publication de notre présent édit, sans y pouvoir séjourner au-delà, ni pendant ledit temps de quinzaine faire aucun prêche, exhortation, ni autre fonction, à peine des galères.

5. Voulons que ceux desdits ministres qui se convertiront, continuent à jouir leur vie durant, et leurs veuves après leur décès, tandis qu'elles seront en viduité des mêmes exemptions de taille et logement de gens de guerre, dont ils ont joui pendant qu'ils faisaient la fonction de ministres; et, en outre, nous ferons payer auxdits ministres, aussi leur vie durant, une pension qui sera d'un tiers plus forte que les appointemens qu'ils touchaient en qualité de ministres, de la moitié de laquelle pension leurs femmes jouiront aussi après leur mort, tant qu'elles demeureront en viduité.

6. Que si aucuns desdits ministres désirent se faire avocats ou prendre des degrés de docteurs ès lois, nous voulons et entendons qu'ils soient dispensés des trois années d'étude prescrites par nos déclarations; et qu'après avoir subi les examens ordinaires, et par iceux été jugés capables, ils soient reçus docteurs en payant seulement la moitié des droits que l'on a accoutumé de percevoir pour cette fin en chacune université.

7. Défendons les écoles particulières pour l'instruc-

tion des enfants de ladite religion prétendue réformée
et toutes les choses généralement quelconques, qui
peuvent marquer une concession, quelle que ce puisse
être, en faveur de ladite religion.

8. A l'égard des enfants qui naîtront de ceux de ladite religion prétendue réformée, voulons qu'ils soient
dorénavant baptisés par les curés des paroisses. Enjoignons aux pères et mères de les envoyer aux églises à
cet effet-là, à peine de cinq cents livres d'amende, et
de plus grande s'il y échet ; et seront ensuite, les enfants élevés en la religion catholique, apostolique et
romaine, à quoi nous enjoignons bien expressément
aux juges des lieux de tenir la main.

9. Et pour user de notre clémence envers ceux de
nos sujets de ladite religion prétendue réformée, qui
se seront retirés de notre royaume, pays et terres de
notre obéissance, avant la publication de notre présent édit, nous voulons et entendons, qu'en cas qu'ils
y reviennent dans le temps de quatre mois, du jour
de ladite publication, ils puissent, et leur soit loisible
de rentrer dans la possesion de leurs biens, et en jouir
tout ainsi et comme ils auraient pu faire, s'ils y étaient
toujours demeurés ; au contraire, que les biens de
ceux qui dans ce temps-là, de quatre mois, ne reviendront pas dans notre royaume, ou pays et terres de
notre obéissance, qu'ils auraient abandonnés, demeurent et soient confisqués en conséquence de notre déclaration du vingtième du mois d'août dernier.

10. Faisons très-expresses et itératives défenses à
tous nos sujets de ladite R. P. R. de sortir eux, leurs
femmes et enfants de notredit royaume, pays et terres
de notre obéissance, ni d'y transporter leurs biens et

effets, sous peine pour les hommes des galères , et de confiscation de corps et de biens pour les femmes.

11. Voulons et entendons que les déclarations rendues contre les relaps soient exécutées selon leur forme et teneur.

12. Pourront au surplus lesdits de la R. P. R. en attendant qu'il plaise à Dieu les éclairer comme les autres, demeurer dans les villes et lieux de notre royaume, pays et terres ds notre obéissance, et y continuer leur commerce, et jouir de leurs biens sans pouvoir être troublés ni empêchés sous prétexte de ladite R. P. R., à condition, comme dit est, de ne point faire d'exercice, ni de s'assembler sous prétexte de prières ou de culte de ladite religion de quelque nature qu'il soit, sous les peines ci-dessus, de confiscation de corps et de bien.

Si donnons en mandement à nos amés et féaux conseillers les gens tenant nos Cour de Parlement, Chambre de nos comptes et Cour des aides à Paris, baillifs , sénéchaux, prévôts et autres nos justiciers et officiers qu'il appartiendra, et à leurs lieutenans qu'ils fassent lire , publier et enregistrer notre présent Édit en leurs Cours et jurisdictions , même en vacations, et icelui entretenir et faire entretenir, garder et observer de point en point , sans y contrevenir, ni permettre qu'il y soit contrevenu en aucune manière: car tel est notre plaisir. Et afin que ce soit chose ferme et stable à toujours, nous avons fait mettre notre scel à cesdites présentes. Donné à Fontainebleau , au mois d'octobre, l'an de grâce mil six cent quatre-vingt-cinq , et de notre règne le quarante-troisième. *Signé* LOUIS; *visa*, LE TELLIER; *et plus bas*, par le Roi, COLBERT. Et scellées du grand sceau de cire verte, sur lacs de soie rouge et verte.

Registrées, ouï et ce requérant le procureur général du Roi, pour être exécutées selon leur forme et teneur, et copies collationnées, envoyées dans les siéges, bailliages, sénéchaussées du ressort, pour y être pareillement enregistrées. Enjoint aux substituts dudit procureur général du Roi d'y tenir la main, et d'en certifier la Cour. A Paris, en la Chambre des vacations, le vingt-deuxième octobre mil six cent quatre-vingt-cinq. *Signé* DE LA BAUNE.

DÉCLARATION DU ROI, *pour défendre les pélerinages, sans permission du Roi et des Evéques.*

Registrée en Parlement le 12 janvier 1686.

LOUIS, par la grace de Dieu, Roi de France et de Navarre, à tous ceux qui ces présentes lettres verront, SALUT. Les abus qui s'étaient glissés dans notre royaume, sous un prétexte spécieux de dévotion et de pélerinage, étant venus à un tel excès, que plusieurs de nos sujets avaient quitté leurs parents contre leur gré, laissé leurs femmes et enfants sans aucun secours, volé leurs maîtres, et abandonné leurs apprentissages pour passer leur vie dans une continuelle débauche, même que quelques-uns se seraient établis dans des pays étrangers où ils se seraient mariés, bien qu'ils eussent laissé leurs femmes légitimes en France, nous aurions cru pouvoir arrêter le cours de ces désordres, en or-

donnant, par notre déclaration du mois d'août 1671,
que tous ceux qui voudraient aller en pélerinage à
Saint-Jacques en Galice, Notre-Dame de Lorette, et
autres lieux saints hors de notre royaume, seraient
tenus de se présenter devant leur évêque diocésain,
pour être par lui examinés sur les motifs de leur
voyage, et de prendre de lui une attestation par écrit,
outre laquelle ils retireraient, du lieutenant général
ou substitut du procureur général du bailliage ou
sénéchaussée dans lesquels ils feraient leur demeure,
ensemble des maires et échevins, jurats, consuls et
syndics des communautés, des certificats contenant
leur nom, âge, qualité, vacation, et s'ils étaient
mariés ou non, lesquels certificats ne seraient point
donnés aux mineurs, enfants de familles, femmes
mariées et apprentis, sans le consentement de leurs
pères, tuteurs, curateurs, maris, et maîtres de métiers; et, qu'à faute par lesdits pélerins de pouvoir
représenter lesdites attestations et certificats aux magistrats et juges de police des lieux où ils passeraient,
et d'en prendre d'eux en arrivant, ils seraient arrêtés
et punis, pour la première fois, du carcan; pour la
seconde, du fouet, par manière de castigation; et pour
la troisième, condamnés aux galères, comme gens vagabonds et sans aveu. Et d'autant que nous avons été
informés que plusieurs enfants de famille, artisans et
autres personnes, par un esprit de libertinage, ne
laissaient pas d'entreprendre de faire des pélerinages
hors de notre royaume, sans avoir observé ce qui est
porté par notredite déclaration, les uns évitant de
passer dans les villes où ils savent qu'on leur demandera exactement des certificats, les autres se servant

de fausses attestations, dans la confiance qu'ils ont
que les personnes préposées pour les examiner, ne
pourront pas s'en apercevoir, ne connaissant pas les
signatures des évêques et juges des lieux où lesdits
pélerins font leur demeure, et la plupart se flattant
que s'ils étaient arrêtés en quelques endroits faute de
représenter des certificats, on ne leur ferait subir que
la peine portée pour la première contravention, par
l'impossibilité où se trouveraient les juges de les convaincre d'avoir déjà été repris de justice pour le même
sujet, à quoi étant nécessaire de pourvoir pour l'intérêt public et la police générale. A CES CAUSES, et
autres à ce nous mouvant, nous avons déclaré et ordonné, et, par ces présentes signées de notre main,
déclarons et ordonnons, voulons et nous plaît qu'aucun de nos sujets ne puisse aller en pélerinage à Saint
Jacques en Galice, Notre-Dame de Lorette, et autres
lieux hors de notre royaume, sans une permission
expresse de nous, signée par l'un des secrétaires d'état
et de nos commandemens, sur l'approbation de l'évêque diocésain, à peine des galères à perpétuité contre
les hommes, et contre les femmes, de telles peines
afflictives que nos juges estimeront convenables. Enjoignons, pour cet effet, à tous juges, magistrats,
prévôts des maréchaux, vice-sénéchaux, leurs lieutenans, exempts, et autres officiers, maires, consuls,
échevins, jurats, capitouls et syndics des villes et
bourgs de nos frontières, dans lesquelles passeraient
lesdits pélerins, un mois après la publication de ces
présentes, de les arrêter et conduire dans les prisons
desdites villes et bourgs, ou s'ils sont arrêtés à la campagne, dans celles de la ville la plus prochaine, pour

leur être le procès fait et parfait, comme à gens vagabonds et sans aveu, par les juges des lieux où ils auront été pris en première instance, et par appel, en
nos Cours de parlement. Si DONNONS EN MANDEMENT
à nos amés et féaux conseillers, les gens tenants notre
Cour de parlement de Paris, que ces présentes ils
aient à enregistrer, et le contenu en icelles, faire
garder et observer selon leur forme et teneur : car tel
est notre plaisir ; en témoin de quoi nous avons fait
mettre notre scel à cesdites présentes. Donné à Versailles, le septième jour du mois de janvier, l'an de
grace 1686, et de notre règne, le quarante-troisième.

Signé LOUIS, *et sur le repli,* par le Roi, COLBERT,
et scellées du grand sceau de cire jaune.

DÉCLARATION DU ROI, *portant peine des galères
contre les mendiants valides.*

Registrée en la Chambré des vacations, le 16 octobre 1686.

LOUIS, par la grâce de Dieu, Roi de France et de
Navarre : à tous ceux qui ces présentes lettres verront, SALUT. L'application continuelle que nous don-
dous à tout ce qui regarde la police générale et le bien
de nos sujets, nous a porté à prendre un soin particulier pour l'établissement et augmentation des hôpitaux généraux dans les villes et gros bourgs de notre
royaume, dans lesquels les pauvres qui ne sont en
état de travailler, trouvent leur subsistance assurée,
avec une occupation proportionnée à leur âge et à
leur infirmité ; et quoiqu'au moyen de ces établissemens il ne dût rester aucun de nos sujets à charge au

public, nous avons cependant été imformés que plusieurs valides qui ne sont de la qualité à être reçus dans les hôpitaux, au lieu de s'employer aux ouvrages auxquels ils sont propres, et qui leur produiraient leur subsistance, s'adonnent à la mendicité, et s'abandonnant à l'oisiveté, commettent des vols, et tombent malheureusement dans plusieurs autres crimes : à quoi voulant pourvoir, et empêcher un désordre si considérable. A CES CAUSES, en confirmant nos ordonnances et réglements ci-devant faits contre les mendiants valides, nous leur avons enjoint et enjoignons par ces présentes signées de notre main, de se retirer incessamment dans les lieux et provinces de leur naissance, ou autres lieux, pour y travailler aux ouvrages auxquels ils voudront s'employer, leur faisant très-expresses inhibitions et défenses de mendier sous quelque prétexte que ce soit ; et en cas qu'aucuns valides fussent trouvés mendiant, huit jours après la publication des présentes, voulons qu'ils soient pris et arrêtés, de l'ordonnance de nos baillifs, sénéchaux, leurs lieutenans et autres officiers, et par les prévôts de nos cousins les maréchaux de France, et conduits ès prisons les plus prochaines, pour, sur le témoignage de ceux qui les auront vu mendier, ou autre preuve et notoriété suffisante de leur mendicité, être condamnés aux galères pour le temps de cinq ans.

Si DONNONS EN MANDEMENT à nos amés et féaux conseillers, les gens tenants notre Cour de Parlement à Paris, que ces présentes ils aient à faire lire, publier et registrer ; même en vacations, et icelles exécuter selon leur forme et teneur : car tel est notre plaisir. En témoin de quoi, nous avons fait mettre notre scel à cesdites présentes. DONNÉ à Fontainebleau, le douzième jour d'octobre, l'an de grâce mil six cent quatre-vingt-six, et de notre règne le quarante-quatrième. *Signé* LOUIS. *Et sur le repli*, par le Roi, COLBERT. Et scellé du grand sceau de cire jaune.

Registrées, ce requérant le substitut du procureur général du Roi, pour être exécutées selon leur forme et teneur, suivant l'arrêt de ce jour. A Paris, en la Chambre des vacations, le seizième octobre mil six cent quatre-vingt-six. *Signé* DE LA BAUNE.

ORDONNANCE DU ROI , *qui défend des Loteries particulières.*

Du 14 mars 1687.

Sa Majesté étant informée que plusieurs personnes se sont ingérées de faire des loteries dans sa bonne ville de Paris, ce qui est contraire à ses intentions et aux réglements de police, elle a fait très-expresses inhibitions et défenses à toutes personnes, de quelque qualité et condition qu'elles soient, de faire, ni faire faire aucunes loteries, sous quelque prétexte que ce puisse être, à peine de désobéissance et de confiscation des sommes, bijoux et autres choses qui seraient destinées pour lesdites loteries. Enjoint Sa Majesté au sieur de la Reynie, conseiller ordinaire en son conseil d'Etat, lieutenant général de police de sadite ville de Paris, de tenir la main à l'exécution de la présente ordonnance, et de la faire publier et afficher

partout où besoin sera, à ce qu'aucnn n'en prétende
cause d'ignorance. Fait à Versailles, le 14 Mars 1687.
  Signé LOUIS. *Et plus bas*, COLBERT.

ORDONNANCE DE POLICE , *qui fait défenses aux
  Meúniers , Charretiers , Plâtriers , Voituriers ,
  Valets d'écurie et autres de courir lorsqu'ils sont
  à vide.*

Du 6 mai 1687. (1)

DE PAR LE ROI.

*Extrait des registres de la Police du Châtelet
  de Paris.*

Sur ce qui nous a été remontré par le procureur du
Roi, que plusieurs accidents arrivent journellement
de ce que les meuniers, charretiers, plâtriers, voituriers, valets d'écurie, et autres domestiques des gens
qui tiennent hôtellerie ou auberge, au préjudice des
réglements de police, courent et vont de vitesse ès
rues de cette ville de Paris, et lorsqu'ils mènent leurs
mulets, chevaux et harnois à vide, sur lesquels ils
montent, et non contents de ce, soit quand ils vont
à l'abreuvoir, ou autrement, mènent des quatre mulets ou chevaux attachés ensemble , qui occupent
toute une rue et causent des embarras , et lesdits charretiers, lorsqu'ils sont arrêtés ès places publiques ou
proche les ports, se tiennent sur le passage, afin d'aller au-devant des bourgeois, au lieu de se retirer et
ranger le plus proche du port que faire se peut, où ils

---

(1) Il y a erreur, *lisez* : 1667.

doivent attendre que des marchands de bois, sous prétexte de mettre des montres de leurs bois, échalats,
ou autres sortes de marchandises à terre, en font des
piles, qui occupent de telle sorte les places et voies
publiques, que, joint la disposition des charretiers de
ne pas s'approcher des ports, cela leur donne occasion de s'excuser sur ce peu de place qu'ils ont, et at-
tirent quantité d'autres personnes à se servir de la
place pour y laisser, de jour et de nuit, des harnois,
à quoi est nécessaire de pourvoir en réitérant les défenses qui ont été ci-devant faites ; Nous, ouï sur ce,
ledit procureur du Roi en ses conclusions, faisons défenses auxdits meuniers, charretiers, plâtiers, voituriers, valets d'écurie et à tous autres, de contrevenir
aux réglements de police ; leur enjoignons de les garder, et, suivant iceux, leur faisons défenses de courir
par la ville et faubourgs, et lorsqu'ils seront à vide, soit
qu'ils aillent à l'abreuvoir ou autrement, et auxdits
garçons meuniers, valets d'écuries, hôtellerie ou autres, de mener plus de deux mulets ou chevaux,
compris celui sur lequel ils sont montés, à peine, contre les maîtres, de 24 livres parisis d'amende (1),
et à l'égard de ceux qui mèneront lesdits chevaux ou
mulets, à peine de punition exemplaire ; faisons pa-

(1) La livre parisis était à cette époque *monnaie de compte* ; originairement elle était *monnaie réelle.* Elle se fabriquait à Paris ;
d'où lui est venu son nom, comme celui de *livre tournois* de celle
qui se fabriquait à Tours. Les parisis étaient d'un quart plus fort que
les tournois : ainsi le sou parisis valait quinze deniers, et le sou
tournois n'en valait que douze. Ce dernier était resté, et est encore
monnaie de compte. Dans la perception des droits d'aides on levait
trois deniers pour le parisis en sus du droit fixé en livres et sous
tournois.

reillement défenses auxdits charretiers de se tenir sur les avenues des rues, ainsi leur enjoignons sous lesdites peines de se retirer proche les ports : enjoignons auxdits marchands de bois de faire enlever incessamment les piles de bois qui sont ès dites places, avec défenses d'y en remettre, et à toutes sortes de personnes, charrons, maçons, charpentiers et autres d'occuper la voie publique, à peine d'amende et de confiscation des choses qui l'occuperont, et ce au profit de l'hôpital général, ce qui sera exécuté, lu, publié et affiché, nonobstant oppositions ou appellations quelconques, et sans préjudice d'icelles, pour lesquelles ne sera différé. Ce fut fait et donné par messire Gabriel-Nicolas de La Reynie, conseiller du Roi en ses conseils, maître des requêtes ordinaires en son hôtel, lieutenant de police de la ville, prévôté et vicomté de Paris, le six mai mil six cent soixante-sept. *Signé*, DE LA REYNIE.

Lu, publié à son de trompe et cri public, et affiché par tous les carrefours de cette ville de Paris, etc. Signé, CANTO (1).

---

(1) Ce Canto était juré-crieur du Roi en la ville., prévôté et vicomté de Paris, attaché au Châtelet. Il tenait, comme ses prédécesseurs, et ceux qui l'ont suivi, un *registre* sur lequel il transcrivait les ordonnances et les actes du Châtelet qu'il avait été chargé de publier, crier et afficher.

C'est de ce registre, qu'à défaut de tout autre dépôt, un grand nombre d'ordonnances de police ont été recueillies. Celle-ci, que nous tirons de la *collection manuscrite de Lamoignon*, est de ce nombre, ainsi que beaucoup d'autres que nous omettons d'indiquer comme chose superflue.

On trouvera plusieurs ordonnances postérieures qui maintiennent implicitement celle-ci, qu'aucune n'a d'ailleurs abrogée.

ORDONNANCE DE POLICE , *qui fait défenses aux ouvriers des bâtimens et aux garçons tailleurs qui s'assemblent à la place de Grève paur se louer, d'exiger aucune chose des nouveaux ouvriers et garçons.*

Du 21 mai 1687 (1).

Extrait des registres de la police du Châtelet de Paris.

Sur ce qui nous a été remontré par le procureur du Roi, que pour la commodité de ceux qui travaillent ou sont travailleurs à la construction des bâtimens, ayant été toléré, et l'usage s'étant introduit que les mâçons, charpentiers, couvreurs, tailleurs de pierre, appareilleurs et terrassiers, manouvriers et autres personnes nécessaires pour lesdits bâtimens, se trouvent tous les matins, dès les quatre à cinq heures, à l'entrée de la place de Grève, du côté de la rue Basse-Tannerie; et la même chose ayant aussi été tolérée des garçons tailleurs d'habits, qui se trouvent du côté de la rue de la Tannerie, où les maîtres et autres personnes qui les veulent faire travailler et employer les vont quérir, il s'y est glissé un désordre extraordinaire qui mérite répréhension, en ce qu'aucuns desdits ouvriers manœuvres et tailleurs d'habits, sous prétexte qu'ils se disent anciens dans cette profession, non-seulement veulent exiger des nouveaux venus, des repas et bien venues, mais aussi les empêchent de se donner à prix raisonnable, aimant mieux être des jours entiers sans travailler, que de diminuer rien du prix qu'ils ont concerté d'avoir pour leurs jour-

_____

(1) Il y a erreur; *lisez :* 1667.

nées, et à ce sujet, battent et outragent souvent les nouveaux venus, ou ceux qui ne sont pas de leur cabale, à quoi est nécessaire de pourvoir; Nous, faisant droit sur les conclusions du procureur du Roi, en conséquence des arrêts et réglements de police, faisons défenses à tous maçons, charpentiers, coureurs, tailleurs, appareilleurs, terrassiers, manœuvres et autres sortes de personnes travaillants aux bâtimens, ensemble aux garçons tailleurs d'habits, de faire aucune cabale entre eux, exiger ou faire payer aucune chose aux nouveaux venus, se méfaire, ni médire, battre, excéder, ou molester les uns les autres; le tout à peine de fouet contre ceux qui se trouveront avoir part auxdites cabales ou excès, ce qui sera exécuté nonobstant oppositions ou appellations quelconques, et sans préjudices d'icelles : lu, publié et affiché par tout où besoin sera. Enjoignons aux commissaires des quartiers de tenir la main à l'exécution de la présente ordonnance, et de faire emprisonner les contrevenants. A cette fin, enjoignons à tous huissiers, sergens et archers, même aux bourgeois de prêter main-forte, à peine d'amende. Fait et donné par messire Gabriel-Nicolas de La Reynie, conseiller du Roi, en ses conseils d'Etat et privé, maître des requêtes ordinaire de son hôtel, lieutenant de police de la ville, prévôté et vicomté de Paris, tenant le siége, le vingt-un mai mil six cent soixante-sept. *Signé*, DE LA REYNIE, DE RIANTZ et COUDRAI, greffier. *(Extrait de la Collection Lamoignon.)* (1).

_____

(1) La police des ouvriers a toujours été d'une haute importance; plusieurs ordonnances ont pour objet de prévenir leurs coalitions et

ARRÊT DE LA COUR DE PARLEMENT, *concernant* |les *jeux du Hoca, de la Bassette et le Lansquenet, et les peines contre ceux qui donneront à jouer, et contre les propriétaires des maisons où l'on jouera.*

Du 18 juillet 1687.

Extrait des registres de Parlement.

Vu par la Cour l'arrêt par elle donné le premier du présent mois de juillet, par lequel après avoir mandé les officiers de police, et les avoir ouïs, il aurait été ordonné qu'ils donneraient leur avis par écrit sur les moyens les plus convenables pour faire cesser les jeux de hasard et les contraventions aux ordonnances, arrêts et réglements de la Cour ; l'avis donné par les officiers de police en exécution dudit arrêt ; conclusion du procureur général du Roi, la matière mise en délibération : LA COUR a ordonné et ordonne que les ordonnances et arrêts concernant les jeux de hasard seront exécutés ; fait défenses à toutes personnes de quelque qualité et condition qu'elles soient, de donner à jouer dans leurs maisons à ceux qui y viendront pour ce sujet, et particulièrement aux jeux appelés le Hoca, la Bassette et le Lansquenet, à peine contre les contrevenants de trois mille livres

_____

réunions séditieuses. Il n'est question ici que de cabales tendant à faire hausser le prix de la journée, ou de détourner les ouvriers d'accepter librement du travail ; objet encore très-important, et sur lequel les ordonnances de police postérieures à celle-ci ont prononcé en maintenant ses dispositions. Les articles 411 et 415 du *Code pénal* les ont également maintenues.

d'amende, applicable un tiers au Roi, un tiers à l'Hôpital général, et l'autre tiers aux dénonciateurs, sans préjudice néanmoins de plus grande peine s'il y échet, et principalement en cas de récidive. Ordonne que les condamnations d'amende pourront être prononcées par le lieutenant de police au défaut d'autres preuves, sur les seuls procès-verbaux de deux commissaires du Châtelet, contenant qu'ils auront averti de l'ordre dudit juge ceux qui donneront ainsi à jouer, de cesser leurs assemblées ; que les preuves de les avoir continuées, seront le concours des laquais, des carrosses et des chaises qui se trouveront ordinairement arrêtées aux portes de leurs maisons, joint la connaissance publique et le témoignage des voisins, s'il s'en trouve qui veulent déposer, que les propriétaires des maisons dont les locataires donneront ainsi à jouer, après en avoir été avertis par les commissaires du Châtelet, de l'ordre du lieutenant de police, pourront être par lui condamnés sur les procès-verbaux de deux commissaires, solidairement avec les locataires, au paiement des amendes jusqu'à la somme de mille livres, et en outre les maisons fermées pendant six mois, à moins que les propriétaires n'aient donné congé aux locataires de sortir de leurs maisons. Et sera le présent arrêt exécuté nonobstant oppositions ou appellations quelconques, et sans y préjudicier, lu, publié et affiché partout où besoin sera ; enjoint aux officiers de police d'y tenir la main, et au substitut du procureur général du Roi d'en certifier la Cour incessamment. Fait en Parlement le dix-huitième juillet, mil six cent quatre-vingt-sept. *Signé* DONGOIS.

ARRÊT DU CONSEIL D'ÉTAT DU ROI, *confirmé par lettres-patentes enregistrées au parlement, concernant le droit de* committimus *dont jouissaient les quartiniers de Paris* (1).

Du 19 février 1688.

Extrait des registres du conseil privé du Roi.

Sur la requête présentée au Roi en son conseil, par les seize quartiniers de la ville de Paris, contenant que les Rois, prédécesseurs de Sa Majesté, en considération de ce qu'ils ont plusieurs fonctions utiles au public, lesquelles leur sont pénibles, onéreuses et sans aucun profit pour eux, comme de faire exécuter les mandemens de ladite ville en toutes occasions, d'être appelés pour le secours du peuple dans les incendies, de veiller à la garde des portes de la ville,

---

(1) On sait que le mot *committimus* est purement latin ; il signifie *nous commettons.* On appelle *committimus*, ou droit de *committimus* des *lettres royaux* que le Roi donnait à ceux qui avaient leurs causes commises aux requêtes du Palais, ou au Grand-Conseil, ou à quelque tribunal particulier. Il y avait deux sortes de *committimus*, l'un qui se prenait au grand sceau, et l'autre au petit sceau. L'un ou l'autre n'avait lieu que lorsque l'affaire n'avait pas été devant un juge dont on voulut éviter la juridiction.

Nous ne rapportons cet arrêt, que parce que les quartiniers étaient des officiers de police dont on voit ici les fonctions; Ils rappellent les anciennes Municipalités, et l'organisation de cet Hôtel de Ville dont il est si souvent parlé dans l'histoire de la police de Paris.

Il y avait seize *quartiniers*, un par quartier : c'était parmi eux que se choisissaient les Echevins, qui, avec le Prévôt des marchands nommé par le Roi, composaient le corps de Ville.

quand il convient faire les descriptions du peuple et
des maisons dans leurs quartiers, leur auraient, de
tout temps, accordé le droit de *committimus*, dans
lequel ils ont toujours été conservés, et notamment
les conseillers de l'hôtel de Ville et eux, comme étant
des principaux officiers dudit hôtel, par l'arrêt du
conseil., du 9 février 1621, portant réglement de ce
qui doit être observé et gardé ès chancelleries établies
près les parlemens, pour tous les officiers qui doivent
jouir dudit droit de *committimus*, duquel ils ont joui
sous le titre de principaux officiers dudit hôtel de
Ville; néanmoins on a refusé de leur en expédier à
la chancellerie du palais, sous prétexte que le droit
de *committimus* n'a été nommément expliqué par l'é-
dit du mois de juillet 1681, par lequel ils ont été de
nouveau créés et érigés en titre d'office formés, quoiqu'ils aient été conservés aux mêmes honneurs, droits
et privilèges du passé, sans aucune distinction ni restriction, et qu'ils aient payé, aux coffres de Sa Majesté, la finance pour ce ordonnée; et ils ont eu le
chagrin d'en voir expédier pour les conseillers dudit
hôtel de Ville, bien qu'ils soient du même ordre, et
que la qualité de conseiller du Roi ait été de nouveau
attribuée par ledit édit à leursdits offices, ce qui les
oblige d'avoir recours à nous, pour être maintenus,
en tant que besoin serait, dans une attribution de laquelle leurs prédécesseurs et eux avaient toujours joui
auparavant ledit arrêt de 1621, et depuis ledit arrêt,
jusques au temps dudit édit de 1681. A CES CAUSES,
requéraient qu'il plût à Sa Majesté les maintenir et
garder audit droit de *committimus*, et ordonner qu'ils
continueront d'en jouir comme ils ont fait par le passé,

et enjoindre, aux sieurs maîtres des requêtes tenant le sceau en la chancellerie près le parlement de Paris, de leur sceller et expédier lettres de *committimus* à l'ordinaire, pour en jouir conformément à l'ordonnance. Vu ladite requête, ledit arrêt du conseil du 9 février 1621, et ledit édit du mois de juillet 1681; ouï le rapport du sieur Bignon, conseiller d'état ordinaire, commissaire à ce député, et tout considéré: LE ROI EN SON CONSEIL, ayant égard à ladite requête, a maintenu et gardé, maintient et garde lesdits suppliants, au droit de *committimus* aux requêtes de l'hôtel et du palais du parlement de Paris, pour en jouir conformément à l'ordonnance; à cet effet, toutes lettres, à ce nécessaires, leur en seront expédiées et scellées. Fait au Conseil privé du Roi, tenu à Paris, le 19.e jour de février 1688. Collationné.

Signé DESVIEUX, avec paraphe (1).

ORDONNANCE DU ROI, *pour le fait des Milices.*

Du 17 janvier 1689.

Sa Majesté ayant été informée que quelques paroisses des généralités de son royaume, où les levées de milice ont été ordonnées en exécution de son réglement du vingt-neuf novembre dernier, au lieu de nommer un garçon de leur paroisse pour servir en ladite milice, suivant ce qui leur est prescrit par ledit

---

(1) Les lettres-patentes rendues en conséquence sont du mois de mars 1688, registrées en Parlement le 30 mars de la même année.

réglement, font battre la caisse et publier qu'ils donneront un paiement considérable à celui qui se voudra
engager de servir pour leur paroisse : et comme cela
est directement contraire à l'intention de Sa Majesté,
et que si la continuation de ce désordre était souffert,
les communautés se trouveraient insensiblement engagées dans des dépenses superflues qui ne pourraient
que les incommoder ; à quoi voulant pourvoir, Sa Majesté a ordonné et ordonne, que conformément à ce
qui est porté par sondit réglement du vingt-neuf novembre dernier, les habitants des paroisses qui doivent fournir des hommes de milice, éliront, à la sortie
de la grand'-messe, en la même forme et manière
qu'ils élisent les collecteurs, les hommes qu'ils devront
fournir, de la qualité prescrite et désignée par ledit
réglement, lesquels hommes ils seront tenus de choisir
dans leur communauté, sans qu'il leur soit loisible
d'en prendre d'étrangers, ni faire aucune dépense à
l'occasion de la nomination et choix de celui ou ceux
qui devront servir pour leur communauté, autre que
de les mettre en l'état prescrit par ledit réglement et
les ordonnances du quinze décembre dernier, et troisième du présent mois de janvier. MANDE ET OR-
DONNE SA MAJESTÉ aux gouverneurs et ses lieutenans
généraux en ses provinces, intendans en icelles et ès
généralités où lesdites levées de milice ont été ordonnées, de tenir la main chacun à son égard à l'exécution et observation exacte de la présente, laquelle Sa
Majesté veut être publiée et affichée à la diligence desdits intendans, dans lesdites provinces et généralités,
par tout où besoin sera, à ce qu'aucun n'en prétende
cause d'ignorance. FAIT à Versailles, le dix-septiéme

janvier mil six cent quatre-vingt-neuf. *Signé*, LOUIS.
Et plus bas, LE TELLIER.

ORDONNANCE DU ROI *portant défense à ceux qui aurant été nommés par les paroisses dont ils sont, pour soldats de milice, de s'en absenter pour se dispenser du service, sous les peines y contenues.*

Du 16 mars 1689.

DE PAR LE ROI.

Sa Majesté ayant été informée que plusieurs paysans de ceux qui ont été choisis par les paroisses, dont ils sont habitants, pour servir dans les troupes de milice, que Sa Majesté a ordonné par son réglement du vingt-neuf novembre dernier être mises sur pied, s'absentent de leurs villages pour se dispenser dudit service, ce qui oblige lesdites communautés à faire plusieurs nominations différentes, et cause beaucoup d'embarras et de retardement à la levée desdites milices : A quoi voulant remédier, Sa Majesté a ordonné et ordonne, veut et entend, que tous les paysans qui auront été nommés par les paroisses, dont ils sont habitants, en la forme prescrite par sondit réglement, pour servir dans ladite milice, et qui s'absenteront desdites paroisses après la publication de la présente ordonnance, soient punis du fouet, en exécution des ordonnances des intendans et commissaires départis par Sa Majesté ès provinces et généralités où la levée desdites milices a été ordonnée, sans autre forme ni figure de procès. MANDE ET ORDONNE SA MAJESTÉ auxdits intendants et ses commissaires départis, de s'employer chacun dans son département à l'exécution de la présente ordonnance, laquelle Sa Majesté veut être publiée aux prônes des paroisses, et affichée aux portes des églices d'icelles, et par tout ailleurs que besoin sera, à ce qu'aucun n'en prétende cause d'ignorance. FAIT à Versailles, le seizième mars mil six cent quatre-vingt-neuf.

  Signé, LOUIS. *Et plus bas*, LE TELLIER.

ORDONNANCE DU ROI, *portant défenses aux propriétaires des terres situées du côté de la Meuse, entre Verdun et Châteaurenault, de les ensemencer d'aucuns bleds, froments, méteils, seigles ni épiots pendant le reste de la présente année et la suivante, sur les peines y contenues.*

Du 28 juillet 1689.

Sa Majesté ayant fait examiner les moyens d'empêcher que les ennemis de l'Etat ne puissent s'approcher de la Meuse entre Verdun et Châteaurenault, pendant que ses armées seraient occupées à faire quelqu'entreprise, et ne s'en étant point trouvé de plus sûr pour cet effet que de pourvoir à ce qu'ils ne puissent trouver de grains sur la terre pour subsister; SA MAJESTÉ A ORDONNÉ ET ORDONNE que par les intendants dans les départements desquels les pays dont il sera parlé ci-après sont situés, il sera incessamment tiré une ligne de Montfaucon à Orne, d'Orne à Loison, de Loison à Vitron, et de Vitron à Chiny, et qu'ensuite, suivant le cours de la rivière de Semoy jusqu'à son embouchure, il sera tiré de ladite embouchure une autre ligne jusqu'à Rocroy, de Rocroy à Maubert-Fontaine, et de là par Aubigny, l'Aunoy, Brieul-sur-Bar, Allipont et Fleville, d'où l'on reviendra gagner ledit Montfaucon, et que dans tout l'espace de terrain contenu entre les lieux ci-dessus marqués, il ne soit semé aucun grain de froment, méteil, seigle ni épiot, pendant le reste de la présente année et la suivante. Permet néanmoins Sa Majesté aux propriétaires des terres situées dans ladite étendue de pays, de les ensemencer de tous autres grains qu'ils jugeront à propos, non propres à la subsistance des hommes, c'est-à-dire qu'ils pourront les semer d'avoine, millet, bled d'inde, Sarrasin, vesce, pois, ou de tous autres pareils grains qui leur seront plus convenables. MANDE ET ORDONNE SA MAJESTÉ aux sieurs de Nointel, Charruel et Malezieu, dans l'intendance desquels les pays susdits s'étendent, de s'entendre ensemble, pour faire au plutôt tirer les lignes désignées ci-dessus, afin que les propriétaires des terres qui se trouveront enfermées dans l'étendue desdites lignes, puissent prendre leurs mesures pour les cultiver en la manière ci-dessus qu'ils verront leur être plus avantageuse. Veut et ordonne Sa Majesté, que ceux qui, au préjudice de la présente défense, semeront leurs terres de bleds, fromens, méteils, seigles ou épiots, pendant le reste de cette année ou la suivante, soient condamnés à cinquante livres d'amende pour chaque arpent de terre qu'ils en auront semé, et qu'à la diligence des maire et échevins des paroisses, lesdits bleds semés soient labourés de nouveau, et retournés, le tout aux dépens de ceux qui les auront semés ;

déclarant Sa Majesté que si dans le mois de novembre prochain il reste aucun bled qui ait été semé en contravention de la présente, et qui n'ait point été retourné par les soins desdites communautés, il sera envoyé une compagnie de cavalerie ou de dragons dans chacune desdites communautés, pour y demeurer pendant le reste du quartier d'hiver prochain. Fait à Versailles le vingt-huitième juillet mil six cent quatre-vingt-neuf. *Signé* LOUIS. *Et plus bas*, LE TELLIER.

ORDONNANCE DU ROI, *portant injonction à ceux de ses sujets, dont les pères, les enfants ou les frères sont au service de ses ennemis, même aux femmes qui y ont leurs maris, de sortir dans un mois des terres de l'obéissance de Sa Majesté.*

Du 30 juillet 1689.

Sa Majesté étant bien informée que plusieurs de ceux qui sont dans le service de ses ennemis, et qui ont des biens situés dans les pays de son obéissance, ont laissé sur lesdits biens, les uns leurs femmes, d'autres leurs enfants, et d'autres leurs frères; que d'ailleurs aucuns qui par leur âge ou par les incommodités de leurs personnes, ne se trouvent pas en état de servir, demeurent sur les biens qui leur appartiennent sous la domination de Sa Majesté, pour du revenu qu'ils en reçoivent entretenir leurs enfants dans un service contraire à celui de Sa Majesté, et ne voulant pas souffrir de tels abus si préjudiciables à son service, SA MAJESTÉ A ORDONNÉ ET ORDONNE, veut et entend que tous ceux de ses sujets dont les

pères ou les enfants, même les frères sont au service
de ses ennemis, comme aussi les femmes dont les
maris sont dans ledit service, sortent des terres de
l'obéissance de Sa Majesté dans un mois, du jour et
date de la présente, pour être ensuite leurs biens
saisis et confisqués au profit de Sa Majesté, et mis
entre les mains des receveurs des confiscations, par
les ordres des intendants, dans le département desquels lesdits biens se trouveront situés, pour être
fait recette du revenu d'iceux, et les deniers être
employés, ainsi qu'il sera ordonné par Sa Majesté, à
moins que leursdits pères, maris, enfants ou frères
qui sont dans un service contraire à celui de Sa Majesté ne quittent et abandonnent tout-à-fait ledit service, et ne viennent dans ledit temps d'un mois prêter
serment de fidélité à Sa Mejesté entre les mains des
gouverneurs de ses places, dans le gouvernement desquels leurs biens sont situés. MANDE ET ORDONNE SA
MAJESTÉ aux gouverneurs et ses lieutenans généraux
ou commandans pour Elle en ses provinces frontières,
intendants en icelles, gouverneurs particuliers de ses
villes et places, situées esdites provinces, de s'employer incessamment chacun à son égard pour l'exécution et observation exacte de la présente, laquelle
Sa Majesté veut être publiée et affichée à la diligence
desdits intendants partout où besoin sera, à ce
qu'aucun n'en prétende cause d'ignorance. Fait à
Versailles, le trentième juillet mil six cent quatre-
vingt-neuf. *Signé* LOUIS. *Et plus bas,* LE TELLIER.

DÉCLARATION DU ROI, *portant réglement de ce qui doit étre observé en la vente de la poudre et plomb.*

Du 1:er octobre 1689 (1).

Registré en Parlement le 16 du même mois

LOUIS, par la grace de Dieu , Roi de France et de Navarre; à tous ceux qui ces présentes lettres verront, Salut. Par notre déclaration donnée à Saint-Germain en Laye, le 30 novembre 1677, publiée au sceau, l'audience tenant, nous avons, entre autres choses, ordonné que la poudre à giboyer qui serait consommée par les sujets de notre royaume, pays, terres et seigneuries de notre obéissance, conquis et à conquérir, serait vendue vingt-quatre sous la livre, celle à mousquet douze sous, et la poudre servant à munir nos vaisseaux, tant des armateurs que des marchands, neuf sous la livre. Et comme nous reconnûmes dans la suite les inconvéniens qu'il y avait de permettre qu'on débitât à nos sujets différentes sortes de poudres, en ce que cela pouvait donner lieu à quelque malversation sur les poudres qui sont dans les magasins de nos places fortes , et dans nos arsenaux de marine : c'est ce qui nous obligea, par l'article 14 du bail que nous fîmes à François-Louis de Grandchamp , le 26 août 1690, de lui défendre d'avoir, en magasin, d'autres poudres que celle à giboyer, pour l'usage de nos sujets, qu'il serait tenu de fournir aux marchands et particuliers revendeurs par lui établis, au prix de vingt sous la livre dans tous les pays et terres de notre obéissance, îles de l'A-

(1) Il y a erreur ; *lisez :* 1699.

mérique et Canada, auxquels revendeurs nous avons permis de la vendre jusque à vingt-quatre sous la livre, conformément à notre susdite déclaration du trentième novembre mil six cent soixante-dix-sept, sans qu'ils puissent excéder ce prix, à peine de concussion, et d'être punis exemplairement. Et quoi que par nos ordonnances nous ayons expressément défendu à toutes sortes de personnes de s'immiscer en la recherche et fabrique des salpêtres, fabrique et vente des poudres, sur les peines y contenues; nous avons néanmoins été informés qu'en plusieurs provinces de notre royaume, il s'y fabrique de la fausse poudre par gens sans aveu, qui se trouvent quelquefois appuyés des seigneurs des terres sur lesquelles ils travaillent; ce qui non-seulement porte préjudice à celui à qui nous accordons le droit de vendre de la poudre à nos jujets; mais serait d'une dangereuse conséquence contre la sûreté de notre Etat, en ce que des gens mal intentionnés à la faveur de ces faux-poudriers, pourraient à notre insu faire des magasins à poudre, qui ne doivent être que dans nos places fortes, dans nos arsenaux de marine, ou entre les mains de celui à qui nous avons commis la fabrique et vente des poudres. C'est dans cette même vue que nous avons considéré qu'il était de notre intérêt d'empêcher que le plomb, qui est consommé par les armes à feu ne fut fabriqué à l'avenir que par ceux qui seraient à cet effet par nous préposés, lesquels en feraient la vente et le débit comme de la poudre, sur le pied du prix qui en serait par nous fixé. Et après avoir fait examiner en notre conseil les propositions qui nous ont été faites de fixer à vingt-six sous la livre de poudre à giboyer qui se consomme par nos sujets, au lieu de vingt-quatre sous portés par notre déclaration du trente novembre mil huit cent soixante-dix-sept et à cinq sous la livre de tout le plomb qui sera dorénavant consommé par les armes à feu, tant à la chasse, qu'aux autres exercices auxquels nos sujets pourraient s'occuper, à condition de faire valoir à notre profit cette augmentation sur la poudre, et la fixation du prix du plomb, pour aider à soutenir les dépenses que nous sommes obligés de faire, sans être à charge à nos sujets. Nous avons jugé nécessaire d'expliquer clairement sur cela nos intentions, et sur plusieurs dispositions contenues aux précédents traités faits, tant avec le sieur Berthelot, que ledit Grandchamp, pour être exécutés au profit de celui à qui nous ferons bail de la fabrique et vente des poudres. A CES CAUSES et autres à ce nous mouvants, de l'avis de notre conseil, et notre certaine science, pleine puissance et autorité royale, nous avons par ces présentes signées de notre main, déclaré et ordonné, déclarons et ordonnons, voulons et nous plait, que celui à qui nous ferons bail de la fabrique et vente des poudres dans notre royaume, ne pourra avoir en magasin que de la poudre à giboyer qu'il vendra aux marchands, et particuliers revendeurs par lui établis, vingt-deux sous la livre, dans tous les pays et terres de notre obéissance, îles de l'Amérique et Canada, auxquels revendeurs nous avons permis de la vendre jusqu'à vingt-six sous, sans qu'ils puissent excéder ce prix, à peine de concussion, et d'être punis exemplairement. Que celui à qui nous ferons bail de la fabrique et vente des poudres ou l'une de ses cautions à qui nous ferons délivrer une commission générale de notre grand-maître de l'artillerie ; pourra établir telles personnes que bon lui semblera dans nos provinces, et délivrer ses commissions particulières, tant pour la recherche et amas des selpêtres, raffinage d'iceux, fabrique et vente des poudres et autres choses servant à la confection des poudres dans l'étendue de notre royaume, pays, terres et seigneuries de notre obéissance, îles de l'Amérique et Canada, pays conquis et à conquérir ; lesquelles commissions il pourra révoquer quand il avisera, sans qu'aucun particulier puisse faire la recherche, fabrique, raffinage et vente, tant du selpêtre que de la poudre, s'ils n'ont commission à cet effet, à peine de trois cent livres d'amende. Que les commis et distributeurs et préposés de notre fermier ne pourront vendre d'autre poudre que celle qui leur aura été fournie par ledit fermier ou par ses ordres, à peine pour la première fois de confiscation, et de trois cents livres d'amende, et de punition corporelle en cas de récidive ; qu'à cet effet il lui sera permis de faire telles visites qu'il jugera à propos, tant chez les marchands pourvus de ses commissions, qu'autres, pour connaître les abus qui se pourraient commettre à son préjudice : faisants expresse inhibitions et défenses à tous seigneurs et particuliers d'avoir aucuns moulins à eau, à bras, ou à cheval à l'usage de la fabrique des poudres, et d'en fabriquer ou faire fabriquer directement ou indirectement de quelque manière que ce soit, nonobstant tous priviléges, concessions et arrêts que nous avons révoqués et révoquons par ces présentes. Voulons que ceux qui seront convaincus d'avoir fabriqué de la fausse poudre, soient punis des mêmes peines à l'é-

gard des fausonniers par nos ordonnances des gabelles
de l'année 1680, au titre XVII. Et que les selpêtriers
qui auront vendu leur selpêtre ailleurs que dans les
magasins établis par notre fermier, soient aussi punis
des mêmes peines. Faisons pareillement défenses à tous
seigneurs, propriétaires de châteaux et maisons, de
donner retraites aux faux-poudriers et selpêtriers, à
peine de trois mille livres d'amende, et d'être procédé
contre eux extraordinairement. Et à l'égard du plomb
qui sera dorénavant consommé par les armes à feu,
tant à la chasse qu'aux autres exercices, auxquels
nos sujets pourraient s'occuper de quelque manière
que ce soit; voulons, ordonnons et nous plaît, qu'à
l'avenir la vente du plomb à tirer ne puisse être faite
que par l'autorité de celui qui sera par nous commis
à cet effet et qui en aura de nous le droit, qui délivrera ses commissions à qui bon lui semblera, à la
charge et condition que le plomb ne pourra être vendu
de la dernière main, que cinq sous la livre, à quoi
nous en avons fixé le prix par ces présentes; sans qu'il
puisse être augmenté par celui à qui nous accorderons
la faculté de le vendre, ses commis ou préposés,
à peine de concussion, et d'être punis exemplairement; permettons néanmoins en cas d'interruption
de commerce entre notre royaume, l'Angleterre et la
Hollande, ou l'une de ces deux puissances, que le
plomb puisse être vendu six sous la livre: ce qui aura
lieu du jour que le commerce sera interrompu jusqu'à ce qu'il soit pleinement rétabli. Défendons à tous
autres de quelque qualité et condition qu'ils soient,
hors notre fermier, ses commis et préposés, d'en fabriquer, faire fabriquer pour leur usage particulier,

d'en faire venir des pays étrangers, fabriqués en balles ou dragées, sous quelque prétexte que ce soit, d'en faire aucun commerce directement ou indirectement, sous peine de confiscation du plomb, des ustensiles servant à la fabrique et de mille livres d'amende qui ne pourra être modérée. Défendons pareillement à tous ouvriers de tels métiers qu'ils soient de fabriquer aucun moule, et autres ustensiles servant à la fabrique du plomb en balles ou dragées de quelque espèce que ce soit, à peine de confiscation et de mille livres d'amende, sinon ceux qui auront charge par écrit de notre fermier de faire les moules et ustensiles dont il aura besoin. Voulons et ordonnons que tous marchands faisant commerce de cette espèce de plomb, soient tenus de déclarer à celui à qui nous aurons accordé la faculté d'en faire la vente, ses procureurs ou commis, les quantités de plomb en balles ou dragées qu'ils auront en leur possession, et de le remettre à notre adjudicataire, aussi bien que les particuliers et marchands, ouvriers ou autres qui se trouveront avoir des moules à faire ledit plomb en balles ou dragées, en les remboursant par lui du prix qu'ils auront payé dudit plomb, et de la juste valeur desdits moules et ustensiles : défendons auxdits marchands d'en faire aucun commerce, sans la permission par écrit de notre adjudicataire. N'entendons ici comprendre les balles à mousquet, fusil et pistolet, dont nous avons besoin pour les magasins de nos places et arsenaux de marine, et pour le service de nos armées, ni les balles dont les armateurs ont coutume de se servir. Voulant qu'en ce qui concerne notre service, les choses s'exécutent à l'ordinaire et sans innovation; défendant néanmoins à ceux qui sont chargés du plomb de nos magasins, et de la fabrique et garde desdites balles, d'en faire aucun commerce directement, ni indirectement, à peine d'être privés de leurs charges ou commissions, et de mille livres d'amende : voulons que les poudres, selpêtres et plomb, en balles ou dragées, qui passeront sans passeport de celui à qui nous ferons bail de la fabrique et vente des poudres dans notre royaume, ses commis ou préposés, soient saisis et arrêtés par les receveurs, capitaines, lieutenans et gardes de nos fermes ; qu'ils soient confisqués à son profit avec l'amende ci-devant prononcée dont il donnera le tiers à celui qui aura fait la capture ; ensemble les barques, bateaux, chevaux et voitures dont il paiera un tiers au dénonciateur. Que si les maîtres des bâtimens, tant Français qu'étrangers, apportent des poudres, selpêtres et plomb en balles ou dragées dans notre royaume, pays, terres et seigneuries de notre obéissance, voulons qu'ils soient tenus de les déposer dans un des magasins de notre fermier le plus proche du lieu où ils débarqueront, sans pouvoir en faire aucun commerce, directement ni indirectement, sans son consentement, à peine de confiscation, et de trois cents livres d'amende. Défendons auxdits maîtres et commandans des bâtimens, d'apporter plus grande quantité de poudre et plomb que celle dont ils peuvent avoir besoin, suivant et à proportion de l'artillerie qu'ils ont dans leurs bords, sur les peines portées par nos ordonnances. Voulons qu'ils soient tenus de faire dans le jour de leur arrivée, leur déclaration au commis à ce préposé, de la quantité de poudre et plomb qu'ils auront dans leurs bords, et où il se trou-

verait plus grande quantité que ce qui leur serait nécessaire pour le service du vaisseau, notre fermier
pourra les obliger de mettre l'excédant à terre, et de
le déposer dans ses magasins, même pourra l'acheter
au prix qui sera arbitré par les intendants et commissaires par nous départis, ou leurs subdélégués, et s'il
s'en trouve une plus grande quantité que celle qu'ils
auront déclarée, elles seront enlevées et confisquées
au profit du fermier, à l'effet de quoi nous lui permettons de faire toutes les visites qu'il jugera nécessaires, tant dans les bords qu'autres lieux où il avisera.
SI DONNONS EN MANDEMENT à nos amés et féaux conseillers les gens tenant notre Cour de Parlement, et Cour
des aides à Paris, que ces présentes ils ayent à faire lire,
publier et registrer, (même en temps de vacations) et
du contenu en icelles, faire jouir notre fermier, nonobstant tous édits, déclarations, et arrêts à ce contraires, auxquels nous avons dérogé et dérogeons par
ces présentes, aux copies desquelles collationnées par
l'un de nos amés et féaux conseillers secrétaires. Voulons que foi soit ajoutée comme à l'original : CAR tel
est notre plaisir. En témoin de quoi nous avons fait
mettre notre scel à cesdites présentes. DONNÉ à Fontainebleau, le premier jour d'octobre l'an de grâce mil
six cent quatre-vingt-dix-neuf, et de notre règne le
cinquante-septième. *Signé*, LOUIS. *Et plus bas*, par
le Roi, PHELYPEAUX. Et scellées du grand sceau de
cire jaune.

DÉCLARATION DU ROI, *portant réglement pour les ouvrages et vaisselle d'or, vermeil doré et d'argent.*

Vérifié en Parlement le 16 décembre 1689.

LOUIS, par la grâce de Dieu, Roi de France et de Navarre : à tous ceux qui ces présentes lettres verront. Les Rois nos prédécesseurs connaissant combien il importe à l'État de réprimer le luxe et d'empêcher la dissipation des matières d'or et d'argent qui doivent être converties en espèces, pour être utilement employées à faire fleurir le commerce, ont expressément défendu par leurs ordonnances, qu'il ne fût fait aucuns ouvrages d'or au-dessus du poids de quatre onces, ni aucune vaisselle d'argent au-dessus du poids de trois ou quatre marcs. L'abondance de ces précieuses matières que nos soins et notre application pour le bien de nos sujets ont introduit dans le royaume, a tellement autorisé le luxe que tous les particuliers, sans avoir égard à la bienséance et à leur condition, se sont donné la licence non-seulement d'avoir en abondance toute sorte de vaisselle d'argent d'un poids excessif, et même embarrassant pour le service ordinaire des tables, mais encore de faire faire toutes sortes de meubles et ustensiles d'argent inutiles. Ce qui a causé une prodigieuse consommation d'or et d'argent en ornemens superflus, que nos monnaies se trouvent quasi sans aliment, et que le commerce souffre par la disette d'espèces. Ces considérations nous obligèrent à réprimer par nos ordonnances des années 1672 et 1687 un abus si préjudiciable à nos sujets et à notre État, et à défendre l'usage et la fabrication des ouvrages d'argenterie de pur ornement, et de la vaisselle d'argent d'un poids excessif ; mais le luxe ayant prévalu à notre prévoyance, nous nous voyons forcés de recourir à des remèdes plus sévères, pour empêcher le tort que les particuliers se font à eux-mêmes par des profusions qui épuisent leur patrimoine, et le préjudice que le public souffre par la dissipation des espèces nécessaires pour le maintien du commerce. A CES CAUSES, de l'avis de notre conseil et de notre certaine science, pleine puissance et autorité royale, nous avons par ces présentes signées de notre main, dit, statué et ordonné, disons, statuons et ordonnons, voulons et nous plait que nos déclarations du sixième mai 1672, et vingtième février 1687, soient exécutées, et en conséquence, faisons défenses à tous orfévres et autres ouvriers travaillant tant en or qu'en argent dans notre bonne ville de Paris et autres villes et lieux de notre royaume, de fabriquer, exposer ou vendre aucune vaisselle ou aucun autre ouvrage d'or excédant le poids d'une once, à la réserve des croix des archevêques et évêques, abbés et abbesses, des chevaliers de nos ordres, et de ceux de Saint Jean de Jérusalem et de Saint-Lazare, que nous leur permettons de faire et débiter à l'ordinaire ; leur défendons pareillement de fabriquer, vendre ou exposer en vente aucuns balustres, bois de chaise, cabinets, tables, bureaux, guéridons, miroirs, brasiers, chenets, grilles, garniture de feu et de cheminées, chandeliers à branche, torchères, girandolles, bras, plaques, cassolettes, corbeilles, paniers, caisses d'orangers, pots à fleurs, urnes, vases, quarrés de toilette, pelottes, buires, sceaux,

cuvettes, carafons, marmittes, tourtières, casserolles
de quelque poids que ce puisse être ; flacons ou bouteilles excédantes le poids de huit marcs chacun ;
flambeaux excédant celui de quatre marcs chacun, et
tous autres ouvrages de pareille qualité d'argent, ou
auxquels il y aura de l'argent appliqué, à peine de
confiscation et de six mille livres d'amende pour la
première fois, applicable un quart à nous, un quart
à l'Hôpital général, et la moitié au dénonciateur, et
de peine corporelle en cas de récidive. Défendons aux
maîtres et gardes des orfévres, et à notre fermier de
la marque de l'or et de l'argent, d'apposer auxdits
ouvrages aucuns de leurs poinçons, sous les mêmes
peines, à l'exception toutefois de l'argenterie absolument nécessaire pour les églises, qui sera fabriquée
en la manière accoutumée, suivant les permissions
particulières qui en seront par nous données par
écrit. Ordonnons à toutes personnes de quelque qualité et condition qu'elles soient, qui ont chez elles des
ouvrages ci-dessus défendus, de les porter aux hôtels
de nos monnaies, à commencer du 1.er janvier prochain, et pendant tout le cours dudit mois, sous
pareille peine de confiscation, et de six mille livres
d'amende, applicable comme dessus, pour être convertis en espèces, et leur en être payé la valeur, à
raison de vingt-neuf livres dix sous pour chaque marc
de vaisselle plate, et de vingt-neuf livres pour chaque
marc de vaisselle montée, marquée du poinçon de
Paris. Et à l'égard de celle qui ne sera point marquée
dudit poinçon, nous ordonnons qu'elle sera fondue
pour en être le prix payé suivant l'essai à proportion
du prix ci-dessus. Dispensons néanmoins les personnes

qui auront des boîtes, étuis et autres petits ouvrages
d'or, de les porter à la monnaie, et leur permettons
de les garder si bon leur semble. Défendons à toutes
personnes de quelque qualité et condition qu'elles
soient, de faire ni laisser travailler dans leurs hôtels
et maisons aucuns ouvriers, ni orfévres aux ouvrages
ci-dessus défendus, sous les peines portées ci-dessus.
Enjoignons au lieutenant général de police de notre
bonne ville de Paris, et dans les provinces de notre
royaume, aux juges à qui la police appartient, de se
transporter aussitôt après la publication des présentes
dans les boutiques et maisons des orfévres, jouailliers
et merciers, et des ouvriers travaillants en orfévrerie,
pour se faire représenter tous les ouvrages défendus
par ces présentes qui se trouveront en leur possession,
soit qu'ils soient achevés ou seulement commencés,
dresser procès-verbal de leur état, poids et qualité,
les faire difformer et rompre en leur présence, et
envoyer ensuite leur procès-verbal au contrôleur général de nos finances, pour nous en être par lui rendu
compte. Leur enjoignons aussi, même aux commissaires du Châtelet, en vertu des ordonnances par
écrit du lieutenant général de police, de se transporter après le dernier jour de janvier prochain, chez
tous les particuliers de quelque qualité et condition
qu'ils soient, qu'ils apprendront par les dénonciations
qui leur seront faites, avoir chez eux des ouvrages
défendus, d'y prendre, enlever et confisquer lesdits
ouvrages, d'en dresser leurs procès-verbaux, et de
les envoyer au contrôleur général de nos finances
pour y être ensuite par nous pourvu. Enjoignons pareillement aux juges, commissaires, notaires, et à

tous autres officiers de justice qui trouveront sous
les scellés, et ailleurs, aucuns des ouvrages ci-dessus
défendus, d'en donner avis à nos procureurs, à peine
d'interdiction, et de répondre en leur nom de la
valeur desdits ouvrages, et seront tenus nos procureurs de les faire saisir, et d'en demander la confiscation à notre profit, sous pareilles peines. Défendons
sous les mêmes peines de confiscation, et de six mille
livres d'amende, à tous orfévres, jouailliers, et autres
ouvriers travaillants en or et en argent, de façonner,
exposer, vendre et débiter aucun ouvrage d'argent,
d'or ou de vermeil doré, si ce n'est pour les ciboires,
calices et soleils servant à l'Eglise, et généralement à
tous ouvriers de dorer ou argenter aucuns ouvrages
de bronze, de cuivre, de fer, de bois ou d'autres matières de la qualité de ceux d'orfévrerie défendus par
ces présentes, si ce n'est pour l'usage des églises.
Défendons pareillement à tous orfévres et autres
ouvriers de fabriquer aucuns bassins d'argent excédants le poids de douze marcs, des plats excédants
le poids de huit marcs, des assiettes excédants vingt-
quatre marcs la douzaine, des soucoupes excédants
le poids de cinq marcs chacune, des éguières au-
dessus de sept marcs, des flambeaux au-dessus de
quatre marcs, des sucriers au-dessus de trois marcs,
des flacons ou bouteilles excédants le poids de huit
marcs chacun, des salières, poivriers et autres menues
vaisselles pour l'usage des tables excédants le poids de
deux marcs, et autres maîtres et gardes des orfévres,
et à notre fermier d'y apposer leurs poinçons, sous
pareilles peines de confiscation, et de six mille livres
d'amende; et à cet effet, voulons qu'il soit tenu

registre du poids des bassins, plats, assiettes, éguières, flambeaux et autres vaisselles de cette qualité, lorsque le poinçon commun y sera apposé, pour être ledit registre communiqué tous les huit jours à nos procureurs, qui, sur la représentation qui leur en sera faite, pourront faire les réquisitions qu'ils jugeront nécessaires pour l'observation des présentes. Voulons, en cas de vente des meubles, faite par autorité de justice, que toute argenterie et vaisselle d'argent de quelque usage et qualité qu'elle soit, qui sera trouvée dans les meubles du décédé, du saisi, ou d'autre sur qui la vente sera faite, soient pareillement portées aux hôtels de nos monnaies, pour y être aussi converties en espèces, et en être la valeur de l'argent payé, sur le pied des tarifs arrêtés en notre Cour des monnaies ; et à cet effet, voulons que la même ordonnance qui ordonnera la vente des meubles du décédé, ou autre, ordonne aussi que ladite argenterie et vaisselle sera portée en l'Hôtel des Monnaies, et à la diligence de qui, et que les deniers qui en proviendront soient mis entre les mains de celui qui recevra le prix du surplus des meubles, qui sera tenu de retirer un certificat du directeur général des monnaies, ou de ses commis ; portant que ladite vaisselle lui aura été remise entre les mains, et le prix qu'il en aura payé ; lequel certificat il attachera à son procès-verbal, et en fera mention dans la minute et dans l'expédition, à peine d'en répondre en son nom. Et en cas de vente faite en conséquence d'une saisie et exécution, sera tenu l'huissier ou autre qui fera la vente, de faire aussi porter la vaisselle saisie en l'Hôtel de la Monnaie, et d'observer les formalités ci-dessus prescrites, le tout à peine contre les héritiers, ceux qui poursuivent la vente, ou autres qui auront détourné ladite vaisselle d'argent, d'en payer la valeur, et de six mille livres d'amende, applicable comme ci-dessus ; et encore d'interdiction contre les huissiers, sergens, notaires et autres officiers qui y auront contribué par leur négligence ou autrement. N'entendons toutefois préjudicier aux veuves et autres, qui ont droit de prendre des meubles en nature pour la prisée ou autrement, qui pourront exercer leur droit, ainsi qu'ils eussent pu faire avant la présente déclaration. Défendons à tous orfévres et autres ouvriers qui emploient de l'argent, de fondre ou difformer aucune espèce de monnaie, pour employer à leurs ouvrages, à peine des galères à perpétuité. Voulons que l'article dix-huit du réglement du 10 décembre 1679 soit exécuté, et en conséquence que les orfévres soient tenus d'avoir leurs forges et fourneaux scellés en plâtre dans leurs boutiques, sur rue et à la vue du public. Leur défendons de fondre et travailler ailleurs qu'en leurs boutiques, sous quelque prétexte que ce soit, et qu'aux heures portées par les ordonnances. Ordonnons qu'à l'avenir les affineurs ne pourront mettre à l'affinage d'autres lingots, barres, barretons, que ceux venant des pays étrangers, et qui en auront la marque. Enjoignons aux juges, gardes de nos monnaies, d'y tenir la main, et de faire porter aux hôtels des monnaies tous autres lingots qui leur seront présentés par les affineurs. Et d'autant que nous sommes informés que plusieurs marchands et négocians qui ne font point de commerce aux pays étrangers, vendent et débitent aux affineurs et orfévres des lingots qui ne peuvent provenir que de vieilles vaisselles, et autres matières qu'ils achètent au préjudice de nos monnaies, ou même d'espèces par eux fondues : leur faisons pareillement défenses, conformément aux anciennes ordonnances, d'acheter de vieilles vaisselles d'argent, de ramasser d'autres matières dans notre royaume, ni de vendre aux affineurs d'autres lingots, barres ou barretons, que ceux venant des pays étrangers, et qui en auront la marque. Leur enjoignons de les porter aux hôtels de nos monnaies, à peine de confiscation desdits lingots et de six mille livres d'amende, applicable comme dessus. Défendons à tous banquiers, orfévres, marchands, et tous autres faisant commerce de lingots, barres et ouvrages d'argenterie, de vendre ni acheter l'argent à plus haut prix que celui porté par les tarifs de nos Cours des monnaies, à peine de confiscation et de six mille livres d'amende, de punition corporelle, et de privation de leur état en cas de récidive. Voulons qu'ils soient tenus d'avoir dans leurs boutiques, magasins et bureaux, un tableau contenant le prix du marc avec ses diminutions, et de donner des bordereaux écrits et signés de leur main à ceux qui achèteront d'eux, contenant le prix tant de la matière que de la façon, suivant et conformément aux ordonnances et réglements concernant l'orfévrerie, le tout à peine de mille livres d'amende. Défendons aux orfévres d'acheter aucun or, soit en lingots, en barres, en ouvrage ou autrement, en quelque manière que ce soit, pour l'employer à autre usage qu'aux ouvrages ci-dessus permis.

Si donnons en mandement à nos amés et féaux

conseillers les gens tenants notre cour de Parlement
et Cour des monnaies à Paris, que ces présentes ils
aient à faire lire, publier et registrer, et le contenu
en icelles garder et observer selon leur forme et
teneur, sans souffrir qu'il y soit contrevenu, nonobstant tous édits, déclarations, réglements, arrêts et
autres choses à ce contraires, auxquelles nous avons
dérogé et dérogeons par ces présentes. Voulons qu'aux
copies d'icelles duement collationnées par l'un de nos
amés et féaux conseillers secrétaires, foi soit ajoutée
comme à l'original : car tel est notre plaisir. En témoin de quoi nous avons fait mettre notre scel à
cesdites présentes. DONNÉ à Versailles, le quatorzième
jour de décembre, l'an de grâce 1689, et de notre
règne le quarante-septième. *Signé* LOUIS. *Et plus
bas,* par le Roi, COLBERT.

DÉCLARATION DU ROI, *concernant les mesureurs et porteurs de charbon.*

Du 20 février 1690.

Registrée en la Cour des Aides, le 13 mars 1690.

LOUIS, par la grace de Dieu, Roi de France et de
Navarre, à tous ceux qui ces présentes lettres verront,
Salut. Les abus qui se pratiquaient sur la vente et
distribution de la marchandise de charbon de bois et
de terre dans notre bonne ville et faubourgs de Paris,
ont anciennement donné lieu à l'étabissement de quelques prud'hommes, pour mesurer et porter ledit
charbon dans les maisons des particuliers; mais dans

la suite des temps, les prud'hommes qui étaient des-
tituables, suivant la volonté des magistrats qui les
commettaient, voyant leurs emplois de peu de durée
et incertains, ne s'appliquant plus avec les soins nécessaires à la distribution dudit charbon, le feu Roi
Louis XIII, d'heureuse mémoire, par son édit du
mois de février 1633, les érigea en titre d'office, ce
que nous aurions confirmé, et même nous aurions
augmenté le nombre desdits mesureurs jusqu'à vingt-
six, et celui desdits porteurs à trente-deux, par notre
édit de l'année 1644, et leur aurions attribué des
droits proportionnés à leur travail. Depuis ce dernier
temps, le peuple de notredite ville s'étant beaucoup
accru, il a été bâti un grand nombre de maisons, non
seulement sur les places vagues qui se sont trouvées
dans l'enceinte d'icelle, mais encore au delà des murs,
en sorte que nous avons été obligé de faire enclore,
dans ladite ville, une partie de ses faubourgs, et cet
aggrandissement causé par l'affluence de nos sujets de
toutes les provinces de notre royaume, nous aurait
fait examiner avec soin si le nombre des jurés-mesureurs et jurés-porteurs pouvait suffire pour mesurer
et porter plus promptement ladite marchandise dans
tous les quartiers de ladite ville et faubourgs, sur
quoi il nous aurait été représenté que lesdits mesureurs et lesdits porteurs se servaient de particuliers à
journées appelés garçons de la pelle, pour mesurer,
et plumets pour porter ; que ces derniers, par un abus
qu'ils ont insensiblement introduit, exigeaient deux
sous, pour chaque voie de charbon, au delà du droit
de huit sous, attribué anciennement auxdits porteurs
en titre. Ces considérations nous auraient fait pren-

dre la résolution d'augmenter le nombre desdits mesureurs et porteurs, afin que le public fût plus diligemment et mieux servi ; mais nous ayant été remontré que cette augmentation n'apportait pas plus de
diligence, et qu'il n'était important pour le public,
que de réprimer l'abus de l'exaction desdits deux sous,
nous avons estimé plus convenable d'ordonner que le
droit desdits porteurs en entier serait payé par les
particuliers, lorsque le charbon leur sera apporté et
délivré dans leurs maisons, au lieu que pour favoriser
ladite exaction, l'on avait trouvé l'expédient de faire
payer par le bourgeois, partie dudit droit sur le port,
et l'autre dans les maisons, et que par le moyen de
cette division de droits et de distance de temps pour
faire payer, ledit abus se serait toujours continué.
D'ailleurs les jurés-mesureurs et jurés-porteurs en
charge nous ont fait supplier de ne pas augmenter
leur nombre, parce que la fonction de leursdits offices, se faisant sous leurs ordres par lesdits garçons de
la pelle et par lesdits plumets, sur lesquels ils ont
une inspection continuelle, et la liberté d'en faire
travailler autant que les besoins du public le requièrent. Le service dudit public ne dépend pas d'un grand
nombre d'officiers, et offraient même de les augmenter, s'il nous plaisait rétablir, à leur profit, les dix-
huit deniers pour minot, dont ladite marchandise de
charbon a été déchargée par ordonnance du Prévôt
des marchands, du mois de septembre 1669, pour
leur être, lesdits dix-huit deniers, payés par le marchand vendeur, moitié auxdits mesureurs, et moitié
aux porteurs ; et au moyen de ce, ils promettaient
d'employer autant de garçons de la pelle et de plu-

mets, qu'il conviendrait pour le service du public, et d'empêcher que lesdits plumets exigeassent à l'avenir les deux sous qu'ils avaient continué de se faire payer indûment; et, qu'à cet effet, il nous plût de faire défenses aux marchands sur les ports, leurs facteurs ou commis de recevoir des particuliers, pour les droits desdits jurés-porteurs, fixés anciennement à huit sous, qui seront payés en entier par les particuliers, lorsque ladite marchandise leur aura été apportée et livrée dans leurs maisons par lesdits plumets, et non autrement, avec défenses auxdits plumets d'en exiger davantage, à peine de concussion, offrant, moyennant ces conditions de payer, en notre trésor royal, la somme de quatre cent seize mille livres, dans les temps qui seront par nous réglés, à la charge qu'elle leur tiendra lieu d'augmentation de finances, et qu'ils seront maintenus dans tous les droits à eux attribués par lesdits édits, déclarations et arrêts; et, pour empêcher les fraudes, les marchands voituriers seront tenus d'avoir des lettres de voitures fidèles, conformément à l'article 9 de l'ordonnance de la Ville, de l'année 1676. A CES CAUSES, voulant gratifier et favorablement traiter lesdits jurés-mesureurs et jurés-porteurs de charbons de bois et de terre, nous avons, par ces présentes signées de notre main, rétabli et rétablissons sur ladite marchandise de charbon, les dix-huit deniers par minot, dont la réduction avait été faite par l'ordonnance du Prévôt des marchands et Échevins de notreville de Paris, du mois de septembre 1669, et iceux, avons attribué et attribuons moitié aux mesureurs, et l'autre moitié aux porteurs, qui leur seront payés par le marchand vendeur, en payant

par lesdits mesureurs et porteurs en notre trésor
royal, la somme de quatre cent seize mille livres, en
quatre paiemens égaux de mois en mois, desquels le
premier échèra au 1.er mars prochain, dont leur sera
fourni quittance du garde de notre trésor royal en
exercice, qui leur tiendra lieu d'augmentation de finances, et les avons maintenus dans tous les droits à
eux attribués par les édits de leur création et confirmation, déclarations et arrêts; et, pour empêcher les
fraudes, ordonnons que, conformément à l'article 9
de l'ordonnance de la ville, de l'année 1676, les marchands voituriers seront tenus d'avoir des lettres de
voitures fidèles. Voulons que la jouissance de ladite
attribution commence du jour qu'ils auront fait le
premier paiement de ladite somme de quatre cent
seize mille livres, sans qu'il soit besoin d'autres lettres
et arrêts; et pour remédier à l'abus pratiqué par lesdits plumets, voulons que lesdits droits de huit sous,
attribués auxdits porteurs par les édits et déclarations,
dont cinq sous se payaient, à la sortie du bateau, auxdits porteurs, et les trois sous restants auxdits plumets
en livrant ladite marchandise aux particuliers dans
leurs maisons, soient dorénavant payés en entier auxdits porteurs ou à leurs plumets, lorsqu'ils délivreront
ladite marchandise dans les maisons des particuliers,
et non autrement, faisant très-expresses défenses de
les recevoir sur les ports, et auxdits plumets, de rien
exiger de ceux dans les maisons desquels ils porteront
ledit charbon, quoiqu'il leur soit ou puisse être volontairement offert, à peine de concussion, et d'être
procédé contre eux extraordinairement. Si donnons
en mandement à nos amés et féaux conseillers, les

gens tenants notre Cour des aides à Paris, que ces
présentes ils aient à faire lire, publier et registrer, et
le contenu en icelles, faire exécuter selon leur forme
et teneur, cessant et faisant cesser tous troubles et
empêchemens qui pourraient être mis ou donnés,
nonobstant tous édits, déclarations, réglements et autres choses à ce contraires, auxquels nous avons dérogé et dérogeons par cesdites présentes : car tel est
notre plaisir, en témoin de quoi nous y avons fait
mettre notre scel. Donné à Versailles, le vingtième
jour de février, l'an de grace 1690, et de notre règne,
le quarante-septième. Signé LOUIS, *et plus bas*, par
le Roi, COLBERT. Et scellée du grand sceau de cire
jaune.

Registrées en la Cour des aides, ouï, ce requérant
et consentant le procureur général du Roi, pour être
exécutées selon leur forme et teneur. A Paris, les
Chambres assemblées, le treizième mars 1690.

Signé DU MOLIN.

ARRÊT DE LA COUR DU PARLEMENT, *portant réglement pour les messagers et conducteurs des
prisonniers.*

Du 20 mars 1690.

Extrait des registres du Parlement.

Vu par là Cour l'information faite de l'ordonnance
d'icelle par M.e Marc Bertheau, avocat en ladite
Cour, et au siége de la ville et châtellenie d'Yenville,
expédiant et exerçant la justice pour la vacance de la
charge de lieutenant civil et criminel audit siége le

24 février dernier, à la requête du procureur général du Roi , pour raison de l'évasion du nommé Bertrand , contre Louis Courinault, conducteur de la messagerie de Niort à Paris : arrêt du 11 mars présent mois , par lequel aurait été ordonné que ledit Courinault serait ajourné à comparoir en personne en la Cour, pour être ouï et interrogé sur les faits résultants de ladite information ; interrogatoire à lui fait en conséquence par le conseiller commis le 13 dudit présent mois , contenant ses réponses, confessions et dénégations ; conclusions du procureur général du Roi ; ouï le rapport de M.e Gaudard , conseiller , et tout considéré, ladite Cour a ordonné et ordonne que dans trois mois ledit Courinault sera tenu constituer prisonnier ledit Bertrand ès prisons de la Conciergerie du palais , sinon, et ledit temps passé, y sera contraint par corps ; lui enjoint , lorsqu'il sera chargé de la conduite des prisonniers, de les mener avec une escorte suffisante , et de marcher entre deux soleils, à peine d'en répondre, et en outre , que les messagers et autres conducteurs des prisonniers seront tenus d'observer les arrêts et réglements de la Cour ; ce faisant, que ceux qui amèneront des prisonniers en la Conciergerie du Palais , prendront leur décharge au greffe de la geole de ladite Conciergerie , pour la remettre dans le mois ès mains des greffiers des siéges et jurisdictions des prisons desquelles lesdits prisonniers auront été transférés , et que ceux qui transféreront des prisonniers des prisons de ladite Conciergerie en celles des autres siéges, s'en chargeront sur le registre de la geole de ladite Conciergerie , et seront tenus de rapporter dans le mois au greffier de

ladite geole un certificat des geoliers des prisons desdits siéges, visé par le juge de la prison et du substitut du procureur général du Roi ou du procureur
fiscal, faisant mention du jour que lesdits prisonniers
auront été amenés en leurs prisons, pour être ledit
certificat remis ès mains dudit procureur général du
Roi, le tout à peine de cinquante livres d'amende
pour chacune contravention, au paiement de laquelle
lesdits messagers et conducteurs seront contraints par
corps, sur le rôle qui en sera délivré au receveur des
amendes, et certifié par les greffiers des siéges ou de
la geole de la Conciergerie, chacun à leur égard ; et
sera le présent arrêt lu et publié, l'audience tenant,
dans les bailliages, sénéchaussées et autres siéges
royaux du ressort de la Cour, registré au greffe
d'iceux. Fait en Parlement le 20 mars 1690.

Signé DONGOIS.

ORDONNANCE DU ROI, *portant défense de rendre
les armes aux nouveaux convertis.*

Du 15 janvier 1691.

DE PAR LE ROI.

Sa Majesté ayant eu avis, au mois d'octobre 1688,
qu'encore que la plupart des nouveaux convertis de
son royaume tinssent une conduite dont elle avait tout
sujet d'être satisfaite, néanmoins il en restait quelques-uns parmi eux mal intentionnés, lesquels n'o-
mettaient rien de ce qu'ils croyaient pouvoir servir à
inspirer aux autres de mauvais sentimens. Sa Majesté,

, pour leur ôter tout moyen de pouvoir rien entreprendre contre son service, et de maltraiter ceux qui ne voudraient pas adhérer à leurs mauvais conseils, aurait, par son ordonnance du quinzième dudit mois, enjoint à tous ceux qui avaient professé la religion prétendue réformée, et s'étaient convertis depuis cinq ans, de porter ou faire porter et remettre entre les mains des magistrats, consuls, capitouls, jurats et échevins des villes, bourgs, paroisses, et autres lieux dans lesquels ils étaient habitués et faisaient leur demeure, tous les mousquets, fusils, mousquetons, carabines, pistolets, épées, hallebardes et autres armes offensives, de quelque nature qu'elles pussent être, qui étaient en leur possession, même la poudre, plomb et mèches qu'ils pouvaient avoir chez eux, desquelles armes et munitions lesdits consuls, échevins et autres magistrats auxquels elles seraient remises, leur donneraient des récépissés, pour être ensuite portées au lieu où il serait ordonné par les gouverneurs et lieutenans généraux, ou commandans en ses provinces; et Sa Majesté aurait ordonné, que si après ledit temps passé, et pendant celui de deux années, qu'elle voulait que ladite ordonnance eût lieu, il se trouvait aucunes armes, poudre, plomb ou mèches chez ceux qui, ayant fait profession de la religion prétendue réformée, s'étaient convertis depuis cinq ans, ils seraient conduits aux galères, suivant les ordres qui seraient donnés par lesdits gouverneurs et lieutenans généraux de Sa Majesté, ou commandans pour elle en ses provinces, sans aucune forme ni figure de procès, et sans délai; permettant aux gentilshommes de réserver deux fusils, deux épées, et deux paires

de pistolets pour leur usage particulier, et de conserver chez eux jusqu'à six livres de poudre et pareille
quantité de plomb, à peine, contre ceux qui en auraient gardé davantage, d'être arrêtés, et de demeurer
en prison jusqu'à ce qu'ils eussent payé mille écus
d'amende, au profit de l'hôpital le plus prochain,
pour chaque nature d'armes qu'ils auraient gardés au
préjudice de ladite ordonnance ; et à l'égard de ceux
chez lesquels on trouverait une plus grande quantité
de poudre et de plomb, jusqu'à ce qu'ils eussent
payé dix mille livres. Mais comme Sa Majesté est informée que ledit temps de deux ans étant expiré,
quelques-uns desdits nouveaux convertis demandent
les armes qu'ils ont remises, et que d'autres en pourraient acheter, Sa Majesté n'estimant pas à propos,
par les mêmes considérations, qu'ils en aient encore
de quelque temps. Elle fait très-expresses inhibitions
et défenses à ceux qui sont chargés des armes, poudres, plomb et mèches qui leur ont été déposées, de
les rendre auxdits nouveaux convertis, et à eux d'en
avoir pendant deux ans. Ordonne Sa Majesté, veut
et entend, que si aucuns en avaient retiré ou acheté,
ils les portent ou fassent porter, huit jours après la
publication de la présente ordonnance, et remettre
entre les mains des magistrats, consuls, capitouls,
jurats et échevins des villes, bourgs, paroisses et autres lieux dans lesquels ils sont habitués et font leur
demeure, pour être le tout remis, où il sera ordonné
par les gouverneurs et lieutenans généraux ou commandans pour Sa Majesté en ses provinces, à l'exception, pous les gentilshommes, de ce qui leur a été
permis d'en garder par ladite ordonnance de 1688,

sous peine, contre les contrevenants, d'être punis, ainsi qu'il est porté par icelle. Mande et ordonne Sa Majesté auxdits gouverneurs, ses lieutenans généraux ou commandans, comme aussi aux intendans et commissaires départis pour l'exécution de ses ordres dans lesdites provinces, baillifs, sénéchaux, prévôts, juges et leurs lieutenans, de tenir la main, chacun en ce qui les concerne, à l'observation et exécution de la présente, et d'avertir Sa Majesté des contraventions qui y seraient faites. Veut, Sa Majesté, qu'elle soit publiée et affichée partout où besoin sera, à ce qu'aucun n'en prétende cause d'ignorance. Fait à Versailles, le quinzième jour de janvier 1691. Signé LOUIS, *et plus bas*, PHELYPEAUX. Et scellé.

ARRÊT DU CONSEIL D'ÉTAT DU ROI, *qui déclare le droit de poids-le-roi être un droit domanial et prohibitif, portant exclusion à toutes personnes d'avoir des fléaux, balances, romaines et poids au-dessus de vingt-cinq livres, et de vendre et débiter aucunes marchandises d'œuvres de poids, au-dessus dudit poids de vingt-cinq livres, qu'elles n'aient été pesées au poids-le-roi, et acquitté les droits.*

PERMET *néanmoins aux marchands, bourgeois et artisans de la ville et faubourgs de Paris, d'avoir chez eux des fléaux, balances, romaines et poids au-dessus de vingt-cinq livres, et de telle pesanteur que bon semblera, en payant par chacun d'eux une redevance annuelle à Sa Majesté, suivant la taxe qui en sera modérément faite au conseil, au* moyen de quoi ils pourront peser à leurs poids toutes les marchandises d'œuvres de poids étants en leurs maisons et magasins qu'ils vendront sans payer aucuns droits au poids-le-roi, sinon lorsque les acheteurs ne seraient pas contents de leurs poids, auquel cas ils seront tenus d'aller au poids-le-roi, et de payer les droits, le tout à la charge qu'ils ne pourront peser pour autrui, même au-dessous de vingt-cinq livres.

ORDONNE que les marchandises d'œuvres de poids, au-dessus de vingt-cinq livres, soient pesées à leur arrivée à l'un des bureaux dudit poids où les droits seront acquittés, à peine de confiscation et de cent livres d'amende..

FAIT défenses, sous pareilles peines, aux messagers, maîtres des coches, rouliers et voituriers de sortir ni voiturer aucunes marchandises d'œuvres de poids au-dessus de vingt-cinq livres, sans acquit du poids-le-roi.

ORDONNE qu'il ne soit payé aucun droit pour toutes les marchandises passants debout par ladite ville et faubourgs, en cas qu'elles n'y aient pas été déchargées; et qu'elles soient conduites au lieu de l'envoi par les mêmes voitures, et non autrement.

ET que lesdits droits seront perçus suivant le tarif qui en sera arrêté au conseil, et en attendant, suivant celui de l'année 1660 (1).

Du 23 septembre 1692.

Extrait des registres du conseil d'Etat.

Vu au conseil d'Etat du Roi l'arrêt rendu en icelui

_____

(1) Quoique la nouvelle législation ait apporté de grands change-

le vingt-quatrième juillet 1691, par lequel Sa Majesté aurait ordonné que le droit de poids-le-Roi de la ville et faubourgs de Paris, demeurerait réuni à son domaine, à commencer du jour de la signification dudit arrêt ; et pour faire la régie et perception des deniers en provenants, Sa Majesté aurait commis maître Jean Aubert, lequel serait à cet effet mis en possession des deux bureaux servants de toute ancienneté audit poids ; ensemble des poids, fléaux et balances qui s'y trouveraient ; et pour faciliter la perception dudit droit, Sa Majesté, conformément aux anciens édits et réglements faits à ce sujet, aurait fait défenses à tous marchands forains de vendre et débiter aucunes marchandises d'œuvres de poids qu'elles n'aient été pesées et acquittées une fois audit poids-le-Roi, à peine de confiscation ; comme aussi à tous marchands et autres personnes de peser ou faire peser en ladite ville et faubourgs aucunes marchandises d'œuvres de poids pour autrui, ailleurs qu'auxdits bureaux, à peine de cent livres d'amende, et d'avoir fléaux et balances en leurs maisons au-dessus du poids de vingt-cinq livres, à la réserve seulement des marchands épiciers et merciers, auxquels Sa Majesté aurait permis d'en avoir de tels poids qu'ils jugeraient à propos, sans néanmoins peser pour autrui. Autre arrêt du conseil du 1.er décembre 1691,

---

mens dans ce qui concerne le droit domanial du poids-le-roi, représenté aujourd'hui par le poids public, en vertu des arrêts du 27 brumaire an VII, 7 brumaire an IX, et loi du 29 floréal an X. (Voyez cette loi et les arrêtés à leur date.) Nous avons pensé cependant que cet objet tenant essentiellement au droit de police, nous ne devions pas omettre un acte aussi intéressant que celui-ci sur une matière immédiatement soumise à la surveillance des magistrats qui en sont chargés.

intervenu sur les contestations survenues entre ledit
Aubert et lesdits marchands , sur la levée et perception dudit droit de poids-le-roi, par lequel Sa Majesté aurait ordonné que ledit Aubert remettrait entre
les mains du sieur Phelypeaux, conseiller du Roi en
ses conseils, maître des requêtes ordinaire de son
hôtel, commissaire départi en la généralité de Paris,
les tarifs, pencartes, jugemens, sentences, et autres
actes concernant la levée et perception dudit droit ,
pour après avoir entendu les corps des marchands et
ledit Aubert, être par lui dressé procès-verbal, lequel
avec son avis sur la qualité et perception dudit droit
qu'il enverrait au sieur de Pontchartrain, contrôleur
général des finances, pour à son rapport être arrêté
au conseil un tarif dudit droit, et cependant que
celui de l'année 1660 serait par provision exécuté
selon sa forme et teneur. Le procès-verbal dudit sieur
Phelypeaux fait en conséquence le cinq septembre
1692, dans lequel sont énoncés les tarifs, pencartes,
et autres pièces et mémoires concernant la levée et
perception dudit droit , et les titres, pièces et mémoires des marchands de Paris, pour justifier le
droit qu'ils prétendent d'avoir chez eux des fléaux,
balances et poids au-dessus de vingt-cinq livres , et
l'avis donné sur les contestations des parties, après
les avoir entendues plusieurs fois contradictoirement,
lesquelles il aurait réduit à deux points ; le premier,
de savoir si le droit de poids est un droit domanial,
prohibitif, et qui ôte la faculté à toutes sortes de
personnes d'avoir des fléaux, balances, romaines et
poids au-dessus de vingt-cinq livres , toutes fois
qu'ils en vendent et achètent , ou qu'ils en font venir

en ladite ville, ou qu'ils les en font sortir pour leur
compte ; ou si au contraire ce droit n'est pas prohibitif , ou supposé qu'il le fût , si les marchands bourgeois de Paris ne devraient pas être maintenus dans
la possession dans laquelle ils sont d'avoir des fléaux,
balances, romaines et poids au-dessus de vingt-livres,
pour y peser toutes les marchandises d'œuvres de
poids qu'ils vendent à quelques personnes que ce
soit, qu'ils font venir en ladite ville, ou qu'ils en
font sortir pour leur compte , sans payer aucun droit
au poids-le-Roi ; et le second chef, si les droits doivent être réglés suivant la pencarte de 1660 , enregistrée en Parlement de Paris le douzième mai 1661 ,
comme le prétendait ledit Aubert , et suivant la pencarte de 1322 , dont lesdits marchands, bourgeois de
Paris demandaient l'exécution ; et il aurait estimé
nécessaire avant que de faire ledit tarif en conséquence dudit arrêt du conseil du 1.er décembre 1691 ,
de statuer sur la contestation des prétendus priviléges
desdits marchands de Paris ; et attendu qu'ils ne se
trouvent fondés que sur des actes, sentences et arrêts
intervenus en leur faveur contre les engagistes dudit
droit, et qu'il a été fait défenses de temps immémorial aux messagers, maîtres de coches, et toutes autres
personnes, d'avoir des fléaux, balances et romaines
au-dessus de vingt-cinq livres , il avait estimé que le
droit de poids-le-roi est un droit domanial , prohibitif, et qui ôte la faculté à toutes sortes de personnes,
soit marchands bourgeois de Paris , ou autres, d'avoir
des fléaux, balances, romaines et poids au-dessus de
vingt-cinq livres, sans la permission de Sa Majesté,
et qu'il y aurait lieu d'ordonner, sans avoir égard

à la possession des marchands, même des épiciers, merciers, exceptés par ledit arrêt du 24 juillet 1691, que lesdits marchands bourgeois de Paris, épiciers, merciers et autres, ne pourraient avoir dans leur maisons et magasins des fléaux, balances, romaines et poids au-dessus de vingt-cinq livres; comme aussi que lesdits marchands bourgeois de ladite ville seront tenus de faire peser audit poids-le-roi, et acquitter les droits dûs pour toutes les marchandises d'œuvres de poids qu'ils feront venir à ladite ville, ou qu'ils en feront sortir pour leur compte, et à chaque fois qu'ils les vendront et revendront, et qu'ils ne pourront peser pour autrui, même jusqu'à vingt-cinq livres, ni vendre à une même personne et en un seul jour plus d'une fois des marchandises de poids de vingt-cinq livres; mais parce qu'il serait difficile que lesdits marchands puissent se passer d'avoir des balances, fléaux et romaines au-dessus de vingt-cinq livres, à cause du grand commerce qu'ils font, et de l'embarras que leur causerait le transport de leurs marchandises au bureau du poids; et que quelquefois les marchandises, qui ne sont pas d'un prix considérable, paieraient par plusieurs reventes au-delà de leur valeur, il aurait estimé qu'il y avait lieu, sous le bon plaisir de Sa Majesté, de permettre auxdits marchands bourgeois de ladite ville et faubourgs de Paris, d'avoir des poids au-dessus de vingt-cinq livres de telle pesanteur que bon leur semblerait, à la charge par chacun d'eux de payer à Sa Majesté une redevance, suivant qu'il serait réglé au conseil, dont les maîtres-jurés de chacune communauté feraient le recouvrement, auxquelles balances lesdits marchands

pourraient peser toutes les marchandises d'œuvres de
poids étant en leurs maisons et magasins lors de la
vente, sans pour ce payer aucun droit au poids-le-
roi, sinon lorsque les acheteurs ne seront point contents du poids, auquel cas ils seraient tenus d'aller au
poids-le-roi, et d'y payer les droits, sans toutefois
qu'ils puissent peser pour autrui, pas même au-dessous de vingt-cinq livres qu'ils feraient venir, qu'ils
seraient tenus de les faire peser au poids et d'acquitter
le droit du poids-le-roi à leur arrivée. Comme aussi
les marchands forains ne pourraient vendre ni exposer en vente des marchandises d'œuvres de poids,
qu'elles n'aient été pesées au poids-le-roi et acquitté
le droit d'icelui, et que les messagers, voituriers,
maîtres de coches, tant par eau que par terre, ne
pourront sortir ni voiturer au poids hors ladite ville
et faubourgs aucunes marchandises d'œuvres de poids,
balles, ballots, paquets, hardes et bagages au-dessus
de vingt-cinq livres, soit qu'elles appartiennent à des
marchands bourgeois de Paris ou forains, ou à quelques personnes que ce soit, que le tout n'ait été acquitté et pris acquit au poids-le-roi; ordonne en outre
qu'il ne sera payé aucun droit des marchandises passant debout par ladite ville et faubourgs, en cas que
lesdites marchandises ne soient pas descendues dans
ladite ville, et qu'elles soient conduites au lieu de
l'envoi par les mêmes messagers, maîtres de coches et
voituriers qui les auraient conduites en ladite ville et
faubourgs : Ouï le rapport du sieur Phelypeaux de
Pontchartrain, conseiller ordinaire au conseil royal,
contrôleur général des finances. LE ROI EN SON CON-
SEIL, conformément à l'avis dudit sieur Phelypeaux,

a déclaré et déclàre ledit droit de poids-le-roi être un droit domanial et prohibitif, lequel porte exclusion à toutes personnes, soit marchands bourgeois de Paris, ou autres, d'avoir des fléaux, balances, romaines et poids au-dessus de vingt-cinq livres, et de vendre et débiter aucunes marchandises d'œuvres de poids au-dessus dudit poids de vingt-cinq livres, qu'elles n'aient été pesées audit poids-le-roi et acquitté les droits. Permet néanmoins S. M. aux marchands bourgeois et artisans de la ville et faubourgs de Paris, vendants et débitants des marchandises d'œuvres de poids, d'avoir chez eux, pour la facilité de leur commerce, des fléaux, balances, romaines et poids au-dessus de ving-cinq livres, et de telle pesanteur que bon leur semblera, à la charge de payer à Sa Majesté, par chacun d'eux, une redevance annuelle, suivant la taxe qui en sera modérément faite par le tarif qui en sera à cet effet arrêté au conseil, eu égard à la force de leur commerce, et à la considération de leur corps et communauté, laquelle redevance sera payée par chacun d'eux ès mains des maîtres et gardes, ou jurés de chaque corps ou communauté, lesquels seront tenus d'en faire le recouvrement pour en remettre par chacun an les deniers à celui qui sera préposé par Sa Majesté pour la recette desdits droits de poids, avec une liste de tous les maîtres qui composent leurs corps ou communauté, au moyen de quoi tous lesdits marchands bourgeois et artisans pourront peser à leurs poids toutes les marchandises d'œuvres des poids étant en leurs maisons et magasins, qu'ils vendront à quelques personnes que ce soit, sans payer aucuns droits au poids-le-roi; sinon et au cas que les acheteurs ne fus-

sent pas contents de leurs poids, auquel cas ils seront
tenus d'aller au poids-le-roi, et de payer les droits,
le tout à la charge qu'ils ne pourront pas peser pour
autrui, même au-dessous de vingt-cinq livres. Et à
l'égard des marchandises d'œuvres de poids que lesdits marchands bourgeois de Paris feront venir pour
leur compte en ladite ville et faubourgs, au-dessus de
vingt-cinq livres, ou qui y seront amenées par des forains : veut Sa Majesté qu'elles soient pesées à leur
arrivée à l'un des bureaux dudit poids ; fait défenses
auxdits marchands de Paris de les conduire chez eux,
et auxdits forains de les vendre ni exposer en vente,
qu'elles n'aient été pesées à l'un desdits bureaux, et
n'aient acquitté les droits, à peine de confiscation et
de cent livres d'amende. Fait Sa Majesté pareilles défenses aux messagers, maîtres de coches, rouliers et
voituriers, tant par eau que par terre, de sortir ni de
voiturer au poids hors ladite ville et faubourgs, aucune marchandise d'œuvres de poids, balles, ballots,
paquets, coffres, hardes et bagages au-dessus de vingt-
cinq livres, soit qu'elles appartiennent à des marchands, bourgeois de Paris, ou forains, ou quelques
personnes que ce soit, que le tout n'ait été acquitté
et pris acquit au poids-le-roi, le tout sous pareilles
peines de confiscation desdites marchandises et de
cent livres d'amende. Veut Sa Majesté qu'il ne soit
payé aucun droit de poids pour toutes les marchandises passant debout par ladite ville et faubourgs, en
cas toutefois que lesdites marchandises n'y aient pas
été déchargées, et qu'elles soient conduites au lieu de
l'envoi par les mêmes voitures et non autrement : et
seront lesdits droits perçus suivant le tarif qui en

sera arrêté au conseil, sur l'avis dudit sieur Phelypeaux, et en attendant, suivant celui de l'année mil
six cent soixante, conformément audit arrêt du conseil du premier décembre mil six cent quatre-vingt-
onze. Et sera le présent arrêt enregistré, lu, publié
et affiché par tout où besoin sera, et exécuté nonobstant oppositions ou empêchemens quelconques, dont
si aucuns interviennent, Sa Majesté s'est réservé la
connaissance, et icelle interdit à toutes ses cours et
autres juges. Fait au conseil d'Etat du Roi, tenu à
Versailles, le vingt-troisième jour de septembre mil
six cent quatre-vingt-douze. Collationné. *Signé*, RAN-
CHIN.

*Collationné à l'original, par nous écuyer, con-
seiller-secrétaire du Roi, maison, couronne de France
et de ses finances.*

ÉDIT DU ROI, *portant que nul ne pourra tenir
hôtellerie, auberge, chambre garnie, etc., sans
prendre des lettres de permission.*

Donné à Versailles, au mois de mars 1693.

Registré en Parlement le 24 avril suivant.

LOUIS, par la grace de Dieu, Roi de France et de
Navarre, à tous présents et à venir, Salut. Comme il
n'y a rien de plus utile pour maintenir le repos, et
entretenir une parfaite correspondance entre nos sujets que les lois de la police, et particulièrement celles
qui regardent la sûreté des particuliers qui, étant
obligés de quitter leurs maisons pour leurs affaires ou

commerce, logent dans des hôtelleries, chambres garnies, auberges ou autres lieux, le Roi Henri III.e voulant empêcher que des gens inconnus, sans aveu et de mauvaise vie, s'immissassent de tenir hôtelleries ou auberges, ordonna, par son édit du mois de mars 1577, que tous ces particuliers seraient tenus de prendre nos lettres de permission, sur lesquelles, après avoir justifié à nos officiers ordinaires des lieux, de leurs bonnes vie et mœurs, et prêté serment de bien et dûment observer nos ordonnances, ils seraient, par eux, admis à jouir de nosdites permissions, avec défenses à tous autres de s'immiscer à tenir hôtelleries, ou auberges sans en avoir pris. Néanmoins nous avons été informés que plusieurs particuliers se sont ingérés de tenir auberges, chambres garnies et hôtelleries, de traiter et donner à manger à juste prix, qu'on nomme vulgairement gargottes, tant dans notre bonne ville et faubourgs de Paris, que dans nos autres villes, bourgs et lieux de notre royaume, sans prendre de nous aucune permission, ce qui donne lieu à plusieurs abus, même à des vols, meurtres, et autres désordres considérables, parce que souvent ces particuliers qui tiennent hôtelleries, chambres garnies, auberges et gargottes, ne les prennent que pour couvrir leur mauvais commerce, et donner retraite à des vagabonds, gens sans aveu, débauchés et de mauvaise vie, qu'ils cachent et retirent contre les défenses portées par nos ordonnances. A quoi étant nécessaire de remédier, et de pourvoir d'ailleurs à la sûreté, tant de nos sujets que des étrangers qui sont obligés de loger dans des hôtelleries, auberges et chambres garnies, et de manger chez les traiteurs ou dans les gargottes, nous n'avons pas trouvé de moyen plus prompt ni plus certain, que de renouveler ce qui a été si sagement ordonné par l'édit du mois de mars 1577. A CES CAUSES, et autres bonnes considérations à ce nous mouvants, et de notre certaine science, pleine puissance et autorité royale, nous avons, par notre présent édit perpétuel et irrévocable, dit, statué et ordonné, disons, statuons et ordonnons, voulons et nous plaît;

I. *Nul ne pourra tenir hôtellerie, auberge, chambre garnie, etc., sans lettres de permission et sans payer finance.*

Qu'à l'avenir aucune personne ne puisse tenir hôtellerie, auberge, loger en chambre garnie, traiter; donner à manger en gargotte ou autrement, dans notre bonne ville, faubourgs et banlieue de Paris, ni dans toutes les villes, bourgs, routes, grands chemins et lieux de notre royaume, pays, terres et seigneuries de notre obéissance, sans avoir pris nos lettres de permission, signées par l'un de nos amés et féaux conseillers-secrétaires, et scellées de notre grand sceau, qui leur seront expédiées sur les quittances du trésorier de nos revenus casuels, contrôlées des sommes qu'ils auront payées pour cet effet, auxquelles ils seront modérément taxés, et aux deux sous pour livres d'icelles, par les rôles qui seront arrêtés en notre conseil,

II. *Dans un mois.*

Lesquelles sommes ils seront tenus de payer un mois après la publication qui sera faite de notre présent édit.

III. Nonobstant l'abandonnement.

Sans que ceux qui tiennent présentement des hôtelleries, auberges, chambres garnies, et qui donnent à manger, puissent, sous prétexte d'abandonnement, s'exempter de prendre nosdites lettres de permission,

IV. Tiendront leurs maisons garnies
des choses nécessaires.

A tous lesquels nous enjoignons très-expressement
de continuer à tenir leurs maisons garnies de toutes
les choses nécessaires, pour y pouvoir recevoir nos sujets et les étrangers, conformément aux ordonnances
faites sur le fait de la police, et d'observer exactement ce qui leur est ordonné par icelles, même par
ledit édit de mil cinq cent soixante-dix-sept, sur les
peines y portées.

V. Reçus sans frais ni droits, devant les juges
des lieux.

Voulons et ordonnons que, sur nos lettres de permission, ils soient reçus sans payer aucuns frais ni
droits de réception par nos juges ordinaires ou autres
des lieux, après leur avoir justifié d'attestations suffisantes de leurs bonnes vie et mœurs, et prêté serment pardevant eux, de bien et dûment observer nos
ordonnances.

VI. Les veuves où ayants cause, en jouiront
sans nouvelles lettres.

Et que leurs veuves, enfants et héritiers, même

ceux au profit desquels ils en pourront disposer, en puissent jouir pleinement, paisiblement et héréditairement, sans être tenus d'obtenir de nouvelles lettres de permission de nous, après avoir fait pareillement apparoir à nos juges ordinaires ou autres des lieux, d'attestations suffisantes de leurs bonnes vie et mœurs, et prêté serment.

VII. Les propriétaires des maisons pourront acquérir les lettres.

Pourront, les propriétaires des maisons destinées pour servir d'hôtelleries, auberges, et à loger en chambres garnies, lever et acquérir nos lettres de permission pour les affermer avec leurs maisons, ou en disposer ainsi que bon leur semblera.

VIII. Permis de mettre des enseignes, sans rien payer au Voyer.

Leur permettons, pour la commodité publique, de mettre telles enseignes que bon leur semblera, avec une inscription qui contiendra les qualités portées par leurs lettres de permission, sans que, pour raison de ce, nos voyers puissent prétendre aucun droit, pour la première fois seulement.

IX. Défenses à tous autres de donner à loger ni à manger. — Peine.

Défendons à toutes personnes, autres que ceux qui auront nos lettres de permission, de tenir hôtelleries, auberges, maisons et chambres garnies, de loger et donner à manger, à peine de trois cents livres d'amende, dont moitié appartiendra au dénonciateur, et l'autre moitié à celui qui sera par nous chargé du recouvrement de la finance qui proviendra desdites lettres de permission.

Sɪ ᴅᴏɴɴᴏɴs ᴇɴ ᴍᴀɴᴅᴇᴍᴇɴᴛ à ɴᴏs amés et féaux conseillers, les gens tenants notre Cour de Parlement et Chambre des Comptes à Paris, que ces présentes ils aient à registrer, et le contenu en icelles, faire garder et observer de point en point, selon leur forme et teneur, nonobstant tous édits, déclarations, et autres choses à ce contraires, auxquelles nous avons dérogé et dérogeons par cesdites présentes, aux copies desquelles, collationnées par l'un de nos amés et féaux conseillers et secrétaires, voulons que foi soit ajoutée comme à l'original : car tel est notre plaisir ; et afin que ce soit chose ferme et stable à toujours, nous y avons fait mettre notre scel. Donné à Versailles, au mois de mars, l'an de grace 1693, et de notre règne, le cinquantième. Signé LOUIS. *Et plus bas*, par le Roi, Pʜᴇʟʏᴘᴇᴀᴜx. *Visa*, Bᴏᴜcʜᴇʀᴀᴛ. Et scellé du grand sceau de cire verte.

Aʀʀᴇ̂ᴛ ᴅᴜ ᴄᴏɴsᴇɪʟ ᴅ'Éᴛᴀᴛ ᴅᴜ Ʀᴏɪ, *qui révoque, casse et annulle en faveur du public l'arrêt du conseil du 10 janvier dernier, concernant l'aliénation des places, boutiques et échoppes des halles et marchés de la ville et faubourgs de Paris.*

Du 5 mai 1693.

Extrait des registres du conseil d'État.

Le Roi s'étant fait représenter en son conseil l'arrêt

rendu en iceluí, le dix janvier dernier, par lequel Sa
Majesté aurait ordonné qu'en payant par les locataires
et détenteurs des places, boutiques et échoppes
des halles et marchés de la ville et faubourgs de
Paris, les sommes auxquelles ils seraient taxés par les
rôles qui en seraient arrêtés au conseil, ils demeureraient propriétaires incommutables desdites places,
boutiques et échoppes, pour en jouir à perpétuité,
conformément à la déclaration du huit avril 1672, à
compter du jour et date du contrôle des quittances;
auquel effet il serait sur les quittances du garde du
trésor royal desdites sommes, passé des contrats de
vente à perpétuité desdites places au profit des acquéreurs, par les commissaires députés pour l'aliénation
des petits domaines, conformément à ladite déclaration; et faute par les détenteurs et locataires desdites places, de payer dans un mois les sommes auxquelles ils seraient taxés, toutes personnes seront bien
reçues à payer les sommes y contenues, pour jouir
desdites places incommutablement, sans qu'elles puissent être dépossédées par quelque cause et occasion
que ce fut. Le résultat du conseil dudit jour dix janvier 1693; par lequel maître François Ferry, bourgeois
de Paris, serait soumis de faire valoir à Sa Majesté le
recouvrement des deniers ordonnés par ledit arrêt être
payées pour lesdites boutiques, places et échoppes,
jusqu'à la concurrence de la somme de trois mille livres, dans les termes, et aux charges, clauses et conditions portées par ledit résultat et les rôles arrêtés au
conseil, les   pour l'exécution
dudit traité. Et Sa Majesté étant informée que tous
les détenteurs desdites boutiques, échoppes, et pla-

ces, les tiennent à loyer des fermiers de ses domaines, et sont hors d'état d'en pouvoir acquérir la propriété, et que s'ils étaient dépossédés desdites places, ils auraient peine à subsister avec leurs familles, elle aurait mieux aimé se priver du secours qu'elle tirait de ladite aliénation, que d'exposer ceux qui sont actuellement détenteurs desdites places, boutiques et échoppes, et des poursuites rigoureuses, ou à une dépossession qui pourrait causer leur ruine : à quoi voulant pourvoir. Ouï le rapport du sieur Phelypeaux de Pont-Chratrain, conseiller ordinaire au conseil du Roi, contrôleur général des finances. SA MAJESTÉ EN SON CONSEIL, a ordonné et ordonne, que ledit arrêt du conseil du dix janvier dernier, concernant l'aliénation des places, boutiques et échoppes des halles et marchés de la ville et faubourgs de Paris ; le traité fait au profit dudit Ferry, pour l'exécution dudit arrêt dudit jour ; et les rôles arrêtés au conseil en conséquence, seront et demeureront révoqués, cassés et annulés en tout ce qui s'en est ensuivi ; et en conséquence, que tous les deniers qui peuvent avoir été payés audit Ferry, et ses cautions par aucuns desdits détenteurs pour la propriété desdites places, boutiques et échoppes, leur seront par lui, ou sesdites cautions, rendues et restituées avec l'intérêt à raison du denier vingt, du jour que lesdites sommes ont été payées. Veut aussi, Sa Majesté, que les soumissions qui peuvent avoir été faites par aucuns desdits détenteurs, leur soient pareillement rendues, et qu'ils en demeurent déchargés. A quoi faire lesdits Ferry et ses cautions seront solidairement contraints par les voies ordinaires, pour les deniers et affaires de Sa Ma-

jesté, laquelle au moyen de ce a déchargé et décharge
ledit Ferry et ses cautions de l'exécution dudit traité
et de la soumission par eux faite au greffe du conseil
pour raison d'icelui ; et en conséquence ordonne que
les sommes par eux payées en exécution dudit traité,
leur seront rendues par le garde du trésor royal, des
deniers qui seront à cet effet destinés par Sa Majesté. FAIT au conseil d'Etat du Roi, tenu à Versailles,
le cinquième jour de mai mil six cent quatre-vingt-
treize. Collationné. *Signé*, DU JARDIN.

Collationné à l'original par nous conseiller-secré-
taire du Roi, maison, couronne de France et de ses
finances.

ARRÊT DU CONSEIL D'ÉTAT DU ROI, *qui défend de*
fabriquer des bières blanches et doubles, et des
eaux-de-vie de grains.

Du 16 septembre 1693.

Sur ce qui a été représenté au Roi étant en son
conseil , qu'il se consomme dans la fabrication des
bières doubles et blanches, et des eaux-de-vie de
bled, une grande quantité de grains et d'orge, qui
serait employée bien plus utilement en pain pour la
nourriture et subsistance des pauvres, au moins
pendant un peu de temps, et jusqu'à ce que, par
l'exécution des visites et des recherches ordonnées
par la déclaration de Sa Majesté, du 5 du présent
mois, elle ait été suffisamment informée de la quantité de bleds qui est dans son royaume, outre que
lesdites bières doubles et blanches, et les eaux-de-vie

de bleds ne sont aucunément nécessaires à la vie. Et
Sa Majesté voulant, par sa bonté singulière, pourvoir à ce que rien ne manque à la subsistance et au
soulagement de ses peuples, au préjudice même de
ses propres intérêts, et de la diminution de la ferme
des aides : Sa Majesté étant en son conseil, a fait
inhibitions et défenses à toutes personnes sans distinction de brasser ou fabriquer dans toute l'étendue
du royaume, pays, terres et seigneuries de son obéissance, des bières blanches et doubles, et des eaux-
de-vie de bled jusqu'au dernier décembre de la présente année, à peine de confiscation desdites bières
doubles et blanches, et desdites eaux-de-vie de bled,
et trois mille livres d'amende, lesquelles confiscations
et amendes ne pourront être remises ni modérées, et
seront appliquées un tiers au dénonciateur, et les
deux autres aux pauvres des lieux ; n'entendant
néanmoins Sa Majesté comprendre dans la présente
prohibition ses provinces de Flandres, Hainault et
Artois, dans lesquelles la fabrication desdites bières
doubles et blanches pourra être continuée comme
ci-devant, sans néanmoins qu'on puisse y fabriquer
aucunes eaux-de-vie de bled, non plus que dans le
reste du royaume, sous les mêmes peines. Enjoint,
Sa Majesté, aux intendants et aux commissaires départis dans ses provinces, de tenir la main à l'exécution ponctuelle du présent arrêt. Fait au conseil
d'État du Roi, Sa Majesté y étant, tenu à Versailles, le seizième jour de septembre 1693.

Signé PHELYPEAUX.

ARRÊT DU PARLEMENT, *concernant les mendiants valides*.

Du 3 octobre 1693.

Extrait des registres de parlement.

Sur ce qui a été remontré à la chambre des vacations par maître Florent Parmentier, substitut du procureur général du Roi, qu'il y avait dans cette ville de Paris plusieurs personnes, tant hommes que femmes de la campagne, lesquelles étant valides et en état de travailler aux ouvrages de la saison, aimaient mieux mener une vie fainéante à subsister des aumônes que l'on donnait à leur importunité, que de travailler suivant l'ordre dans lequel la providence de Dieu les a fait naître : requérant qu'il plût à ladite chambre d'y pourvoir, suivant les conclusions par lui prises ; la matière mise en délibération.

LA CHAMBRE faisant droit sur les conclusions du procureur général du Roi, enjoint à toutes personnes valides de la campagne, tant hommes que femmes, de s'y retirer incessamment pour y travailler aux ouvrages de la saison ; leur fait très-expresses défenses de demeurer en cette ville de Paris et d'y mendier, à peine contre les hommes valides d'être enfermés pour la première fois dans la maison de force établie à Bicêtre, pendant quinze jours, et des galères pendant trois ans pour la seconde fois. Et à l'égard des femmes valides, d'être enfermées, pour la première fois, à la Salpêtrière pendant quinze jours, et pour

la seconde d'être rasées , fouettées et enfermées ensuite dans ladite maison de force durant un mois.
Enjoint au lieutenant de police d'y tenir la main, et
aux officiers et archers des pauvres de lui rendre
compte des diligences qu'ils feront , et d'exécuter les
ordres qu'il leur donnera pour l'exécution du présent
arrêt , lequel sera lu , publié à son de trompe et cri
public , et affiché en tous les lieux et endroits
accoutumés. Fait en vacations , le troisième octobre
mil six cent quatre-vingt-treize. *Signé* DONGOIS.

ARRÊT DU CONSEIL D'ÉTAT DU ROI , *concernant
l'ensemensement des terres.*

Du 13 octobre 1693.

Le Roi ayant été informé que plusieurs particuliers
et laboureurs, peu instruits que la cherté des bleds
ne provient que de l'artifice des marchands et autres
qui font commerce, et qui les ont recélés pour en
faire augmenter le prix , appréhendant d'en manquer
et qu'il ne leur en restât pas suffisamment après qu'ils
auraient ensemencé leurs terres, pour la subsistance
de leurs familles pendant toute l'année , se propo-
saient de ne point semer leurs terres ; ce qui causerait par la suite non-seulement la ruine desdits particuliers et laboureurs , mais ferait un préjudice
considérable au public. D'ailleurs , Sa Majesté ayant
reconnu par l'examen des procès-verbaux de visites
qui sont faites journellement en exécution de la déclaration du 5 septembre dernier, qu'il y a suffisam-

ment de bleds dans le royaume, non-seulement pour
les semences, mais aussi pour la nourriture entière
des peuples ; elle estime à propos de rassurer le public d'une crainte aussi mal fondée, et de prévenir
les inconvéniens qui arriveraient du défaut d'ensemencer les terres. Ouï le rapport du sieur Phelypeaux de Pontchartrain, conseiller ordinaire au conseil royal, contrôleur général des finances. Sa Majesté
étant en son conseil, enjoint à tous laboureurs, fermiers et autres personnes tenant et faisant valoir
leurs terres par leurs mains, de semer toutes celles
qui par l'usage du pays et des cantons doivent être
semées, et ce dans le temps convenable, suivant la
nature des grains et l'usage des lieux, ainsi qu'il
leur sera plus particulièrement prescrit par les ordonnances qui seront rendues par les sieurs intendants et commissaires départis dans chaque province.
Autrement, et à faute de ce faire, Sa Majesté permet
à toutes sortes de personnes de les ensemencer,
moyennant quoi ils en recueilleront tous les fruits,
sans qu'ils soient tenus d'en donner aucune part ou
portion aux propriétaires ou fermiers desdites terres,
ni d'en payer aucune rente ni redevance aux seigneurs
en la censive desquels elles sont, ni à toutes autres
personnes qui seraient créanciers d'aucunes rentes
foncières sur lesdites terres. A l'égard des propriétaires
des terres possédées en commun, et solidairement
obligés auxdites rentes et redevances, ordonne Sa
Majesté que ceux desdits propriétaires qui voudront
ensemencer lesdites terres, au défaut ou refus des
autres propriétaires, soient déchargés de la solidité
du paiement des rentes ou redevances dues par les-

dites terres, en payant seulement leur part et portion ; de toutes lesquelles rentes et redevances, tant
nobles que roturières, ceux qui auront ainsi ensemencé lesdites terres demeureront déchargés pour
cette année seulement, sans tirer à conséquence, et
ne pourront être augmentés à la taille, sous prétexte de cette augmentation de biens ou teneurs;
comme aussi Sa Majesté permet à toutes personnes
d'emprunter les deniers qui leur seront nécessaires
pour l'achat des bleds dont ils auront besoin pour
semer les terres, et ordonne que ceux qui les prête-
ront auront un privilége spécial, et seront préférés
à tous autres créanciers sans distinction, même au
propriétaire de la terre, sur les fruits qui en proviendront. Fait Sa Majesté défenses à toutes personnes,
de quelque qualité et condition qu'elles soient, de
saisir aucuns grains, même pour la taille et tous
autres deniers royaux, jusqu'au 1.er décembre de la
présente année 1693. Enjoint Sa Majesté auxdits sieurs
intendants et commissaires départis, de tenir la main
à l'exécution du présent arrêt. Fait au conseil d'État
du Roi, Sa Majesté y étant, tenu à Fontainebleau le
treizième jour d'octobre 1693. *Signé* PHELYPEAUX.

———

ARRÊT *rendu en la Chambre des Vacations, par
provision, pour la subsistance des pauvres de la
campagne.*

Du 20 octobre 1693.

Sur ce qui a été représenté à la Cour en la chambre des vacations par le procureur général du Roi,

que la déclaration de Sa Majesté qui a ordonné qu'il serait établi des hôpitaux généraux dans tous les lieux considérables, n'ayant pas été exécutée dans tout le royaume, les hôpitaux qui ont été établis, sont accablés de nombre de pauvres qui y viennent des autres endroits, et plus encore cette année, dans laquelle la récolte n'a pas été également bonne dans toutes les provinces; les gueux et les mendiants qui embrassent cette vie, moins par nécessité que par le libertinage et fainéantise, prennent ce prétexte pour continuer leurs déréglemens, et apportent beaucoup d'incommodités, particulièrement dans la campagne; à quoi il a supplié la chambre de pourvoir, suivant les conclusions par lui prises par écrit qu'il a laissées sur le bureau : vu ses conclusions; le procureur général du Roi retiré, et la matière mise en délibération.

La chambre faisant droit sur les conclusions du procureur général du Roi, par provision, et en attendant les ordres que le Roi sera très-humblement supplié de donner pour l'établissement des hôpitaux généraux, a ordonné et ordonne.

Que tous les pauvres mendiants, et qui ne sont point en état présentement de gagner leur vie, seront tenus de se retirer dans la paroisse dont ils sont natifs, un mois après la publication du présent arrêt.

Leur fait défenses de vaguer et de demander l'aumône après ledit temps passé, à peine d'être, tant les hommes que les femmes, enfermés durant huit jours dans les prisons les plus prochaines, et attachés au carcan, sur le procès-verbal des officiers qui les auront arrêtés; et en cas de récidive, des galères pendant trois ans contre les hommes valides et les garçons au-dessus de seize ans, et du fouet et du carcan à différents jours de marchés, contre les estropiés et les femmes qui ne seront pas grosses; et du fouet en cas de récidive contre les garçons au-dessus de douze ans, qui seront en état de faire quelque travail. Fait très-expresses défenses à toutes personnes de leur donner retraite plus d'une seule nuit, à peine de dix livres d'amende, même de plus grande s'il y échait.

Ordonne que ceux qui se trouveront estropiés ou attaqués de maladies qui paraîtront incurables, seront conduits dans les hôpitaux généraux les plus prochains. Enjoint aux administrateurs de les y faire recevoir sur les certificats des curés et des juges et procureurs fiscaux desdites paroisses, et de les faire nourrir et traiter comme les autres pauvres.

Que dans les villes murées, où il y a plusieurs paroisses, les curés, les marguilliers en charge, les anciens et les plus notables habitants de chacune desdites paroisses, s'assembleront le premier dimanche après la publication du présent arrêt, pour pourvoir, ainsi qu'ils le jugeront le plus à propos, à la subsistance de tous ceux de la paroisse qu'ils jugeront en avoir besoin, depuis le vingt novembre prochain jusqu'au vingt juin de l'année prochaine 1694, et à cet effet qu'ils en feront un rôle, ensemble de la somme qui sera nécessaire pour la subsistance desdits pauvres, sauf à augmenter ou diminuer suivant le prix du pain, et de ce que chacun des autres habitants de la paroisse y devra contribuer selon ses facultés, en cas que par sa bonne volonté il ne fasse pas des offres raisonnables dans ladite assemblée.

Que dans les autres villes où il n'y a qu'une paroisse

et dans les bourgs et villages, les juges, en présence du curé, du procureur fiscal, du syndic et de deux habitants, qui seront nommés par les autres à la sortie de la grand' messe, le premier dimanche après la réception du présent arrêt, feront un rôle de ceux qui ont besoin d'assistances, à cause de leur âge, de leurs infirmités et du trop grand nombre d'enfants dont ils sont chargés, lesquels rôles pourront être augmentés dans la suite en cas de mort et de maladie des pères de famille ou d'autres accidents, et de la somme à laquelle pourra monter le pain ou autre secours qui sera jugé absolument nécessaire pour leur subsistance, depuis ledit jour vingtième juin 1694, inclusivement.

Que par provision, et sans tirer à conséquence, toutes personnes, tant ecclésiastiques que séculières, tous corps et communautés séculiers, et réguliers, ayant du bien dans lesdites paroisses, à la réserve des hôpitaux où l'hospitalité est actuellement exercée, et des curés qui reçoivent la portion congrue, contribueront au paiement de ladite somme, savoir, ceux qui ne paient point de taille, au sou la livre des deux tiers de ce qu'ils possèdent de bien affermé dans lesdites paroisses. Et pour ce qui est des biens qui ne sont pas affermés suivant la même cotité des deux tiers des baux expirés depuis trois ans; et s'il ne s'en trouve point, suivant l'estimation qui en sera faite par les susnommés le plus équitablement qu'il leur sera possible. Et à l'égard de ceux qui sont imposés à la taille, autres que ceux qui y sont employés comme pauvres, par proportion la plus équitable qu'il se pourra de leurs biens, et des sommes pour lesquelles ils sont cotisés dans les rôles des tailles.

Que tous ceux qui seront compris dans les rôles
qui seront faits pour la subsistance des pauvres, leurs
fermiers, même les fermiers judiciaires pour les terres
saisies, seront tenus de payer leurs cotes de quinze
jours en quinze jours et par avance, entre les mains
de celui qui aura été nommé par ceux qui auront fait
les rôles, et les quittances qui seront rapportées des
paiemens seront allouées aux fermiers sur le prix de
leurs fermes, même à l'égard des fermiers judiciaires,
les commissaires aux saisies réelles tenus d'en recevoir
les quittances qui leur seront allouées, dans la dépense de leurs comptes.

Et à faute par ceux qui auront été ainsi taxés de
payer précisément et dans ledit temps, qu'ils y seront
contraints en vertu desdits rôles, et même au paiement du double dans la quinzaine suivante.

Les rôles signés par le juge seront exécutoires sans
aucune formalité, par le premier sergent de la justice,
qui sera tenu de faire toutes les exécutions dont il sera
chargé par le receveur établi, à peine d'interdiction.

Dans toutes lesdites villes et autres lieux, ceux qui
auront fait les rôles s'assembleront tous les dimanches
à l'issue des vêpres, durant ledit temps, pour adjuger
au moins disant la fourniture du pain qui sera donné,
et pourvoir à tout ce qui regardera la subsistance des
pauvres et l'exécution desdits rôles.

S'il y a quelques plaintes des cotisations, elles seront portées au lieutenant général du siége royal principal de la province, après néanmoins que la somme
à laquelle montera la cotisation pendant six semaines
aura été payée entre les mains du receveur et en rapportant sa quittance.

Ledit lieutenant général y pourvoira par une simple ordonnance, qui sera rendue sur les conclusions du substitut du procureur général du Roi dans la huitaine, après que la requête lui aura été signifiée, ou au procureur fiscal de la paroisse où la cotisation aura été faite, lequel enverra audit substitut du procureur général du Roi du siége principal l'instruction qui sera jugée nécessaire par ceux qui auront fait ladite cote pour y défendre.

Et en cas qu'il soit interjeté appel en la Cour, de l'ordonnance du juge qui aura confisqué la cote, l'appel n'y pourra être reçu qu'après que l'appelant aura payé six mois de ladite taxe, dont il rapportera la quittance, et le substitut du procureur général du Roi audit siége, lui enverra les mémoires qui lui auront été adressés en première instance pour défendre sur l'appel.

Enjoint à tous pauvres valides de travailler toutes les fois qu'il se présentera occasion de le faire. Fait très-expresses défenses de leur donner aucune subsistance lorsqu'il y aura des ouvrages sur les lieux auxquels ils pourront gagner suffisamment de quoi vivre.

Ordonne qu'autant qu'il sera possible, il sera donné dans chaque lieu aux femmes et enfants le moyen de travailler, à la charge de prendre sur le provenu de leur travail le prix des filasses et autres choses qu'on leur aura fournies pour cet effet.

Enjoint à tous officiers de justice de faire chacun en droit soi, tout ce qui sera nécessaire pour l'exécution du présent arrêt, sans frais, et à tous les substituts du procureur général du Roi dans les bailliages et sénéchaussées du ressort, de le faire publier, afficher et registrer par tout ou besoin sera , même d'en envoyer des copies dans toutes les juridictions et justices de leurs dépendances , et de certifier incessamment la Cour des diligences qu'ils y auront faites. FAIT en Parlement en vacations , le vingt octobre 1693.

Signé, DONGOIS.

***

ARRÊT DU CONSEIL D'ÉTAT DU ROI , *qui défend du fabriquer aucunes bières ni eaux-de-vie.*

Du 27 octobre 1693.

Sur ce qui a été représenté au Roi , étant en son conseil , qu'il se consomme , dans la fabrication des bierres , une quantité très - considérable de grains , qui serait employée bien plus utilement en pain pour la nourriture et subsistance des pauvres , au moins pendant un peu de temps , et jusqu'à ce que la grande quantité de bleds que Sa Majesté a donné ordre d'amener des pays étrangers , tant par l'Océan que par la Méditerranée , fût arrivée dans les ports du royaume. Et Sa Majesté voulant , par sa bonté singulière , procurer à ses sujets tous les soulagemens possibles , au préjudice même de ses propres intérêts , et de la diminution considérable de sa ferme des aides. Sa Majesté étant en son conseil , a fait inhibitions et défenses à toutes personnes sans distinction , de brasser ou fabriquer aucunes bierres , de quelque nature et qualité qu'elles soient , dans toute l'étendue du royaume , pays , terres et seigneuries de son obéissance , ni aucunes eaux-de-vie de bleds , jusqu'au dernier décembre de la présente année , à peine de confiscation desdites bierres et eaux-de-vie, et de trois mille livres d'amende, lesquelles confiscations et amendes ne pourront être remises ni modérées, et seront appliquées, savoir : un tiers au dénonciateur, et les deux autres tiers, aux pauvres des lieux ; n'entendant néanmoins, Sa Majesté, comprendre dans la présente prohibition, les provinces de Flandres, Hainault et Artois, dans lesquelles la fabrication des bierres pourra être continuée comme ci-devant, sans néanmoins qu'on y puisse fabriquer aucunes eaux-de-vie de bled durant ledit temps, non plus que dans le reste du royaume, sous les mêmes peines. Enjoint, Sa Majesté, aux intendans et commissaires départis dans les provinces, de tenir la main à l'exécution ponctuelle du présent arrêt. Fait au conseil d'état du Roi, Sa Majesté y étant, tenu à Versailles, le vingt-septième jour d'octobre 1693.

Signé, PHELYPEAUX.

ARRÊT DU CONSEIL D'ÉTAT DU ROI, *portant que le pain fait par ordre du Roi pour le soulagement des pauvres, sera distribué dans chaque paroisse de Paris.*

Du 29 octobre 1693.

Extrait des registres du conseil d'État.

Le Roi ayant eu intention de soulager les pauvres de sa bonne ville et faubourgs de Paris, aurait ordonné une distribution de cent mille livres pesant de pain par chacun jour, à raison de deux sous la livre, qui est un prix beaucoup au dessous de celui qui se

vend dans les marchés et chez les boulangers ; mais
Sa Majesté a été informée des abus et des désordres
qui se commettent journellement dans la distribution
dudit pain, et que plusieurs personnes accommodées
qui ne sont pas dans le besoin, voulant profiter du
bon marché, en enlèvent une grande quantité, non-
seulement pour leur subsistance, mais encore pour
le revendre et en faire trafic, ce qui fait que les véritables pauvres, et les plus nécessiteux n'en pouvant
avoir, perdent leur temps et leurs journées, et ne
sont point secourus. A quoi étant nécessaire de pourvoir : Sa Majesté étant en son Conseil, a ordonné et
ordonne que la distribution du pain destiné pour le
soulagement des pauvres de sa bonne ville et faubourgs
de Paris, sera faite à l'avenir par les curés, et autres
personnes charitables dans chaque paroisse de ladite
ville et faubourgs d'icelle, à commencer samedi, 31
du présent mois d'octobre, à raison de cent mille livres de pain pesant par chacun jour, sur le pied de
deux sous la livre, à partager entre les paroisses. Fait,
Sa Majesté, défense à toutes personnes, pour quelque
cause et sous quelque prétexte que ce soit, de troubler
ladite distribution, ni faire aucun attroupement pour
raison de ce, à peine de la vie. Enjoint aux officiers de
police de tenir la main à l'exécution du présent arrêt,
lequel sera publié et affiché partout où besoin sera,
à ce qu'aucun n'en ignore. Fait au conseil d'état du
Roi, Sa Majesté y étant, tenu à Versailles le 29.e jour
d'octobre 1693. *Signé* PHELYPEAUX.

ARRÈT DE LA COUR DE PARLEMENT, *concernant
la subsistance des pauvres.*

Du 13 novembre 1693.

Extrait des registres de parlement.

Sur ce qui a été représenté à la Cour par le procureur général du Roi, que par l'arrêt donné en la
chambre des vacations, le vingtième octobre dernier,
il a été ordonné, entre autres choses, que dans les
villes murées où il y a plusieurs paroisses, il serait
pourvu, dans chacune, à la subsistance des pauvres;
que cet arrêt ayant été envoyé dans les siéges du ressort pour être exécuté, il a appris que dans plusieurs
villes où il y a différentes paroisses, il se trouve,
dans quelques-unes, un nombre considérable d'habitants accommodés et peu de pauvres, et dans les autres, au contraire : à quoi il a requis qu'il plût à la
Cour de pourvoir suivant ses conclusions; la matière
mise en délibération.

LA COUR faisant droit sur les conclusions du procureur général du Roi, a ordonné et ordonne que dans
toutes les villes et bourgs du ressort où il y a différentes paroisses, il ne sera fait qu'une seule assemblée,
un seul rôle et un seul bureau de charité pour la subsistance des pauvres de toutes lesdites paroisses, ou
de plusieurs ensemble, s'il est jugé ainsi à propos par
les archevêques et évêques, dans les villes où il y a
siége d'archevêché ou d'évêché, et dans toutes les autres villes et bourgs, par les juges des lieux, après
qu'ils auront informé Monsieur le premier président

de l'état desdites paroisses ; et, au surplus, ordonne
que ledit arrêt du vingtième octobre dernier, sera
exécuté selon sa forme et teneur. Fait en Parlement,
le treizième novembre mil six cent quatre-vingt-treize.

Signé , DONGOIS.

ARRÊT DU CONSEIL D'ÉTAT DU ROI, *portant qu'au*
lieu de la distribution du pain dans les paroisses
de la ville et faubourgs de Paris, il sera distribué
de semaine en semaine, des deniers de Sa Majesté,
la somme de cent vingt mille livres aux pauvres
malades, pauvres honteux et pauvres artisans de
ladite ville et faubourgs de Paris.

Du 14 novembre 1693.

Extrait des registres du conseil d'Etat.

Le Roi ayant ordonné une distribution de cent
mille livres de pain par chacun jour pour le soulagement des pauvres de sa bonne ville et faubourgs de
Paris, à raison de deux sous la livre , le bon marché
aurait attiré plusieurs personnes des plus accommodées, qui en auraient, dans le commencement, enlevé
si grande quantité pour le revendre et en faire trafic ,
qu'ils auraient empêché les véritables pauvres et les
plus nécessiteux d'en avoir ; ce qui aurait obligé
d'ordonner par arrêt de son conseil du 29 octobre
dernier , que la distribution dudit pain se ferait à
l'avenir par les curés des paroisses , en exécution
duquel arrêt les curés ayant fait les rôles des pauvres
de leurs paroisses , quelques-uns auraient mieux aimé

avoir partie en argent et partie en pain de ce qui pouvait leur revenir de ladite distribution , d'autres l'auraient.demandée en argent. Mais depuis ayant été représenté par la plupart des curés, que si Sa Majesté avait la bonté de convertir entièrement en argent la perte qu'elle veut bien souffrir sur la distribution dudit pain, et en faire une aumône aux pauvres, cela serait d'un plus grand secours pour les pauvres malades, pauvres honteux et pauvres artisans, qui ont besoin, non-seulement de pain, mais encore de potage, viande et autre nourriture pour leur subsistance. Et Sa Majesté n'ayant d'autre intention que de procurer aux pauvres de sa bonne ville de Paris un soulagement effectif, en leur continuant de plus en plus ses libéralités et charités : Sa Majesté étant en son conseil, a ordonné et ordonne, qu'à commencer du 23 de ce mois il sera distribué, au lieu de pain dans les paroisses de la ville et faubourgs de Paris, par aumône et des deniers de Sa Majesté, la somme de cent vingt mille livres par mois , et par avance, de semaine en semaine pendant l'hiver , à partager entre lesdites paroisses, suivant l'état qui en sera arrêté au conseil ; et la somme à laquelle se trouvera monter la part et portion de chaque paroisse, sera remise ès mains des curés , vicaires , ou autres personnes charitables qui seront préposées à cet effet , pour être employée avec les autres aumônes de la paroisse en pain , viande , potage ou autres aliments nécessaires pour le soulagement des pauvres, suivant qu'il sera réglé dans les assemblées qui seront tenues à cet effet. Fait au conseil d'Etat du Roi, Sa Majesté y étant , tenu à Versaille , le qua-

torzième jour de novembre mil six cent quatre-vingt-
treize. *Signé* PHELYPEAUX.

ARRÊT DU CONSEIL D'ÉTAT DU ROI, *qui défend de
fabriquer aucunes bières ni Eaux-de-Vie de grains.*

Du 1.er mai 1694.

Le Roi ayant, par arrêt de son conseil du 23 mars
dernier, fait défenses à toutes personnes sans distinction de brasser et fabriquer aucunes bières, de quelque
nature et qualité qu'elles soient, ni aucunes eaux-
de-vie de bled, jusqu'au 1.er du présent mois; et Sa
Majesté voulant continuer encore lesdites défenses
pendant le cours du présent mois, pour empêcher la
consommation qui se pourrait faire d'une partie des
grains dans la fabrique desdites bières et eaux-de-vie;
ouï le rapport du sieur Phelypeaux de Pont-Chartrain, conseiller ordinaire au conseil royal, contrôleur général des finances: Sa Majesté étant en son
conseil; a prorogé et continué les défenses portées
par ledit arrêt du 23 mars dernier jusqu'au 1.er juin
prochain, pendant lequel temps Sa Majesté fait très-
expresses inhibitions et défenses à toutes personnes
sans distinction de brasser et fabriquer aucunes
bières, de quelque nature et qualité qu'elles soient,
dans toute l'étendue du royaume, pays, terres et
seigneuries de son obéissance, ni aucunes eaux-de-vie
de bled jusqu'audit jour 1.er juin prochain, à peine
de confiscation desdites bières et eaux-de-vie de bled,
et de trois mille livres d'amende, lesquelles confiscations et amende ne pourront être remises ni modé-

rées, et seront appliquées, savoir, un tiers au dénonciateur, et les deux autres tiers aux pauvres des lieux; n'entendant néanmoins Sa Majesté comprendre dans la présente prohibition les provinces de Flandres, Hainault et Artois, comme aussi celle de Luxembourg; dans lesquelles quatre provinces, ensemble dans le comté de Namur, la fabrication des bières pourra être continuée comme ci-devant, sans néanmoins qu'on puisse y fabriquer aucunes eaux-de-vie de bled, non plus que dans le reste du royaume, sous les mêmes peines. Enjoint Sa Majesté aux sieurs intendants et commissaires départis dans les provinces, de tenir la main à l'exécution du présent arrêt. Fait au conseil d'État du Roi, Sa Majesté y étant, tenu à Versailles, le premier jour de mai 1694.

Signé PAELYPEAUX.

DÉCLARATION DU ROI, *donnée à Versailles, qui fait défenses à tous marchands et à tous autres particuliers de faire aucuns achats, marchés ou arrhemens de grains en vert sur pied et avant la récolte, à peine de confiscation desdits grains, du prix d'iceux, et de mille livres d'amende.*

[Du 22 juin 1694.

Registrée en Parlement le 1er juillet 1694.

LOUIS, par la grâce de Dieu, Roi de France et de Navarre : à tous ceux qui ces présentes lettres verront ; SALUT. Le désir que nous avons de pourvoir au soulagement de nos sujets, que les charges extra-

ordinaires de la guerre et de la disette des années précédentes a beaucoup fait souffrir, nous fait voir avec
une extrême satisfaction que Dieu s'étant laissé tou-
-cher par les prières des gens de bien de notre royaume,
veut bien répandre ses bénédictions sur nous et sur
nos sujets par une récolte des plus abondantes que
l'on ait vue depuis plusieurs années. Mais nous sommes
informés que les usuriers et autres gens avides de gains
illicites, après avoir profité de la disette, par le prix
excessif auquel ils ont porté les grains dont ils avaient
fait amas, se préparent encore à priver les pauvres
des avantages et du soulagement qu'ils espèrent de
tirer de l'abondance, et que, profitant de l'indigence
des laboureurs et de ceux qui cultivent leurs terres
par leurs mains, ils achètent les grains en vert et sur
pied, et en font des traités ou arrhemens défendus
sous des peines sévères par les sages ordonnances des
Rois nos prédécesseurs, dans l'espérance de mettre ces
grains en réserve dans des magasins détournés, de ne
les exposer en vente que dans le temps de la cherté,
et de causer s'ils pouvaient, la disette, malgré la fer-
tilité de l'année ; et étant nécessaire pour le bien et le
soulagement de nos sujets, particulièrement des pauvres, de remédier à des abus si préjudiciables au public. A CES CAUSES, et autres à ce nous mouvants,
de notre certaine science, pleine puissance et autorité
royale, nous avons par ces présentes signées de notre
main, dit, statué et ordonné, disons, statuons et ordonnons, voulons et nous plaît, que les ordonnances
des Rois Louis XI, de l'année 1462, François Ier, de
1539, Henri III, de 1557, et Louis XIII, de glorieuse
mémoire, notre très-honoré seigneur et père, de l'an-

née 1620, sur le fait de la police des grains, soient exécutées selon leur forme et teneur. Faisons très-expresses inhibitions et défenses à tous marchands et à tous autres nos sujets, de quelque qualité et condition qu'ils puissent être, de faire aucuns achats, marchés ou arrhemens de grains en vert sur pied et avant la récolte, à peine de confiscation desdits grains, du prix d'iceux, de mille livres d'amende contre chacun des contrevenants, applicable moitié à notre profit, et l'autre moitié à celui du dénonciateur, même de punition corporelle en cas de récidive. Déclarons nuls et de nul effet tous les achats, marchés, traités et arrhemens qui peuvent avoir été faits. Défendons à ceux qui les ont faits d'en poursuivre l'exécution en justice, ni autrement, et à tous nos officiers et justiciers d'y avoir aucun égard, à peine d'en répondre dans leurs propres et privés noms.

Si DONNONS EN MANDEMENT à nos amés et féaux conseillers les gens tenants notre Cour de Parlement à Paris, que ces présentes ils aient à faire lire, publier et registrer, et le contenu en icelles garder et exécuter selon leur forme et teneur. Voulons qu'aux copies d'icelles collationnées par l'un de nos amés et féaux conseillers et secrétaires, foi soit ajoutée comme à l'original : CAR tel est notre plaisir. En témoin de quoi nous avons fait mettre notre scel à cesdites présentes. DONNÉ à Versailles, le vingt-deux juin, l'an de grâce mil six cent quatre-vingt-quatorze, et de notre règne le cinquante-deuxième. *Signé*, LOUIS. *Et plus bas*, par le Roi, PHILIPEAUX. Et scellé.

ARRÊT DE LA COUR DU PARLEMENT , *qui ordonne que tous les prisonniers qui ne seront arrêtés dans les prisons que pour frais, nourriture, gîte et géole, ou autre dépense seulement, seront élargis et mis hors des prisons, etc.*

Du 22 septembre 1694.

Extrait des registres du parlement.

Ce jour, M.ᵉ Charles Barin de la Galissonnière, substitut du procureur général du Roi, a remontré à la chambre des vacations, que par l'art. 30 du titre 13 de l'ordonnance du mois d'août 1670, et par les arrêts et réglements de la Cour, il est ordonné que les géoliers, greffiers des géoles, guichetiers et cabaretiers ou autres, ne pourront empêcher l'élargissement des prisonniers pour frais, nourriture, gîte, geolage ou autres dépenses ; nonobstant quoi il se trouve qu'il y a beaucoup de prisonniers présentement arrêtés dans les prisons de cette ville, et particulièrement dans celle du Fort-l'Évêque, pour lesdits frais, nourriture, gîte et geolage ou autres dépenses, requérait, ledit substitut pour le procureur général, que suivant l'ordonnance, les arrêts et réglements de la Cour, tous les prisonniers qui ne seront détenus pour autre cause, seront élargis et mis en liberté ; et, en cas de refus, qu'il y sera pourvu par les conseillers de la Cour, commis pour la visite des prisons. Lui retiré, la matière mise en délibération, ladite Chambre a ordonné et ordonne par provision, conformément à l'ordonnance, aux arrêts et réglements de la Cour, que tous les prisonniers qui ne sont arrêtés et détenus dans les prisons de cette ville, de quelque qualité qu'ils soient, que pour frais, nourriture, gîte et geolage, ou autre dépense seulement, seront élargis et mis hors des prisons : à ce faire, les greffiers et géoliers seront contraints par corps, sauf auxdits géoliers et aux cabaretiers à se faire passer, par lesdits prisonniers, des actes sous seings-privés ou pardevant notaires, à leur choix, portant obligation de leur payer à volonté ce qui leur est dû, et en cas de refus ou de désobéissance par lesdits greffiers et géoliers, sera pourvu à la liberté desdits prisonniers par les conseillers de la Cour, commis pour la visite des prisons; et ce qui sera par eux fait et ordonné, pour raison de ce, exécuté, nonobstant oppositions ou appellations quelconques, et sans préjudice d'icelles, et sera, le présent arrêt, affiché dans toutes les prisons de cette ville. Fait en vacations, le 21 septembre 1694.

Signé, DE LA BAUNE.

Fin du premier Volume de la seconde Série.

TABLE DES MATIÈRES

DU PREMIER VOLUME

DE LA POLICE MODERNE.

incomplète

Fin de la Table des Matières.